CB016901

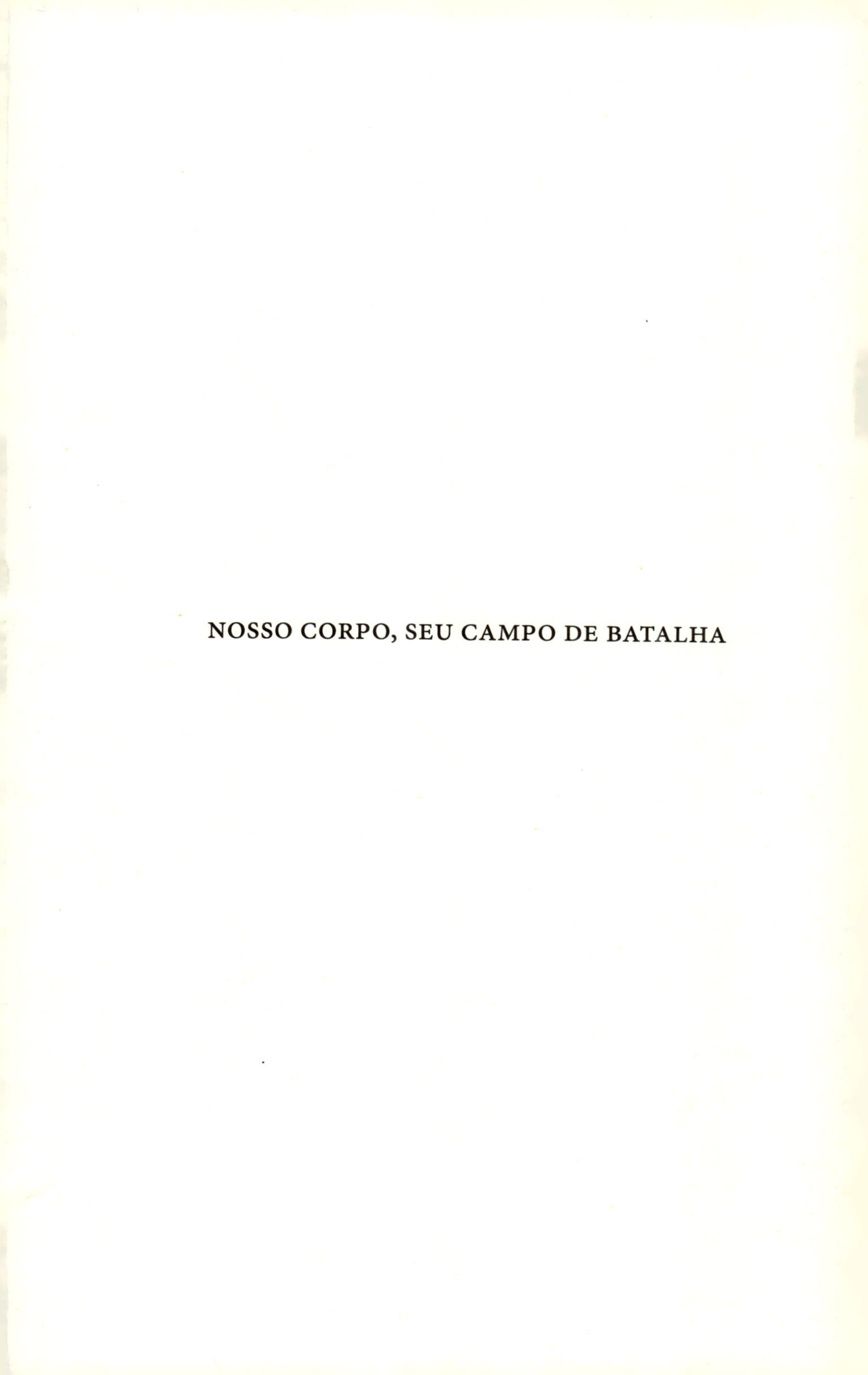

NOSSO CORPO, SEU CAMPO DE BATALHA

CHRISTINA LAMB

Nosso corpo, seu campo de batalha

A guerra e as mulheres

Tradução
Lígia Azevedo

COMPANHIA DAS LETRAS

Grafia atualizada segundo o Acordo Ortográfico da Língua Portuguesa de 1990, que entrou em vigor no Brasil em 2009.

Título original
Our Bodies, Their Battlefield: What War Does to Women

Capa
Elisa von Randow

Foto de capa
Seamus Murphy/ VII Agency/ Redux

Preparação
Adriane Piscitelli

Revisão
Clara Diament
Valquíria Della Pozza

Dados Internacionais de Catalogação na Publicação (CIP)
(Câmara Brasileira do Livro, SP, Brasil)

Lamb, Christina
Nosso corpo, seu campo de batalha : A guerra e as mulheres / Christina Lamb ; tradução Lígia Azevedo. — 1ª ed. — São Paulo : Companhia das Letras, 2023.

Título original: Our Bodies, Their Battlefield: What War Does to Women.
ISBN 978-65-5921-401-3

1. Crimes contra a humanidade – História 2. Crimes de guerra 3. Crimes sexuais 4. Mulheres e guerra – História 5. O estupro como arma de guerra 6. Vítimas de guerra I. Título.

09-08052 CDD-364.1534

Índice para catálogo sistemático:
1. Exploração sexual de mulheres : Problemas sociais 364.1534

Aline Graziele Benitez – Bibliotecária – CRB-1/3129

EDITORA SCHWARCZ S.A.
Rua Bandeira Paulista, 702, cj. 32
04532-002 — São Paulo — SP
Telefone: (11) 3707-3500
www.companhiadasletras.com.br
www.blogdacompanhia.com.br
facebook.com/companhiadasletras
instagram.com/companhiadasletras
twitter.com/cialetras

Demos o que nos era mais precioso e morremos por dentro muitas vezes, mas nossos nomes não estão gravados em nenhum monumento ou memorial de guerra.

Aisha, sobrevivente de estupro durante
a guerra de independência de Bangladesh, em 1971

Sumário

CHILE
ARGENTINA
URUGUAI
Buenos Aires
La Plata
Rio da Prata
Mar del Plata
Neuquén
Oceano Atlântico

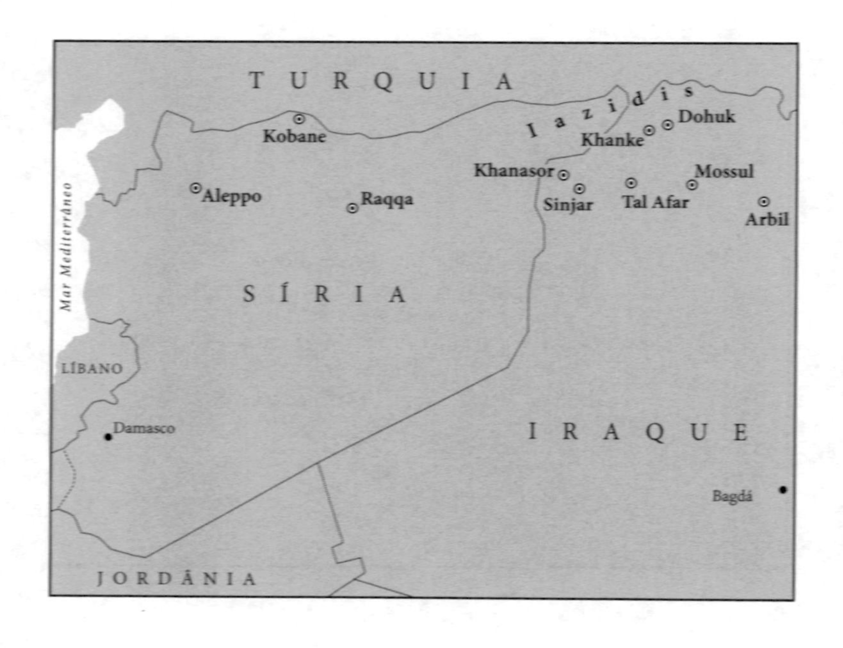
TURQUIA
Iazidis
Kobane
Dohuk
Khanke
Khanasor
Mossul
Aleppo
Raqqa
Sinjar
Tal Afar
Arbil
Mar Mediterrâneo
SÍRIA
LÍBANO
Damasco
IRAQUE
Bagdá
JORDÂNIA

REPÚBLICA
SRPSKA
Tuzla
BÓSNIA E HERZEGOVINA
Srebrenica
FEDERAÇÃO DA
BÓSNIA E
HERZEGOVINA
REPUBLIKA
Višegrad
Sarajevo
Goražde
Foča
SRPSKA
CROÁCIA
SÉRVIA
MONTENEGRO
Mar
Adriático

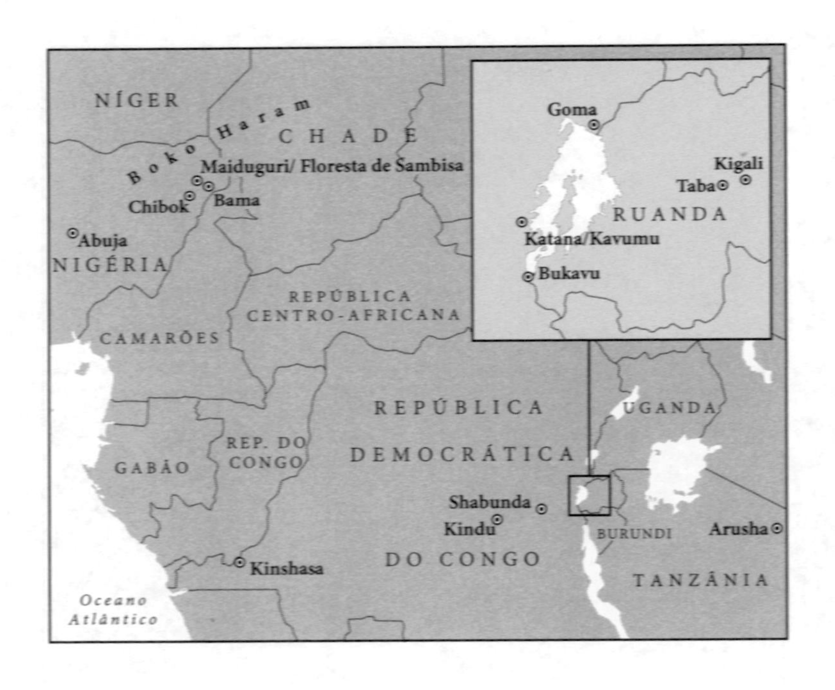
NÍGER
Boko Haram
CHADE
Maiduguri/ Floresta de Sambisa
Chibok
Bama
Abuja
NIGÉRIA
REPÚBLICA
CENTRO-AFRICANA
CAMARÕES
GABÃO
REP. DO
CONGO
REPÚBLICA
DEMOCRÁTICA
DO CONGO
Kinshasa
Shabunda
Kindu
Oceano
Atlântico
Goma
Kigali
Taba
RUANDA
Katana/Kavumu
Bukavu
UGANDA
BURUNDI
Arusha
TANZÂNIA

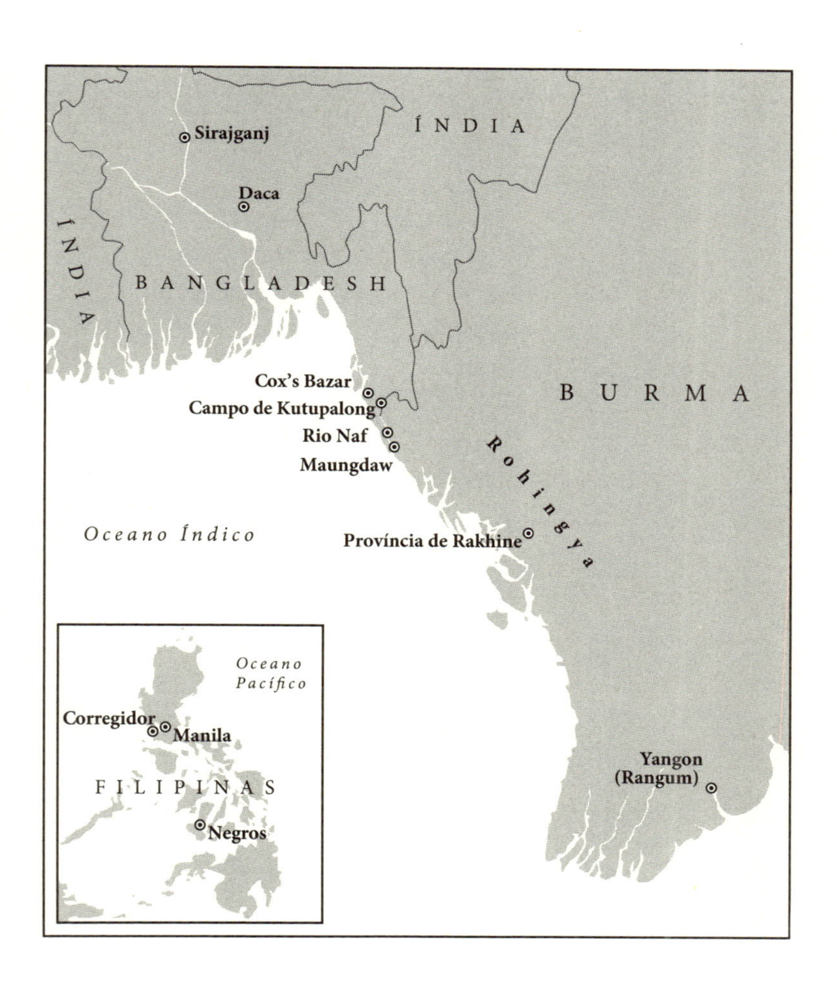

ÍNDIA
Sirajganj
Daca
ÍNDIA
BANGLADESH
Cox's Bazar
Campo de Kutupalong
Rio Naf
Maungdaw
BURMA
Rohingya
Oceano Índico
Província de Rakhine
Oceano Pacífico
Corregidor
Manila
FILIPINAS
Negros
Yangon (Rangum)

Prólogo

Berestianka, Ucrânia Central

Os soldados russos eram tão jovens — da mesma idade que os filhos dela — que mal tinham barba, mas as palavras do comandante deles lhe provocaram calafrios: "Meus homens tomaram um pouco de vodca. Agora querem se divertir...".

Vika começou a tremer. Na noite anterior, sua falecida mãe havia lhe aparecido em sonho. Agora ela compreendia por que quando os soldados entraram na casa mais cedo no mesmo dia para confiscar seus celulares pediram que amarrasse um lençol branco na cerca da frente, como se para marcá-la.

Um deles, que era chamado de Oleg, começou a apalpar os quadris dela. Vika podia sentir o cheiro de bebida no hálito dele. "Tire a mão", ela o repreendeu. "Calada!", Oleg vociferou, arrastando-a para a rua e usando o "você" informal russo, muito embora, aos 42 anos, ela tivesse o dobro de sua idade.

Então ouviu-se um disparo. "Vão matar a gente?", ela perguntou.

"Eu nem conseguia acreditar no que estava acontecendo", Vika me contou quando nos encontramos, seis semanas depois. Ela tinha um cigarro nas mãos trêmulas, o cabelo loiro com mechas grisalhas preso para trás em um rabo de cavalo e olhos azul--claros marcados pela dor.

Era o começo de maio de 2022, e fazia pouco mais de um mês que os russos haviam sido expulsos do vilarejo rural em que Vika morava, quarenta quilômetros a noroeste de Kiev.

Estávamos sentadas no jardim de sua casa, tomado pela sucata que seu marido, Vitaliy, coletava para vender — o principal sustento da família desde que Vika abrira mão de um trabalho mal remunerado com turnos de doze horas em uma fábrica de briquetes. Um gatinho laranja e fofo roçava as pernas dela, miando, enquanto uma cegonha se mantinha silenciosa como uma sentinela em seu ninho em um poste de luz na rua.

Vika e Vitaliy moravam na rua Dzherelna [água de nascente] havia treze anos. Pouco acontecia naquele lugar cercado por campos. As estações iam e vinham — batata e milho eram plantados e colhidos, fazia-se conserva de vegetais para os meses duros de inverno, a neve formava um cobertor branco e grosso sobre a paisagem e depois derretia, andorinhas surgiam para anunciar o verão.

Como muitas pessoas em todo o país, no entanto, eles acordaram na madrugada de 24 de fevereiro de 2022 ao som de explosões e lança-foguetes. "Fiquei tremendo na cama", Vika recordou.

O ataque teve repercussão mundial. Ainda que o presidente russo Vladímir Putin tivesse posicionado mais de 150 mil soldados nas fronteiras, no que os Estados Unidos chamaram de "a maior mobilização de tropas desde a Segunda Guerra Mundial", quase ninguém imaginava que haveria de fato uma invasão.

Pela manhã, os locais já podiam ver os veículos militares russos atravessando os campos; no dia seguinte, quando foi à loja com o dinheiro mandado pelos filhos da Alemanha para pagar os cigarros que tinha comprado fiado, Vika teve um vislumbre dos tanques avançando pela floresta e assumindo posição, e da fumaça de um grande incêndio subindo à distância. "Depois disso, não saímos mais de casa", ela disse. "Ficamos muito assustados."

No começo de março, soldados russos apareceram na rua deles. Tinham ocupado uma casa amarela com placas solares, a melhor de lá, cujos proprietários eram de Kiev.

Na manhã de 9 de março, os soldados passaram de casa em casa confiscando celulares. "Só tenho um velho, para ouvir música", Vika disse. "Não quero sua música", um homem retrucou, rindo. Ele olhou em volta, para a cabana de três cômodos com batatas empilhadas em cada canto disponível e uma latrina do lado de fora. "Por que não saem daqui?", sugeriu, com desprezo. "Tem uma casa vazia muito mais moderna logo adiante."

Naquela noite, eles foram atrás de Vika. Estavam em três: o comandante, Oleg, de 21 anos, e Dany, que tinha apenas dezenove. Os soldados eram da mesma idade dos filhos dela, que trabalhavam em uma cervejaria na Alemanha.

Oleg arrastou Vika até a casa do vizinho, Ihor, onde outro lençol branco havia sido amarrado, e disse a ela para bater. Queriam a esposa dele também. Quando Ihor abriu a porta, seu celular tocou. "Você deveria ter pegado o telefone deles", o comandante gritou para Oleg.

Oleg tentou atirar em Ihor, mas de alguma forma conseguiu fazer com que a bala pegasse de raspão na perna do comandante. "Seu idiota", o comandante gritou, agarrando o pé de dor.

Danya agitou a arma no ar, depois arrastou Ihor para a rua, apontou-a para a cabeça do homem e bateu nele.

"Temos que ir, vão nos levar a algum lugar", Vika disse à esposa de Ihor, Anya. O comandante a olhou de alto a baixo. "Não, ela pode ficar. É corpulenta demais", ele disse.

Danya deixou Ihor choramingando e puxou Vika pelo capuz da blusa. "Você está me machucando", ela protestou. "Ele já estava me tocando e tentando me beijar. Fiquei com nojo", contou-me depois.

Vika foi levada um pouco mais para a frente, até o número 25, onde viviam uma viúva chamada Valentina, sua filha Natasha, de 41 anos, o marido, Sasha, de 43, e o filho deles de quinze anos.

Sasha foi até a porta. "Me levem no lugar dela", ele implorou. Oleg apontou a arma. "Sou russo, você não vai atirar em mim", Sasha argumentou. Quando ele se virou para tentar fechar a porta, levou um tiro na nuca e caiu no chão.

Horrorizada, Vika teve que assistir ao corpo ser chutado da frente até que Natasha aparecesse correndo. "Onde está Sasha?", ela gritava. "Onde está meu Sasha?"

Oleg a puxou para fora, e ela e Vika foram arrastadas pela rua até a casa amarela de dois andares que pertencia aos Holubenko, algumas portas à frente. Os russos haviam feito dela seu quartel-general.

"Olha só quem vamos comer esta noite", Danya disse, rindo. "Uma tem 41 e a outra, 42!"

"Eu poderia ser sua mãe", Vika disse. "Você não tem namorada?"

"Tenho uma namorada de dezessete anos que só beijei na bochecha", ele respondeu. "Mas você vai ficar aqui até que eu tenha terminado."

Dabya baixou a calça dela e a estuprou na sala de estar, enquanto Oleg e outros estupravam Natasha no andar de cima.

"Ele me disse para fazer as coisas mais idiotas", disse Vika, balançando a cabeça. "Uma hora, saiu para buscar Oleg. Eu me vesti depressa e corri de volta para casa."

Àquela altura, já era meia-noite, e as luzes das casas estavam todas apagadas. Vika não encontrou o marido, por isso foi correndo até a casa de Viktor Danylovych, de 71 anos, um gentil professor de música aposentado. Ela bateu na janela.

"Tio Viktor!", gritou. "Atiraram em Sasha, estupraram Natasha e eu e não sei onde está meu Vitaliy!"

Viktor disse a ela para se esconder depressa no quarto da filha dele, que tinha ido com amigos para outro vilarejo, onde havia um bunker.

Mas Vika estava preocupada com o marido e correu de volta para casa. "Peguei a mochila com meus documentos e o ouvi sussurrar: 'Vika'. Vitaliy estava no sótão, onde estocávamos batatas. Subi a escada na neve. Ficamos lá até de manhã, mas não consegui dormir. Então voltei para a casa de tio Viktor."

O professor aposentado os levou até o quarto da filha. "Era assustador olhar para eles, de tanto que tremiam", Viktor disse.

O casal ficou escondido na casa dele por um mês, até que os russos finalmente partiram.

"É claro que foi arriscado", disse Viktor, dando de ombros. "Se os russos descobrissem, talvez me matassem. Mas sou tão velho que já não tenho medo de nada. E fiquei furioso com o que os russos fizeram."

Lágrimas rolaram de seus olhos quando ele acrescentou: "Eu ficava pensando na minha filha, que estava com uma amiga em outro vilarejo, dando graças a Deus por ela ter ido e rezando para que não fizessem o mesmo lá".

Vika tinha tanto medo de que os soldados a encontrassem que sempre que um cachorro latia ou um carro passava ela ia correndo para o galinheiro.

A única vez que o casal se aventurou a sair foi na noite de 20 de março, quando houve bombardeios intensos entre a artilharia russa, posicionada na floresta próxima, e as forças ucranianas em outro vilarejo. Uma forte explosão sacudiu toda a porcelana da rua quando uma casa foi destruída, e eles correram para a vizinha de Viktor, Katerina Ilinyehna, de 75 anos, que tinha um porão. "Ficamos todos de joelhos, rezando", disse Vika.

Katerina vivia sozinha com três gatos, dois cachorros e 25 galinhas. A filha e a neta haviam partido para a Alemanha no início da guerra e o genro, Tolya, tinha desaparecido depois de partir de bicicleta para a cidade próxima de Borodyanka para dar uma olhada no apartamento deles.

Quando o bombardeio terminou, eles correram de volta para a casa de Viktor. Os russos sempre visitavam Katerina exigindo que ela lhes fizesse panquecas. "Eles se sentavam no sofá e diziam: 'Faça chá para a gente, vovó'", a mulher lembrou. "O que eu podia fazer? Eles ficavam com as armas entre as pernas!"

No fim de março, os russos afinal foram embora, aparentemente desistindo de tomar a capital para concentrar seus ataques no sul e no leste.

Vika e Vitaliy passaram mais uma semana escondidos. "Odeio todos eles e espero que morram, assim como Putin", ela disse. Estava convencida de que voltariam para tentar tomar Kiev.

Vira Holubenko, proprietária da casa que os russos tinham ocupado, encontrou-a destruída ao retornar. Eles haviam quebrado portas e janelas, virado tudo de cabeça para baixo e jogado as roupas de Vira no jardim. "Economizamos a vida toda para ter uma casa confortável", a mulher disse. "E fizeram isso com ela. Não sei o que exatamente estavam procurando… ouro, dinheiro. Somos pessoas simples de um vilarejo, não tínhamos nada de especial." Os russos também levaram todas as batatas e conservas do porão.

Quando visitei o vilarejo, um mês depois, era difícil acreditar que tais horrores tivessem acontecido em uma rua tão tranquila. Katerina e Viktor estavam sentados em um banco na frente da casa dela, sob o sol da primavera e rodeados de tulipas vermelhas, com os gatos roçando neles e galinhas ciscando, os dois conversando amigavelmente, como sempre haviam feito. Uma borboleta atalanta passava, uma cegonha observava tudo tranquilamente, e o único som que se ouvia era dos pássaros.

No entanto, do lado de fora de uma casa próxima à entrada da cidade, alguém pintara um V branco, que havia se tornado símbolo da invasão russa. Pedidos de misericórdia tinham sido rabiscados nos muros da estrada: "Pessoas vivem aqui"; "Crianças"; "Idosos".

Os russos podiam ter ido de embora, mas nenhuma vida passara intocada. Ao partir, os soldados haviam roubado motos, micro-ondas, bicicletas e ferramentas como furadeiras. Vizinhos que tinham sido deixados em paz agora eram suspeitos de colaboração.

Alguns dias depois, Katerina receberia uma ligação comunicando que o corpo do genro estava no necrotério de Bucha, o qual vinha recebendo tantos cadáveres que alguns precisavam ser mantidos em um caminhão refrigerado.

Viktor me mostrou os estilhaços que continuava encontrando no jardim e me levou para ver Valentina, algumas portas à frente. Ela estava na cozinha, mexendo uma sopa de batata. Usava chapéu cor-de-rosa e pantufas combinando. "É só para mim", Valentina disse. "Estou sozinha agora." A filha e o neto haviam deixado o país, como milhões de ucranianos.

"Não levávamos uma vida normal com os russos aqui", ela disse. "Era como se fôssemos robôs."

Valentina mostrou uma mancha de sangue na entrada. "Mataram Sasha aqui. Foi um barulho seco, como um clique. Então o arrastaram para cá." Ela mostrou um ponto no jardim.

"Depois que levaram Natasha, pensei ter ouvido um barulho e fui até Sasha, achando que talvez estivesse vivo e que eu pudesse fazer um curativo nele, mas quando segurei sua cabeça os miolos escorreram."

A filha levou cerca de uma hora e meia para voltar, segundo Valentina. "Ela chegou muda como uma pedra, e eu fiquei sem saber o que havia acontecido. Tive que perguntar a Viktoriya [Vika] para saber.

"Depois, Natasha ficou histérica, não conseguia tirar aquilo da cabeça, dizia que sua vida tinha sido destruída e que deveria ter morrido no lugar dele."

Com os russos longe, o corpo de Sasha foi tirado de sua cova sob uma muda de bétula nos fundos da casa e recebeu um enterro apropriado. A família acabou conseguindo mandar Natasha e o filho para a Áustria.

Valentina ficou sozinha com as galinhas, as cabras e os gatos. "Os russos atiraram até no meu cachorro", ela disse.

Vika ficou porque não queria deixar o marido. Ele não receberia permissão para sair do país por ainda ter idade para lutar. Ela passava pela casa todo dia, tentando não pensar no que havia acontecido.

Ouvi essa história de Vika e dos outros horrorizada, mas de modo algum surpresa. No entanto, quando uma ativista de Lviv entrou em contato comigo algumas semanas depois da invasão para dizer que os soldados russos estavam estuprando ucranianas e publicando vídeos em sites de pornografia, permaneci cética de início, até receber mais e mais relatos.

"Lá vamos nós outra vez", disse com um suspiro Amal Clooney, advogada de direitos humanos, quando liguei para ela do estacionamento do necrotério de Bucha. Chovia torrencialmente, e parentes esperavam sob uma tenda branca por notícias de seus entes queridos.

Sempre houve estupro na guerra; na verdade, é difícil encontrar um conflito em que não tenha havido. No entanto, como este livro detalha, parece que estamos em uma epidemia — nos últimos oito anos, vi mais violência sexual infligida a mulheres por soldados e milicianos que em qualquer outro momento dos meus 35 anos de carreira. Repetidamente, grupos sectários e étnicos usaram o estupro como arma, não só para humilhar e aterrorizar as comunidades, mas para eliminar o que veem como etnias rivais ou infiéis.

Os russos têm método. Ao ouvir relatos da Ucrânia, foi impossível não pensar no estupro de mulheres alemãs pelas forças soviéticas durante a Libertação de Berlim, ao fim da Segunda Guerra Mundial.

"O que estamos vendo na Ucrânia é um eco assustador dos estupros em massa cometidos pelo Exército Vermelho em 1945", diz Antony Beevor, historiador militar britânico. Seu aclamado livro *Berlim 1945: A queda* estima que até 2 milhões de mulheres tenham sido estupradas — não só alemãs, mas polonesas, húngaras, sérvias, ucranianas e até russas.

Tanto Beevor quanto a historiadora Lyuba Vinogradova, autora de livros como *Avenging Angels* e *Defending Motherland*, ficaram tão chocados com o comportamento brutal que descobriram em suas pesquisas que ambos sofreram de transtorno do estresse pós-traumático.

"Independente de a selvageria casual das tropas russas em relação a estupro e saque remontar ou não às invasões mongóis do século XIII, uma coisa é certa", ele me disse. "É uma arma deliberada de terrorismo, não necessariamente imposta de cima, por oficiais superiores, mas tolerada como uma indisciplina permissível e um escape para todo ressentimento e toda a frustração dos soldados."

A história de Vika estava longe de ser a única. Por todo o país, emergiam narrativas similares em seus horrores — tantas que uma linha direta especial criada por Lyudmila Denisova, ombudsman de direitos humanos, recebeu 1500 ligações nas primeiras seis semanas e precisou funcionar 24 horas por dia. O número de psicólogos atendendo às ligações teve que ser dobrado.

Um desses profissionais era sua própria filha. Em seu escritório em Kiev, Lyudmila pareceu abalada ao relatar histórias que disse que não a deixavam dormir à noite, incluindo a de uma mãe e duas filhas, de quinze e dezessete anos, em Irpin: "Estupraram a mãe durante três dias, depois a filha de quinze anos, e disseram à filha mais velha que só não iam tocar nela porque era feia. A mãe e a filha mais nova acabaram morrendo por causa dos ferimentos sofridos, e a menina de dezessete anos ficou trancada em um porão com os cadáveres delas por três dias. Quando os russos foram embora, ela correu para a avó, que ligou para a gente".

E as mulheres não eram as únicas a ser estupradas. "Uma das histórias mais horríveis que ouvi foi a de um menino de onze anos estuprado por russos dez horas seguidas diante da mãe amarrada a uma cadeira", ela contou. "Ele passou um mês sem dizer nada."

Muitos dos estupros eram coletivos e diversas adolescentes acabaram grávidas — incluindo uma menina de catorze anos estuprada por três russos diante da mãe, que o médico depois aconselhou a não fazer um aborto, dizendo que poderia prejudicar suas chances de ter filhos mais tarde.

"Não tenho dúvida de que estavam usando o estupro como arma", disse Lyudmila. "Eram em sua maioria soldados entre vinte e vinte e cinco anos, que estupravam na frente de outros membros da família e gritavam: 'Queremos fazer isso com todas as putas nazistas da Ucrânia.'"

Larysa Denysenko, advogada de Kiev especializada em casos envolvendo violência sexual, compartilhava da visão de Lyudmila. Muitos sobreviventes recorreram a ela, que gravou seus depoimentos em vídeo.

Nós nos encontramos duas vezes para almoçar em um restaurante italiano perto do rio Dnipro. Em ambas, ela preferiu não comer e só tomou café. As histórias eram tão terríveis, Denysenko me disse, que ela estava determinada: "Precisamos agir, ou nenhuma mulher nunca mais confiará no sistema e nunca mais falará".

Uma das pessoas que entraram em contato foi uma professora de língua e literatura ucraniana de 32 anos que foi mantida como escrava sexual por um oficial em Kherson, no sul do país, a primeira cidade a ser ocupada.

Três dias depois de sua chegada, os russos apareceram na casa da mulher dizendo que ela estava em sua lista e procurando por "literatura nazista". A professora foi levada para interrogatório e passou 24 horas detida. Os soldados perguntavam se ela tinha nazistas na família e queriam que confessasse que o conteúdo das suas aulas era prejudicial às crianças. Era tudo tão absurdo, segundo a mulher, que ela nem sabia o que responder. "Sou só uma professora de escola", ela protestou.

"Sabemos tudo a seu respeito", eles retrucaram. "É melhor confessar, ou vai ficar aqui um longo tempo."

Os homens acabaram deixando que a professora voltasse para a casa onde morava com a mãe doente, uma tia e um primo de dezesseis anos. Na mesma noite, três soldados voltaram e começaram a destruir os livros didáticos e clássicos ucranianos de sua biblioteca. "É literatura proibida", disseram. "É extremista e foi banida pela Federação Russa, da qual você agora faz parte."

"Sua família é um ninho de pessoas espalhando propaganda nacionalista", acrescentaram. Dois soldados apontaram armas para a mãe, a tia e o primo e os levaram para outro quarto, deixando a professora a sós com o capitão.

"Gosto de você, por isso vou lhe dar uma chance", ele disse. "Se não quiser ir presa com toda a sua família, pode ficar comigo."

Ela olhou para o homem horrorizada quando entendeu o que ele estava sugerindo. "Não, isso não vai acontecer", disse.

"Bem, não era um convite", o capitão disse, com um sorriso no rosto. Depois ele a estuprou repetidamente, com o restante da família no outro quarto.

"Não sei qual é o seu problema", ele disse depois. "Não sou feio. Você poderia ter facilitado as coisas para si mesma."

O capitão e seus homens partiram, levando todos os livros que restavam e deixando a casa vigiada.

A família passou a noite acordada, pensando no que fazer.

Quando o capitão e os dois homens voltaram, eles não abriram a porta, mas os soldados a derrubaram.

"Você não entendeu o acordo", disse o capitão. "Você é minha sempre que eu quiser, só assim sua família vai ficar em paz. Caso contrário, vou levar este menino." Ele apontou para o primo adolescente dela.

Depois, arrastou a professora para o outro cômodo e a estuprou de novo.

"Sei o que está fazendo", o capitão comentou, rindo, depois. "Você é tão dramática. Aposto que gosta disso. Se continuarmos assim, sua família vai receber comida, remédio e proteção. Há outras unidades aqui, como os Kadyrovtsy [conhecida organização paramilitar chechena], e posso garantir que deixem vocês em paz. Vejo você amanhã", ele disse, já saindo.

As visitas dele se estenderam por cerca de dez dias, até que a professora não aguentou mais. A família decidiu que ela devia tentar escapar. Ficaram sabendo de amigos com planos de ir embora e falaram com eles, que concordaram em escondê-la no porta-malas do carro.

Foi uma viagem aterrorizante, passando por postos de controle e bombardeios, até que a professora chegasse em segurança ao oeste da Ucrânia, desesperada para saber o que havia acontecido com os familiares que deixara para trás. Os telefones das regiões ocupadas haviam sido confiscados ou o sinal fora bloqueado, portanto não era possível entrar em contato com eles. "Ela partiu em um pânico, e agora está convencida de que sua família foi morta como vingança", disse Denysenko.

Ouvir esse tipo de depoimento também convenceu Denysenko de que os russos vinham usando estupro como arma. "Há padrões que se repetem em todo o país e sugerem que isso não é incidental, e sim parte de uma estratégia deliberada. Muitos dos estupros foram coletivos, em geral na casa da vítima, diante de membros da família, inclusive crianças."

Ela acreditava que o objetivo era "intimidar e espalhar o medo para poder controlar localidades ocupadas, mas também prejudicar a fertilidade de mulheres jovens para que evitem contato sexual no futuro, de modo que o número de crianças ucranianas diminua".

Denysenko apontou que soldados da unidade russa que serviu em Buchin, Irpin e Borodyanka, onde algumas das piores atrocidades ocorreram, incluindo o estupro de Vika e Natasha, foram recebidos por Putin com medalhas ao voltar para casa.

Interceptações telefônicas por parte da Ucrânia sugerem que as esposas dos homens chegavam a incentivá-los. Uma aparentemente disse ao marido: "Vá lá e estupre as ucranianas, só não me conte a respeito". E depois acrescentou: "E use proteção".

Larysa Denysenko ponderou que talvez a prevalência do estupro entre as tropas russas possa estar ligada a níveis elevados de violência contra as mulheres em casa. "A violência doméstica não é criminalizada na Rússia, e faz parte das normas sociais", ela explicou. "Eles têm até um ditado: 'Bata nos que lhe são mais próximos, para que os desconhecidos tenham medo de você'. As crianças crescem achando que isso é normal, e no Exército é ainda pior."

Ela ainda afirmou que estupros foram comuns em conflitos prévios russos, como na Chechênia, mas, como na guerra em Donbas, no leste da Ucrânia, que vinha ocorrendo desde 2014, nenhum militar havia precisado prestar contas.

Como meu livro deixa claro — e essa foi a razão pela qual comecei a pesquisar o tema —, o estupro de guerra é o crime de guerra mais negligenciado no mundo, e a responsabilização é a exceção, de modo algum a regra. As iazidis, cujo sofrimento na mão dos combatentes do Estado Islâmico em 2014 me colocou neste caminho de investigação, viram apenas uma pessoa ser levada à justiça em oito anos, e isso em um tribunal alemão.

Se algo de positivo pode ser tirado do que aconteceu na Ucrânia, é que dessa vez foi tudo amplamente divulgado, e pareceu haver uma verdadeira determinação de agir.

Volodimir Zelenski, o ator de comédia que se tornou presidente da Ucrânia e que recebeu aplausos do mundo todo por sua liderança inspiradora, colocou o estupro no mesmo patamar da tortura e do assassinato, diferentemente de muitos líderes homens, que o consideram uma questão secundária. Pai de uma adolescente, Zelenski segurou as lágrimas ao visitar a região em abril, e depois disse: "Centenas de casos de estupro foram registrados, inclusive de meninas e crianças muito pequenas. Até de um bebê!".

A indignação internacional foi generalizada. Karim Khan, procurador-chefe do Tribunal Penal Internacional, pôs mãos à obra, assim como Pramila Patten, representante especial da ONU para a questão da violência sexual em conflito, e Esther Dingemans, líder do Global Survivors Fund, criado pelo dr. Denis Mukwege, médico congolês vencedor do prêmio Nobel que provavelmente é a pessoa que tratou mais vítimas de estupro no mundo.

Muitos países se ofereceram para ajudar na reunião de provas e na documentação. Só que reunir provas nesses casos não é tão simples. Vika guardou em um saco plástico a calça que foi arrancada dela, na esperança de que pudessem encontrar o DNA de seu agressor. No entanto, só pôde se submeter a um exame médico depois que os russos partiram, um mês mais tarde, quando seus hematomas já haviam desaparecido.

Embora muitas mulheres e crianças tenham usado a linha direta, ainda há uma dificuldade cultural em denunciar estupro. Vika já havia falado com o procurador-geral e estava determinada a fazer justiça, por isso contou sua história. "Eles deveriam ser mortos ou levados à justiça", ela disse. "Mas duvido..."

No entanto, um mês depois de nosso encontro, o governo ucraniano iniciou o julgamento de crimes de guerra com o combate ainda em curso — algo sem precedentes. Em junho, promotores abriram o primeiro julgamento de estupro como crime de guerra. Uma mulher de Bohdanivka, vilarejo ao leste de Kiev, foi estuprada por dois soldados russos que atiraram no cachorro da família, invadiram sua casa e atiraram em seu marido. Eles a estupraram repetidamente enquanto o filho de quatro anos chorava na sala da caldeira. Isso ocorreu um dia depois do ataque a Vika e Natasha.

Um dos russos foi identificado através das redes sociais pela vítima e pelos investigadores como Mikhail Romanov, de 32 anos.

Ele foi acusado numa audiência fechada num tribunal de Kiev. Embora estivesse sendo julgado in absentia, o caso ainda assim mandou um importante recado. Talvez, só talvez, agora pudesse ser diferente.

Julho de 2022

Prefácio

A menina que eu fui

Eles colocaram os nomes numa tigela e começaram a tirar os papéis. Dez nomes, dez meninas. Elas tremiam como gatos presos debaixo de uma torneira pingando. Para elas, não se tratava de uma brincadeira. Os homens que tiravam os papeizinhos eram combatentes do Estado Islâmico, e cada um deles tomaria uma menina como escravizada.

Naima ficou olhando para as próprias mãos, sentido a pulsação nos ouvidos. A menina ao seu lado, mais nova, devia ter cerca de catorze anos e chorava de medo. Quando Naima tentou segurar a mão dela, um dos homens fez com que as duas se afastassem com um chicotear do seu cinto.

Aquele homem era mais velho e maior que os outros. Devia ter uns sessenta, Naima pensou, com a barriga se dobrando sobre a calça e um franzir de lábios perverso. Fazia nove meses que ela era refém do EI. Sabia que nenhum de seus membros era bondoso, mas rezava para que aquele homem em particular não pegasse seu nome.

"Naima." O homem que lia o papel era Abu Danoon. Ele parecia mais novo, quase tanto quanto o irmão dela, e os pelos em seu rosto ainda pareciam suaves; seu coração talvez fosse menos cruel.

Os homens seguiram em frente. O mais gordo pegou o nome da menina ao lado de Naima. Então disse algo em árabe para os outros, tirou duas notas de cem dólares novas em folha e, com um baque, as depositou sobre a mesa. Abu Danoon deu de ombros, embolsou o dinheiro e entregou seu papelzinho ao outro.

Minutos depois, o homem gordo empurrava Naima para dentro de seu Land Cruiser preto e dirigia pelas ruas de Mossul, uma cidade que no passado ela sonhara visitar, mas que agora era a capital daqueles monstros que tinham se esgueirado até a terra natal dela e sequestrado a menina e seis de seus irmãos, além de muitas outras pessoas.

Naima ficou olhando pelos vidros escuros. Um velho numa carroça açoitava um burro para que andasse mais depressa. Pessoas faziam compras. As únicas mulheres na rua usavam hijab preto. Era estranho ver a vida cotidiana ainda se desenrolando para as outras pessoas — quase como assistir a um filme.

Seu captor era um iraquiano chamado Abdul Hasib. Ele era um mulá. Os religiosos eram os piores.

"Ele fez de tudo comigo", ela relembrou mais tarde. "Bateu em mim, me estuprou, puxou meu cabelo, me estuprou, tudo... Eu me recusei, então ele me forçou e me bateu. Disse: 'Você é minha *sabaya*'. Minha escrava."

"Depois, só fiquei ali, tentando fazer com que minha mente saísse flutuando do meu corpo, como se aquilo estivesse acontecendo com outra pessoa, para que ele não pudesse roubar tudo de mim.

"Ele tinha duas esposas e uma filha, mas elas não fizeram nada para me ajudar. Quando eu não o estava satisfazendo, devia cuidar de todas as tarefas da casa. Uma vez, estava lavando a louça e uma de suas esposas se aproximou e me fez engolir um comprimido, uma espécie de Viagra. Também me davam anticoncepcionais."

Seu único descanso vinha a cada dez dias, quando o mulá ia para a Síria visitar a outra parte do califado.

Após cerca de um mês, Abdul Hasib a vendeu por 4500 dólares para outro iraquiano, chamado Abu Ahla, conseguindo um belo lucro. "Abu Ahla administrava uma fábrica de cimento e tinha duas esposas e nove filhos. Dois filhos eram combatentes do Estado Islâmico. Foi a mesma coisa, eu era forçada a fazer sexo, mas depois ele me levou à casa de seu amigo Abu Suleiman e me vendeu por 8 mil dólares. Abu Suleiman me vendeu a Abu Daud, que ficou comigo por uma semana e me vendeu para Abu Faisal, um fabricante de bombas em Mossul. Ele me estuprou por vinte dias, então me vendeu para Abu Badr."

No total, Naima foi vendida para doze homens diferentes. Ela os enumera, um a um, seu *nom de guerre* e seu nome real, e até o nome de seus filhos. Decorou todos, determinada a fazê-los pagar.

"Ser vendida assim, de um para o outro, como se fôssemos cabras, era o pior de tudo", ela disse. "Tentei me matar, tentei pular do carro em movimento. Certa vez, encontrei uns comprimidos e tomei todos. Mas ainda assim acordei. Senti que nem a morte me queria."

Estou escrevendo um livro sobre estupro em tempos de guerra. É a arma mais barata que o homem conhece. Devasta famílias e esvazia vilarejos. Transforma meninas em párias, que desejam pôr fim à própria vida mesmo que ela mal tenha começado. Gera filhos que são lembretes diários do sofrimento de suas mães, sendo muitas vezes rejeitados pela comunidade. E é quase sempre ignorado pelos livros de história.

Toda vez que penso que já ouvi a pior história possível, conheço alguém como Naima. De calça jeans, camisa xadrez e tênis preto, com o cabelo castanho-claro preso num rabo de cavalo, a pele branca e o rosto sem maquiagem, ela parecia uma adolescente, embora estivesse com 22 anos e tivesse sido sequestrada aos dezoito. Nós nos sentamos em almofadas em sua tenda bastante asseada no acampamento de Khanke, perto da cidade iraquiana de Dohuk, em meio a fileiras e mais fileiras de outras tendas brancas que haviam se tornado um lar improvisado para milhares de iazidis. Conversamos por horas. Depois que começou a falar, Naima não queria mais parar. E, embora às vezes risse ao contar de seus pequenos atos de vingança contra os captores, nunca sorria.

Antes de eu ir embora, Naima virou o celular para me mostrar uma foto três por quatro que estava encaixada entre o aparelho e a capa protetora. Era ela mesma, quando não passava de uma estudante sorridente, a última lembrança que lhe restava da época em que ainda não havia ouvido falar em estupro. “Preciso acreditar que continuo sendo essa menina”, Naima disse.

Talvez você pense em estupro como algo que “sempre acontece nas guerras”, a reboque dos saques e da pilhagem. O homem se serve de mulheres desde que começou a participar de lutas armadas, seja para humilhar o inimigo, descarregar seu ódio e satisfazer seus desejos, seja porque simplesmente pode fazê-lo. Na verdade, o estupro é tão comum na guerra que em inglês se diz que uma cidade foi estuprada para descrever sua destruição completa.

Como uma das poucas mulheres num campo que ainda era majoritariamente masculino, tornei-me repórter de guerra por acidente, e não foi a troca de tiros que me interessou, mas o que se passava por trás das linhas de frente — como as pessoas seguiam em frente e alimentavam, educavam e abrigavam as crianças ou protegiam os idosos quando o inferno corria solto à sua volta.

Uma mãe afegã me contou que raspava o musgo das pedras para dar de comer aos filhos enquanto os conduzia pelas montanhas para escapar dos bombardeios. Mães sob cerco na Cidade Velha a leste de Aleppo faziam sanduíches para as crianças só com farinha e folhas fritas e as mantinham aquecidas queimando móveis ou molduras de janelas enquanto os bombardeios nas ruas ao redor levantavam uma poeira cinza. Mulheres rohingyas carregavam seus filhos por florestas e rios buscando um lugar seguro depois que os soldados mianmarenses haviam massacrado os homens e queimado suas cabanas.

Você não vai encontrar o nome dessas mulheres em livros de história ou em memoriais de guerra pelos quais passamos em estações de trem ou nos centros das cidades, mas, para mim, as verdadeiras heroínas são elas.

Quanto mais trabalho com isso, mais inquieta fico, não só pelos horrores que vi, mas pela sensação constante de que ouvimos apenas metade da história, talvez porque quem nos apresenta essas histórias em geral são homens. Ainda hoje, as narrativas desses conflitos são contadas em sua maioria por homens. São homens escrevendo sobre homens. E às vezes mulheres escrevendo sobre homens. As vozes das mulheres são ignoradas com muita frequência. Desde o início da guerra no Iraque, em 2003, até a queda de Saddam Hussein, eu estava entre os seis correspondentes in loco do jornal em que trabalhava, o *Sunday Times*. Quando li as reportagens depois, notei que meus três colegas homens e uma das minhas duas colegas não tinham citado uma única mulher iraquiana. Era como se elas não estivessem lá.

Não são só os jornalistas que veem zonas de guerra como território masculino. As mulheres muitas vezes são excluídas das negociações para encerrar os conflitos, ainda que diversos estudos tenham demonstrado que há maior propensão de acordos de paz perdurarem se houver mulheres envolvidas.

Eu costumava pensar que ficávamos mais seguras em zonas de guerra por sermos mulheres. Mas não existe honra entre grupos terroristas e comerciantes perversos. É evidente que, em muitas das zonas de conflito atuais, ser mulher é ainda mais perigoso.

Com mais de três décadas como correspondente internacional, testemunhei, a cada país visitado nos últimos cinco anos, uma brutalidade muito mais escandalosa contra as mulheres.

Basta visitar as grandes galerias de arte do mundo ou folhear os clássicos para ver que estupro na guerra não é algo novo. O primeiro livro de história do Ocidente, de Heródoto, abre com uma série de sequestros de mulheres pelos fenícios; depois os gregos, e em seguida os troianos, raptam Helena, dando início à invasão grega da Ásia e à retaliação persa. "Claramente as mulheres nunca teriam sido levadas se elas mesmas não o desejassem", escreveu Heródoto, numa prévia de como os homens contavam a história. Na *Ilíada,* de Homero, o general grego Agamêmnon promete mulheres em abundância a Aquiles se ele conquistar Troia: "E se os deuses nos permitirem saquear a grande cidadela de Príamo, que ele escolha vinte mulheres troianas para si". Aliás, a disputa entre os dois homens tem origem no fato de Agamêmnon ter sido forçado a renunciar à mulher que havia escolhido como "prêmio" e então ter tentado se servir daquela que fora escolhida por Aquiles.

Estupro e pilhagem eram maneiras de recompensar soldados que não eram pagos e de um conquistador enfatizar sua vitória punindo e subjugando seus oponentes, o que os romanos chamavam de *Vae victis* [Ai dos vencidos].

Isso não se restringiu à Antiguidade. Desde os antigos gregos, persas e romanos, Alexandre, o Grande, e as numerosas crianças de cabelos claros e olhos azuis deixadas por toda a Ásia Central, às "mulheres de conforto" do Exército Imperial japonês e os estupros em massa de alemãs pelo Exército Vermelho na Segunda Guerra Mundial, fica claro que há tempos as mulheres são vistas como butim.

"A descoberta pelo homem de que sua genitália poderia servir como arma geradora de medo deve estar entre uma das mais importantes da pré-história, ao lado do uso do fogo e do primeiro machado de pedra bruta", concluiu a escritora americana Susan Brownmiller em seu estudo pioneiro do estupro, *Against Our Will* [Contra nossa vontade], publicado em 1975.

O estupro é uma arma de guerra tanto quanto o facão, a clava ou um AK-47. Recentemente, grupos étnicos e sectários da Bósnia a Ruanda, do Iraque à Nigéria, da Colômbia à República Centro-Africana já o usaram como uma estratégia deliberada, quase como uma arma de destruição em massa, não apenas para acabar com a dignidade de comunidades inteiras e aterrorizá-las, mas para liquidar com o que consideram etnias rivais ou infiéis.

"Conquistaremos sua Roma, quebraremos suas cruzes e escravizaremos suas mulheres", alertou em 2014 Abu Mohammad al-Adnani, porta-voz do Estado Islâmico, numa mensagem para o Ocidente quando combatentes do EI ocupavam o norte do Iraque e a Síria e sequestravam milhares de meninas como Naima.

Uma ameaça semelhante veio do Boko Haram, um grupo terrorista ainda mais mortal, ao invadir vilarejos no norte da Nigéria matando os homens e forçando as meninas a ser "esposas" de combatentes. Elas foram reunidas em campos de procriação para dar origem a uma nova geração de jihadistas, em uma versão real e assustadora de *O conto da aia*, de Margaret Atwood.

"Raptei suas meninas... e vou vendê-las no mercado, em nome de Alá", declarou Abubakar Shekau depois de sequestrar centenas de estudantes. "Vou me casar com uma mulher de doze anos. Vou me casar com uma menina de nove."

Ouvi mulheres com histórias inimagináveis. Enquanto me empenhava em fazer justiça ao recontá-las para os leitores do jornal, perguntei a mim mesma repetidas vezes: como isso continua acontecendo?

A natureza íntima do estupro faz com que ele já seja subnotificado em geral, e ainda mais em zonas de conflito, onde a probabilidade de represálias é alta, a estigmatização é comum e é difícil reunir provas. Ao contrário dos assassinatos, não há cadáveres, e os números são difíceis de mensurar.

Mas, mesmo quando são denunciados, quando mulheres corajosas se expõem e descrevem as provações pelas quais passam, raras vezes medidas são tomadas. Chega a parecer que o estupro é banalizado e considerado aceitável em meio à guerra, particularmente em lugares distantes de nós. Ou que é algo de que não queremos saber. Já me aconteceu de, depois de digitar o último ponto-final e enviar meu texto, ouvir dos editores que eu tinha escrito algo chocante demais para os leitores, que precisava de um aviso de "conteúdo explícito" no topo da página.

Para meu espanto, a primeira ação penal enquadrando estupro como crime de guerra ocorreu apenas em 1998.

Sem dúvida o estupro durante a guerra foi ilegal por séculos, não? O primeiro julgamento que consegui encontrar aconteceu em 1474, na cidade de Breisach, hoje Alemanha, quando Sir Peter von Hagenbach, um cavaleiro sob as ordens do duque da Borgonha, foi condenado por violar "as leis de Deus e do homem" após um reinado de terror de cinco anos no qual estuprou e matou civis enquanto era governador do vale do Alto Reno. Sua defesa de que estava "apenas cumprindo ordens" foi rejeitada e ele foi executado. Alguns descreveram o júri de 28 homens reunido pelo arquiduque da Áustria como o primeiro tribunal criminal internacional; outros argumentam que não se tratava de estupro como crime de guerra, uma vez que não havia nenhum conflito em andamento.

Um dos primeiros esforços abrangentes de codificar as leis de guerra rejeitou a visão de longa data que considerava o estupro consequência inevitável de um conflito. O Código Lieber, também conhecido como Ordem Geral nº 100, assinado pelo presidente

Abraham Lincoln em 1863, continha instruções para a conduta dos soldados da União durante a Guerra Civil americana e proibia estritamente o estupro, "sob pena de morte".

Em 1919, em resposta às atrocidades da Primeira Guerra Mundial, incluindo o massacre de centenas de milhares de armênios pelos turcos, foi montada uma comissão de responsabilidades. Estupro e prostituição forçada estavam perto do topo da lista de 32 crimes de guerra.

Isso não impediu que ambos ocorressem na Segunda Guerra Mundial. O ultraje diante dos horrores daquela guerra, em que todas as partes do conflito foram acusadas de estupro, levou os vencedores a estabelecer os primeiros tribunais internacionais, em Nuremberg e em Tóquio, para julgar crimes de guerra. No entanto, não houve uma única acusação por violência sexual.

Não houve nem mesmo um pedido de desculpas. Apenas silêncio. Silêncio sobre a escravidão sexual das mulheres de conforto. Silêncio sobre milhares de alemãs estupradas pelas tropas de Stálin, a respeito das quais nada havia em meus livros escolares de história. Silêncio também sobre a Espanha, onde os falangistas do general Franco estupraram mulheres e marcaram seus seios com ferro quente.

Por muito tempo essa tem sido a resposta. O estupro na guerra recebeu aceitação tácita e foi cometido com impunidade; líderes militares e políticos diminuíram sua importância e trataram-no como um assunto secundário. Ou negaram que tivesse acontecido.

O segundo parágrafo do artigo 27 da Convenção de Genebra, adotada em 1949, declara: "As mulheres serão especialmente protegidas contra qualquer ataque à sua honra e particularmente contra o estupro, a prostituição forçada ou a qualquer forma de atentado ao seu pudor".

Por décadas, esse foi o crime de guerra mais negligenciado. Foi preciso que campos de estupro voltassem a ser montados no coração da Europa para que o assunto atraísse a atenção internacional. Como aconteceu com muitas outras pessoas, a primeira vez que ouvi falar de violência sexual em meio a um conflito foi nos anos 1990, durante a guerra na Bósnia.

O ultraje resultante sugeriu o fim da aceitação tácita e histórica do estupro na guerra. Em 1998, no mesmo ano da primeira condenação, o estupro foi consagrado como crime de guerra no Estatuto de Roma, que estabeleceu o Tribunal Internacional de Crimes de Guerra.

Em 19 de junho de 2008, o Conselho de Segurança da Organização das Nações Unidas (ONU) aprovou por unanimidade a resolução 1820, sobre o uso da violência sexual na guerra, indicando que "o estupro e outras formas de violência sexual podem constituir crimes de guerra, crimes contra a humanidade ou atos constitutivos de genocídio".

Um ano depois, o Escritório do Representante Especial do Secretário-Geral da ONU sobre Violência Sexual em Conflitos foi instaurado.

Mas, 21 anos depois da criação do Tribunal de Haia, ainda não houve nenhuma condenação definitiva por estupro como crime de guerra. A única que existiu foi indeferida em segunda instância.

Ter esses crimes nos estatutos é um começo, mas claramente não é uma garantia de que não sejam cometidos ou mesmo de que recebam uma investigação adequada. Por sua natureza, esses crimes com frequência não têm testemunhas e seguem ordens diretas, e não escritas; suas vítimas têm dificuldade de prová-los ou até mesmo de admiti-los. Não ajuda o fato de que os investigadores costumam ser homens e nem sempre estão aptos a obter depoimentos sobre assuntos tão sensíveis. Cargos responsáveis pela tomada de decisões em geral são ocupados por promotores ou juízes homens que não enxergam a violência sexual como prioridade em relação ao assassinato em massa, muitas vezes até sugerindo que as mulheres é que "estavam pedindo".

Infelizmente, o fato de a comunidade internacional agora reconhecer que a violência sexual é usada com frequência como estratégia militar deliberada — o que está sujeito a processo — não mudou nada em muitos lugares do mundo. O relatório de 2018 da representante especial sobre violência sexual em conflitos da ONU listou dezenove países em que as mulheres eram estupradas em meio à guerra e nomeou doze forças militares e policiais nacionais e 39 entidades não governamentais. Não se tratava de modo algum de uma lista exaustiva, como observado, mas incluía países sobre os quais havia "informações confiáveis disponíveis".

Então veio o #MeToo. Para muitos de nós, 2017 talvez seja lembrado como o ponto de virada no que se refere a falar sobre violência sexual. A eclosão desse movimento após as acusações de uma série de atrizes e de assistentes de produção contra Harvey Weinstein, produtor de Hollywood, diminuiu o sentimento de culpa e de vergonha que tantas mulheres agredidas sentiam e as encorajou a falar.

Como muitas mulheres, acompanhei o movimento Me Too com uma mistura de alegria e horror. Alegria ao ver tantas mulheres irem a público e se recusarem a continuar aceitando o assédio que tantas de nós, mulheres de meia-idade, assumiam como algo natural. Horror ao constatar que a violência sexual era tão recorrente — uma em cada três mulheres sofre violência sexual durante a vida, sem distinção de raça, classe ou fronteira: acontece em toda parte.

Mas também senti certo mal-estar. E quanto às mulheres que não têm recursos para contratar advogados ou que não têm acesso à mídia? E quanto àquelas que vivem em países onde o estupro é usado como arma de guerra?

Como vimos acontecer com aquelas que acusaram Harvey

Weinstein, mesmo mulheres fortes e independentes do Ocidente liberal que acusam predadores sexuais o fazem com extrema dificuldade e pavor. Muitas vezes são atacadas pela imprensa e precisam se esconder, como aconteceu com a dra. Christine Blasey Ford, advogada que alegou ter sido abusada sexualmente quando era adolescente por Brett Kavanaugh, indicado a juiz da Suprema Corte.

Imagine então mulheres sem dinheiro ou sem educação, em terras onde quem tem uma arma ou um facão exerce o poder. Não há indenização ou tratamento terapêutico para elas. Em vez disso, as condenadas costumam ser as próprias vítimas — condenadas a uma vida inteira de trauma e de noites intranquilas, de dificuldade de estabelecer relacionamentos, talvez a uma existência sem filhos. Elas podem ser colocadas no ostracismo pela própria comunidade, o que já foi chamado de um "lento assassinato".

No mundo todo, o corpo feminino ainda se assemelha muito a um campo de batalha, e centenas de milhares de mulheres carregam as marcas invisíveis da guerra.

Por isso, dispus-me a contar a história de algumas delas em suas próprias palavras. Seria o início de uma jornada perturbadora pela África, Ásia, Europa e América do Sul para explorar alguns dos feitos mais sombrios do homem. Quanto mais lugares eu visitava, mais me dava conta de como o estupro era recorrente, devido aos sucessivos fracassos da comunidade internacional e dos tribunais locais de levar os criminosos à justiça.

Não é fácil contar ou ouvir essas histórias. Mas elas costumam envolver uma coragem e um heroísmo surpreendentes.

As mulheres não são apenas espectadoras da história. Chegou a hora de parar de contar apenas metade dela.

1. Na ilha de Mussolini

Leros, agosto de 2016

Quando me recordo daquele verão na minúscula ilha grega de Leros e do manicômio abandonado, repleto de cocô de pomba e estrados de cama enferrujados, onde encontrei mulheres iazidis pela primeira vez, ainda vejo o olhar tão profundo, perturbado e suplicante daquela menina.

Ela aproxima o celular para me mostrar um vídeo. Vejo uma jaula de ferro com uma dúzia de jovens dentro, rodeadas por um amontoado de homens árabes com rifles nos ombros zombando delas. A princípio, não compreendo. As mulheres parecem petrificadas. Então os homens recuam, chamas engolfam a jaula, ouvem-se gritos e o vídeo termina.

"Aquela era minha irmã", disse a menina. "Eles queimam as virgens ainda vivas."

Tudo parece congelar e girar. É uma visão do inferno. Não sei se o som na minha cabeça é do mar lá fora ou do sangue correndo pelas minhas veias. O sol entra por uma abertura no teto, e o suor escorre pelo nosso rosto. Uma criança iazidi cantando sozinha perambula pelo meio dos escombros e dos cacos de vidro; uma coisinha desamparada, com mechas de cabelo grudadas às bochechas, como se fossem folhas. Ela se aproxima cada vez mais de um buraco amplo no piso de tábua, até que, em pânico, eu a puxo com tudo. O olhar da mãe, que descansa contra uma parede de pedra perto da menina cuja irmã foi queimada viva, permanece vazio. O que aconteceu com essa gente?

Quero sair daquele manicômio, com suas janelas gradeadas e suas paredes manchadas. Antes de vir, assisti a um documentário antigo chamado *Island of Outcasts* [Ilha de párias], e as imagens desse filme se amontoam na minha mente: homens e mulheres de cabeça raspada, alguns nus e acorrentados às camas, com os membros se sacudindo em ângulos esquisitos, outros em aventais disformes, entulhados no chão de um cômodo, encarando a câmera.

Através das grades das janelas consigo visualizar incontáveis fileiras de contêineres brancos pré-fabricados lá embaixo, cercados por concertina, e mais além o mar Egeu, dissonante em sua perfeição azul-escura.

O campo onde estão os iazidis fica a mais de 1600 quilômetros de sua terra natal, ao pé de uma montanha alta e sagrada localizada entre o Iraque e a Síria, onde acreditam que a Arca de Noé atracou.

Eu nunca havia visto um iazidi. Sua religião é uma das mais antigas do mundo, no entanto, como a maioria das pessoas, a primeira vez que ouvir falar dela foi no fim do verão de 2014, ao ver fotos de milhares de iazidis encurralados na montanha para onde haviam fugido de inúmeros comboios de combatentes do Estado Islâmico vestidos de preto, que tinham o intuito de exterminá-los.

Nas ruínas daquele manicômio, naquele dia sufocante de agosto, diversas mulheres saíram das sombras para me contar suas histórias — histórias que mexeram comigo, piores do que qualquer outra coisa que eu havia ouvido em três décadas como correspondente internacional.

Arrasadas, mulheres de corpos magros e curvilíneos e de ca-

Vivendo em contêineres à sombra do manicômio abandonado.

belos compridos emoldurando os rostos desprovidos de luz não me pareciam estar nem vivas nem mortas. Todas tinham perdido pais, mães, irmãos. Com vozes sussurradas como rajadas de vento, elas falavam sobre sua amada terra natal, Sinjar — que pronunciavam "Shingal" —, e a montanha de mesmo nome que supostamente lhes serviria de santuário, mas onde muitos tinham morrido de fome ou de sede. Elas contaram sobre uma pequena cidade chamada Kocho, que o Estado Islâmico havia mantido sob cerco por treze dias, matando depois todos os homens e as mulheres mais velhas e sequestrando as virgens. E sobre o Cinema Galaxy, na margem leste do rio Tigre, onde meninas — incluindo irmãs de algumas delas — tinham sido divididas entre bonitas e feias, então colocadas para desfilar num mercado diante de combatentes do EI para serem adquiridas como escravizadas sexuais.

A mãe da menininha que quase caíra no buraco era de Kocho. Tinha 35 anos, chamava-se Asma Bashar e falava em staccato, como uma metralhadora. Fora apelidada pelas outras de Asma Loco, porque diziam que havia ficado maluca. Ela me contou que quarenta pessoas de sua família tinham sido mortas, incluindo sua mãe, seu pai e seus irmãos. "Só me resta uma irmã, que conseguiu escapar do cativeiro e agora está na Alemanha", ela disse. "Tomo remédios para tentar esquecer o que aconteceu."

Uma mulher mais jovem que até então permanecera parada como um quadro, apoiada numa parede com tinta azul descascando, começou a falar. "Tenho vinte anos, mas sinto como se tivesse mais de quarenta", ela disse. Seu nome era Ayesha, e ela me contou que seus pais e seus irmãos tinham sido mortos em Kocho. "Vi minha avó morrer, vi crianças morrerem, e agora só me lembro de coisas ruins. Quatro amigas minhas foram vendidas por apenas vinte euros."

Ela conseguira fugir para a montanha com o marido e de alguma maneira ambos atravessaram a Síria destroçada pela guerra e entraram na Turquia. Lá, pagaram 5 mil dólares ao tráfico de pessoas para passar pelo Egeu rumo à Grécia, em várias tentativas malsucedidas em botes remendados e superlotados antes de finalmente desembarcar na ilha.

"Depois de tudo aquilo, descobrimos que ainda não estávamos livres", ela disse, e mostrou o pulso esquerdo. Cicatrizes vermelhas volumosas cruzavam a pele clara, como vermes vorazes. "Tentei me matar com uma faca", contou, dando de ombros. A última vez havia sido apenas duas semanas antes.

Leros sempre foi uma ilha de párias — uma colônia de leprosos, um campo de internação de prisioneiros políticos e um manicômio para aqueles considerados "incuráveis". Em 2015, tornou-se uma das muitas ilhas gregas inundadas por refugiados, deslocados pelas guerras na Síria, no Iraque e no Afeganistão.

Foi a crise dos refugiados que me levou como jornalista à ilha.

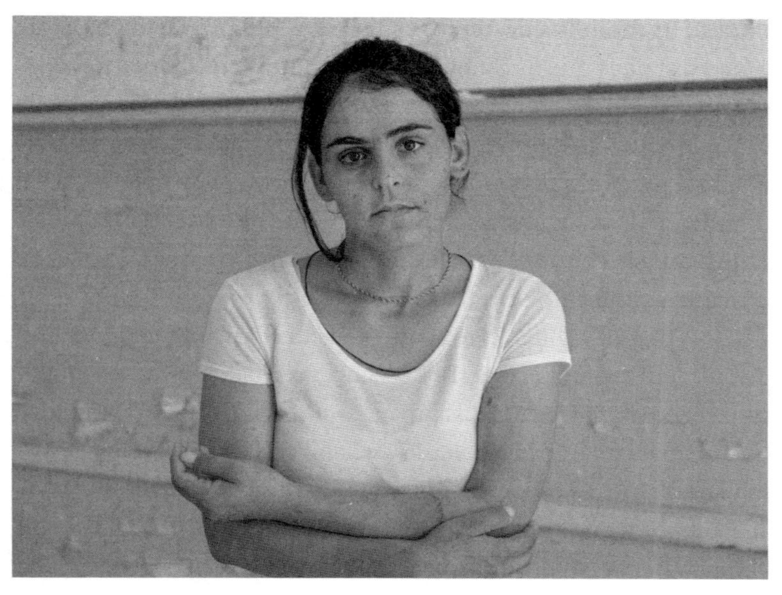

Ayesha, cujos pais e irmãos foram mortos pelo Estado Islâmico.

Leros era uma das cinco ilhas gregas que haviam sido declaradas centro de registro de migrantes quando a União Europeia fez um acordo com a Turquia em 2016, pagando 3 bilhões de euros para impedir o fluxo de refugiados cruzando o Egeu. Dez mil refugiados limitados às ilhas ficaram concentrados nesses cinco centros, mas o processo era tão lento que na verdade aqueles lugares eram como ilhas-prisões. Eu havia visitado Lesbos, Chios e Kos e testemunhara a desconfortável justaposição desses refugiados desesperados em campos, estádios e antigas fábricas, presas tão fáceis para o tráfico sexual que as mulheres usavam fralda para não ter que sair de suas barracas à noite para ir ao banheiro, enquanto ali perto turistas despreocupados em férias desfrutavam o sol, o mar, a mussacá e o uzo.

Leros era diferente. Eu nunca tinha estado num lugar como aquele. Os vilarejos de pescadores com casinhas brancas amontoadas, os moinhos de vento, as tavernas e o mar azul brilhante típico das ilhas gregas estavam ali. Mas a principal cidade, Lakki, era um estudo de art déco stalinista, cheia de avenidas largas e de casas de concreto com ângulos retos, com um cinema com colunatas, uma praça circular, uma escola que lembrava um silo agrícola, uma torre do relógio minimalista, prédios que pareciam óvnis e rádios transistorizados à moda antiga. Era como cair em um set de filmagem esquecido pelo tempo.

No passado, a ilha foi fundamental para os planos de Mussolini de criar um segundo Império Romano. Assim como todo o Dodecaneso, Leros foi tomada dos turcos-otomanos em 1912, tornando-se parte de um império colonial italiano que incluía a Líbia, a Somália e a Eritreia. Quando Mussolini assumiu o poder, nos anos 1920, decidiu que a enseada naturalmente profunda do lugar seria a base naval ideal a partir da qual estabeleceria o controle sobre todo o leste do Mediterrâneo. Então, enviou força naval, administradores públicos e arquitetos para planejar uma cidade moderna ao estilo fascista que os italianos chamavam de *razionalismo*.

Depois que a Itália foi derrotada na Segunda Guerra Mundial, o controle das ilhas passou à Grécia, e Lakki (ou Portolago, como os italianos a chamavam) ficou praticamente abandonada. Quando os coronéis assumiram o poder na Grécia em 1967, usaram os quartéis navais de Mussolini para trancafiar os prisioneiros políticos e mais tarde como um local para onde banir as pessoas com transtornos mentais. Milhares de pacientes foram enviados do continente e mantidos em condições medievais, até que a situação foi exposta na imprensa e num documentário de 1990 a que eu assisti, gerando indignação por toda a União Europeia e levando ao fechamento do lugar em 1997. Então vieram os refugiados.

Para chegar ao campo de refugiados, passei de carro por uma série de prédios de tijolos aparentes abandonados e ambulâncias enferrujadas. Algumas pessoas nos encararam, inclusive um homem de olhos esbugalhados que empurrava um carrinho de mão e ergueu o punho para mim — talvez um dos ex-pacientes que ainda permaneciam ali.

Era um lugar estranho para um campo. Dentro, havia cerca de setecentos sírios, iraquianos, afegãos e paquistaneses, dos quais um terço era composto de crianças. Havia aproximadamente cem iazidis. Os refugiados representavam 10% da população da pequena ilha.

De perto, os contêineres brancos se revelaram caixas ISO projetadas para transportar comida que tinham sido transformadas em lares. Havia varais esticados entre elas. Um velho agachado do lado de fora jogava gamão com tampinhas de garrafa. As condições não eram ruins em comparação às de outros campos que eu visitara, mas, como o administrador Yannis Hrisafitis apontou: "Esse não era o sonho dessas pessoas". Os refugiados não podiam abandonar a ilha e viviam no limbo enquanto os países da União Europeia não chegavam a um acordo quanto a quem ficaria com eles. Nesse meio-tempo, não podiam fazer nada, não tinham nada além de lembranças terríveis em que pensar, nenhuma esperança no futuro.

Caminhei por entre os varais acompanhada de um menininho agarrado a um urso de pelúcia grande, que fugiu quando tentei falar com ele. Havia um bando de mulheres sírias sentadas numa cama, fumando, os rostos com rugas profundas. O hospital local tinha me informado das tentativas frequentes de suicídio.

O campo era rodeado por uma cerca dupla com espirais de arame farpado, como numa prisão. "É para impedir que gente de fora entre", explicou Yiannis. "Caso alguém pretenda sequestrar crianças ou mulheres jovens, comprar órgãos ou vender drogas."

A seção dos iazidis tinha outra cerca, de modo que funcionava como um campo dentro de outro. Yiannis explicou que, algumas semanas antes da minha visita, os iazidis haviam sido atacados por outros refugiados, muçulmanos sunitas que os acusavam de ser adoradores do demônio, assim como o Estado Islâmico havia feito. Dessa maneira, estavam agora isolados para sua própria proteção. As mulheres tinham escolhido o manicômio para falar comigo porque o consideravam um lugar mais seguro.

Notei que todos os iazidis levavam cordões vermelho e branco amarrados aos pulsos. Quando perguntei o que significava, explicaram-me que o branco simbolizava a paz desejada, e o vermelho, o sangue das pessoas mortas em genocídios anteriores — por muçulmanos, persas, mongóis, otomanos, iraquianos... todos seus vizinhos. Elas me contaram que o último genocídio, perpetrado pelo Estado Islâmico, era o 74º. Os iazidis haviam sofrido tanta violência ao longo do tempo que já tinham uma palavra para tentativa de extermínio — *ferman* — muito antes que seu equivalente, "genocídio", fosse cunhado pelo advogado polonês Raphael Lemkin, em 1944.

"Aqui é como uma prisão, com todos lutando contra todos", disse Ayesha, a jovem que se mantinha tão imóvel que parecia parte de uma pintura. "Não nos resta nada, nenhum dinheiro, gastamos tudo para chegar aqui, e o mundo não se importa conosco."

No meu último dia na ilha, as iazidis me contaram de um vilarejo secreto na Alemanha onde mais de mil das meninas mantidas como escravizadas sexuais tinham se abrigado depois de terem escapado ou sido resgatadas. Minha curiosidade foi despertada.

2. As meninas na floresta

Baden-Württemberg

Turko baixou os olhos para o pulso, no qual usava um bracelete com contas de vidro azuis — comum no Oriente Médio para se proteger do mau-olhado — e cordões em vermelho e branco que lembravam o genocídio, e mexeu neles. "Como contar minha história vai ajudar?", ela disse.

Era uma pergunta difícil. Turko era de Kocho, o vilarejo onde o Estado Islâmico massacrou seiscentas pessoas e sequestrou inúmeras meninas. Ela me disse que tinha 35 anos, mas, com o cabelo escuro puxado para trás e um rosto do qual parecia que toda luz havia sido sugada, dava a impressão de ser dez anos mais velha.

Fiquei dividida entre o desejo jornalístico de saber, o medo do que ela poderia ter a contar e, acima de tudo, a preocupação de que me revelar sua história lhe traria ainda mais sofrimento. Olhei em volta, para o pequeno cômodo esparsamente mobiliado onde ela vivia fazia um ano, que dispunha de uma cama de solteiro, um guarda-roupa pequeno e algumas fotografias de crianças coladas na parede. Lembrava um quarto de estudante. Do lado de fora da janela, não havia nada além da floresta escura.

"Talvez para que nunca mais aconteça com outra mulher", arrisquei. "Mas não precisa dizer nada que não queira."

Turko me encarou como se olhasse para a minha alma. Então começou a falar. "Tudo começou naquele primeiro domingo de agosto, dois anos atrás, quando o Daesh [o Estado Islâmico] entrou em Sinjar", ela disse. "Achamos que a peshmerga [milícia curda], que cuidava dos postos de controle, ia nos proteger, mas tinham todos fugido.

"Eu costumava fazer pequenos serviços nos campos e estava com a minha mãe e com a minha sobrinha de três anos. Ainda era de manhãzinha quando três carros se aproximaram com os motores roncando, e homens armados vestidos de preto saíram de dentro deles. Cercaram umas quarenta pessoas e nos enfiaram num galinheiro, então disseram: 'Entreguem seus celulares, ouro e dinheiro!'. Levaram tudo o que tínhamos.

"Depois separaram os homens das mulheres e das crianças. Meu tio e meu primo estavam conosco e foram levados para os campos. Ouvimos o som de tiros, rá-tá-tá-tá, um depois do outro.

"Começamos a tremer. Eles nos colocaram num caminhão e passamos pelos cadáveres dos homens a caminho da prisão de Badosh. Os presos tinham sido soltos e eles estavam enchendo o lugar de mulheres, centenas delas. Parecia o inferno. Não recebíamos comida nem água, só um pedaço de pão seco por dia. O desespero era tanto que tivemos que beber das latrinas.

"No primeiro dia, eles trouxeram um homem de barba comprida com três exemplares do Corão que nos disse que ia nos ensinar o islã. Recusamos, dizendo: 'Não queremos sua religião, queremos nossas famílias de volta'. Aquilo os irritou. Eles apontaram armas para nós e disseram: 'Vamos matar vocês se não se converterem!'. Então nos empurraram contra a parede e nos bateram com bastões de madeira.

"Fazíamos um traço na parede a cada noite. Depois de quinze

dias, nos colocaram num ônibus com destino a Tal Afar e fomos levadas a um hotel, onde ficamos confinadas com centenas de mulheres. Primeiro, eles separaram as crianças com menos de doze anos, então nos dividiram entre mulheres casadas e virgens. Fingi que minha sobrinha de três anos era minha filha, para não ser levada com as virgens.

"Ficamos naquele hotel por dois meses. Às vezes, os combatentes do Estado Islâmico vinham, batiam em todo mundo e levavam uma mulher ou uma menina. Depois de dois dias, ela voltava. Fui levada com as mulheres mais velhas e as mães para o vilarejo mais próximo, para trabalhar numa padaria e cozinhar, e ficamos lá um tempo. Mas então eles se deram conta de que as crianças não eram nossas e disseram que iam nos levar para a Síria."

Turko fez uma pausa para fumar um cigarro. Deu um longo trago, com a mão trêmula.

"Chegamos a Raqqa por volta das onze da noite", continuou. "Levaram a gente para um prédio de dois andares com cerca de 350 mulheres e meninas. Todo dia vinham pessoas e davam uma olhada em nós, depois levavam algumas mulheres e as entregavam aos homens do Estado Islâmico."

Turko ficou nesse lugar, um mercado, por quarenta dias, e o medo nunca a abandonou. Por fim, chegou a sua vez. Ela e a sobrinha pequena foram levadas para a cidade síria de Deir ez-Zor e entregues a um saudita, um juiz do tribunal islâmico que o Estado Islâmico havia posto em funcionamento. Na primeira noite, ele a chamou para o quarto. "Comprei você, então você é a minha *sabaya*. Está escrito no Corão que posso te estuprar", o homem disse a ela.

O homem se referia a um panfleto publicado pelo "departamento de ressurgência da Fátua do EI" em outubro de 2014, com diretrizes de como capturar, manter e abusar sexualmente de escravizadas. O panfleto afirmava que as iazidis eram infiéis cuja escravização era "um aspecto firmemente estabelecido da Xaria", para que pudessem ser estupradas de maneira sistemática. As mulheres podiam ser dadas de presente e vendidas de acordo com a vontade do proprietário, porque eram "mera propriedade".

"Tentei resistir, mas ele me bateu até que escorresse sangue do meu nariz", Turko disse. "Na manhã seguinte, ele me pegou pelo cabelo, algemou meus punhos à cama [ela esticou os braços como um crucifixo para demonstrar] e se impôs. Foi assim por quatro meses. Ele me estuprava três vezes por dia e nunca me deixava sair.

"Quando ia para o trabalho, ele me trancava dentro de casa. Ele também batia na minha sobrinha, mas não a estuprava.

"Um dia, ele chegou com uma inglesa com quem havia se casado. Ela tinha 22 anos e atendia pelo nome de 'Muslim' [muçulmana]. Sempre que ele me estuprava, ela ficava maluca, era muito ciumenta. Ele acabou se cansando daquilo, me fez vestir um hijab preto, me levou até o quartel-general do Estado Islâmico na cidade e me deixou trancada dentro do carro. Depois de dez minutos, voltou e disse: 'Vendi você por 350 dólares'.

"Eles nos comercializavam pela internet", ela disse. Os combatentes tinham um fórum chamado Mercado do Califado, em que anunciavam mulheres, PlayStations e carros usados.

"Meu novo 'dono' era carcereiro na Síria. Ele nos levou para ficar com uma mulher do Estado Islâmico. Era a mesma coisa. Toda manhã, ele vinha e me estuprava, depois ia embora. Quando a mulher do Estado Islâmico saía, ele me algemava a algo para que eu não pudesse escapar.

"Sempre que uma menina iazidi fugia de seu cativeiro e aparecia na TV, eles nos batiam ainda mais, dizendo: 'Elas estão falando mal do Estado Islâmico, vamos lhe ensinar uma lição'. Eu às vezes pensava em me matar. Só não o fiz porque a filhinha do meu irmão estava comigo e morreria também."

O carcereiro ficou com Turko por dois meses, até que um tio dela pagou 2500 dólares para libertá-la com a sobrinha. Em 25 de maio de 2015, depois de mais de nove meses de cativeiro, Turko foi levada a um campo de refugiados no norte do Iraque.

Ela tinha uma tatuagem pequena na mão, que me disse que era o nome do irmão. "Não tenho mais ninguém", Turko disse. "Meu pai morreu há anos e a última vez que vi minha mãe foi na prisão do Estado Islâmico, quando fomos sequestradas. Tantas pessoas da minha família morreram."

"Foi por isso que, quando ouvi falar da ponte aérea para a Alemanha, me inscrevi para vir com minha cunhada e minha sobrinha. O que poderíamos fazer no Iraque, depois de ter sido estupradas e desonradas?"

A Alemanha tinha uma comunidade iazidi considerável havia algum tempo, e a ideia de dar abrigo a mulheres como Turko veio à tona em setembro de 2014, quando os líderes iazidis locais abordaram Winfried Kretschmann, ministro-presidente do estado de Baden-Württemberg, no sul do país. "Faça alguma coisa, por favor!", imploraram, enquanto mostravam fotos do assassinato em massa de seu povo em Sinjar, algumas vezes envolvendo decapitação e crucificação. Eles também contaram a Kretschmann que as meninas eram mantidas como escravizadas sexuais.

Kretschmann, um cristão engajado e membro do Partido Verde, ficou horrorizado. Ele falou com o dr. Michael Blume, um acadêmico casado com uma turca muçulmana que era o responsável pelas minorias religiosas no estado. Eles descobriram que, segundo a lei alemã, era possível a uma província intervir numa crise humanitária internacional, embora isso nunca tivesse sido feito.

Naquele mês de outubro, o governo estadual realizou uma cúpula para discutir a questão dos refugiados, reunindo membros de diferentes partidos, líderes religiosos e prefeitos. Todos concordaram que deveriam ajudar e organizaram uma ponte aérea que traria 1100 mulheres e crianças do Iraque, as quais receberiam visto com duração de três anos. Noventa milhões de euros foram designados para o que eles chamaram de Projeto de Cota Especial, e o dr. Blume foi indicado para dirigi-lo.

"O governo federal disse que nós, o estado, deveríamos fazer tudo sozinhos", ele explicou. "Não sabíamos como. Não tínhamos um exército, não tínhamos tropas em serviço."

Blume contratou o professor Jan Kizilhan, um psicólogo especializado em trauma que vinha de uma família de iazidis curdos. Em fevereiro de 2015, os dois partiram para o Iraque, acompanhados de um médico.

Àquela altura, muitas das mulheres escravizadas haviam escapado ou tido sua liberdade comprada, como acontecera com Turko, e estavam em campos no Curdistão, no norte do Iraque. Cerca de 1600 foram encaminhadas aos alemães. Cada uma passava por uma avaliação psicológica de uma hora, um exame médico e uma conversa sobre como poderia se beneficiar do programa.

As histórias que os três alemães ouviram eram muito piores do que eles poderiam imaginar. "É impossível dormir depois", disse o dr. Blume.

Uma mãe contou a ele que tinha sido forçada a se converter e a ler o Corão, mas se atrapalhara numa passagem, por isso fora torturada e vira seu bebê ser morto na sua frente. Uma menina de oito anos tinha sido vendida de um homem para outro e estuprada centenas de vezes. Uma jovem tinha o rosto e o pescoço marcados por cicatrizes porque ficara tão desesperada que havia ateado fogo em si mesma.

"Como homem, isso me envergonha, assim como envergonha minha esposa, que é muçulmana", disse o dr. Blume. "Como alemão, sei que menos de um século atrás a própria civilização europeia fez coisas terríveis assim, mas aparentemente não aprendemos."

Talvez não seja coincidência que a Alemanha tenha sido o

país escolhido para abrigar mulheres iazidis, visto que fora sua líder Angela Merkel quem dissera "*wir schaffen das*" — "vamos conseguir fazer isso" — ao abrir as fronteiras para 1 milhão de refugiados no momento em que o resto da Europa as fechava.

"O mais difícil foi decidir quem levar e quem não levar", confidenciou o dr. Blume. "Como escolher entre uma mulher que perdeu dois filhos e outra que perdeu só um, mas que foi assassinado na sua frente?"

A prioridade eram emergências. "Algumas eram suicidas", ele disse, "ou teriam morrido de doença ou em consequência de danos ginecológicos ou queimaduras terríveis autoinfligidas."

Para as outras, havia três critérios-chave: ter sofrido violência traumática; não contar com apoio da família (aquelas cujo marido estava vivo em geral não eram levadas); haver alguma possibilidade de que a ida para a Alemanha fosse ajudar.

"Foi terrível não trazer todas", afirmou o dr. Blume. "Mas cada vida vale o esforço."

Em março de 2015, as primeiras mulheres foram levadas de Arbil para Stuttgart. Ao longo do ano seguinte, Blume fez doze viagens para o Iraque e trouxe quinhentas mulheres e seiscentas crianças. Dessas, cerca de mil foram levadas para Baden-Württemberg, sessenta para a Baixa Saxônia e 32 para Schleswig-Holstein.

Foi um gesto extraordinário de uma única província. No entanto, calculava-se que houvesse mais de 5 mil ex-escravizadas, de modo que Blume estimava que tivessem recebido apenas um terço delas. "Ao fim, cerca de 2 mil foram encaminhadas, mas no meio-tempo os números aumentaram, porque mais meninas conseguiram fugir ou tiveram sua liberdade comprada. Então acreditamos que ainda haja mais de 2 mil mulheres em campos no Iraque que precisam de ajuda."

Entre as crianças resgatadas, dois garotos haviam sido espancados e forçados a se tornar meninos-soldados. Tinham menos de treze anos, e aqueles com catorze ou mais haviam sido mortos. "Se tivessem pelos nos tornozelos, os meninos eram mortos", disse o dr. Blume.

Como pai de dois meninos e uma menina, Blume considerava as histórias das crianças particularmente chocantes. "Uma vez, entrei no meu escritório no Iraque e deparei com uma menina iazidi de treze anos ali, de costas para mim, igualzinha à minha filha", ele disse. "Ela era tão parecida, o cabelo, tudo... Isso me fez perceber que poderiam ser nossos filhos. Essas crianças são como as nossas crianças."

Algumas semanas haviam se passado desde que eu tinha ido embora de Leros, e com uma série de ligações constatei que não existia um vilarejo secreto de meninas iazidis resgatadas, como as refugiadas tinham me dito, e sim uma província alemã inteira. Elas foram alojadas em 23 abrigos secretos em 21 cidades diferentes, a maioria em áreas remotas, para não despertar atenção indesejada.

O dr. Blume concordou em me deixar visitar e conversar com as mulheres que não se importassem de compartilhar sua história. O primeiro indício de como aquela viagem seria difícil foi quando Shaker Jeffrey, o jovem refugiado iazidi que morava na Alemanha e que havia aceitado ser meu intérprete, parou de atender o telefone perto da data do meu voo para Stuttgart.

"Ele está passando por uma crise pessoal", disse o médico iazidi que nos colocara em contato. Quando eu e Shaker finalmente nos conhecemos, mencionei o fato de que ele tinha me evitado. Mais tarde, no carro, ele me disse em voz baixa que sua própria noiva, Dil-Mir, tinha sido escravizada pelo Estado Islâmico e levada para Raqqa, sua capital na Síria. "Tudo andava bem na minha vida", Shaker disse. Seu inglês era excelente, e ele tinha trabalhado como intérprete para as tropas americanas no Iraque. "Eu cursava farmácia na Universidade de Mossul, tinha economizado dinheiro do meu salário e ia me casar com a menina que eu amava no meu aniversário, em 4 de setembro de 2014. Mas, um mês antes disso, o Estado Islâmico chegou e a levou."

Como dezenas de milhares de iazidis, Shaker, a mãe e cinco irmãos fugiram para a montanha, escalando depressa as pedras no calor intenso. "Não havia água, comida ou sombra. Era um inferno", ele disse. Shaker procurava desesperadamente por maçãs e água para a família quando Dil-Mir ligou e contou que havia sido sequestrada. Foi esquisito, mas o Estado Islâmico não havia recolhido os celulares das meninas, então elas puderam ligar de seu cativeiro para os parentes angustiados.

"No primeiro dia, eles a estupraram três vezes", Shaker disse. "Então ela foi entregue para dois irmãos combatentes, que a obrigavam a cozinhar e a dançar para eles... entre outras coisas."

Enquanto acompanhava a mãe doente até a Turquia, Shaker, desesperado, buscava maneiras de libertar Dil-Mir. Ela tentou escapar duas vezes, sem sucesso. Ele se disfarçou de combatente do Estado Islâmico e foi até um mercado de escravizadas perto de Aleppo, na esperança de comprá-la. "Da última vez que conseguiu me ligar, ela disse: 'Eu queria estar morta'", Shaker contou. "Parecia muito cansada."

A última mensagem dela foi: "Vem me encontrar, Shaker. Rápido". Então as ligações pararam. Shaker acabou descobrindo que ela havia se suicidado. Ele me mostrou o fundo de tela do celular, uma menina bonita com cabelo castanho-avermelhado comprido, um sorriso amplo e olhos vivos. "Não consegui salvar Dil-Mir", ele disse. "Ela teria 21 anos hoje."

Lágrimas se acumulavam em seus olhos. "Por isso estou aqui", Shaker disse depois de um tempo. "O que vi na montanha e o que fizeram com a minha noiva deixaram meu coração duro como pedra. Eu não me importava mais se continuaria vivo ou se morreria. Primeiro, quis lutar contra as pessoas que haviam feito aquilo. Depois, decidi que a melhor vingança era vir para a Europa, ajudar as meninas que sobreviveram e contar tudo ao mundo."

Shaker se despediu da mãe e deixou o campo em que viviam na Turquia, então atravessou o rio para a Bulgária e seguiu pela Sérvia, Hungria, Áustria e Alemanha, usando os 4 mil dólares que havia economizado para o casamento para pagar ao tráfico de pessoas. A viagem levou 22 dias, durante os quais ele foi detido inúmeras vezes. Na Alemanha, Shaker recebeu asilo e passou a administrar um grupo de Facebook reunindo ativistas iazidis que tentavam salvar outras meninas. Mas essa não era a vida que havia imaginado para si.

O primeiro abrigo ficava a uma longa viagem de carro de Stuttgart. No caminho, perguntei a Shaker sobre o iazidismo. Vinha lendo a respeito desde o meu encontro com as refugiadas em Leros. "Só 1% do que aparece quando se pesquisa 'iazidismo' no Google é verdade", ele disse.

O iazidismo é uma religião antiga e misteriosa, originária da Mesopotâmia e anterior ao islã, que tem elementos em comum com o cristianismo, o sufismo e o zoroastrismo. O termo "yezidi" vem de "Ezid", sua palavra para Deus, e significa literalmente "seguidores de Deus".

Alguns dizem que não se trata de uma religião de verdade, porque, ao contrário do cristianismo, do islã e do judaísmo, não segue um livro sagrado. Mas Shaker insistiu que aquilo era falso. "Tínhamos um que era chamado de Livro Preto. Estava tudo escrito nele, mas foi roubado", explicou.

Eu disse a ele que estava surpresa de vê-lo usando uma camisa azul — havia lido que os iazidis tinham aversão a essa cor, assim como a alface. Shaker riu. "Só os mais velhos, como minha mãe. Ela não come salada!"

Ele não sabia explicar a rejeição à alface, mas acreditava que a repulsa ao azul vinha da época do governo otomano de Ahmed Pasha, cujas forças armadas, que usavam chapéu azul, haviam deflagrado um dos muitos genocídios contra os iazidis.

Há cerca de 1 milhão de iazidis em todo o mundo, 450 mil deles em Sinjar. Além da Alemanha, muitos vivem nos Estados Unidos. Iazidis veneram o sol e um anjo em forma de pavão que acreditam que Deus criou antes dos homens e enviou à Terra para pintá-la com as cores de suas penas, dando origem ao mais belo dos planetas. Iazidis não tomam banho às quartas-feiras, porque acreditam que foi nesse dia que o anjo-pavão veio à terra.

Membros do Estado Islâmico acreditam que esse ser é Iblis, a figura satânica que aparece no Corão. Por isso, consideram os iazidis adoradores do diabo. Eles me pareceram ser as pessoas mais gentis que já conheci.

Paramos para comprar bolos para as mulheres que moravam em Schwäbisch Hall, um vilarejo medieval com casas enxaimel em cor-de-rosa e amarelo e ruas de paralelepípedo que pareciam tiradas de um conto de fadas. O abrigo ficava nas redondezas, mas era tão discreto que levamos um tempo para encontrá-lo. Acabamos estacionando perto de um conjunto de prédios residenciais que pareciam hostels e pontilhavam alamedas cheias de árvores. Para minha surpresa, tratava-se de outra instituição psiquiátrica. Encontramos o bloco de três andares onde viviam 39 iazidis. Algumas crianças andavam de bicicleta perto da porta, sem se aventurar a ir mais longe.

Fomos levados até um cômodo comprido cuja única decoração era uma fileira de desenhos infantis de pássaros, flores e borboletas pendurados na parede. Um grupo de mulheres se movia devagar, com o olhar assustado, como figuras de um quadro de

Edvard Munch. Uma série de portas dava para os quartos, e foi num deles que encontramos Turko.

Depois, fomos para o andar de cima falar com uma mulher muito mais jovem chamada Rojian, de apenas dezoito anos, que nos cumprimentou com um sorriso incerto por trás da cortina de cabelo castanho.

Ela estava sentada de pernas cruzadas na cama, usando camiseta preta e calça de moletom preta. Seu único adorno era um colar dourado com um pingente do anjo-pavão. Seu quarto era pequeno e vazio, como o de Turko, e tinha apenas um calendário iazidi como adorno. O celular de Rojian estava a seu lado na cama. A capinha trazia a palavra "esperança" escrita em cor-de-rosa cintilante.

Rojian me contou que era sobrinha de Nadia Murad, que havia se tornado o rosto internacional da tragédia iazidi. Murad fora sequestrada aos dezenove anos por combatentes do Estado Islâmico, que mataram seus seis irmãos e sua mãe. Foi a primeira a escapar e a contar sua história no cenário internacional. Tinha sido nomeada havia pouco embaixadora da ONU para a Dignidade dos Sobreviventes do Tráfico Humano.

"Nadia e eu fomos sequestradas juntas", Rojian disse. "Meu pai, que foi morto pelo Estado Islâmico, era irmão dela."

"Este é o nome dele", ela acrescentou, tocando a inscrição do pingente de pavão.

Rojian tinha apenas dezesseis anos em 3 de agosto de 2014, quando o Estado Islâmico invadiu seu vilarejo, próximo a Kocho. Como a maior parte dos iazidis de Sinjar, sua família era pobre, e ela havia abandonado a escola dois anos antes para trabalhar nos campos, plantando batata e cebola.

"Algumas pessoas escaparam para o monte Sinjar. Achavam que estariam protegidas pela montanha sagrada. Mas ficava muito longe, e ouvimos dizer que os combatentes do Estado Islâmico matariam aqueles que tentassem ir para lá. Então fugimos para o vilarejo vizinho, onde minha avó [a mãe de Nadia] morava.

"Ficamos sob cerco por quase duas semanas. Todas as saídas estavam bloqueadas por combatentes do Estado Islâmico. Conseguíamos ouvir os chamados para as orações emitidos pelos postos de controle. Ficávamos em casa, com medo de sair. Sempre que havia energia elétrica, ligávamos a TV e víamos as pessoas desesperadas nas montanhas, tentando entrar nos helicópteros de resgate enviados pelo Exército iraquiano ou pegar os pacotes de insumos que eles jogavam.

"Não sabíamos o que ia acontecer conosco. Depois de nove dias, um comandante do Estado Islâmico veio e deu um ultimato: ou nos convertíamos e nos tornávamos membros do califado ou encararíamos as consequências.

"Três dias depois, mais combatentes chegaram. Eles subiram nos telhados mais altos e convocaram todos para a escola primária, usando megafones. As ruas ficaram cheias de gente pela primeira vez desde que o vilarejo fora cercado, mas estávamos com tanto medo que ninguém falava ou se cumprimentava.

"Os homens tiveram que ficar no jardim e as mulheres e as crianças foram mandadas para cima. Disseram-nos para entregar tudo o que possuíamos e que depois poderíamos ir embora. Eles carregavam sacos enormes nos quais as mulheres jogavam dinheiro, celulares e joias. Minha avó entregou sua aliança de casamento.

"Então colocaram os homens e os meninos adolescentes em caminhões e os levaram embora. Um tempo depois, ouvimos tiros. As mulheres começaram a gritar: 'Estão matando os homens!'. Então vimos os combatentes do Estado Islâmico com pás."

Cerca de seiscentos homens daquele vilarejo foram mortos, incluindo o pai e cinco tios de Rojian — irmãos de Nadia. Apenas os que eram muito jovens, sem pelos nas pernas ou nas axilas, foram poupados e colocados em treinamento.

"Os caminhões voltaram para a escola para pegar as mulheres e as meninas. Imploramos que dissessem o que haviam feito com nossos homens, mas eles só ordenaram que entrássemos. Estávamos com medo, mas não tínhamos escolha.

"Eles nos levaram para outra escola, onde as virgens, como eu e Nadia, foram separadas das idosas e das que tinham filhos, como minha mãe. Ônibus grandes com cortina nas janelas chegaram para buscar as virgens."

Os ônibus as levaram a Mossul. A cidade iraquiana havia sido tomada pelo Estado Islâmico em junho. Abu Bakr al-Baghdadi, líder do grupo, aparecera na Grande Mesquita de Al-Nuri e proclamara o califado, dizendo que se estenderia do Iraque à Espanha.

"Colocaram-nos num prédio de três andares com centenas de mulheres e crianças, além de muitos combatentes. Um homem chegou e começou a nos tocar no cabelo, nos seios, nas costas, sentindo todas as partes do corpo. Ele falou que éramos infiéis e *sabayas* — e dizia: 'Se gritar, mato você'. Eu estava com Nadia. Quando o homem a apalpou, ela começou a gritar, e todas as outras meninas a imitaram. Eles a arrastaram para fora dali e começaram a bater nela e a queimar sua pele com cigarro.

"Ouvimos dizer que estavam escolhendo as mais bonitas, então esfregamos terra no cabelo para tentar parecer repugnantes, mas uma menina contou a eles o que estávamos fazendo.

"Então, à noite, apareceu um combatente do Estado Islâmico muito gordo, e ficamos morrendo de medo. Ele tinha barba avermelhada, usava um *dishdasha* branco e era tão grande que parecia um monstro. Eu estava com Nadia, minha prima Katrine e Nisreen, uma amiga do vilarejo. O homem iluminou nossos rostos com uma tocha e quis levar Nadia, mas nós a seguramos e não deixamos. Outros combatentes do Estado Islâmico chegaram e começaram a bater em nossos braços, rostos e costas com cabos elétricos, depois levaram nós quatro. Um deles, um homem magro chamado

Haji Salman, levou Nadia e eu para fora e a colocou num carro. Gritamos e demos as mãos, mas eles nos separaram. Então o homem gordo e malvado que tinha começado a nos bater chegou e disse: 'Agora você é minha.'"

Até aquele ponto, Rojian falara com facilidade. De repente, ela baixou a cabeça.

"Estava de noite", continuou. "Ele era um iraquiano de Mossul chamado Salwan. Chegamos a sua casa e ele ficou tentando me tocar. Não deixei, então ele tirou meu cinto e me bateu e me estapeou com tanta força que meu olho começou a sangrar e ficou uma marca enorme no meu rosto. Ele disse: 'As iazidis são infiéis, então podemos fazer o que quisermos com vocês'. Ele se sentou sobre as minhas costas, de modo que não pude respirar, e me estuprou por trás. Depois disso, passou a me estuprar três ou quatro vezes todos os dias.

"Isso durou mais de seis semanas. Minha vida era só estupro. Um dia ele me disse que ia comprar outra menina. Fiquei aliviada, pensando que aquilo tornaria minha vida mais fácil. A menina que ele levou para casa tinha só dez anos.

"Eles estavam no cômodo ao lado naquela noite. Nunca ouvi ninguém gritar tanto. Ela chamava pela mãe. Chorei mais por aquela menininha do que já chorei por mim mesma."

Peguei a mão de Rojian. Estava fria. Perguntei se ela queria parar. Ela fez que não com a cabeça.

"Um dia, ele nos trouxe hijabs e nos levou ao centro. Vi as bandeiras em preto e branco [do Estado Islâmico] por toda parte. Tentei fugir, mas uma mulher me pegou e me levou de volta.

"Eu tinha ouvido as histórias sobre as meninas que eram flagradas tentando fugir, que batiam nelas até não poder mais e matavam sua família, por isso disse a ele que eu havia corrido porque achava ter visto minha tia num carro.

"Eu estava quase desistindo, mas um dia consegui roubar o

celular dele e entrar em contato com um tio meu. Meu tio me passou o número de uma pessoa em Mossul que ajudava meninas iazidis a escapar.

"Pouco depois, certa manhã, o homem gordo me levou a uma reunião no que parecia ser uma fábrica de bombas. Ele me deixou em outro prédio, então derramei chá em mim mesma e disse que só ia trocar de roupa. Liguei para o contato do meu tio, coloquei o hijab e pulei do telhado para a rua.

"Mas não encontrei em lugar nenhum o carro de resgate que deveria estar lá fora. Voltei a ligar, mas o homem me disse que eu estava sendo seguida por três caras, então era perigoso demais. Eu disse a ele que era minha segunda tentativa de fuga e que eu ia me matar se me pegassem. O homem acabou me passando um endereço para onde ir.

"Entrei no carro e fomos seguidos por três caras de carro e de moto", ela disse. "Mas o motorista chamou alguns amigos para bloquear o caminho e conseguiu me levar até a família dele."

O homem acabou machucando a perna e passou seis dias no hospital, deixando Rojian sozinha com a família dele. "Eu estava com muito medo", ela disse. "Tinha ouvido falar que penduravam fotos de fugitivas nos postos de controle. A família dele não sabia que eu era iazidi. Ele disse que eu era sua prima e que meu pai estava no hospital."

Finalmente, o homem saiu do hospital e os dois passaram de carro pelos postos de controle até Arbil e o ponto de encontro onde o tio de Rojian esperava. A história não parou aí. No campo no norte do Iraque, ela reencontrou Nadia, que havia escapado de Mossul alguns meses antes. "Fiquei feliz ao vê-la, mas onde estava todo mundo? Tantos familiares nossos tinham desaparecido. Meu pai havia sido morto, assim como seus cinco irmãos e a mãe de Nadia, minha tia."

E teve mais. "Quando o estuprador descobriu que eu havia

fugido, ficou tão furioso que, junto do meu irmão de seis anos e da minha irmã ainda bebê, tirou minha mãe da prisão de Tal Afar e a tomou como sua escravizada. Ele os manteve presos por nove meses." Quando eles finalmente conseguiram ir embora, a menina de dez anos ainda era estuprada pelo homem todos os dias. Rojian não tinha ideia do que pode ter acontecido com ela depois.

Quanto às outras meninas com as quais havia sido sequestrada, sua prima Katrine acabou morrendo quando uma bomba caseira explodiu em meio à sua fuga com outras duas meninas; Rojian achava que sua amiga Nisreen ainda era refém do Estado Islâmico.

A mãe de Rojian conseguiu fugir com a bebê e o filho pequeno, e se inscreveu com os filhos para a ponte aérea para a Alemanha assim que soube de sua existência. Em 1º de dezembro de 2015, Rojian, os irmãos mais novos e a mãe entraram num avião pela primeira vez na vida e foram para Stuttgart.

No abrigo, recebiam 320 euros por mês para comida e roupas, e Rojian havia começado a estudar. Apesar da alegria de estar em segurança na Alemanha, ela confidenciou: "Não gosto da escola, porque somos apenas duas iazidis lá. As outras meninas são afegãs e sírias, e estão sempre falando sobre o Estado Islâmico, ou põem preces ou poemas do Estado Islâmico para tocar no celular, só para nos assustar".

"Acho que nunca vou superar isso", ela acrescentou. "Isso nunca vai desaparecer."

Assistentes sociais alemãs faziam visitas diárias, mas as iazidis me disseram que não recebiam acompanhamento psicológico.

"No início, organizamos um trabalho de psicoterapia, mas não foi muito bem recebido", explicou depois o dr. Blume quando perguntei a respeito. "Por exemplo, uma mulher iazidi fez a seguinte reclamação depois de uma sessão: 'Ela disse que era médica, mas só falava.'" No Iraque, os médicos dão muitos remédios, e era isso que elas queriam.

"Além disso, elas não falam sobre o sofrimento pessoal. Quando você pergunta a essas mulheres como elas estão, com muita frequência a resposta é: 'Obrigada, meus filhos estão bem'.

"O que tem funcionado são outras formas de terapia, como arte, pintura, ioga e contato com animais como cavalos para reconstruir a confiança no próprio corpo e nas outras pessoas. Esse é um problema grave. Muitas se sentem traídas por todos."

Turko me disse que muitas vezes entrava em desespero, sobretudo porque o albergue estava instalado numa instituição psiquiátrica.

"Sinto que estou morrendo a cada dia", ela disse. "Choro diariamente. Aqueles homens tiraram algo de mim que não tenho como recuperar. Aqui, só pioro. Não tenho nada para fazer, só me restam meus próprios pensamentos, e estamos cercados por pessoas com problemas psicológicos. A cidade fica a uma caminhada de trinta minutos e tudo lá é caro. Este lugar faz com que eu me sinta oprimida.

"Às vezes as crianças dormem comigo. Elas também foram escravizadas do Estado Islâmico, viram pessoas serem mortas e estupradas, então acordam dez vezes por noite gritando: 'Eles estão vindo, eles estão vindo!'."

Perguntei ao dr. Blume por que as meninas eram postas em lugares tão remotos e mantidas em segredo, quase como se fossem párias.

"No começo, elas tinham medo e não queriam ser vistas", ele disse. "Algumas sentiam muita vergonha.

"A maior parte nunca havia saído do Iraque e nós não sabíamos como reagiriam ao choque cultural. No começo, elas tinham muito medo de homens, principalmente os de origem árabe ou africana, de modo que colocá-las em cidades grandes, com muitos refugiados, teria sido estressante demais para elas. Os psicólogos nos disseram que era importante trazê-las para um lugar sem gatilhos."

Como nada parecido tinha sido feito até então, havia pouco com que pudessem aprender. "Existia pouca experiência no tratamento de pessoas traumatizadas de Ruanda e dos Bálcãs, mas nada tão grande assim, e a cultura e a religião eram diferentes."

Ele também apontou que, como a Alemanha havia recebido muitos refugiados em 2015 — mais de 1 milhão —, os locais disponíveis para abrigar as meninas iazidis eram limitados. "Nem todos os abrigos são ideais, mas o importante era a sobrevivência delas, e não a aparência dos locais.

"Não podíamos colocá-las com outros refugiados, porque a maior parte dos que vêm para a Europa são homens — 70% deles, no caso da Alemanha — ou famílias que puderam bancar a viagem, o que é muito diferente dessas mulheres severamente traumatizadas, os membros mais frágeis da sociedade."

Aquelas mulheres haviam passado por coisas tão terríveis que algumas delas tinham demorado um ano só para voltar a falar. Mas nenhuma havia se suicidado desde a chegada à Alemanha. O dr. Blume contou que vinha acompanhando a melhora dos refugiados, em especial das crianças. "Por um ano inteiro, não ouvimos crianças cantando ou inventando dancinhas, mas agora as vemos rindo e brincando no jardim de infância, e é claro que isso ajuda as mães."

Algumas mulheres, ele disse, estavam até aprendendo a dirigir. O plano dele era integrá-las gradualmente à sociedade, passando-as a apartamentos comuns.

Um grande incentivo foi quando o líder espiritual iazidi, o xeque Baba, pediu que a comunidade não rejeitasse essas mulheres, mas as recebesse de volta. "Pedimos ao xeque Baba que abençoasse o grupo todo antes de partir e lhes dissesse que elas não haviam feito nada de errado, que as únicas pessoas que tinham a honra maculada eram seus agressores, e não elas. Enfatizou ainda que elas eram suas filhas e irmãs e que poderiam retornar quando quisessem. Agora vemos que lentamente, muito lentamente, elas vão sendo aceitas pela comunidade."

Vi isso com meus próprios olhos em outro abrigo, numa colina arborizada, onde fui recebida num conjugado por um casal que comemorava seu primeiro aniversário juntos.

Vian, de 31 anos, e Ali, de 33, usavam um colar de ouro com pingente do anjo-pavão e estavam sentados sobre um colchão verde no chão, ao lado de um bebê-conforto. Dentro, estava um menininho de apenas vinte dias, bem embrulhado no cueiro. Na parede, havia uma flâmula branca e vermelha com um sol dourado brilhando — a bandeira iazidi.

Ali sorriu ao contar que havia insistido com Vian por um ano para que lhe desse uma fotografia sua. No dia em que ela enfim concordara, o Estado Islâmico chegou. Vian fora sequestrada e levada de ônibus para Mossul.

"Eles tinham barba e cabelo compridos e não usavam sapatos. Levaram-nos para uma escola grande na Síria", ela disse. "Eu estava muito assustada. Disseram que iam nos matar se não nos convertêssemos."

Enrolando uma ponta do cueiro do bebê nos dedos, ela prosseguiu: "Todos os dias, combatentes vinham com pedaços de ferro e de madeira e pegavam algumas meninas para se satisfazer por alguns dias. Eles nos separaram em três grupos: as bonitas, as mais ou menos e as feias. Eu estava no grupo do meio. Fingi que tinha problemas mentais, batendo a cabeça na parede na esperança de que não me levassem".

Enquanto isso, Ali se desesperava. Quando Vian conseguiu ligar de Mossul, ele prometeu que faria o possível para trazê-la de volta. "Disse a ela que, mesmo que estivesse casada com um combatente do Estado Islâmico e tivesse filhos com ele, ainda íamos nos casar, e ela seria minha."

Vian contou a ele onde ficava o prédio de três andares em que estavam e implorou: "Diga ao pessoal da artilharia aérea para explodir tudo, para não termos que passar por algo pior que a morte".

Depois, Ali ouviu gritos e o telefone ficou mudo. "Fiquei tão preocupado que não comi por dois dias", ele contou.

Ali foi para o monte Sinjar para se unir à luta contra o Estado Islâmico. "Quatro amigos meus foram assassinados na montanha, e as pessoas morriam de fome, mas eu me recusava a ir embora, por causa da minha promessa a Vian."

Finalmente, enquanto era transferida para outro vilarejo, Vian conseguiu escapar com um pequeno grupo de mulheres, e elas encontraram o caminho para a montanha. Ali ficou radiante ao vê-la, mas Vian nem o reconheceu a princípio, devido à barba, ao uniforme e às armas que carregava.

Vian conseguiu ser aceita pelo programa alemão e foi embora em junho de 2015. Ali pegou 10 mil dólares emprestados e seguiu a trilha dos refugiados para encontrá-la. Três meses depois da chegada de Vian, eles se casaram. Muitos membros da comunidade compareceram à cerimônia, o primeiro casamento de uma das meninas sequestradas.

"Essas meninas deveriam ser nossas heroínas, e deveríamos ter orgulho de nos casar com elas."

Contar esse tipo de história requer bastante tempo. A noite havia caído e estávamos todos esgotados. Depois, eu descobriria que Shaker havia ficado tão impressionado com o que aquelas meninas tinham passado que toda vez que fazíamos um intervalo ele ia ao banheiro vomitar.

Turko e Rojian nos convidaram a ficar para o jantar. Eu recusei, explicando que nossa viagem de volta ao hotel ainda levaria três horas, mas também porque sabia que elas tinham pouco dinheiro para a comida.

No entanto, enquanto conversávamos, outras mulheres haviam se ocupado com panelas e frigideiras na cozinha apertada. Na mesa comprida que ficava ao lado dos desenhos das crianças, um banquete foi servido sobre uma toalha de plástico com flores cor-de-rosa.

Para muitos refugiados, poder recriar comidas típicas estando longe de casa é uma maneira de estabelecer conexões e criar um sentimento de comunidade, além de recordar as crianças de suas origens. As mulheres falavam todas ao mesmo tempo, tentando explicar cada prato.

Havia quibe de cordeiro com triguilho; *dolmas* (charutinhos de folha de uva recheados com arroz e berinjela); frango ao molho de tomate; e *mier* (uma espécie de mingau com triguilho frito).

Elas me perguntaram sobre a culinária inglesa. Contei que meu país não era famoso pela gastronomia, mas expliquei o que era *toad in the hole* e *fish and chips* embrulhado em jornal, e comentei que nosso prato nacional fora trazido por imigrantes da Índia e do Paquistão: frango *tikka masala*. Elas acharam aquilo muito engraçado e riram pela primeira vez, repetindo a história uma para a outra.

As mulheres me disseram que achavam a comida alemã sem cor e sem gosto. Brinquei que talvez um dia um prato iazidi pudesse ser encontrado nos cardápios alemães, ao lado da salsicha e do chucrute, mas elas me olharam com incerteza, e me dei conta de que a sugestão de tal permanência para pessoas que estavam no limbo entre sentir saudade de casa e ter medo de voltar não havia sido muito respeitosa.

Uma travessa grande de melão foi trazida para a sobremesa, e a conversa foi retomada enquanto o sumo nos escorria pelo queixo. Mais tarde, uma por uma, elas me abraçaram. "Foi a primeira vez desde que tudo isso aconteceu que alguém conversou normalmente com a gente", disse Turko.

Desejei morar ali perto para poder visitá-las. No carro, serpenteando por entre a floresta escura, pensei nela e em Rojian voltando aos seus quartinhos, com seus pesadelos e as crianças gritando durante a noite.

3. O poder de uma hashtag

Nordeste da Nigéria

Dizem que o nome Chibok vem do som dos pés sendo puxados pela terra lamacenta. Era uma cidade pequena e tranquila nos limites da floresta de Sambisa, no nordeste da Nigéria, atravessada por uma estrada de terra estreita, com uma praça no centro e uma enorme torre de telecomunicação no meio. Na cidade havia uma igreja, uma mesquita e um Union Bank com uma placa azul desbotada que fechara as portas havia muito tempo. Mulheres e crianças empurravam carrinhos com galões amarelos, porque não tinham água corrente e, apesar do nome, a terra em volta era muito seca e rachada por falta de chuva. Quem seguisse a estrada até os limites da cidade chegava a uma construção grande com um telhado vermelho e uma placa indicando a Escola Pública Secundária.

Em 14 de abril de 2014, a noite em que o Boko Haram foi até essa escola e sequestrou sua filha mais velha, Esther Yakubu estava na cama com seus outros quatro filhos, em sua casa simples de concreto. "Por volta das onze ou meia-noite, acordamos com os tiros", ela recordou. "Meu cunhado ligou dizendo que o Boko Haram estava chegando e tínhamos que fugir. Eles são carniceiros, todo mundo sabe o que acontece quando chegam: queimam casas, matam os homens e pegam as jovens para servir de esposa."

"Eu disse que não ia sair da minha casa, mas então ouvimos mais tiros e meu marido insistiu que fôssemos embora. Corremos ainda de camisola e cueca com as crianças. Chibok é um lugar pedregoso, e nos escondemos entre arbustos e fendas.

"O Boko Haram chegou e ateou fogo na praça e em outras coisas até as quatro da manhã. Conseguíamos ouvi-los circulando de moto e víamos nuvens de fumaça, mas não sabíamos que tinham ido até a escola.

"Então meu cunhado voltou a ligar e perguntou: 'Onde está sua filha mais velha?'. Eu disse a ele que ela estava na escola. Minha Dorcas tinha dezesseis anos e estava em época de provas, por isso estava alojada lá. Meu cunhado disse que a escola havia sido atacada. Não acreditei, mas então alguns pais começaram a voltar para casa chorando porque suas filhas tinham sido levadas. Eu ainda não acreditava. Como podiam ter levado todas as meninas?

"Quando amanheceu, por volta das cinco e meia, corremos para lá. Vimos as salas de aula queimadas, cinzas por toda parte, livros didáticos, mochilas e livros espalhados. Procurei muito por minha Dorcas, gritei o nome dela, mas minha filha não estava em lugar nenhum.

"Alguém contou quantas faltavam. Tinham levado 276 das nossas meninas. A comunidade toda ficou de luto naquele dia, numa maré de lágrimas.

"Então algumas meninas começaram a voltar. Elas nos contaram que os homens haviam entrado em seu dormitório à noite e gritado para acordá-las. Eles usavam uniforme do Exército, por isso a princípio elas não perceberam que era um ataque. As meninas desceram dos beliches à luz das lanternas. Viram que os homens saqueavam a despensa e eram muito jovens e desajeitados, então se deram conta de que não se tratava do Exército. Depois

Esther Yakubu, mãe de uma das meninas de Chibok que desapareceram.

viram os prédios pegando fogo e gritaram, achando que iam ser queimadas vivas. Os homens ordenaram que entrassem em caminhões e dirigiram rumo à floresta.

"Algumas conseguiram fugir logo, outras escaparam na floresta, se agarrando a troncos de árvores. Reconheci uma das meninas e perguntei: 'Dorcas estava com você?'. Ela respondeu: 'Sim, mas ela estava cansada no caminhão, por isso não fugiu'. Minha filha não estava acostumada a correr. Talvez estivesse com medo.

"Meu marido e outros homens tentaram procurá-las na floresta, mas ela é enorme e densa. Cinquenta e sete meninas conseguiram escapar naquela primeira noite, mas ainda restavam 219 em algum lugar na mata, em meio a cobras e outros animais. Algumas pessoas achavam que as meninas já haviam sido levadas para Camarões através das colinas de Gwoza. Talvez pretendessem vendê-las.

"Eu ficava olhando para uma foto dela no celular, tentando dessa forma trazê-la de volta para mim. Pensava: como isso pôde ter acontecido? Acabei de tirá-la da escola de Kano e de colocá-la na de Chibok porque achei que seria mais seguro.

"Algumas pessoas do vilarejo diziam que era aquilo que acontecia quando as meninas recebiam educação por muito tempo. [Jovens como Dorcas eram exceção no norte da Nigéria, onde apenas 4% das meninas concluíam a escola secundária e dois terços se casavam até os dezesseis.] Mas ela sempre foi inteligente, e eu queria muito que ela estudasse para poder ter uma vida melhor.

"'Boko Haram' significa 'a educação ocidental é proibida'. Não muito tempo antes, eles haviam atacado uma escola para meninos em Buni Yadi e queimado vivos 59 alunos. Mas não tínhamos ficado sabendo a respeito.

"Aparentemente, eles não estavam planejando o ataque, porque não tinham veículos suficientes para todas as meninas, de modo que invadiram certas casas e roubaram algumas. Algumas das meninas que voltaram disseram que os combatentes entraram na escola procurando por cimento e uma máquina para fazer tijolos com a ideia de construir uma base. Discutiram entre si quanto ao que fazer com as meninas e até sugeriram queimá-las.

"Há quem diga que é uma conspiração, sabe? Em geral temos cem soldados em Chibok, por causa dos ataques na região, mas naquela noite eram apenas quinze, porque alguns tinham sido mandados para outros lugares, e havia só 27 policiais, a maioria deles bêbados. A escola ficara sem luz naquela noite, porque o diesel do gerador tinha acabado. A diretora era muçulmana. Duas semanas antes, a escola fora evacuada por causa de alertas de ataques, e ela dissera às meninas para ficarem todas juntas se algo acontecesse. Se tivessem corrido, elas poderiam ter escapado."

De seu casarão branco na moderna capital Abuja, o presidente nigeriano Goodluck Jonathan não fez nada. Milhares de meninas vinham desaparecendo de vilarejos de todo o nordeste da Nigéria. O sequestro das meninas de Chibok poderia ter sido apenas mais uma atrocidade no amplo catálogo do Boko Haram se não fosse por uma coisa. Em 23 de abril de 2014, nove dias depois do ataque, um advogado especializado em direito comercial chamado Ibrahim Abdullahi ligou a TV de seu quarto de hotel em Porto Harcourt enquanto fazia as malas para voltar para Abuja. Estavam transmitindo ao vivo do Port Harcourt Book Festival, e Oby Ezekwesili, ex-ministra da Educação, discursava. Ela falou ao público do sequestro das meninas, instando todos a exigir do governo: "Tragam nossas meninas de volta".

Abdullahi era usuário frequente do Twitter. Ele publicou as palavras de Oby, acrescentando duas hashtags: #BringBackOurDaughters [tragam nossas filhas de volta] e #BringBackOurGirls [tragam nossas meninas de volta]. Então correu para pegar o avião, pensando, como pai, no quão devastado ficaria se perdesse um filho.

Do outro lado do mundo, em Los Angeles, alguém da indústria cinematográfica retuitou a mensagem dele. Em três semanas, a hashtag BBOG tinha sido usada mais de 1 milhão de vezes no mundo todo. Entre as muitas pessoas ocupando posições de destaque que haviam postado selfies segurando cartazes dizendo "*Bring Back Our Girls*" incluíam-se a supermodelo Naomi Campbell, a celebridade Kim Kardashian, a secretária de Estado Hillary Clinton e a primeira-dama Michelle Obama. Tendo ela mesma duas filhas adolescentes, Michelle Obama aproveitou a plataforma do discurso de rádio semanal do presidente para expressar seu ultraje. "Nessas meninas, Barack e eu vemos nossas próprias filhas", disse, acrescentando que o marido havia ordenado que seu governo fizesse tudo o que estivesse ao seu alcance para ajudar a encontrá-las. Em Londres, o primeiro-ministro David Cameron disse na Câmara dos Comuns que aquele era "um ato de pura maldade" e garantiu que o Reino Unido faria "todo o possível".

Os Estados Unidos enviaram analistas da CIA e especialistas

em negociações com reféns, além de alguns drones Predator, conhecidos como "olhos no céu". Um Centro de Fusão de Informação foi organizado pelo Reino Unido e pela França, que enviaram consultores militares e especialistas em satélite, embora o avião de reconhecimento Sentinel prometido pela Força Aérea Real tenha atrasado por mau funcionamento.

Como aconteceu com jornalistas do mundo todo, meu editor disse que eu precisava conseguir um visto e entrar num avião. De repente, o Ministério das Relações Exteriores nigeriano se viu inundado de pedidos de veículos de imprensa desesperados para cobrir o Fórum Econômico Mundial para a África, que seria realizado em Abuja naquela semana. Senti a excitação familiar das últimas notícias quando saímos do avião e deparamos com o calor abafado e úmido. Entramos em táxis que iam para aquela estranha e moderna capital e avistamos uma floresta de antenas parabólicas marcadas com CNN, ABC, CBS, BBC, ITN, Sky, Nippon TV... Nos dez dias que se seguiram, o sequestro das meninas de Chibok encabeçou os noticiários do mundo todo.

Todos os dias, ao pôr do sol, multidões de jornalistas saíam do Hilton e atravessavam a rua até a empoeirada Unity Fountain, um chafariz desligado no qual estão inscritos os nomes dos 36 estados nigerianos. Sob a silhueta de bandos de pássaros voando em V contra o céu do crepúsculo, manifestantes vestindo vermelho se reuniam para aplaudir o discurso de Ezekwesili em meio aos protestos de todos pela falta de ação do governo.

Depois que cada pessoa falava, um coro tinha início:

O que cantamos?
Tragam nossas meninas de volta!
O que pedimos?
Tragam nossas meninas de volta! Agora e vivas!

Enquanto as pessoas se dispersavam em meio à escuridão aveludada, fui tomar um café num hotel ali perto com Ezekwesili, que passara de ministra do governo a vice-presidente do Banco Mundial e era cofundadora da Transparência Internacional. Ela estava furiosa, e ficou ainda mais quando fragmentos do teto do hotel caíram sobre seu vestido. "Sem educação, eu seria apenas mais uma menina esquecida e condenada à pobreza", ela me disse. "Como é possível que a sociedade tenha falhado tanto a ponto de permitir esses sequestros em massa de nossas meninas? Isso precisa nos fazer acordar."

Rica em petróleo, a Nigéria tinha acabado de superar a África do Sul como a maior economia do continente africano, algo de que seu governo pretendia se gabar no muito aguardado Fórum Econômico. No entanto, o mundo todo parecia interessado apenas nas meninas desaparecidas. Deve ter sido bastante irritante para o presidente Goodluck, um ex-zoólogo que parecia adorar chapéus fedora. Ele passou os dezenove dias seguintes enfurnado em sua residência oficial em Aso Rock, sem dizer nem uma palavra sequer sobre os sequestros e sem convocar uma reunião para planejar um resgate. Os militares chegavam a negar que aquilo tivesse acontecido. A primeira-dama acusava os manifestantes de "fazer joguinhos". Quando o presidente foi fotografado dançando num comício do partido, um editorial do *New York Times* o descreveu como "chocantemente lento e inepto ao lidar com esse crime monstruoso".[1] A terrível situação das meninas de Chibok e a aparente indiferença do presidente eram sinais de um governo que só parecia estar interessado em enriquecer.

Às vezes, alguns dos pais das meninas desaparecidas participavam da vigília na Unity Fountain. Foi lá que conheci Esther, uma mulher bem-vestida de 42 anos que trabalhava no setor de finanças do governo de Chibok. Ela me mostrou no celular uma imagem de sua filha Dorcas, radiante num vestido turquesa de manga comprida que brilhava como a cauda de uma sereia. A foto tinha sido tirada na semana em que ela desaparecera.

"Dá para ver que ela adorava moda", disse Esther. "Sempre dizíamos que arrumava o cabelo tão bem quanto uma iorubá. Elas são famosas por isso."

"Ela é como um pedaço do meu coração", Esther acrescentou. "É uma menina simpática e amistosa, meu principal pilar. Sempre cuida dos irmãos mais novos sem que eu peça e cozinha. Gosta de cantar cânticos de louvor no coral da igreja, e sua voz parece mel."

A família toda era devota e frequentava a igreja. "A maioria das pessoas em Chibok era cristã e vivíamos todos em paz com nossos irmãos muçulmanos, até que o Boko Haram chegou."

Como a maior parte das meninas da escola, Dorcas estava em época de provas. "Ela já tinha entregado quatro trabalhos. Sempre tirou notas boas e sempre foi muito estudiosa. Quer estudar administração e ser professora universitária."

Quatro semanas depois do sequestro, o Boko Haram divulgou um vídeo que mostrava cerca de 130 meninas de hijab preto e cinza sob tamarindeiros, com as mãos voltadas para cima, em prece, recitando o Corão. Embora o norte da Nigéria seja majoritariamente muçulmano, Chibok era uma comunidade diversa, segundo Esther contou, e muitas das meninas eram cristãs.

"Raptei suas meninas", vangloriou-se Abubakar Shekau, líder do Boko Haram, rindo de maneira desvairada, como um palhaço maligno. "Vou vendê-las no mercado, em nome de Alá. Vou vendê-las e casá-las."

Esther procurou em vão no vídeo por sua filha cintilante. O que estavam fazendo com ela?

* * *

Qualquer mãe ficaria aterrorizada. De acordo com o Índice de Terrorismo Global, o Boko Haram era o grupo terrorista mais letal do mundo, ainda que não recebesse tanta atenção internacional quanto a Al-Qaeda ou o Estado Islâmico.

Quando conversei com os nigerianos, pareceu haver uma confusão considerável a respeito dos objetivos do Boko Haram. Em Abuja, encontrei um ex-membro do Parlamento que encabeçava uma rede anticorrupção, mas que surgiu num Audi R10 e usando um Rolex de ouro com diamantes. Ele descreveu o Boko Haram como "uma seita demoníaca que se beneficia da ignorância e das crenças religiosas para levar a cabo atos de Satã" envolvida em "banditismo e pilhagem".

Outros diziam que, na verdade, o Boko Haram era usado pelos militares ou pelos políticos do norte para criar anarquia, prejudicando Goodluck Jonathan, um cristão do sul, com a intenção de recuperar o poder para si. Ou ainda que era usado por políticos cristãos do sul, desejosos do poder do norte.

Boko Haram, na realidade, era o apelido do movimento, cujo verdadeiro nome seria muito mais difícil de popularizar: Jama'atu Ahlis wa-Sunna Lida'awati wal-Jihad, ou Pessoas Comprometidas com a Propagação dos Ensinamentos do Profeta e da Jihad. Quando o grupo se iniciou, no entanto, não tinha um nome, o que levou alguns a chamá-lo de Talibã nigeriano.

Seu fundador era um clérigo salafista com cara de bebê chamado Mohammed Yusuf, que em 2002 abriu um madraçal em Maiduguri, capital do estado de Borno, com o nome de Ibne Taimia, um homem sírio que havia promovido a jihad contra os mongóis no século XIII. No madraçal, Yusuf ensinava que a Terra era plana e denunciava a educação ocidental (*boko*) como *haram*.

A Nigéria é o país mais populoso da África, com cerca de 200 milhões de pessoas e centenas de línguas e tribos. Quase metade da população é de muçulmanos, que se concentram no norte, região bastante pobre em comparação ao sul, depois de anos de distribuição desigual da riqueza proveniente do petróleo combinada com má gestão econômica e governantes corruptos.

O país também apresenta uma das populações mais jovens do mundo, com mais da metade com menos de trinta anos. A pregação de Yusuf de um islã radical começou a conquistar seguidores entre os milhares de homens jovens sem trabalho ou sem esperança, em especial outros canúris. Ele e seus acólitos percorriam a região em picapes com alto-falantes pedindo aos muçulmanos que ignorassem o "governo de ladrões" dominado por cristãos e seguissem a Xaria. A fonte de toda aquela corrupção, Yusuf vociferava, era o sistema educacional implantado pelos colonizadores britânicos.

No entanto, foi uma lei relacionada a capacetes para motociclistas que de fato transformou aquilo tudo numa insurreição. As estradas nigerianas estavam entre as mais perigosas do mundo, de modo que em janeiro de 2009 o governo tornou o uso de capacetes obrigatório, numa tentativa de reduzir o número de mortes. Muitas pessoas se recusavam a usá-los, dizendo que causavam piolhos, que podiam estragar as extensões capilares das mulheres e até que quem os usava podia ser alvo de feitiços. A maior parte achava que aquele era só mais um motivo para a polícia exigir propina.

No mês seguinte, alguns seguidores de Yusuf estavam em meio a um cortejo fúnebre numa cidade do nordeste chamada Bauchi quando foram parados pela polícia por não estarem usando capacete. O confronto se intensificou depressa, e as forças de segurança abriram fogo, ferindo dezessete pessoas.

Yusuf incitou seus seguidores a reagirem com a jihad, fazendo investidas pelos cinco estados do norte. Os ataques, brutalmente esmagados pelas forças governamentais, deixaram cerca de mil mortos e prenderam muito mais pessoas, incluindo diversos familiares de membros do grupo. As ruas de Maiduguri se transformaram num campo de batalha. Os militares acabaram capturando Yusuf e o entregaram à custódia da polícia, que alegou que ele fora baleado no peito porque "tentava escapar". Seu corpo marcado por tiros foi exibido aos jornalistas.

Os líderes do grupo que restaram passaram para a clandestinidade e muitos consideraram o movimento encerrado. Mas alguns deles acabaram em campos de treinamento jihadista na Somália, no Mali e até no Afeganistão, e por volta de 2010 reapareceram como um grupo terrorista liderado por Shekau, antigo braço direito de Yusuf.

Shekau tinha um aspecto aterrorizante no vídeo em que as meninas de Chibok vestiam hijab. Usavam palavras como "psicopata" ou "delirante" para descrevê-lo, mas ninguém parecia saber muito mais a seu respeito além do fato de que havia se casado com a viúva de Yusuf. "Se Yusuf é Lênin, ele é Stálin", um diplomata britânico me disse em Abuja. "Juntou-se à revolução e a conduziu a uma direção particularmente violenta."

Assim como Osama bin Laden, sua maneira preferida de se comunicar com o mundo é por meio de vídeos, nos quais costuma segurar um AK-47. Cercado por seus tenentes mascarados, ele se alonga em discursos de uma hora sobre qualquer coisa, de Abraham Lincoln à rainha Elizabeth II. "Gosto de matar quem quer que Deus me ordene matar, assim como gosto de matar galinhas e ovelhas", declarou em 2012 num desses vídeos. "Vamos matar quem quer que pratique a democracia… Matar, matar, matar!"

As primeiras mortes, perpetradas por grupos de assassinos profissionais em motocicletas, foram de líderes muçulmanos moderados. A maior parte dos ataques iniciais do grupo focou em permitir que seus membros e seus familiares fugissem da prisão, para engrossar suas fileiras. Eles passaram a bombardear igrejas também, as duas primeiras na véspera de Natal de 2010, em Maiduguri, depois em toda a região, e ordenaram que todos os cristãos abandonassem o norte. No ano seguinte, atacaram a capital, bombardeando o quartel-general da polícia em Abuja e depois o prédio das Nações Unidas.

O colapso do regime de Gaddafi na Líbia, em 2011, descrito de maneira memorável num relatório do serviço de inteligência britânico como "a grande varejista do comércio de armas ilegais", disponibilizou nova fonte de armas a serem distribuídas pelo Níger e além.

Em 2012, a ação do Boko Haram já era mais indiscriminada, com ataques de homens-bomba a mesquitas, estações de ônibus, mercados e hospitais em toda a região. Fiel ao nome, o grupo também queimava escolas e matava professores, às vezes obrigando meninos a servir como vigias ou recrutas. Outras vezes, apenas os matavam. Adolescentes eram forçados a abrir valas e depois se enfileirar de modo a cair nelas quando sua garganta fosse cortada. Um membro do grupo era conhecido como Açougueiro, supostamente porque era capaz de cortar a medula espinhal com um só golpe.

O grupo era tão implacável que até a Al-Qaeda parecia considerá-lo extremista. Uma carta de Shekau estava entre os documentos apreendidos na operação dos SEALs da Marinha americana realizada em maio de 2011 em Abbottabad que culminou na morte de Osama bin Laden. Nessa carta, Shekau solicitava uma reunião com Ayman al-Zawahiri, braço direito de Bin Laden, e expressava seu desejo de estarem "sob um mesmo estandarte". Não houve resposta.

Para levantar fundos, o Boko Haram roubava bancos, enfiando o dinheiro em grandes sacolas de náilon xadrez conhecidas como "Ghana-Must-Go". Para se armar, eles apreendiam armas e caminhões, e conseguiam até mesmo tanques do Exército, que alguns diziam que eram vendidos para o grupo por militares corruptos. Em pouco tempo, o Boko Haram se concentrou no controle territorial, anexando cidades e vilarejos por todo o norte até dominar 70% do estado de Borno e criar um califado, ainda mais brutal do que aquele que o Estado Islâmico instauraria depois. Eles mataram e capturaram milhares de pessoas e fizeram com que centenas de milhares fugissem.

Atacar escolas, em especial escolas para meninas, não era uma tática exclusiva do Boko Haram. Centenas tinham sido bombardeadas ou atacadas pelo Talibã no Afeganistão e no norte do Paquistão, onde, em outubro de 2012, a menina de quinze anos Malala Yousafzai levou um tiro num ônibus escolar por defender o direito à educação.

Mas uma das marcas registradas do Boko Haram era sequestrar meninas e obrigá-las a se casar com combatentes. Isso acontecia em parte para garantir a lealdade de seus seguidores, jovens desempregados sem possibilidade de pagar o tradicional preço da noiva; outro intuito era providenciar futuros membros para o califado, tratando as meninas como incubadoras de bebês muçulmanos. Mulheres que estavam grávidas de bebês cristãos podiam ter a barriga aberta a golpes de facão e o feto arrancado de lá.

Muitas vezes também se tratava de uma forma de vingança pela prisão por parte das autoridades nigerianas de parentes mulheres dos membros do grupo. Havia relatos de que a esposa e as três filhas de Shekau tinham sido capturadas em setembro de 2012, quando militares atacaram a cerimônia de nomeação de um bebê. Pouco depois, Shekau divulgou outro vídeo alertando: "Já que estão com nossas mulheres, esperem e verão o que acontecerá com as suas".

Ele acrescentou: "Gostaria que soubessem que há escravidão no islã. Mesmo durante a batalha de Badr, o profeta Maomé fez escravizados". Ele se referia à primeira vitória militar dos muçulmanos, no século VII, sobre os coraixitas, que estavam em maior número.

* * *

O Boko Haram era um assunto complicado, e a mídia era incapaz de se ater a um tema por muito tempo, de modo que logo as parabólicas foram retiradas e os jornalistas seguiram para a próxima história: o Estado Islâmico tomando conta de grandes porções do Iraque e da Síria. O avião de reconhecimento enviado pelo primeiro-ministro britânico foi discretamente deslocado para outro lugar. O FBI chamou seus negociadores de volta.

Quanto às meninas, era como se tivessem desaparecido da face da Terra. No ano seguinte, em março de 2015, a sorte de Goodluck Jonathan acabou, e ele se tornou o primeiro presidente em exercício da história da Nigéria a perder uma eleição. Seu fracasso em encontrar as meninas de Chibok e dar fim à insurreição foi um dos motivos de sua derrota.

Quem ganhou as eleições foi Muhammadu Buhari, que governara o país quando da instauração de uma ditadura militar nos anos 1980. Ele tinha nove filhas e disse às tropas que encontrar as meninas de Chibok seria a prioridade em seus cem primeiros dias de governo. Mas esse prazo passou, os ataques do Boko Haram prosseguiram e as tentativas de negociar com Shekau não evoluíram. Em 14 de janeiro de 2016, o presidente Buhari se reuniu com cerca de trezentos pais e disse a eles que seu governo não tinha "nenhuma informação confiável" do paradeiro das meninas ou alguma garantia de que estavam vivas.

Esther às vezes me mandava mensagens motivacionais com teor religioso, e eu não conseguia tirar as meninas da cabeça. Já sentia um frio na barriga quando acordava cedo e encontrava a cama do meu filho adolescente ainda vazia — nem imaginava como seria saber que sua própria filha estava nas mãos de assassinos brutais e estupradores.

Em junho de 2014, dois meses depois do sequestro, teve início uma onda de atentados suicidas a bomba perpetrados por mulheres jovens no norte da Nigéria. Muitos acreditavam que se tratava de meninas de Chibok que haviam sofrido lavagem cerebral e sido treinadas para matar ou que eram transformadas em mulheres-bomba contra a sua vontade, com o acionamento remoto de coletes de explosivos. Outros argumentavam que as meninas eram valiosas demais para o Boko Haram, por terem ganhado fama mundial.

Encontrei um homem em Londres que abriu seu MacBook Air e me mostrou vídeos de embrulhar o estômago em que três delas eram estupradas repetidamente, até que sua boca se mantivesse aberta, mas seus gritos deixassem de sair.

"O Boko Haram faz o Estado Islâmico parecer brincadeira de criança", disse-me o dr. Stephen Davis, antigo cônego da Catedral de Coventry que estava morando em Perth, na Austrália, e passara inúmeros anos negociando com membros do grupo. "Conheci uma menina que sofreu estupros coletivos todos os dias durante um ano."

Entre 2009 e 2016, o Boko Haram matou mais de 15 mil pessoas, arrasou vilarejos e forçou mais de 2 milhões a fugir de casa. De acordo com a Unicef, o grupo também fez com que mais de 1 milhão de crianças abandonassem os estudos, queimando prédios, matando centenas de professores e sequestrando milhares de meninos e meninas para trabalhar como cozinheiros, vigias e escravizados sexuais. Depois de ser rechaçado pela Al-Qaeda, o Boko Haram se uniu ao Estado Islâmico em 2015, tornando-se o Estado Islâmico na África Ocidental.

Como 219 meninas podiam ser sequestradas e simplesmente desaparecer? O dr. Davis, pai de três filhas, se exaltava. "Não consigo acreditar que se possa sequestrar tantas meninas sem deixar nenhum rastro", ele disse. "Pense no número de veículos necessários. Mas eles não deixaram nem uma marca de pneu, nenhum morador os viu passar. É completamente inconcebível."

* * *

Dois anos depois do sequestro das meninas, a vigília diária ao pôr do sol prosseguia na Unity Square. As andorinhas ainda sobrevoavam o céu em V, mas os manifestantes tinham se reduzido a um pequeno amontoado de uma dúzia de pessoas que carregavam plaquinhas vermelhas pedindo Bring Back Our Girls, enquanto uma pilha de cadeiras de plástico permanecia intocada. Alguns se juntavam a eles na volta do trabalho, e os motoristas que passavam buzinavam em solidariedade.

"Ninguém vai desistir", insistiu Yusuf Abubakar, coordenador do protesto. Seu megafone não estava funcionando, então teve de gritar o refrão de sempre:

Quando vamos parar?
Só quando nossas meninas estiverem de volta e vivas!
Quando vamos parar?
Nunca sem nossas filhas!

Várias questões foram discutidas, como quem poderia providenciar bebidas para a vigília à luz de velas em memória dos meninos mortos em Buni Yadi. Como sempre, a sessão foi encerrada com todos cantando "Give Peace a Chance", de John Lennon, alterada de modo a dizer: "*All we are saying is bring back our girls. Now and alive!*" [Tudo o que estamos dizendo é tragam nossas meninas de volta. Agora e vivas!].

Entre os reunidos ali estava Maryam, uma adolescente magra e imóvel como uma tulipa, acompanhada de sua mãe, Fatima, ambas com o rosto sério. Maryam me disse que, na noite de 24 de fevereiro de 2014, quando o Boko Haram atacou, estava na escola de Buni Yadi com Shoaib, o irmão mais velho, então com dezesseis anos, que ela tanto amava. "Eles levaram todas as meninas para a mesquita e nos disseram que estudar naquela escola era errado e que se nos pegassem de novo não seríamos poupadas. Então começaram a atirar na cabeça dos meninos na nossa frente."

As meninas ouviram os gritos dos que tiveram a garganta cortada. Maryam nunca mais viu o irmão. "Ele queria ser arquiteto", disse a mãe deles, Fatima. "Desmaiei quando fiquei sabendo."

Fatima agora pagava para que Maryam pudesse estudar em Kaduna, porque achava que seria mais seguro. Mas a menina chorou ao me dizer: "Não consigo me concentrar, fico pensando no meu irmão e no que fizeram com aqueles meninos. Sei que minha mãe está se sacrificando para que eu possa ir à escola e não quero parar de estudar, mas não sei o que fazer. Tenho pesadelos toda noite. Eles enchem minha mente".

Na manhã seguinte, encontrei Esther Yakubu. Ela parecia ter envelhecido dez anos em dois. Esther me disse que sentia como se vivesse numa espécie de limbo. "Não consigo dormir, não consigo respirar", contou. "Minha outra filha se recusa a voltar para a escola, porque tem medo." Alguns dos pais de Chibok haviam se suicidado, Esther me contou. Ninguém tinha lhes oferecido acompanhamento psicológico. "O governo só nos deu tecidos e arroz", explicou. "De que me serve isso?"

Ela ainda tinha fé de que sua filha voltaria. "Acredito que ela está viva", Esther disse. "Eu costumava sonhar que ela tinha voltado. Uma vez, minha outra filha me acordou no meio da noite e gritou: 'Dorcas está aqui!'. Ela havia sonhado que a irmã tinha voltado e estava se maquiando. Dorcas adorava se maquiar."

"Se minha filha estivesse morta, eu saberia", Esther acrescentou.

A atenção internacional tinha surpreendido a todos e dado a esperança de que as meninas logo seriam encontradas, então não conseguiam entender aquele fracasso. "Ouvimos dizer que os americanos têm satélites que podem ver um homem caminhando por uma rua em Bagdá ou uma cabra numa colina no

Afeganistão", disse Esther. "Como não conseguem encontrar todas aquelas meninas?"

"O que eu acho é que o governo não se importa. Se fossem filhas da elite, já teriam sido encontradas."

O posto de controle militar na saída do aeroporto de Maiduguri tinha um pôster grande de PROCURADOS, cheio de rostos ameaçadores de combatentes armados do Boko Haram, com Shekau olhando maliciosamente bem ao centro. Os soldados atrás das pilhas de sacos de areia pareciam carrancudos, o que não era nenhuma surpresa, considerando que eram mal pagos e estavam mal equipados — dizia-se que em parte porque seus comandantes embolsavam os fundos ou vendiam seus equipamentos para grupos terroristas.

Eu tinha ido ao local do nascimento do Boko Haram para encontrar algumas de suas reféns anteriores e descobrir como seria a experiência no cativeiro de uma menina como Dorcas. No voo, eu me sentara ao lado do professor Abba Gambo, chefe do Departamento de Produção Agrícola de uma universidade. Ele me contou que seus onze irmãos haviam sido mortos — um fora baleado na frente dele. Gambo culpava o Boko Haram pelo alto nível de pobreza e analfabetismo e até pela mudança climática: a região contava com apenas três meses de chuva, ocasionando o encolhimento do lago Chade e a diminuição da colheita. Ele apontou para a terra marrom e seca do outro lado da janela.

Eu não era a única estrangeira a bordo. Havia também Denise Ritchie, uma advogada neozelandesa loira e determinada que se dedicava a combater a violência sexual. Ela me contou que trazia consigo malas de sutiãs e calcinhas angariados para doar às mulheres sequestradas. Primeiro, pensei que ela estivesse maluca, mas depois fiquei impressionada ao saber que alguém gastava suas economias para atravessar meio mundo numa tentativa de dar um pouco de dignidade a mulheres que nem conhecia.

Ambas nos instalamos numa hospedaria chamada Satus, que havia sido recomendada por ser segura e ficar próxima de um posto militar — algo questionável, já que o Exército era o principal alvo dos terroristas. O site exibia quartos em estilo escandinavo com painéis de madeira e edredons de algodão egípcio, mas os quartos na verdade eram marrons e úmidos, com colchas manchadas. Fui falar com o gerente, mas ele apenas riu e me disse que as fotos eram de outro hotel de que ele tinha gostado.

Maiduguri estava muito mais agitada do que na minha outra visita, dois anos antes, em 2014. Na época, em razão de um ataque recente, havia um toque de recolher. Agora, todo mundo parecia estar vendendo algo. Nas ruas, garotos jogavam futebol de mesa e pessoas assavam no espeto peixes e passarinhos parecidos com pardais, chamados tecelões-de-bico-vermelho, que eram vendidos embrulhados em papel e comidos inteiros.

Centenas de milhares de moradores de vilarejos e de cidadezinhas próximas que haviam sido invadidas pelo Boko Haram tinham fugido para a cidade. Vinte e cinco campos foram criados para abrigar a todos. Entre essas pessoas havia milhares de meninas que tinham escapado ou sido resgatadas do Boko Haram. Embora o foco internacional se concentrasse nas meninas de Chibok, logo ficou claro que seu desaparecimento era apenas a ponta do iceberg.

“Eles punham as mãos sujas sobre a nossa boca e nos obrigavam a mostrar os seios”, disse Ba Amsa, que, como Dorcas, filha de Esther, tinha dezesseis anos quando foi raptada pelo Boko Haram. “Você não podia se recusar, porque eles tinham armas, e se recusasse te levariam para o mato e te matariam.”

Ela era de uma cidadezinha chamada Bama, que fora atacada

inúmeras vezes pelo Boko Haram e tomada em setembro de 2014, cinco meses depois do sequestro de Chibok.

Mesmo para os padrões do Boko Haram, tinha sido uma carnificina. Depois, o grupo divulgou um vídeo mostrando seus atiradores matando civis deitados de bruços no dormitório cheio de beliches da escola local. A maioria parecia ser de homens adultos. Havia tantos corpos que os atiradores tinham dificuldade de passar por entre eles para matar os que ainda se contorciam.

"Deixamos o chão deste lugar vermelho de sangue, e será assim em todos os ataques e detenções de infiéis no futuro", disse o líder do grupo numa mensagem. "A partir de agora, matar, massacrar, destruir e bombardear será nosso dever religioso em qualquer lugar que invadirmos."

Conforme o Boko Haram se instalava, as pessoas tentavam fugir. Ba Amsa mancava porque tivera poliomielite na infância, então não conseguia correr muito rápido. "Eles pegaram minha irmã e eu e nos levaram para uma espécie de prisão feminina, onde nos mantiveram por três meses e nos obrigaram a estudar o islã.

"Era um lugar onde os combatentes do Boko Haram podiam escolher esposas. Diziam-nos que os homens estavam vindo para nos olhar e nos obrigavam a nos levantar e a mostrar os seios, então cinco ou dez de nós eram escolhidas. Mais de vinte meninas já tinham sido levadas quando chegou a minha vez.

"Eu conhecia o homem que me escolhera, de Bama. Ficamos na casa de pessoas que haviam sido mortas pelo grupo. Ele era jovem e parecia não saber nada de religião. Disse-me que qualquer um que se juntasse ao Boko Haram ia para o Paraíso."

Quando perguntei como ele a tratava, a menina olhou para o chão. "Não tive como recusar", ela disse. "Ele tinha uma arma. Um dia, o Exército veio e bombardeou o vilarejo. Consegui fugir, mesmo estando grávida."

Conheci Ba Amsa no campo de Dalori, baseado numa antiga escola técnica na periferia da cidade, num terreno empoeirado cheio de baobás secos. Dalori era o maior dos campos, com cerca de 22 mil pessoas, e o mais antigo. Também parecia ser, ao que tudo indicava, o mais bem equipado, com longas fileiras de tendas brancas, mas era um lugar horrível, com uma única torneira, diante da qual pessoas descalças faziam fila para pegar água. As tendas não protegiam do calor de quarenta graus. As provisões consistiam apenas em arroz e um sabonete por mês — um tempo depois, vi farinha, óleo de cozinha e feijão que supostamente eram comprados com desconto no mercado que ficava um pouco mais adiante.

Os campos eram organizados por locais, para tentar manter as comunidades juntas, e a maior parte das pessoas que conheci em Dalori era de Bama. Ba Amsa participava de uma oficina organizada por um grupo local para mulheres e meninas que haviam escapado do Boko Haram e queriam falar a respeito daquilo. A oficina era realizada num pequeno trailer com fileiras de carteiras às quais se sentavam quarenta participantes, muitas delas com bebês de colo, embora elas próprias parecessem crianças. Era agoniante.

Ba Amsa, que àquela altura tinha dezoito anos, cuidava de um bebezinho chamado Abuya — seu filho de quatro meses, que havia nascido no campo. Ela reencontrara os pais, que também estavam ali. Seus dois irmãos mais velhos e seu irmão e sua irmã mais novos permaneciam desaparecidos.

Ela disse que tinha sorte porque sua família ainda a apoiava, mas se preocupava com o futuro do filho. Um dia, a irmã mais velha de seu marido do Boko Haram foi atrás dela, com a intenção de dar um nome ao bebê.

"Na nossa tradição, o marido dá o nome à criança, mas eu disse à mulher que ele não tinha esse direito, depois do que fizera. Este bebê é um lembrete de toda a dor, mas não tem culpa de nada", ela disse. "Todas as coisas ruins que me aconteceram se devem ao pai, e não a ele. Esta criança é inocente."

Embora a princípio não me parecesse ser o caso, quanto mais meninas conheci, mais convencida fiquei de que era verdade o que Ba Amsa dissera sobre ter sorte. A maior parte das meninas da oficina tinha sido excluída pela comunidade e era obrigada a ficar numa tenda reservada para o que eles chamavam de "esposas de Sambisa".

Entre elas estava Raqaya al Haji, que aos treze anos estava grávida de quatro meses de um terrorista do Boko Haram com quem havia sido obrigada a se casar.

Quando fora sequestrada, Raqaya tinha apenas onze anos e estava prestes a entrar na escola secundária. "Eu estava dormindo quando dois homens armados invadiram a casa dos meus pais em Bama e me levaram", ela disse. "Eu sabia quem eram, porque moravam por ali. Todo mundo sabia que eram membros do Boko Haram."

Ela foi levada para um vilarejo chamado Bu Nafe e se tornou uma das três esposas de um jovem combatente chamado Khumoro, embora fosse tão nova que ainda não tinha nem ficado menstruada.

"Se eu me recusasse, iam me tornar uma concubina", ela disse. "Eu sabia que havia pessoas nas estradas que me levariam de volta se eu fugisse, depois me matariam."

"Khumoro era um homem difícil", Raqaya acrescentou. "Quando eu resistia, ele me forçava a beber sangue. Às vezes, eles nos reuniam para assistir às mulheres sendo açoitadas ou apedrejadas por adultério.

"Às vezes, Khumoro ia para o combate e eu pensava em fugir, mas sabia que o Boko Haram tinha pessoas nas estradas que iam me matar se me encontrassem."

Raqaya acabou ficando tão desesperada que, em dezembro,

depois de mais de um ano e meio em cativeiro, suplicou a Khumoro que a deixasse visitar a avó doente.

"Eu fugi. Andava à noite para que não me vissem e me escondia durante o dia. Fiquei tonta pela falta de comida e bebida. Levei três noites para voltar a Bama, que estava sob o controle do Exército nigeriano, e me mantiveram lá por um tempo… Então, em janeiro, me trouxeram aqui para o campo. Fiquei muito feliz na hora, depois me dei conta de que ninguém falava comigo. Somos chamadas de *annova*, que significa 'epidêmicas' ou 'sangue ruim.'"

"As pessoas acreditam que as mulheres sequestradas se tornaram simpatizantes e estão sob efeito de um feitiço", explicou a dra. Yagana Bukar, professora da Universidade de Maiduguri que foi a Bama pesquisar a estigmatização daquelas mulheres. "Como os campos são organizados por vilarejo, todos conhecem sua história e ninguém quer se associar às mulheres que foram sequestradas pelo Boko Haram. Assim, depois de tudo o que passaram, elas acabam sendo tratadas como párias nos campos e não podem voltar a seu lugar de origem."

Em outras palavras, aquelas mulheres eram vítimas duas vezes. Ou três vezes, incluindo o que acontecia sob custódia militar.

Algumas haviam sido estupradas tão brutalmente que tinham fístulas, uma lesão entre a vagina e a bexiga ou o reto que fazia com que a urina ou as fezes vazassem. Elas mal podiam sair da tenda, por causa de seu cheiro. Outras tinham sido infectadas com HIV pelos sequestradores, e havia ainda as que tinham tentado abortar por vontade própria ou forçadas pela família. Não consigo nem imaginar sua situação psicológica.

Outra menina se apresentou na oficina. Zara Shetima, de dezoito anos, parecia uma boneca de porcelana, com o cabelo cuidadosamente trançado e uma bebezinha encantadora de um ano e oito meses no colo, chamada Kellu Kariye.

"Os insurgentes invadiram meu vilarejo em Bama e disseram

ao meu pai que queriam me casar", ela contou. "Eu me recusei, então eles voltaram com armas e disseram que iam nos matar se eu não concordasse. Tinham 2 mil nairas [7 libras esterlinas] para o dote."

O vilarejo foi tomado e algumas pessoas fugiram, mas Zara foi mantida pelo marido na casa da família dele. "Ele era baixo e tinha pele escura", contou.

Quando perguntaram como ele a tratava, Zara a princípio disse que bem. Mas seus olhos pareciam ocos. "Ele me forçava, todos faziam isso", ela acrescentou, olhando para baixo. "Era muito difícil."

Lágrimas começaram a escorrer por seu rosto. A pequena Kellu pegou a ponta do lenço vermelho da mãe e secou suas lágrimas. "Se eu resistisse, eles me obrigavam a vê-lo matando outras pessoas."

Esse não foi o fim da história. "Outros homens vieram e falaram que devíamos ir embora. Ele se recusou, então o mataram", ela disse. "Me disseram que eu teria que me casar com outro homem. Neguei, então pegaram minha irmã."

Mais tarde, quando um jato militar bombardeou o vilarejo, ela aproveitou a oportunidade para fugir, atravessando um matagal cheio de espinhos. Zara não fazia ideia do que tinha acontecido com a irmã e o resto de sua família.

"Ninguém cuida de mim", disse. "Estou aqui sozinha. Às vezes penso que seria melhor morrer, mas quem ficaria com Kellu?"

Além das duas porções diárias de arroz e de um sabonete por mês, ela não recebia nenhuma outra comida ou ajuda. Para ter alguma renda, precisava tecer solidéus tradicionais, que levava um mês para terminar e vendia por 2 mil a 3 mil nairas (de sete a dez libras esterlinas).

Havia uma única maneira de meninas como Zara conseguirem comprar mais comida. Todos os trabalhadores humanitários me disseram que o abuso sexual era comum nos campos. O superintendente de um estava sendo julgado por estupro de menores.

Algumas mulheres consideravam as condições dos campos tão insuportáveis que preferiam viver fora deles, pedindo dinheiro nas ruas.

De volta a Abuja, fui ver o general de brigada Rabe Abubakar, porta-voz do Exército nigeriano. A energia havia caído, e sua sala estava muito abafada. Ele me disse que o Boko Haram estava "extremamente enfraquecido, porque nossas atividades militares estão causando estrago", e que o Exército havia resgatado "milhares de meninas" — mais de mil só naquele mês de janeiro. O curioso era que nenhuma delas era de Chibok, considerando sobretudo todos os recursos internacionais empregados na busca dessas meninas.

Ele deu a entender que a atenção internacional havia piorado as coisas para elas. "Vocês transformaram aquelas meninas nas joias da Coroa", disse, dando de ombros.

O dr. Andrew Pocock, que era o alto-comissário britânico na Nigéria na época do sequestro, depois admitiu para mim que um grupo grande de meninas havia sido localizado no início das buscas. "Alguns meses depois do sequestro, aviões de reconhecimento e drones americanos identificaram um grupo de até oitenta meninas num ponto da floresta de Sambisa, perto de uma árvore enorme que apelidaram de Árvore da Vida, além de indícios de movimentação de veículos e de um grande acampamento.

"Eles ficaram ali por um tempo. Seis semanas. Whitehall e Washington não sabiam o que fazer a respeito, e a resposta nunca veio."

Apesar de todo o fervor que os líderes ocidentais haviam demonstrado diante da hashtag BBOG, não havia interesse em mobilizar suas tropas. "Um ataque terrestre seria visto a quilômetros de distância, e as meninas seriam mortas", explicou Pocock. "Um resgate aéreo, com helicópteros ou aviões, exigiria um grande número de envolvidos, o que representaria um risco significativo para os soldados e mais ainda para as meninas. Algumas poderiam ter sido resgatadas, mas muitas acabariam mortas.

"Eu vivia preocupado com as meninas que não estavam no acampamento", Pocock acrescentou. "Eram oitenta lá, sendo que mais de duzentas haviam sido sequestradas. O que teria acontecido com elas?

"Era perfeitamente possível que Shekau aparecesse num de seus vídeos uma semana depois, dizendo: 'Quem disse que vocês podiam tentar libertar essas meninas? Vou lhes mostrar o que fiz com elas...'.

"Seríamos execrados se o fizéssemos e se não o fizéssemos", ele disse. "Em termos práticos, elas estavam além do resgate."

Muito longe dali, na Austrália, o dr. Stephen Davis acreditava que não era tão difícil encontrar mais de duzentas meninas. Ele estivera envolvido em negociações de reféns na região de Delta, rica em petróleo, assim como em negociações anteriores de paz com o Boko Haram, então fez algumas ligações para comandantes do Exército que conhecia.

"Três ligações, três comandantes", Davis contou. "Todos disseram: 'É claro que sabemos quem está com as meninas'. Então falaram com alguns dos homens que as detinham, que disseram que talvez estivessem prontos para libertá-las."

Com base naquilo, Davis foi para a Nigéria em abril de 2015 e passou três meses em território do Boko Haram, no norte, onde sua pele branca "chamava tanta atenção quanto um farol".

Davis pediu provas de que elas estavam vivas. Enviaram-lhe

vídeos das meninas sendo estupradas — aqueles que eu vi. Também lhe disseram que dezoito delas estavam doentes, então Davis disse que poderia tirá-las das mãos deles. Por três vezes, o acordo quase foi concluído. "Uma vez, eles chegaram a levá-las a um vilarejo para entregá-las, mas então outro grupo as tomou, sentindo que era uma oportunidade de ganhar dinheiro."

Frustrado e sofrendo ameaças, Davis acabou tendo que ir embora por razões médicas — ele tinha câncer terminal.

Ele insistiu que os campos do Boko Haram eram fáceis de localizar. "Não é difícil saber onde estão os cinco ou seis campos principais", disse. "Dá para ver pelo Google Earth. Vai me dizer que os americanos, os britânicos e os franceses não conseguem vê-los por rastreamento via satélite ou por drones?

"Enquanto isso, toda semana o Boko Haram parte desses campos para matar e sequestrar mais centenas de meninas e meninos", ele acrescentou, frustrado. "Quantas meninas precisam ser estupradas e sequestradas até que o Ocidente tome alguma atitude?"

Em junho de 2016, pouco depois da minha segunda viagem, outro vídeo das meninas foi divulgado. Diante de várias fileiras de meninas em vestes que iam até o chão, algumas sentadas e outras de pé, havia um militante de máscara e roupa camuflada segurando um AK-47. "Ainda estamos com suas meninas", declarou. "O governo nigeriano sabe o que nós queremos: a libertação de nossos irmãos presos."

Ele puxou uma menina que vestia um *abaya* preto desbotado e usava um lenço amarelo na cabeça e levou o pequeno microfone aos lábios dela. Falando com nervosismo enquanto olhava para baixo, agarrando as vestes em volta do pescoço, ela explicou quem era e leu um apelo ao governo nigeriano para que as libertasse em

troca da soltura dos prisioneiros do Boko Haram. Essa menina era Dorcas.

Esther ficou aliviada ao ver a filha ainda viva, mas horrorizada com o que ela tinha que suportar. "Ver minha bebê ao lado de um terrorista com munição em volta do pescoço não foi fácil", disse Esther.

Era visível que uma das meninas de pé atrás de Dorcas estava grávida, e outra carregava um bebê. "Tenho pesadelos em que ela é estuprada", acrescentou Esther. "Mas nesses pesadelos eu a abraço. Não me importo se Dorcas foi estuprada, está grávida ou se converteu ao islã. Só queremos nossas filhas de volta, não importa em que condições."

O vídeo terminava de maneira perturbadora, com uma imagem panorâmica de uma série de meninas mortas, deitadas em piscinas de sangue. Alguns dos corpos eram puxados por combatentes, para deixar os rostos visíveis. O militante disse que elas tinham sido mortas num ataque aéreo do governo e alertou: "Não podemos permanecer protegendo essas meninas".

Num sábado de outubro de 2016, alguns meses depois, chegaram notícias inesperadas. Vinte e uma das meninas de Chibok haviam sido libertadas. Então, em maio de 2017, três anos depois do sequestro, outras 82 foram entregues perto da fronteira com Camarões. Uma fotografia as exibe em fila, usando hijabs que vão até o chão, guardadas por sete militantes, um dos quais perguntou se alguma havia sido estuprada ou tocada em seu cativeiro. "Não", foi a resposta.

Animada com as notícias, Esther vasculhou as fotos em vão, procurando pela filha. "Eu achava mesmo que Dorcas estaria entre elas, porque tinham me ligado e dito que minha filha havia sido libertada. Mas, quando vimos a fotografia das meninas resgatadas encontrando o presidente Buhari, Dorcas não estava ali.

"Depois, fiquei sabendo que ela estivera no grupo, que deviam ser 83 meninas, mas então decidiram não a libertar e a levaram de volta para a floresta."

Os resgates tinham sido resultado de negociações envolvendo o governo suíço e a Cruz Vermelha, facilitadas por Zannah Mustapha, um advogado de Maiduguri que havia representado familiares de membros do Boko Haram na justiça e organizara um orfanato e uma escola para viúvas que atendia vítimas de ambos os lados. "Nem mesmo cachorros comem sua própria cria", ele disse, explicando a relação de confiança que havia construído.

A libertação do primeiro grupo de meninas tinha sido "uma medida para construir confiança", ele disse; a segunda, fruto do acordo de fato.

Em troca, cinco membros do Boko Haram haviam sido libertados da prisão. Também diziam que o grupo havia recebido uma mala preta com 3 milhões de euros. Mustapha disse que não sabia de nada daquilo. "Sou um filho desta terra, criado em Maiduguri, que só quer trazer paz para a região", ele insistiu. "Não sei se alguma quantia foi paga."

Mustapha afirmou que mais meninas poderiam ter sido libertadas, mas não quiseram ir embora, algo que ele atribuía à síndrome de Estocolmo. "Encontrei uma menina que disse que ela mesma e outras não queriam partir porque haviam se convertido e se casado com homens do Boko Haram. Os pais preferem não saber disso, mas ouvi em primeira mão."

Uma semana depois da segunda libertação, outro vídeo foi divulgado, com meninas de hijab preto sentadas no chão dizendo que não iam voltar porque haviam se casado e se convertido. De novo, Dorcas falou, com o rosto coberto. De novo, um AK-47 aparecia na imagem.

"Ela parecia mais alta e mais magra do que quando morava comigo", disse Esther.

Esther insistiu que Mustapha estava errado quanto à síndrome de Estocolmo. "Tudo o que as meninas dizem nos vídeos foi passado a elas pelo Boko Haram. Conheço minha filha. Ela não diria o que disse se não tivesse sido forçada. Caso lhe oferecessem a possibilidade de voltar para casa, aproveitaria a chance. Sua mente não pode estar tranquila ali, na floresta, a quilômetros de distância da mãe."

As meninas de Chibok entregues foram mantidas numa localização secreta em Abuja, onde passaram por um programa de desradicalização e acompanhamento, e só puderam regressar à família no Natal. Algumas foram matriculadas depois na Universidade Americana em Adamawa, isoladas dos outros alunos e altamente protegidas num dormitório que recebeu o nome de Malala.

Esther tentou desesperadamente encontrá-las, mas as autoridades recusaram seus pedidos. Por fim, em outubro de 2018, ela conseguiu falar ao telefone com uma das meninas. "Ela costumava trançar o cabelo de Dorcas. Disse que minha filha está viva e bem, que os terroristas ensinavam árabe para elas e que algumas meninas foram forçadas a se casar, mas não Dorcas.

"Antes eu sonhava que ela estava de volta e acordava assustada, mas agora às vezes tenho pesadelos nos quais Dorcas diz que nunca mais vai voltar."

Esther deixou o trabalho e foi embora de Chibok. "É um lugar triste", ela me disse. "Eu costumava deixar todas as coisas da minha filha no quarto dela, mas joguei tudo fora, porque não quero mais vê-las.

"Se fosse possível, sei que minha Dorcas teria entrado em contato comigo. Ela sabe o número do meu celular de cor. Faz cinco anos que ligo para seu antigo celular, mas ela nunca atende. Não me importo se foi convertida ao islã ou não, se teve um bebê ou não, só quero que volte.

"Dizem que algumas das meninas morreram, mas tenho certeza de que Dorcas está viva. Vou à igreja todo dia e rezo pela sua volta. Espero que Deus atenda às minhas preces um dia."

4. Fila aqui para vítima de estupro

Cox's Bazar, Bangladesh

Como se decide que filho salvar quando soldados mianmarenses apontam armas para você? Esse foi o dilema impossível em que se viu Shahida, uma mãe rohingya que conheci em dezembro de 2017, pouco depois de chegar ao campo de Kutupalong, para o qual ela e centenas de milhares de outras pessoas haviam fugido. E como viver com essa decisão?

Desde então, quando penso naquele campo, penso em barulho. Em crianças por todo lado. Com a expressão incerta e roupas inadequadas recebidas de doadores bem-intencionados, um menino num cardigã feminino de lã creme com cinto e pele no colarinho, uma menina com um vestido de fada com tutu cor-de-rosa e saltos altos que pareciam lanchas em seus pezinhos. Alguém lhes ensinando algumas palavras em inglês. "*Bye-bye!*", elas gritavam ao passar.

Tudo me pareceu um pouco opressivo, após uma longa série de voos: de Londres para Doha, depois Daca e então Cox's Bazar, no sudeste de Bangladesh, cujo terminal do aeroporto exibia a improvável mensagem "Bem-vindos ao Resort da Lua de Mel", e o hotel Mermaid Beach me recebeu com um coco verde adornado com um guarda-chuvinha e um convite para reservar um jantar romântico à luz de velas no que supostamente era a praia mais extensa do mundo.

Deixei minhas coisas num dos pequenos chalés com teto de palha e nomes psicodélicos em meio a uma alameda de palmeiras e mamoeiros, e segui pelo caminho que beirava a costa, observada por macacos tagarelas.

Ao longo do trajeto, havia pilhas de pequenas pirâmides de concreto com os desconcertantes dizeres: PROTEÇÃO CONTRA TSUNAMIS. "Como a Vênus de Willendorf", disse Reza, a minha intérprete, que depois fiquei sabendo que era uma artista.

Havia outdoors grandes ao longo da estrada com fotos da primeira-ministra, a xeque Hasina Wajed, sob as palavras MÃE DA HUMANIDADE. O título pode surpreender minorias ou oponentes sequestrados, torturados ou trancafiados por seu regime. Organizações de direitos humanos registraram pelo menos 1300 assassinatos extrajudiciais por forças do Estado desde que ela subiu ao poder, em 2009, assim como numa eleição em 2014 em que quase metade dos membros do Parlamento recebeu seus assentos sem que ninguém tivesse votado neles.

Os outdoors faziam referência à abertura das fronteiras para os muçulmanos da nação vizinha de Mianmar. Os refugiados eram rohingyas, povo de que poucos estrangeiros haviam ouvido falar até os últimos dias de agosto de 2017. Pessoas do estado de Rakhine, no oeste de Mianmar, começaram a inundar Bangladesh, cruzando o rio Naf em barcos, jangadas improvisadas ou até mesmo a nado. Pouco tempo depois, chegavam até 10 mil migrantes por dia.

Era época das monções, então essas pessoas apareciam molhadas e sujas de lama, algumas ensanguentadas por causa de feridas a faca ou tiro, muitas morrendo de fome após dias ou semanas na selva, sem nada além de folhas para comer. A maior parte era de mães e filhos, que contavam histórias inimagináveis de soldados mianmarenses e multidões budistas invadindo seus vilarejos, matando os homens, ateando fogo nas cabanas e estuprando mulheres e meninas na frente de toda a família.

Em três meses, mais de 650 mil acabaram expulsos — totalizando dois terços da população rohingya. A ONU considerou esse um "exemplo clássico" de limpeza étnica.

Conforme deixamos a estrada, ladeada pelas plantações cor de esmeralda salpicadas com mulheres usando xales coloridos em meio aos brotos de arroz, e entramos no que os trabalhadores humanitários chamavam de "megacampo", temi que o fato de ter falado com tantas refugiadas nos anos anteriores tivesse me deixado um pouco enfadada.

Então conheci Shahida, que estava envolta num xale cinza-escuro e espantava moscas dentro de uma tenda frágil feita de plástico preto e bambus enfincados na terra lamacenta. Logo em frente uma latrina vazava, soltando um cheiro quase tão forte quanto os gritos dos dois galos que brigavam do lado de fora. Um menino, que parecia ter uns cinco anos, passou carregando uma pilha de lenha quase do seu tamanho, parando de vez em quando para botá-la no chão e observá-la, como se assombrado pelo absurdo da situação.

Shahida era uma de três jovens viúvas do mesmo vilarejo no estado de Rakhine que moravam juntas ali. Cada uma delas usava um xale de cor diferente e tinha perdido o marido e um filho.

Munira, que aos trinta anos era a mais velha e usava o xale de cor mais forte, amarelo-canário, parecia a mais ansiosa para falar. "Primeiro, eles vieram atrás dos homens", ela disse, recordando a noite, alguns meses antes, no fim de setembro, em que os soldados mianmarenses tinham invadido suas casas em Borochora, Maungdaw. "Dois dias depois, vieram atrás de nós."

Estupradas, espancadas e enviuvadas — Madina, Munira e Shahida.

"Eram cerca de duas da manhã, e eu estava amamentando quando ouvi o primeiro tiro. Depois foram tantos que era como se estivesse chovendo fogo. Dava para ver ao longe as chamas dos outros vilarejos queimando e as bombas-foguetes sobrevoando.

"Isso foi quando os soldados pegaram os homens e prenderam suas mãos com amarras. Dois dias mais tarde, eles voltaram, outra vez depois da meia-noite, gritando: 'Venham ver o que aconteceu com seus maridos!'. Eles entraram na nossa casa, apontaram armas para o nosso peito e nos arrastaram para fora.

"Todas as meninas e as mulheres do vilarejo foram levadas a um arrozal e colocadas em fila. Éramos umas quarenta. Então abusaram de nós. No começo, todas gritávamos, mas, no fim, estava tudo quieto, não conseguíamos mais chorar.

"Fui estuprada por cinco homens, um seguido do outro. Eles me espancaram, me estapearam, me chutaram e me morderam. Eu estava apavorada demais para me mexer. Vi duas meninas mortas perto de mim. Quando o sol nasceu, eu mal estava consciente.

"Voltei a mim, mas não conseguia andar, só era capaz de me arrastar. Havia cadáveres por toda parte. Tentei encontrar meus filhos. Então vi um menininho deitado de bruços, com um tiro nas costas. Era Subat Alam, meu menino mais velho. Ele havia corrido na minha direção. Tinha oito anos."

Shahida, a mulher de cinza, também estava no arrozal naquela noite. Ela, que tinha 25 anos na época, agarrara o filho de seis meses e a filha de dois anos quando os soldados invadiram sua cabana. Lágrimas escorriam de seus olhos enquanto ela me contava quão desesperadamente tentara protegê-los.

"Eles estavam nos meus braços, e os soldados se aproximaram para arrancá-los de mim", ela disse. "Tentei impedir, mas só consegui proteger um. Eles pegaram meu bebezinho e o atiraram no chão. Ouvi um tiro enquanto corria. Não olhei para trás, preocupada com a possibilidade de também ter perdido minha filha."

Shahida foi empurrada até a fila de mulheres sob a mira das armas, com o coração batendo tão forte que ela mal conseguia se manter de pé. "Eu tinha ouvido falar de mulheres violentadas em outros vilarejos", disse. "Eles prenderam meus pulsos numa bananeira e me estupraram."

"Fui estuprada por um soldado, e chorei e gritei o tempo todo. Depois, ele queria me dar um tiro ou me esfaquear, mas estava escuro demais."

De alguma maneira, ela conseguiu escapar para a floresta, onde encontrou seus outros três filhos aterrorizados, mas juntos.

"Quando o sol nasceu, vimos tudo", ela disse. "Todo o gado, as galinhas e as cabras tinham sido mortos, e nossa casa, queimada. Havia gente decapitada, com os membros decepados, gente morta a tiros."

A convocação para a prece soava agora da mesquita sobre a colina, então foi difícil ouvir a terceira viúva, Madina, que usava um xale rosa-antigo, contar sua história, sobretudo depois que a esse barulho se juntou o lamento do menininho que ela amamentava. A mão esquerda dele estava inchada e seriamente infeccionada.

"Eu estava dormindo quando os soldados chegaram", Madina disse. "Consegui fugir com os meus três filhos para a colina logo atrás. Estava apavorada, porque estava grávida de cinco meses. Eles arrancam o feto da barriga das grávidas. Acham que os rohingyas não são humanos. Querem nos aniquilar.

"Então um soldado me viu e me agarrou. Morri de medo de que ele notasse minha barriga saliente. Eles carregavam facas e facões."

Enquanto era estuprada na floresta, Madina rezava pelo bebê que carregava. "Eu gritava muito, então meus filhos começaram a chorar", ela disse. "Estavam com medo. Foi quando levaram meu menino mais velho.

"Nunca mais o vi. Sabemos que as crianças levadas são mortas.

"Acho que os soldados mianmarenses são as piores pessoas do mundo", ela acrescentou, usando o xale para enxugar as lágrimas.

"Se tivéssemos facas, nós os mataríamos", disse Shahida.

As três mulheres tinham conseguido escapar passando por um cemitério a leste do vilarejo e se escondendo por um mês na floresta com outras sobreviventes de estupros, idosos e crianças do vilarejo.

"Nos escondíamos atrás de arbustos, íamos de um lugar a outro", disse Munira. "Chovia dia e noite, e não tínhamos mais esperanças. Nós, mulheres, havíamos perdido o apetite por causa de todo aquele horror, mas nossos filhos choravam de fome. Tudo o que podíamos dar a eles eram frutas e folhas. Havia dias em que tínhamos apenas a água dos córregos. Precisávamos nos manter em movimento, porque o Exército nos procurava por toda parte.

Algumas pessoas conseguiram enterrar sua colheita antes de fugir, e depois de uma semana retornaram para desenterrar um pouco de painço, mas os soldados as viram e atiraram na cabeça delas. Sempre encontrávamos cadáveres. Alguns de dias antes. Outros frescos."

"Era difícil dormir", disse Shahida. "Eu imaginava aqueles soldados em cima de mim e rezava por ajuda."

Elas conseguiram atravessar o rio rumo a Bangladesh e à possibilidade de viver com mais segurança. Mas seu tormento não havia acabado, e talvez nunca acabasse.

Além de ter de conviver com todos os fantasmas em sua mente, o assassinato de seus maridos havia tornado aquelas mulheres as únicas provedoras e protetoras dos filhos, o que não é fácil em lugar nenhum, muito menos numa sociedade muçulmana conservadora, então vinham enfrentando dificuldades. "As crianças não têm blusas de frio ou roupas quentes, e os bebês vivem com diarreia", disse Madina.

"Só recebemos o básico, arroz, lentilha e óleo, mas não temos uma esteira onde nos sentar, travesseiros, utensílios ou um galão para pegar água", disse Shahida. "Depois do que aconteceu, ninguém vai se casar conosco nem com todas essas crianças."

Mesmo os trabalhadores humanitários e os jornalistas mais acostumados com conflitos pareciam chocados com a situação dos rohingyas. Não que suas histórias individuais fossem piores do que tudo o que já tínhamos ouvido — muitas delas de fato eram —, mas o que impressionava era a dimensão do que tinha acontecido. Em cada uma daquelas barracas havia histórias terríveis, e eu nunca tinha ouvido relatos de estupros generalizados de mulheres e meninas como aqueles.

E ainda havia as condições em que elas viviam. O campo era

imundo, com piscinas de água verde e fétida ao longo do caminho. Eram muitas as latrinas — 30 mil, o comissário de assistência me informou depois —, erguidas com tanta pressa que grande parte já estava bloqueada e nenhuma delas parecia ter tranca. Muitas ficavam próximas aos poços onde as crianças iam buscar água. Eles eram tão rasos que os trabalhadores humanitários me disseram que mais de três quartos da água eram contaminados por fezes. Não era de surpreender que tanta gente sofresse de diarreia. Um quarto das crianças estava desnutrido. Muitas mães viviam sob tamanho estresse que seu leite tinha secado.

Tampouco havia qualquer privacidade. Bangladesh já era o país mais superpovoado do planeta, e seus 165 milhões de habitantes estavam entre os mais pobres do mundo, então encontrar espaço para mais centenas de milhares não era fácil. Como um trabalhador humanitário disse: era como se toda a população de Manchester de repente aparecesse à sua porta.

Cerca de meio milhão de pessoas tinha sido alocado em Kutupalong. Do alto de um morro, a área pareceria um daqueles mapas em revelo que podem ser encontrados em museus, com moradias improvisadas para cima e para baixo, até onde a vista alcançava. Era difícil acreditar que alguns meses antes aquela área consistia quase toda em floresta. Parte dela era um santuário de elefantes, por isso no começo algumas pessoas chegaram a morrer pisoteadas, mas logo a população de refugiados cresceu tanto que os elefantes pararam de se aproximar.

O campo, com 25 quilômetros quadrados, era dividido em seções de AA a OO. Havia placas para todas as organizações de ajuda humanitária que existiam, algumas indicadas como espaços que eram amigáveis e aceitava as crianças, como se outros não fossem e não aceitassem. As mesquitas pareciam ocupar os melhores lugares.

Tendas se estendendo para todas as direções — Kutupalong abriga mais de 600 mil refugiados rohingyas.

Por toda parte, havia um fluxo interminável de pessoas. Um homem de barba com uma expressão determinada passou carregando um saco plástico com um peixe. Os caminhos eram ladeados por barraquinhas de comércio. Numa das mesas, um jovem tentava pesar galinhas vivas com uma balança digital. Um barbeiro improvisado tinha um espelho e uma placa com estilos de corte pintados, incluindo de jogadores de futebol como Neymar e Cristiano Ronaldo. Fiquei impressionada com a resiliência daquelas pessoas que haviam perdido tudo. O que nós, ocidentais, faríamos se perdêssemos nossas casas e fôssemos jogados num lugar sem energia elétrica?

Os refugiados viviam tão amontoados que tinham menos da metade do espaço mínimo recomendado internacionalmente. Em outras palavras, aquele lugar reunia condições perfeitas para a proliferação de doenças. Já havia acontecido um surto de sarampo e, enquanto eu estava lá, irrompeu um de difteria. António Guterres, secretário-geral da ONU, chamou aquilo de "pesadelo dos direitos humanos".

Todos os dias, conforme a noite caía, o ar se enchia da fumaça de milhares de fogueiras, o que deixava meus olhos ardendo. Havia tanta gente tossindo ao mesmo tempo que aquilo era quase como a trilha sonora do campo, junto com os gritos de "*Bye-bye*".

Estrangeiros não podiam ficar além das cinco da tarde. Eu às vezes ouvia rumores do que acontecia depois: homens apareciam em motos sequestrando meninas para a prostituição. Refugiados me contaram que ouviam os gritos das crianças sendo levadas à noite. Nunca consegui encontrar ninguém que tivesse perdido uma filha desse jeito, mas vi meninas rohingyas escassamente vestidas em seu ponto na longa praia de Cox's Bazar. Alguns diziam que eram as próprias famílias que as vendiam, desesperadas para complementar as provisões de arroz e lentilha.

Falando com os rohingyas, logo ficou claro que aquilo que estava acontecendo com eles não era nenhuma novidade. Numa ilha de lama no meio do rio onde viviam 6 mil deles, fui recebida por Din Mohammad, um líder comunitário de óculos de lentes grossas remendados com fita adesiva que me presenteou com uma garrafa verde de uma bebida gasosa. "Podemos ser refugiados, mas ainda temos algo a oferecer aos nossos hóspedes", disse, sorrindo.

Fiz um comentário sobre seu inglês fluente, e ele me contou que tinha estudado psicologia na Universidade de Yangon. "Me formei em 1994, pouco antes de impedirem o acesso dos rohingyas à educação superior", ele disse. "Tenho 51 anos e nunca recebi permissão para trabalhar na minha área. Sobrevivi até hoje plantando para o meu sustento.

"Para o governo mianmarense, não somos gente. Por décadas, eles nos assediaram todos os dias, mandando nosso povo para a prisão, não nos outorgando direitos de cidadão e só nos concedendo documentos de estrangeiros, como se não fôssemos de lá. Não tínhamos direitos, não recebíamos educação. Existiam escolas primárias nos nossos vilarejos, mas não havia professores. Não podíamos ir para outros vilarejos sem permissão, a qual era sempre negada, e não éramos autorizados nem mesmo a nos casar, porque exigiam cada vez mais dinheiro para se obter uma licença."

Eles não foram os primeiros a fugir. Kutupalong foi criado em 1992, quando 300 mil rohingyas escaparam de uma onda prévia de repressão. Na estrada principal que levava ao campo havia abrigos de aparência mais permanente, feitos de chapas de aço corrugado.

Dentro de um deles, conheci Shahida Begum, que tinha cinco filhos e havia chegado naquela onda anterior, 25 anos antes, depois que seu vilarejo fora queimado. "Em Mianmar, os budistas são a maioria, então detêm todo o poder. E eles não gostam de muçulmanos", ela explicou. "Acho que não vão parar até fazer com que todos os rohingyas abandonem o país."

Ela abrigava uma menina rohingya de catorze anos chamada Yasmin, que estava sentada na cama, envolta num xale laranja com estampa de flores vermelhas. Acima dela, havia um mosquiteiro verde.

Yasmin nunca sorria, e suas mãozinhas se contorciam enquanto explicava como havia parado ali. Sua voz era tão baixa que precisei me inclinar para ouvi-la, esforçando-me para compreender nomes de lugares que até então me eram desconhecidos, mas que nos próximos dias ouviria repetidamente. O barulho das crianças lá fora logo cessou.

"Cresci no vilarejo de Chali Para, no distrito de Maungdaw", começou. "Vivíamos à base de arroz e peixes do rio. Eu era arrimo de família, porque meus pais estavam velhos e doentes demais para trabalhar no campo, e tínhamos de implorar por comida, o que me fazia chorar. Eu era a mais velha. Tinha dois irmãos, de três e quatro anos. Eu dizia aos meus pais que se fosse menino poderia trabalhar, então uma vizinha me ensinou a fazer guirlanda de hastes de bambu para os telhados de sapê das nossas cabanas. Demorava bastante, mas se fizesse cem guirlandas eu ganharia mil quiates [cerca de 47 pence], o suficiente para um quilo de arroz.

"Eu queria aprender a ler e a escrever, mas não havia escola: as autoridades mianmarenses não permitiam que estudássemos. Havia apenas um madraçal onde estudar o Corão.

"Na manhã em que o Tatmadaw [o Exército de Mianmar] veio, eram cerca de dez horas. Eu estava fazendo um intervalo no trabalho com as hastes e brincava do lado de fora de casa com algumas amigas. Não ouvimos os caminhões, porque não havia estrada que desembocasse no nosso vilarejo, então os soldados tinham parado na via principal e seguido a pé.

"Cinco ou seis deles vieram até a nossa casa. Estavam de uniforme, com máscaras pretas e mochilas nas costas. Um soldado pegou uma granada da mochila e a jogou lá dentro, onde meus pais e meus dois irmãos mais novos estavam. As chamas tomaram conta imediatamente, e eu os ouvi gritar.

"Tentei correr para dentro, mas minhas amigas me seguraram. A casa foi reduzida a cinzas diante de nossos olhos. Tentamos fugir, porque sabíamos que os soldados costumavam estuprar meninas, mas fomos pegas. Eles nos levaram para a floresta. Eu estava com medo, chorava muito e gritava, e um dos homens tapou minha boca com a mão. Eles arrancaram minhas roupas e prenderam minhas mãos para trás, então dois soldados me estupraram, um depois do outro.

"O segundo dizia 'mata ela', mas implorei para que não o fizessem. Disse que já tinha perdido toda a minha família, para que me matar? Duas das minhas amigas sangraram tanto que morreram, e não sei o que aconteceu com a outra. Não consigo dizer o que fizeram comigo, porque quando penso nessas coisas choro."

Ela ficou em silêncio. Depois de um tempo, retomou a narrativa. "Eles me deixaram nua. Eu tinha apenas um xale amarelo, com o qual me envolvi, então segui até a margem do rio muito devagar, porque não era capaz de andar direito.

"Na floresta, encontrei uma mulher acompanhada dos filhos que me viu sangrando por entre as pernas e me perguntou o que havia acontecido. Ela me deu um pano para colocar ali e me ajudou a chegar à margem, que estava cheia de gente tentando atravessar. Os barqueiros queriam dinheiro, mas eu não tinha nada. Disse a eles que tudo o que tinha era o brinco do nariz, e eles aceitaram. Era a única lembrança que me restava dos meus pais.

"Éramos cerca de trinta pessoas amontoadas num barco motorizado sem nenhuma cobertura para nos proteger da chuva. A travessia levou bastante tempo, do nascer do sol ao começo da tarde, talvez umas oito horas. Ainda assim, tivemos muita sorte de encontrar um barco, enquanto muitas das outras pessoas pegavam jangadas improvisadas, coisa muito mais arriscada.

"O barco nos levou até a ilha, já no território de Bangladesh. Quando chegamos lá, me despedi a mulher da floresta, porque eu estava assustada. Ela tinha dois filhos mais ou menos da minha idade, e eu tinha medo de que eles também pudessem me machucar. Então disse: 'Encontrarei meu próprio caminho, Alá estará comigo'.

"Eu me sentei e chorei tanto que as pessoas da ilha vieram me perguntar o que havia acontecido. Me deram bolinhos de arroz, água e dinheiro para atravessar até Teknaf [na porção continental de Bangladesh].

"Depois daquilo, andei por dez minutos ao longo da estrada acidentada e deparei com soldados do Exército. Eles perceberam que eu era rohingya e me deram biscoitos e água, então me puseram num ônibus que levava ao centro de trânsito [órgão que recebe os refugiados rohingyas]. Passei dois dias ali, tão cansada que não conseguia nem falar. Fiquei deitada no chão, com os pés e a barriga muito inchados. Alguém disse que eu estava sozinha, então me levaram para o campo de Balukhali."

Foi lá que Shahida Begum a encontrou. "Eu tinha ido levar comida a alguns parentes que haviam acabado de chegar ao campo, mas quando saí do tuk-tuk vi um monte de gente em volta de uma menina, então fui ver o que havia acontecido", Shahida explicou. "Ela vestia só uma camiseta, e estava tão doente e fraca que a pus no tuk-tuk e a levei à clínica da Acnur [Alto-Comissariado das Nações Unidas para Refugiados]. Eles trataram um espinho infeccionado e fizeram um teste de gravidez nela.

"Pensei: já tenho quatro filhas, por que não posso cuidar dela também? É difícil, mas pela graça de Alá damos conta. Ela não tem ninguém."

Shahida me mostrou a pequena moradia com quatro cômodos e uma cozinha sob um alpendre na área externa. Havia uma lâmpada elétrica, mas era preciso ir até uma bomba buscar água. Yasmin dividia um quarto com Shahida e uma das filhas dela. Era uma casa extremamente apertada — a outra filha era casada e tinha um filho, então ao todo eram dez moradores. As coisas tinham se complicado quando o marido de Shahida perdera o emprego de professor. Fico imaginando quantos de nós, no Ocidente, receberiam uma menina nessas condições.

"Nas primeiras semanas, eu tinha pesadelos todas as noites, em que minha família queimava, mas durmo com a minha tia e a minha irmã, e agora eles diminuíram", disse Yasmin. "Eles não me obrigam a fazer nada. Ainda não saio para a rua, então fico em casa e ajudo a cozinhar. Só de vez em quando vou pegar água no poço.

"Eu gostaria de ir à escola para aprender a ler e a escrever. Sei que tenho sorte, porque algumas meninas que foram estupradas morreram, e eu sobrevivi. Acho que aqueles soldados são as piores pessoas do mundo. Eles não têm filhas ou irmãs?"

Antes que eu partisse, ela fixou os olhos nos meus. "O que aconteceu comigo foi muito ruim, e acho que nenhum menino vai querer se casar comigo", Yasmin disse. "Quem se casaria comigo agora?"

A pergunta era de partir o coração. Claro, a vida tampouco era fácil para meninas rohingyas que permaneciam em seus vilarejos, pois muitas já estavam casadas na idade de Yasmin. Pelo menos ela não engravidara e tinha encontrado uma família acolhedora. Mas como superar algo assim? Não havia muita coisa para distraí-las nos campos, e quando as meninas chegavam à puberdade raramente tinham permissão para sair das cabanas.

Devo admitir que acho todas essas histórias não apenas chocantes, mas desnorteadoras. Cresci associando budistas à paz, a flores de lótus e à meditação, admirando Aung San Suu Kyi como um símbolo de coragem contra a tirania. Ela recebeu o Nobel da paz por sua luta e passou quinze anos em prisão domiciliar, separada do marido britânico, Michael Aris, e de seus dois filhos. Quando ele estava morrendo em consequência de um câncer, em Oxford, tudo o que ela pôde fazer foi gravar um vídeo de despedida, vestida com a cor preferida dele e com uma rosa no cabelo. O vídeo chegou dois dias depois da morte dele.

No entanto, Aung San Suu Kyi na prática é agora a chefe de Estado de Mianmar e se manteve em silêncio enquanto todos esses rohingyas foram feitos apátridas por seu governo e diante das terríveis atrocidades cometidas por seu Exército.

As autoridades mianmarenses nem usam o termo "rohingya": em vez disso os chamam de "bengaleses", como se fossem imigrantes de Bangladesh, ou os demonizam como "vermes", "invasores" ou "tsunami negro".

Na verdade, os rohingyas vivem há séculos na região que compreende Mianmar. O estado de Rakhine, área de produção de arroz em que vivem, fazia parte do reino de Arracão, e há relatos de muçulmanos ali desde o século VIII.

A perseguição e o estupro não eram nenhuma novidade para

eles. Arracão foi saqueado pela monarquia birmanesa depois de sua conquista, em 1784. Francis Buchanan, cirurgião escocês da Companhia das Índias Orientais que depois viajou para lá, escreveu: "Os birmaneses mataram 40 mil. Sempre que encontram uma mulher bonita a tomam depois de matar seu marido, e raptam as meninas sem nem pensar duas vezes".[1]

A região também foi saqueada pelos britânicos quando ficou sob seu domínio, em 1826, como parte da Índia britânica, sendo unida depois à então Birmânia, hoje Mianmar. As autoridades coloniais incentivaram a imigração de muçulmanos de Bengala para servir de mão de obra barata nos arrozais, o que causou ressentimento entre os budistas.

Durante a Segunda Guerra Mundial, quando os nacionalistas birmaneses apoiaram a ocupação japonesa, os rohingyas se alinharam aos britânicos, que prometeram a eles um território separado. Depois, foram recompensados com posições de prestígio no governo. Mas quando a divisão dos territórios que formavam a Índia britânica, em 1947, delimitou a fronteira entre o que hoje é o estado de Rakhine e o que na época era o Paquistão Oriental (atual Bangladesh), o Estado autônomo prometido não se materializou.

Depois da independência birmanesa, em 1948, alguns rohingyas organizaram uma rebelião, que acabou reprimida. Quando os militares assumiram o poder, em 1962, a situação desse povo se deteriorou. A junta em Ragun via grupos minoritários como uma ameaça à identidade nacional budista. Os rohingyas se viram privados de direitos, tiveram sua cidadania negada e foram levados ao trabalho escravizado, sendo proibidos até mesmo de sair de seus vilarejos ou de se casar sem permissão.

O primeiro êxodo ocorreu em 1978, e houve novas ondas depois de outros ataques, como aquele que levou à fuga de Shahida, em 1992, e os de 2012 e de 2016. Dentro do país, mais de 100 mil rohingyas foram colocados no que eram basicamente campos de internação perto de Sittwe, capital de Rakhine. Uma conferência realizada em Harvard em 2014 descreveu sua situação como um "genocídio a fogo lento".[2]

Seria possível pensar que as coisas mudariam com as eleições de 2015, que garantiu a Suu Kyi e à Liga Nacional pela Democracia uma esmagadora maioria no Parlamento. Mianmar foi recebida de volta à comunidade internacional e sanções foram levantadas.

Afinal, ela havia dito em 2011 à Nobel Women's Initiative: "O estupro é usado em meu país como arma contra aqueles que só querem viver em paz, que só querem reivindicar seus direitos humanos básicos. Sobretudo em áreas onde há grupos étnicos, o estupro reina. É usado como arma por forças armadas para intimidar grupos étnicos e dividir nosso país".

Um ano depois, no entanto, ela assumiu uma postura bem diferente quando Samantha Power, então embaixadora dos Estados Unidos na ONU, aproveitou uma visita para tocar no assunto da violência estatal contra os rohingyas, pedindo a Suu Kyi que usasse sua voz. "Não esqueça que há violência de ambos os lados", Suu Kyi respondeu. "Você não deve confiar em propaganda [política] para sua informação. Os países muçulmanos estão fazendo propaganda exagerada dos acontecimentos",[3] acrescentou.

Em outubro de 2016, um ano depois de Suu Kyi ter sido eleita, forças de segurança conduziram o que chamaram de "operação de desobstrução" no norte do estado de Rakhine. Vilarejos foram queimados, centenas de pessoas — incluindo crianças — foram mortas e mulheres sofreram estupros coletivos. Cerca de 90 mil foram obrigados a fugir.

Um relatório da ONU afirmou que 52% das mulheres tinham sido estupradas e crianças haviam tido a garganta cortada, a mais nova delas um bebê de oito meses. "A crueldade devastadora a que essas crianças rohingyas foram submetidas é intolerável", comentou Zeid Ra'ad al-Hussein, diplomata jordaniano que na época era alto-comissário da ONU para os direitos humanos e responsável pelo relatório. "Que tipo de ódio levaria um homem a apunhalar um bebê chorando pelo leite da mãe? Ou a fazer com que uma mãe testemunhasse o assassinato enquanto é estuprada pelas forças de segurança que deveriam protegê-la?"[4]

Mais uma vez, nada aconteceu. Na verdade, o regime cresceu em popularidade dentro do próprio país, como defensor dos valores budistas diante das "hordas de invasores muçulmanos". O Facebook, que é muito popular em Mianmar, foi usado para incitar o ódio contra os rohingyas. Por meio de perfis atribuídos a fãs de estrelas pop ou a celebridades, eram feitos comentários incendiários que retratavam o islã como uma ameaça global ao budismo, e os rohingyas como uma ameaça à identidade nacional, ainda que eles só representassem 5% de uma população de 54 milhões.

Enquanto isso, estava em andamento o que alguns chamavam de "solução final". A ofensiva de 2017 foi a pior de todas. Ao que parece, foi desencadeada por um ataque do pequeno grupo de militantes do Exército de Salvação dos Rohingyas de Arracão a uma série de postos de fronteira em 25 de agosto. A retaliação foi implacável e claramente já havia sido planejada.

Em três meses, na maior migração forçada da história recente, mais de 350 vilarejos foram varridos do mapa e 700 mil pessoas foram expulsas de onde moravam. Um relatório de uma missão de averiguação da ONU publicado em setembro de 2019 estimou que pelo menos 10 mil rohingyas tenham sido mortos. Baseado em entrevistas com quase 1300 vítimas, o documento incluía relatos muito chocantes de mulheres que tinham sido presas a árvores pelo cabelo ou pelas mãos e estupradas, e de vilarejos repletos de cadáveres de mulheres com sangue entre as pernas, numa campanha do governo para "apagar sua identidade e remover os rohingyas do país", alertando para o fato de que 600 mil dos rohingyas que continuavam em Mianmar "permaneciam alvos". Os investigadores disseram haver uma lista confidencial com cem nomes de envolvidos em crimes de guerra e conclamaram a comunidade internacional a agir, insistindo num processo contra generais de alto escalão.[5]

Pramila Patten, representante especial da ONU sobre violência sexual, acusou o Exército de Mianmar de usar o estupro como "uma ferramenta calculada de terror para forçar populações-alvo a fugir".

O governo de Mianmar repudiou os relatórios e falou em "acusações falsas de estupro". O coronel Phone Tint, ministro dos Assuntos Fronteiriços de Rakhine, disse aos jornalistas: "Essas mulheres alegam ter sido estupradas, mas dê só uma olhada nelas. Acha que são atraentes o bastante para ser estupradas?".

Não foi possível verificar essas histórias de maneira independente, porque as autoridades mianmarenses não permitiram que jornalistas entrassem no estado de Rakhine. Mas imagens via satélite da Human Rights Watch claramente mostraram 345 vilarejos destruídos. E há uma similaridade repugnante nos relatos de estupro das mulheres que entrevistei. Algumas delas me mostraram marcas de mordida nas mãos ou nas bochechas e levantaram a calça com timidez para revelar cicatrizes de feridas de bala ou hematomas. Seus olhos transmitiam dor.

Por que a comunidade internacional fechou os olhos? Estava tão deslumbrada com a história corajosa contada pela mulher com flores no cabelo que ignorou os ataques? Importava-se mais em não abalar a transição do governo do que com o destino dos pobres rohingyas?

Azeem Ibrahim, acadêmico escocês que já havia escrito um livro sobre os rohingyas, bem como infinitas colunas de jornal alertando sobre o genocídio iminente, tinha outra perspectiva. "O problema é que os rohingyas estão no fim da fila mundial. Ninguém sabe nomear um rohingya que seja, eles não têm nenhuma liderança, não têm escritório em Washington. A maioria deles vive de puxar riquixás, da pesca ou da agricultura de subsistência."

Se alguém fosse tomar uma atitude, precisaria de provas, e eu vivia perguntando se alguém as estava reunindo. Certa manhã, as dificuldades em torno disso ficaram claras para mim, quando fui levada à seção 00 do campo pela assessoria de imprensa da Save the Children para encontrar uma mulher que tinha sido estuprada e levado um tiro, e aparentemente estava muito interessada em contar sua história.

Sonoara Begum, de 35 anos, estava prestes a almoçar quando chegamos ao seu abrigo, então, enquanto esperávamos, fomos dar uma volta. No caminho, havia uma área de banho, onde homens e meninos de sarongue lavavam o cabelo e se ensaboavam com baldes que enchiam numa torneira.

Perguntei-me como as mulheres faziam. Algumas tinham me dito que mal comiam, para evitar usar a latrina.

Quando voltamos ao abrigo onde Sonoara estava, já havia uma fila formada na porta. O *New York Times* e um jornalista local esperavam do lado de fora. Uma equipe da NBC também aguardava ali.

"Podemos fazer isso o mais rápido possível?", Sonoara me perguntou. "Como pode ver, tem mais gente esperando."

Considerei ir embora. Mas, tendo esperado todo aquele tempo, pareceria indelicado não ouvir sua história, então me agachei numa esteira de juta com a sigla da Acnur. O marido e o filho dela se sentaram atrás de mim, perto da entrada, o que não era ideal, dada a natureza da nossa conversa.

Ela me disse que era de Boli Bazaar, em Maungdaw, um vilarejo que fora atacado em 2016. "Primeiro, os militares vieram e queimaram todas as casas, então tivemos que fugir para outro vilarejo, chamado Leda. Eles retornaram por volta das nove da noite seguinte, gritando: 'Todos vocês precisam sair de Mianmar, por que ainda estão aqui?'. Então começaram a matar os homens. Levaram meu filho mais velho, Mohammad Shaufiq, atiraram em seu peito e cortaram sua garganta. Ele tinha quinze anos.

"Depois, por volta da meia-noite, eles reuniram meninas e as mulheres casadas mais jovens e nos levaram a uma escola. Éramos seis, quatro meninas e duas mulheres casadas contando comigo. Duas de nós estávamos grávidas. Eu estava de oito meses.

"Eles amarraram minhas mãos e pernas e me jogaram no chão. Fui estuprada por doze soldados, três ao mesmo tempo. Ficava pensando no bebê e no que aconteceria. Eles me morderam. Quando tentei resistir, bateram em mim com uma arma. Veja, perdi dois dentes."

Ela afastou os lábios para me mostrar.

"Depois de um tempo, perdi a consciência. Mais três homens vieram. Um deles me disse: 'Se você contar para alguém, vamos te matar'. Então outro atirou em mim. Atiraram duas vezes, no joelho direito e perto da vagina." Ela levantou a calça para me mostrar. "Com uma pistola e com uma arma grande."

"Fiquei totalmente imóvel, não ousava nem movimentar os olhos. Depois não consigo me lembrar de mais nada. Meu marido e meu irmão chegaram e me levaram de lá. Acharam que eu estava morta, mas meus dedos se moviam um pouco, então perceberam que eu continuava viva.

"Eles venderam o brinco de ouro de nariz da minha filha e me levaram a um médico, que me deu remédios. Dei à luz nas margens do rio, mas o bebê estava morto, então o enterramos ali. Eu era mãe de quatro filhos, agora só tenho dois."

Ela começou a chorar, então gesticulou à volta do pequeno abrigo de plástico preto, pouco maior que um banheiro para pessoas com deficiência, com chão de terra batida e uma fogueira no canto para cozinhar, o que certamente representava risco de incêndio.

"Veja como vivemos", ela disse. "Em Boli Bazaar, tínhamos muitas coisas. Nosso banheiro era maior que este abrigo. Meu marido tinha um tuk-tuk e meu filho mais velho tinha uma bicicleta para ir à escola. Meu marido tinha poderes curativos. Tínhamos catorze bois e dezesseis cabras. Eu tinha uma boa cama, boa comida. Agora estamos neste lugar horrível. Não temos dinheiro, não podemos comprar nem um peixe."

Naquele ponto, senti um movimento perto da minha mochila, logo atrás de mim. Minha intérprete, Sonali, também notara, e sugeriu que eu colocasse a mochila na nossa frente. Notei que o marido e o filho dela tinham sumido. Seguimos em frente.

"Meu marido e meu irmão me carregaram num cobertor o tempo todo, porque eu não conseguia andar. Foram seis dias de caminhada até o rio, e tivemos que ficar parados por três dias numa colina para que eles pudessem descansar.

"Fizemos a travessia de barco e chegamos à fronteira em Utipara. Eu ainda estava sangrando, por causa das feridas a bala, então eles me levaram num tuk-tuk até o campo de Kutupalong, onde fui tratada. Sinto muita dor.

"Agora não quero fazer sexo. Meu marido bate em mim. Ele diz que se eu não cooperar vai arranjar outra esposa."

Ela começou a chorar. Então disse que era hora da próxima entrevista.

Eu não costumava fazer aquilo, mas perguntei se podia tirar uma foto dela, não para publicar, mas de recordação. Enfiei a mão no bolso da mochila, em busca do meu iPhone. Notei o pânico passar por seu rosto. O celular não estava lá. Fiquei perplexa — eu o usara pouco antes de entrar na tenda e o enfiara no bolso da mochila ao entrar, então sabia que até ali estivera comigo.

"Você não devia ter deixado perto da entrada!", ela me repreendeu. "Um indigente deve ter levado."

"Mas seu marido e seu filho estavam sentados ali", respondi. "Aonde eles foram?"

Ela começou a gritar. Logo apareceram com um indigente. Uma idosa com uma sacola, a qual Sonoara ordenou que esvaziasse. Só havia um gorro de lã ali, nada de iPhone.

"Esta pobre mulher não tem nada a ver com isso", eu disse a Sonoara. "Onde está seu marido?"

A pessoa que representava a Save the Children disse que teríamos que chamar a polícia do campo, sugerindo que talvez fosse melhor que ela encontrasse o marido. Fiquei esperando do lado de fora da tenda enquanto procuravam o homem.

"Ele sabe magia negra, então talvez possa encontrar o celular", disse Sonoara.

Depois de uma discussão acalorada entre ela e o marido, o celular miraculosamente apareceu, e o homem o entregou a mim. "Ele usou magia negra e o encontrou com um menino, então bateu nele", ela afirmou.

"Magia negra", repeti, assentindo.

Passei por cima de uma fossa na saída e fui embora. Naquela noite, no Mermaid Beach, um grupo de jornalistas e trabalhadores humanitários barulhentos se reuniu em volta de uma mesa na areia acinzentada para comer camarões apimentados com limão e tomar cerveja. O centro das atenções era um americano entusiasmado, de uma entidade chamada Institute of the Future in Palo Alto, que explicava seu plano de construir torres por todo o campo, de onde projetaria filmes de Bollywood para os refugiados entediados. Perguntei se ele tinha se dado conta de que os rohingyas eram muçulmanos, por isso os imames jamais concordariam com aquilo. Então me senti mal — ele só queria ocupá-los quando não tinham nada para fazer e nenhum lugar para ir, quando só podiam esperar e recordar.

Eu estava sentada perto de Hannah Beech, uma jornalista do *New York Times* de cujo trabalho sou grande admiradora. Ela me perguntou sobre meu dia, e eu contei a história da vítima de estupro e do celular. Hannah me disse que passara o dia com três crianças órfãs que havia conhecido e o tio delas, com o intuito de escrever um perfil. Ela tinha ficado cada vez mais desconfiada de que algo ali não estava certo. No fim, descobriu que não era verdade que não tinham pais — eram filhas do homem que havia se apresentado como o obsequioso tio.

Estávamos ambas irritadas, mas também nos impressionava quão desesperadas aquelas pessoas deviam estar para fazer tais coisas ou inventar tais histórias. Ou será que estavam tão traumatizadas que não sabiam mais o que era real? O comissário de refugiados havia me dito que alguns rohingyas se encontravam tão desorientados que confundiam antissépticos com leite e os bebiam. E quanto a nós, feras que incentivavam que eles se alimentassem, prontas para devorar relatos cada vez mais terríveis? Éramos de fato diferentes daquele repórter talvez apócrifo que gritou "Alguém aqui foi estuprada e fala inglês?" para um avião cheio de freiras belgas que tinham acabado de ser resgatadas de um cerco no Congo oriental?

5. Mulheres que olham para o nada

Sirajganj, Bangladesh

Um garotinho estava atravessando a rua em Jamalpur carregando uma lata de leite quando um vigia fez sinal para que ele entrasse no campo do Exército paquistanês. Ele entregou o leite e foi pago com uma moeda de dois anna. Lá dentro, o menino viu três mulheres nuas, com marcas de tortura em todo o corpo. Ele nunca esqueceu o que viu e nunca gastou a moeda.

Relato exibido no Museu da Guerra de Libertação, em Daca

No centro da galeria, havia uma escultura feita de casca de árvore retorcida que representava uma mulher em vestes compridas e onduladas, parecendo angustiada de uma maneira que me lembrava das iazidis que eu havia encontrado nas ruínas do manicômio. Era uma obra de Ferdousi Priyabhashini, uma artista renomada de Bangladesh que nos anos 1990 se tornou a primeira mulher de classe média a romper o silêncio quanto à violência sexual que sofrera durante a guerra de independência do país. Seus trabalhos eram criados a partir de galhos e ramos combinados com ferro-velho porque, segundo ela, "Somos como essa casca de árvore descartada, que ninguém quer".

Numa parede próxima, havia um tríptico de fotos em preto e branco, com três mulheres transmitindo uma angústia inimaginável mesmo sem mostrar o rosto. O fotógrafo Naib Uddin Ahmed havia fotografado cada mulher com um rio de cabelos escuros e desgrenhados cobrindo o rosto, as mãos cerradas em punho à frente, os pulsos adornados com braceletes que pareciam algemas.

Eu estava na Galeria Quatro do Museu da Guerra de Libertação, em Daca, visitando uma pequena exposição sobre violência sexual. Imagina-se que o espantoso número de 200 mil a 400 mil mulheres tenham sido estupradas por soldados paquistaneses na guerra pela independência, em 1971; no entanto, a placa na parede apenas diz: "Não há muitos registros desse sofrimento oculto".

Essas mulheres são chamadas de *birangonas*, por causa da palavra bengali "*bir*", que significa "heroína corajosa" ou "heroína de guerra". Esse título lhes foi dado em 1972 pelo primeiro presidente de Bangladesh, o xeque Mujibur Rahman, com o intuito de reconhecê-las como heroínas de guerra e de demonstrar respeito. Mas eu logo saberia que isso teve consequências lamentáveis.

Minha visita ao museu aconteceu depois de eu ter me encontrado com o capitão honorário Abdul Suhan, um oficial aposentado do Exército de Bangladesh. Com cabelo alaranjado pela hena, olhos leitosos e um coxear pronunciado, ele morava perto dos campos rohingyas. Sentamo-nos em um sofá sem molas em seu terraço e ficamos afastando os mosquitos e tomando chá com biscoitos enquanto ele me contava que as histórias terríveis que eu ouvia naqueles campos não eram novidade para os locais.

"O problema começou com vocês, britânicos, é claro", ele disse, referindo-se à independência da Índia em 1947 e à criação da pátria muçulmana do Paquistão como duas alas separadas, com 1600 quilômetros de Índia hostil no meio. O que depois veio a se tornar Bangladesh na época era o Paquistão Oriental, que fazia parte de um país que é difícil imaginar que desse certo. Quando a Liga Awami, liderada pelo xeque Mujibur Rahman e localizada no leste, mais populoso, obteve a maioria dos votos nas eleições de 1970, o Paquistão Ocidental se recusou a aceitar a derrota.

O xeque Mujib, como era conhecido, fez seis exigências de autonomia regional num discurso histórico em Daca, em 7 de março de 1971. Como elas foram recusadas, ele convocou uma greve geral. O líder militar do Paquistão, o general Yahya Khan, respondeu com a Operação Holofote, uma repressão militar massiva.

Em 25 de março de 1971, três batalhões secretamente se colocaram a postos em Daca. Pouco antes da meia-noite, quando todos dormiam, eles atacaram. Moradias universitárias foram incendiadas e estudantes e acadêmicos foram mortos a tiros. Intelectuais, poetas e nacionalistas bengaleses foram assassinados, redações de jornais foram explodidas e distritos hindus foram queimados.

O xeque Mujib foi preso. Esquadrões da morte varreram as ruas da capital, prendendo 7 mil pessoas numa única noite.

Foi apenas o começo. Em uma semana, metade da população de Daca havia fugido e pelo menos 30 mil pessoas tinham sido mortas.

Expurgos similares começaram a ocorrer por todo o país. Na época, Suhan era um halvidar importante do regimento bengali do Exército paquistanês. Ele e outros bengalis fugiram do quartel em Chittagong e se juntaram aos rebeldes nas colinas. Suhan logo se deu conta de que os soldados paquistaneses faziam mais do que lutar e matar.

"Eles estupravam muitas mulheres, era uma atrocidade", Suhan disse. "Às vezes, penduravam-nas em bananeiras, ou então as prendiam e estupravam. Inúmeras mulheres foram levadas a Cox's Bazar pela Al-Shams e pela Al-Badr [forças paramilitares colaboracionistas] em prol do Exército paquistanês para serem estupradas repetidamente no campo de Comilla. Eles as tratavam como se fossem sua propriedade. Jovens ou velhas, não importava.

"Como nossa sociedade era conservadora e as mulheres eram tímidas, elas não ousavam revelar o que lhes havia acontecido, mas nós, combatentes, sabíamos o que estava acontecendo, e aquelas vítimas nos inspiravam e motivavam.

"No entanto, depois da guerra, homens como eu receberam os louros e ajuda, enquanto as mulheres ficaram sem nada e ainda precisaram se esconder. Aquelas que viviam em boas condições se mantiveram em silêncio, e aquelas que eram pobres acabaram mendigando nas ruas. Algumas se enforcaram com o sári. Foi pior do que aquilo que aconteceu com as rohingyas, mas elas não falam. Só ficam olhando para o nada."

Lágrimas começaram a rolar pelo rosto daquele senhor. "Fundei uma escola de ensino médio em memória dessas mártires", ele disse. "Não sabia o que mais fazer.

"Quando eu morrer, assim como acontece com todos os que lutaram pela liberdade, membros do governo colocarão uma bandeira sobre meu caixão, e uma corneta soará. Quando uma *birangona* morre, nada acontece."

Abaixo da galeria, no auditório do museu, era realizada uma conferência comparando os ataques às mulheres rohingyas do outro lado da fronteira com Mianmar ao que havia acontecido em Bangladesh 46 anos antes. Ali, encontrei Mofidul Hoque, escritor e um dos fundadores do museu, que travara uma longa e muitas vezes solitária batalha para tentar angariar respeito pelas *birangonas*.

"Mulheres são sempre alvos fáceis em conflitos", ele disse. "Os paquistaneses acharam que com assassinatos em massa poderiam subjugar a população de uma vez por todas, numa espécie de solução final para os nacionalistas bengalis. Então vieram pelo interior, montaram acampamento e começaram imediatamente a procurar mulheres. Meninas e mulheres de todas as idades foram sequestradas de suas casas e pegas nas ruas, nos campos, em pontos de ônibus, em escolas ou enquanto buscavam água no poço."

Algumas foram estupradas na mesma hora — no chamado "estupro imediato" —, muitas vezes na própria cama ou na frente da família inteira. Outras foram amarradas a bananeiras e sofreram estupro coletivo. As mulheres eram levadas para acampamentos do Exército como escravizadas sexuais e mantidas nuas para não poder fugir. Falava-se em caminhões de mulheres semiconscientes sendo descarregados. Filmes pornográficos eram passados nos acampamentos para estimular os homens antes de soltá-los. Muitas delas morriam, algumas depois de ter a vagina atravessada por uma baioneta e ser deixadas sangrando até a morte.

O jornalista australiano Tony Clifton escreveu na *Newsweek* que duvidara dessas histórias até visitar os campos de refugiados e os hospitais na fronteira com a Índia. Ali, encontrara vítimas como Ismatar, que ficara órfã: "Uma menininha tímida num vestido cor-de-rosa rasgado... sua mão cobria uma cicatriz feia no pescoço, cortado por um soldado paquistanês com uma baioneta". Ele foi embora "acreditando que o Exército punjabi era capaz de qualquer atrocidade".[1] Clifton havia feito a cobertura das guerras do Vietnã, do Camboja e de Biafra, então não desconhecia o horror. No entanto, ao descrever os bebês baleados, as filhas arrastadas para a escravidão sexual, os homens cujas costas foram açoitadas até ficarem em carne viva, ele escreveu: "Várias vezes me pego parado me perguntando como um homem pode ser tomado por tamanho frenesi assassino".

Ele poderia muito bem estar descrevendo os campos rohingyas, mais de quatro décadas depois.

Entre os entrevistados por Clifton estava John Hastings, um pastor metodista britânico que vivera vinte anos em Bengala. "Tenho certeza de que as tropas jogaram bebês para o alto e os pegaram com suas baionetas", ele disse. "Tenho certeza de que as tropas estupraram meninas repetidamente depois as mataram enfiando baionetas entre suas pernas."

Muitas sobreviventes tiveram os seios mutilados. Médicos da Federação Internacional do Planejamento Familiar, recrutados para abrir clínicas depois da guerra, descobriram que quase todas tinham algum tipo de doença venérea. Uma mulher disse que havia sido estuprada por cinquenta soldados.

Foi um desses médicos que alertou o mundo sobre o que estava acontecendo. O dr. Geoffrey Davis, um australiano conhecido por seu trabalho com abortos tardios, foi trazido para supervisionar abortos de bebês indesejados, assim como para facilitar a adoção internacional daqueles que haviam chegado a nascer. Ele afirmou que realizava abortos "em escala industrial": cem por dia apenas em Daca.

Anos depois, perguntaram-lhe se o número de mulheres estupradas havia sido exagerado, como o Paquistão sempre alegara. "Não", o dr. Davis respondeu. "Os números provavelmente são muito conservadores em relação ao que eles fizeram. Algumas das histórias que elas contavam eram pavorosas. De ser estupradas várias vezes. Por enormes soldados pashtuns. As ricas e as mais bonitas eram guardadas para o alto escalão, e o resto era distribuído entre os outros. Essas mulheres passavam por maus bocados. Não tinham comida suficiente. Quando ficavam doentes, não recebiam tratamento. Muitas morreram nos acampamentos. Havia um ar de incredulidade em relação à coisa toda. Ninguém podia crer que de fato tinha acontecido. Mas as provas deixavam bem claro que sim."[2]

Os números iam muito além do que poderia ser visto como "um subproduto comum da guerra", e o objetivo ia muito além de humilhar o inimigo e atingir seu moral. Como eu havia visto com as iazidis, com as meninas sequestradas pelo Boko Haram na Nigéria e com as rohingyas, aquilo era estupro como arma sistemática de guerra.

"Não eram casos individuais. Era uma política deliberada, e uma política de cunho ideológico", disse Mofidul. "O que aconteceu aqui foi uma das maiores matanças que já houve de muçulmanos por muçulmanos, rotulando-nos como inferiores, e não muçulmanos propriamente ditos. Estuprar era um 'dever', para purificar os pagãos."

Assim como anos depois os combatentes do Estado Islâmico receberiam uma "justificativa" religiosa para tomar iazidis como escravizadas, imames no Paquistão lançaram uma Fátua declarando que a resistência bengali era composta de "hindus", e que suas mulheres poderiam ser tomadas como *gonimoter maal*, ou butim de guerra.

Em seu livro de memórias *A Stranger in My Own Country: East Pakistan, 1969-1971* [Um estranho em meu próprio país: Paquistão Oriental, 1969-1971], publicado postumamente, o general de divisão paquistanês Khadim Hussain Raja escreveu que seu comandante, o general A. A. K. Niazi, ordenou que seus homens "soltassem seus soldados sobre as mulheres do Paquistão Oriental até que a etnia dos bengalis tivesse sido alterada".

O dr. Geoffrey Davis ouviu explicações similares de soldados paquistaneses que encontrou e que eram mantidos como prisioneiros de guerra em Bangladesh. "Eles tinham recebido uma espécie de ordem ou instrução de Tikka Khan [militar que governava o Paquistão Oriental] no sentido de que um bom muçulmano poderia lutar contra qualquer pessoa com exceção de seu pai. Então o que eles deviam fazer era engravidar o maior número possível de mulheres bengalis... para que houvesse toda uma geração de crianças no Paquistão Oriental que nasceria com sangue do lado ocidental. Era o que eles diziam."

A guerra terminou com a entrada das forças indianas. Às 17h01 de 16 de dezembro de 1971, o general Niazi, comandante paquistanês, assinou a rendição numa mesa montada sobre cavaletes no circuito de Daca. Devagar, ele soltou a correia da pistola na cintura e a entregou ao comandante indiano, o qual agravou a humilhação de Niazi retirando as insígnias dos ombros do outro.

Bengalis exultantes que haviam se reunido em torno do circuito jogaram flores. O xeque Mujib foi solto pelos paquistaneses e estabelecido como líder do novo país independente.

Um de seus primeiros atos foi reconhecer as mulheres violentadas como heroínas de guerra. Ele as declarou *birangonas*, para que ocupassem uma posição honorária, como a dos que haviam lutado na resistência, que garantiria que tivessem preferência em oportunidades de educação e de trabalho, e encorajou os homens a se casarem com elas.

Mujib ainda estabeleceu centros de reabilitação para as mulheres e clínicas de tratamento, além de legalizar o aborto temporariamente.

Num importante ato de 1973, que instituiu o Tribunal Internacional de Crimes, ele também declarou o estupro um crime contra a humanidade.

Foi uma iniciativa corajosa e sem precedentes.

No entanto, apesar de suas boas intenções, o tiro saiu pela culatra. Para a sociedade, as mulheres declaradas *birangonas* eram motivo de vergonha, por terem se relacionado sexualmente com alguém que não o marido. Muitas foram expulsas de suas próprias famílias e dos vilarejos onde moravam, acabaram mortas pelo marido ou foram obrigadas a matar seus filhos.

Como as meninas sequestradas pelo Boko Haram na Nigéria, elas foram duas vezes vítimas: primeiro de estupro e depois, quando tentaram voltar para casa, do ostracismo.

"Tem um caso", Mofidul me contou, "de uma menina que foi estuprada e engravidou, cuja mãe tirou os brincos de ouro e disse: 'Pegue isso e vá embora para nunca mais voltar'. A família de um carregador do porto a abrigou, e ela deu à luz um menino. Então lhe disseram que ela devia matar o bebê e começar uma vida nova em Daca. A menina pôs sal na boca do filho e o deixou no rio para se afogar. Isso a deixou muito perturbada."

Depois de contar sua história, algumas mulheres foram acusadas de se prostituir. Corriam rumores de que recebiam sacos de dinheiro. Outras eram acusadas de inventar relatos para ganhar dinheiro.

Se a situação das sobreviventes já era difícil antes, ficou muito pior depois de 1975, quando o xeque Mujib foi assassinado e um governo islâmico assumiu o poder. Isso incluiu a participação de algumas das pessoas que haviam atuado como colaboracionistas durante a guerra, fornecendo mulheres para os soldados paquistaneses ou mesmo estuprando-as. Os centros de reabilitação foram fechados, e as mulheres acabaram jogadas na rua.

"Cuspiram em mim ao atravessar a rua e me acusaram de ser esposa de soldado paquistanês."

"'Como pôde deixar que tocassem em você?' Foi o que minha própria família me disse!"

As mulheres que contavam essas histórias estavam reunidas num barraco de chapa corrugada erguido num terreno enlameado perto da margem do rio, em Sirajganj, uma cidadezinha de várzea a noroeste de Daca.

Havia uma fileira de barracões, uns encostados nos outros, de frente para um cercado com patos sujos de lama, parecendo mais abrigos de animais que moradias para humanos. Dentro daquele, grandes teias de aranha caíam do teto como se fossem cortinas, iluminadas por uma única lâmpada exposta. Tudo o que havia de mobília era uma cama e uma cômoda de madeira, com xícaras e pratos lascados e uma TV em preto e branco pequena em cima. Na parede, havia uma imagem de Meca e um calendário de 2014.

Estavam ali seis mulheres em sáris coloridos, sentadas em banquinhos de plástico ou amontoadas na cama. Mesmo a meia--luz, suas roupas eram de tons vibrantes de laranja, rosa, amarelo e verde, mas seus rostos expressavam angústia e seus corpos pareciam se dobrar sobre si mesmos.

Elas pegaram minhas mãos quando entrei. Uma delas, de rosa, ficou passando a mão no meu cabelo, como se eu fosse uma criança.

Ali funcionava o Clube das Mães. Todas ali eram mães — e avós —, mas essa não era a única coisa que tinham em comum. Usavam o termo *ghotona*, que me foi traduzido como "o evento", acrescentando: "Todo mundo sabe do que se trata".

Antes que começássemos a conversar, elas afastaram o bando de netos curiosos que haviam se reunido à porta. Do lado de fora, as crianças começaram a protestar de imediato. Logo os grasnidos dos patos se juntaram ao barulho, e de vez em quando se ouvia o som alto de uma cusparada de alguém passando.

Era um alívio estar com aquelas mulheres. Fora uma longa jornada de Daca, sob um lençol cinza de chuva ininterrupta. Depois de cerca de duas horas de estrada, deparamos com um desmoronamento, que forçava o tráfego a prosseguir pela lateral. Ficamos presos numa fila interminável de carros, caminhões e ônibus que tentavam ultrapassar uns aos outros na pista única. Levamos mais de seis horas para enfim chegar à ponte de Bangabhandu, que passava sobre o rio Jamuna, um dos maiores afluentes do Ganges, e atravessar os arrozais verdejantes até Sirajganj.

Quem me colocara em contato com elas fora uma ativista local chamada Safina Lohani, que depois da guerra tinha estabelecido o centro para mulheres onde todas haviam se conhecido. Mas a comunicação foi bem difícil, e eu não estava certa de que aquelas mulheres estariam esperando por mim ou mesmo se falariam comigo. Na verdade, elas não poderiam ter sido mais receptivas.

Por mais de quatro décadas — grande parte desse tempo em segredo —, elas se reuniam a cada duas semanas, em geral na casa de Safina. Em 2015, Safina sofreu um derrame. Desde então, elas se encontravam cada vez na casa de uma, embora nunca em vilarejos cujos habitantes poderiam comentar.

"Quando nos reunimos, falamos do passado e de como o Exército paquistanês destruiu nossa vida", explicou Hanzera Katham, cuja pele do rosto por debaixo do lenço escarlate era grossa e cheia de rugas. "Por causa deles, tivemos nossa vida completamente desgraçada. Por causa de Safina, sobrevivemos."

Hasna, que aos setenta anos era a mais velha e usava um xale laranja por cima do vestido amarelo, falou primeiro. Ela contou sua história quase sem parar para respirar.

"Era uma quinta-feira quando os soldados chegaram ao nosso vilarejo de Khaji Para. Eu estava cozinhando, com a minha filha no colo. Ela tinha cinco anos. Os soldados chegaram de trem e convocaram o vilarejo inteiro. Quase todas as mulheres fugiram, mas a estação ficava bem ao lado da minha casa, então eles chegaram antes que eu pudesse fazer algo. Não tive tempo de escapar. Eles me agarraram e jogaram minha filha no chão com tanta força que seu crânio se abriu e sua boca espumou. Quinze dias depois, ela morreu. Dois soldados me estupraram ali mesmo. Eu gritava, então eles me batiam com o cano dos rifles. Que Alá lhes dê a punição merecida.

"Depois da guerra, tudo ficou difícil. Meu marido morreu logo em seguida. Todos sabiam o que havia acontecido comigo, e fui castigada e marginalizada. Me chamavam de *birangona*, que tem uma conotação negativa. Os vizinhos me xingavam. Tive um filho, e na época era arrumadeira do centro de reabilitação para mulheres, que depois fechou. Consegui trabalho debulhando arroz e depois nos campos, mesmo estando muitas vezes com dor na barriga.

"Meu filho se tornou puxador de riquixá, mas agora está doente e não pode trabalhar, então sou responsável pelos quatro filhos dele."

Uma galinha entrou e começou a bicar o chão, mas logo foi afugentada por um gato magro de rua, que silvou e depois se retirou furtivamente.

Em apenas três minutos, Hasna havia descrito uma vida de completa infelicidade.

Koriman, a mulher com o xale rosa-claro sobre um vestido preto e lilás, a mesma que ficava passando a mão no meu cabelo, assumiu a fala.

"Também tenho setenta anos", ela disse. "Quando a guerra começou, eu tinha 23, e morava com meu marido no vilarejo de Tetulia. Ele trabalhava fazendo cigarros numa fábrica de tabaco, então levávamos uma vida boa. Tínhamos dois filhos, e eu estava grávida do terceiro. Aí os militares chegaram e queimaram o vilarejo inteiro. Fugimos e nos refugiamos numa ilha no rio. Alguns dias depois, voltamos ao nosso vilarejo para tentar recuperar parte de nossas coisas. Descobrimos que o lugar estava todo destruído e vimos muitos dos nossos vizinhos mortos, já em decomposição."

Ela começou a chorar. "Os soldados tinham reunido todos os homens e os organizado em fila antes de começar a atirar. Fomos embora de novo, sem levar o gado ou bens de valor."

Àquela altura, Koriman soluçava. Ela enxugou os olhos com a ponta do tecido cor-de-rosa. Foi minha vez de ser carinhosa com ela. Sua voz se suavizou.

"Vimos o Exército paquistanês atear fogo em tudo, inclusive na cidade de Sirajganj. O céu parecia iluminado em meio à fumaça e às chamas. Ficamos tão aterrorizados que decidimos voltar ao vilarejo por um curto período, não para ficar.

"Um dia, eu estava de volta à minha casa com meus filhos, fazendo pão no quintal, quando de repente notei os soldados paquistaneses se aproximando. Tentei pegar meu filho no colo, mas os soldados já estavam no quintal e o derrubaram com seus rifles e me estupraram. O medo era tanto que fechei os olhos até que eles fossem embora. Não sei quantos me possuíram e por quanto tempo, mas eles deixaram meus seios e meu corpo inchados. Meu marido chegou e viu tudo. Aquilo o afetou tanto que ficou mudo daquele dia até sua morte, treze anos depois.

"Por causa disso, sofri muito. Eu achava que teria sido melhor se tivessem me matado. As pessoas me insultavam muito. Nenhum homem se casaria comigo. Por um longo período, eu não suportava o cheiro do pão sendo feito.

"Então conheci Safina, que administrava o centro para mulheres, e fui trabalhar lá. Em 1975, o xeque Mujib veio a Sirajganj e se dirigiu a todas as heroínas de guerra como se fossem suas próprias filhas. Disse que deveriam cuidar de nós. Oito de nós chegaram a visitar a casa dele.

"Mas depois o mataram, e tudo piorou. Os centros foram fechados e tivemos de fazer tudo por conta própria."

As outras mulheres assentiram com a cabeça. O rebuliço do lado de fora parecia ter se acalmado, e notei o gotejar da água entrando pelo canto do telhado e batendo contra a cômoda.

Havia duas irmãs sentadas à minha frente. O barraco em que estávamos reunidas pertencia à mais velha delas, Raheela, que usava um lenço estampado em preto, vermelho e amarelo. Ela mastigava uma folha de bétele e balançava a cabeça enquanto ouvia as histórias que já havia escutado repetidas vezes.

"Tenho 65 anos. Casei três anos antes da guerra, e meu marido e eu vivíamos em Shinapurna, a cerca de oito ou nove quilômetros daqui", ela começou.

"A guerra começou em Daca, depois muitos militares paquistaneses chegaram a uma estação chamada Jamtoli Bazar, e as pessoas ficaram aterrorizadas. Eu estava na casa do meu pai quando meu sogro apareceu e disse que a situação estava se deteriorando em Sirajganj, por isso precisávamos ir embora. Fomos para a casa dele, mas então o Exército atacou um vilarejo vizinho, matou dois irmãos a tiros e estuprou duas mulheres, uma com um bebê recém-nascido e a outra virgem, depois as levou para seu acampamento.

"A notícia se espalhou depressa, e a minha sogra nos levou a um milharal onde poderíamos nos esconder. Mas meu sogro disse que não era seguro, então fomos embora com meu pai, tarde da noite."

Ela parou por um momento para dispensar sua neta pequena, que ora perambulava abraçada a uma boneca de pano imunda, ora tentava subir no colo da avó.

"Então vimos que o Exército paquistanês havia ateado fogo na casa para onde íamos. Seguimos adiante, até a casa da minha tia. Eram dez da manhã, e tínhamos caminhado a noite toda. De repente, ouvimos o barulho dos jipes do Exército. Meu pai disse que eu deveria me esconder numa casa próxima, onde moravam alguns hindus. Os veículos pararam na frente, então ouvi o barulho de botas e os homens entraram. Eles encontraram duas mulheres hindus tentando se esconder debaixo de um divã, puxaram-nas pelos cabelos e bateram nelas, depois me viram escondida atrás da porta."

Naquele ponto, ela mandou as crianças para fora e balançou a cabeça.

"Primeiro, três deles tentaram me estuprar. Então mais soldados entraram, arrastando outra mulher hindu. Nós duas fomos estupradas várias vezes. Eles eram grandes, não pequenos como nós e os homens bengalis. Depois nos deixaram ali, levando as outras duas hindus embora.

"No momento em que terminaram, eu estava inconsciente. Quando retomei minha consciência já era de noite, umas sete. Encontrei meu pai com outras pessoas à margem do rio, algumas feridas. Era difícil de caminhar, mas ele me ajudou a ir até a casa de outra tia minha. Depois de algumas semanas, meu marido foi me visitar. Ele descobriu o que havia acontecido e nunca mais voltou.

"Três meses depois, quando Bangladesh foi emancipada, todo mundo celebrou e foi para casa, menos eu. Em vez de voltar para o meu marido, voltei para os meus pais.

"Depois de um tempo, ouvi falar no centro de reabilitação, cheio de mulheres como eu, que haviam sido torturadas pelo Exército paquistanês. Eu disse ao meu pai que gostaria de ir para lá. Ele recusou a princípio, dizendo que todo mundo sabia que tipo de mulher ia para lá. Mas acabei indo e ficando ali por três anos, aprendendo tecelagem com outras quarenta mulheres.

"Um dia, recebemos a notícia de que o xeque Mujib havia sido assassinado e ficamos morrendo de medo. O guarda do centro nos fez voltar para casa, temeroso de que houvesse mais retaliação.

"Voltei para a casa do meu pai, e depois de um tempo ele acabou conseguindo que outras pessoas tentassem convencer o meu marido a me aceitar de volta, já que eu não havia feito nada de errado.

"Deu certo, e morei com meu marido até ele morrer. Tivemos cinco filhas e dois filhos. Mas não era fácil. Ele não conseguia esquecer o que havia acontecido. Não era bondoso ao conversar comigo. Algumas pessoas diziam que eu era uma mulher impura e que não deveria morar no vilarejo. Elas falavam que eu deveria ter me matado em vez de ter seguido em frente com aquela desonra, e eu muitas vezes achava que elas estavam certas, porque o que os paquistaneses haviam feito comigo já tinha me matado mesmo. Para que nossas filhas se casassem, tivemos que pagar dotes maiores, porque ninguém queria se relacionar conosco.

"Há alguns anos apareci na TV falando de como era ser uma *birangona*, e meu genro se enfureceu. Ele se divorciou da minha filha, que ficou muito chateada comigo. 'Você estragou minha vida também', ela me disse."

Raheela não era a única da família a ter sido estuprada. Sua irmã mais nova, Maheela, de 63 anos, que usava um xale amarelo, preto e dourado, começou a falar em seguida.

"Quando nosso pai levou Raheela à casa da nossa tia, onde ela acabou sendo estuprada pelos paquistaneses, me deixou junto com os outros filhos mais novos com nosso tio, irmão dele. Eu tinha só dezesseis anos, e meu marido tinha se associado à resistência.

"Um dia, um avião paquistanês bombardeou a fábrica de juta e o ponto de embarque no rio, assustando a todos. Alguns dias depois, os soldados alcançaram o nosso vilarejo. Meu tio me levou para outro lugar, onde viviam os parentes da esposa dele. Então os soldados chegaram lá também, e tivemos que nos esconder nos campos de juta, numa casamata sob a terra seca. No dia seguinte, pensávamos que os soldados tinham ido embora e saímos do esconderijo, mas alguns colaboracionistas contaram aos paquistaneses, e eles foram até a casa onde estávamos. Eu me escondi atrás de uma cerca e a esposa do meu primo se escondeu sob o colchão. Eles não tiveram dificuldade de nos encontrar e nos estupraram lá dentro, levando a esposa do meu primo em seguida. Quando a trouxeram de volta, tinham decepado seus seios, e ela acabou morrendo.

"Depois de alguns meses, Bangladesh foi emancipada, mas nossa casa havia sido reduzida a cinzas pelo Exército paquistanês, por isso não tínhamos para onde ir. Ficamos na casa dos meus avós enquanto recebíamos tratamento. Quando meu marido soube que eu havia sido desonrada pelos paquistaneses, ele me largou e se casou com outra mulher.

"Então Raheela se juntou ao centro de reabilitação e eu fui trabalhar lá como costureira, assim apoiávamos uma à outra. Mas o lugar fechou, o que acabou com as nossas esperanças.

"Ouvi dizer que meu marido tinha ficado doente havia muito tempo e que fora largado pela outra mulher. Então ele voltou para mim, e eu cuidei dele. Ficamos juntos até o dia da sua morte e tivemos cinco filhos: três meninos e duas meninas."

Como Maheela, Hanzera Katham era viúva de um membro da resistência.

"Eu tinha 23 anos quando a guerra começou e morava com meu marido, Hatam Ali, no vilarejo de Chuna Hati. Nosso lar se tornou um antro da resistência, e eu cozinhava a noite toda para alimentar cerca de quarenta pessoas por dia. Os disparos e bombardeios de aviões paquistaneses eram frequentes, e muitas pessoas da vizinhança acabaram morrendo. Um dia, o Exército paquistanês do acampamento próximo ao nosso vilarejo recebeu reforços pesados. Disparos de rifles e morteiros vinham de diferentes direções. Os membros da resistência se viram cercados e muitos deles foram mortos, por isso tivemos que fugir.

"Corri para o mato com meus sete filhos. Mas era difícil se esconder, porque as formigas e os insetos nos atacavam incessantemente. Os soldados atearam fogo no vilarejo. Começaram num extremo e incendiaram uma casa depois da outra. Meu marido observava do meio do mato e concluiu que se não levasse o gado consigo acabaria queimado também. Era tudo o que tínhamos, então ele foi buscar os animais. Ouvi um tiro, ele tinha sido pego. Quando ergui a cabeça para ver, três soldados me localizaram e correram na minha direção. Eu carregava minha filha de três anos, e eles a agarraram e a pisotearam até a morte, depois me estupraram tanto que perdi a consciência.

"Meus filhos correram em diferentes direções. Depois, pessoas do vilarejo me ajudaram a recobrar os sentidos e ir atrás das crianças. Quando encontrei minha filha, as formigas já haviam comido seu olho e parte do seu nariz.

"Meu marido nunca se recuperou totalmente. Tudo o que havia restado para nós era um pequeno pedaço de terra, só três decimais [três centésimos de acre], que vendemos para comprar remédios, mas meu esposo morreu três anos depois da guerra.

"As pessoas não me queriam mais no vilarejo, então tive que construir uma cabana na estrada, onde ainda moro. Meus filhos recolhiam lenha para vender no bazar e fazíamos combustível com esterco, mas não era suficiente. Safina nos ajudou bastante, com roupa e comida, mas ainda assim precisávamos mendigar.

"Como pode ver, somos muito pobres. Mas não é apenas dinheiro que pedimos. Queremos o reconhecimento de que fomos nós as injustiçadas."

Ela pegou um saco plástico do chão e dele tirou pastas de cartas e formulários, muitos com carimbos oficiais — tentativas infrutíferas de validação num país tomado pela burocracia.

As outras mulheres assentiram com a cabeça e começaram a mostrar sua própria papelada.

A última a falar foi Aisha Khode Bhanu. "Quando a guerra começou, os trens ficaram parados por três meses, até que uma noite, de repente, o movimento nos trilhos retornou, e nos demos conta de que o Exército paquistanês estava vindo para Sirajganj", disse. "Antes que chegassem de fato, a área foi bombardeada indiscriminadamente. Aviões passavam zumbindo acima de nossas cabeças, como se fossem moscas.

"Como a maior parte das pessoas na região, meu marido trabalhava numa das fábricas de algodão, que estavam paradas. Quando ouvimos os trens, eu, meu marido e os parentes dele partimos, caminhando por doze horas direto no meio da noite. Assim que olhamos para trás, o Exército paquistanês estava ateando fogo em tudo. As chamas eram tão altas que conseguíamos enxergá-las de longe.

"Alguns dias depois, voltamos para casa e encontramos tudo reduzido a cinzas — utensílios, almofadas, até o arroz. Não tínhamos mais nada. Ficamos todos na casa de parentes, com exceção do meu sogro, que retornara e construíra um barraco de chapas corrugadas queimadas.

"Um dia, um *razakar* [colaboracionista] o visitou e insistiu que trouxesse de volta todos os membros da família, dizendo que o Exército não ia voltar, então não havia motivo para preocupação. Três meses depois, todos retornamos. Mas eu me sentia desconfortável. Mantinha sempre uma lamparina acesa durante a noite e morria de medo de sair do barraco.

"Uma manhã, ouvimos os *razakar* chegando, então corremos até o açude para nos esconder e cobrimos a cabeça com plantas aquáticas. Eles nos encontraram e garantiram que o Exército não ia voltar. Estávamos sentados dentro de casa, por volta do meio-dia, quando vimos os soldados, dezoito deles. Minha sogra me disse para fazer silêncio, mas logo eles começaram a bater na porta com tanta veemência que ficamos bastante assustados.

"Meu marido foi falar com os soldados. Bateram nele com o cano dos rifles e o forçaram a ir para os campos, junto com o meu sogro, então eu soube que estavam vindo, e dois deles entraram e me estupraram.

"Depois todos os soldados se alternaram para me estuprar, para estuprar a minha sogra e a outra esposa do meu marido na cama de corda. Os estupros foram tão violentos que as duas morreram em menos de um mês.

"Meu marido morreu um ano depois, em consequência da tortura a que foi submetido. Fiquei sozinha com minhas três filhas e meu filho.

"Sobrevivi por causa de Safina. Todas fazíamos artesanato no centro de reabilitação para mulheres e recebíamos comida, mas, depois que o xeque Mujib foi assassinado, tivemos que enfrentar uma vida de miséria e aflição. Passei a trabalhar como doméstica.

"Meu filho agora trabalha na fábrica de juta e minhas filhas são extremamente pobres. Elas têm muita dificuldade para se sustentar.

"Não gosto do termo *birangona*. Para mim, significa angústia e desrespeito", disse. "As coisas melhoraram um pouco quando a filha de Mujib, a xeque Hasina, assumiu o poder, em 1996, e tentou reabilitar as *birangonas*. Recentemente, começamos a receber um auxílio de 10 mil takas [noventa libras esterlinas], e os vizinhos e os locais em geral por fim passaram a nos respeitar. Mas ainda hoje tenho sobressaltos quando ouço batidas à porta."

Enquanto ela falava, o leve lamento do muezim convocava para as orações da mesquita à distância. Lá fora, a noite havia caído. As mulheres se agitaram, porque ainda precisavam retornar aos vilarejos de onde tinham vindo.

Aisha tinha uma última coisa a dizer. "Demos o que tínhamos de mais precioso, mas você não vai encontrar nossos nomes registrados em lugar nenhum. Eu gostaria que os homens que me estupraram fossem mortos pelo que fizeram. Que fossem enforcados."

Naquela noite, quando eu lia à luz de uma lanterna na minha cama numa pensão pequena e maltrapilha de Sirajganj, alguém começou a bater na porta. Congelei. As batidas se tornaram mais insistentes e foram acompanhadas de gritos. Eu não sentia cheiro de fumaça, então permaneci na cama, torcendo para que a tranca aguentasse. Quando abri a porta na manhã seguinte, havia uma garrafa de água do lado de fora. Sorri com timidez para o gerente enquanto ele me entregava o café da manhã: um ovo frito nadando em óleo.

Parti cedo para visitar Safina, que morava acima do bazar. Na rua em frente, um homem havia acendido uma fogueira e fervia água com café instantâneo numa chaleira, para vender a quem passasse. "É a Starbucks de Bangladesh!", brincou a pessoa que me servia de intérprete.

O marido de Safina, Amin-ul-Islam Chaudhry, estava sentado a uma mesa no apartamento deles, passando os olhos pelos jornais daquela manhã. Havia fotografias do xeque Mujib por todo o cômodo. Amin me disse que havia lutado na resistência, ao lado do pai e dos irmãos, e levara um tiro durante um ataque a um acampamento do Exército paquistanês.

"Fui para a Índia fazer meu treinamento militar. O Exército paquistanês estava atrás de mim e do meu pai. Safina e nosso filho pequeno ficaram na casa dos pais dela, depois foram passando de vilarejo em vilarejo. Foi genocídio o que o Exército paquistanês fez aqui, levando as mulheres e as meninas para a tortura."

Safina entrou, usando um andador e envolvida num xale bordado todo colorido. Seu olhar era profundo e bondoso. Desde o derrame, tinha dificuldade de falar, de modo que Amin a ajudava.

Perguntei sobre o centro de reabilitação que ela abrira, do

qual as mulheres haviam falado com tanto carinho. "No começo, foi muito difícil", Safina disse. "Ainda que o xeque Mujib tivesse dito que todas as vítimas de estupro deveriam ser reconhecidas como heroínas de guerra e receber ajuda, ninguém tinha coragem de se apresentar. Bangladesh é uma sociedade muçulmana muito conservadora. Ninguém falava de abuso sexual, e as mulheres estupradas pelo Exército paquistanês eram odiadas pela própria família e alvo de perseguição. Muitas estavam escondidas na mata, então fui atrás delas e lhes arranjei um refúgio no centro.

"Eram umas sessenta mulheres. Suas histórias eram tão terríveis que eu passava quase todas as noites chorando. Muitas vezes, depois que tinham sido estupradas, os soldados tiravam os bebês delas e os pisoteavam até a morte ou os jogavam com tanta força contra o chão que os miolos estouravam. A mesma coisa acontece com as rohingyas agora. O mais triste é que, quando a guerra tem início, as mulheres são as vítimas mais fáceis.

"Consegui para as mulheres cursos de tecelagem, costura ou de produção de pulseiras. Assim poderiam ser autossuficientes, e eu achava que também melhorava sua autoestima.

"Mas, quando Mujib foi assassinado, o regime militar ordenou que todos os centros fechassem em 24 horas, e a polícia veio e disse que as mulheres precisavam ir embora, depois trancou o lugar.

"Algumas mulheres voltaram para as suas famílias que não as queriam. Outras foram para a mata, e às vezes recebem comida de parentes em segredo, mas a maioria precisa mendigar.

"Ordenaram que eu encerrasse toda a comunicação com elas, mas não podia deixá-las naquela situação. Então tentei encontrá-las. Achei cerca de trinta e formei uma organização com o nome de Clube das Mães. Afinal, são todas mães.

"Era difícil levantar fundos, então criei uma ONG chamada Organização de Desenvolvimento das Mulheres de Sirajganj. Precisávamos fazer a maior parte das coisas clandestinamente. O problema era que os colaboracionistas permaneciam vivos e nos ameaçando.

"De 1975 a 1995, trabalhei na comunidade, organizando pequenas reuniões em que me sentava com os locais para tentar mudar sua opinião sobre as *birangonas*. Eu procurava fazer com que compreendessem que tinha sido por causa daquelas mulheres e de seu sofrimento que Bangladesh fora emancipada. Mas era muito difícil. Éramos castigados por trabalhar com as *birangonas*.

"Por fim, na segunda metade dos anos 1990, as coisas começaram a melhorar. Sob a liderança de Hasina, filha do xeque Mujib, o governo voltou a declarar aquelas mulheres heroínas de guerra."

Fora então que Ferdousi, a escultora, viera a público contar sua história. Mas a maioria já havia passado anos demais em negação.

De acordo com Safina, as mulheres de Sirajganj recebiam auxílio mensal e apoio médico desde 2013, depois que uma assistente social chamada Mitalee Hussein, filha de uma *birangona*, entrara com um pedido de reconhecimento na Suprema Corte.

"Só que já era tarde demais para a maioria delas. Muitas tinham morrido. E para poder receber o auxílio elas precisavam contar sua história, então várias não o fizeram. Algumas tinham sido aceitas de volta pela família e não queriam arriscar aquilo. Às vezes as famílias nem sabiam, sobretudo os filhos. E certas vítimas de estupro eram estupradas de novo por parentes, sob o argumento de que já tinham sido corrompidas."

Em 2010, o Tribunal Internacional de Crimes foi finalmente instaurado pelo governo da xeque Hasina, com base no ato de 1973 promulgado pelo pai dela. Operando do lado de fora do antigo prédio da Suprema Corte, em Daca, até março de 2019 a corte havia julgado 88 colaboracionistas e líderes de partido por tortura, homicídio e estupro. Vinte e seis haviam sido condenados à prisão perpétua e 62 à morte, sendo que seis deles já haviam sido executados.

O Paquistão nunca se retratou. Uma comissão de inquérito sobre a guerra e sobre a perda de metade do território supostamente acusou militares de alto escalão de "atrocidades vergonhosas", mas os resultados nunca vieram a público e ninguém nunca foi levado à justiça. O museu militar em Lahore não traz nenhuma menção a isso, e o ensino de história nas escolas dá a impressão de que o Paquistão, na verdade, venceu a guerra.

De volta ao Museu da Guerra de Libertação, em Daca, Mofidul me disse que a artista paquistanesa Nilofar Butt tinha feito uma visita recentemente e havia produzido um vídeo de um minuto chamado *Amnésia*, com apenas três frases:

Vocês esconderam o fato
A nação escondeu o fato
Eu escondi o fato

Pelo que pude ver, até hoje essas mulheres vivem nas sombras. "Permanece um sofrimento escondido", disse Mofidul. "Conheci uma garota há pouco cuja mãe tinha cicatrizes no corpo e só depois de muitos anos lhe contou o motivo. A menina escreveu uma música, 'Sou filha de uma *birangona*'. É linda, mas ela não pôde ir a público, porque a sociedade ainda não está pronta para isso.

"Precisamos de um movimento que diga que essas mulheres devem ser saudadas pelo Estado", acrescentou. "Temos muitos estupros no país, e, ainda hoje, quando uma menina é estuprada, ela se torna pária e muitas vezes é culpada pelo ocorrido. Precisamos desenterrar nossa própria história para aprender com ela. Quando nossos jovens pesquisadores conhecem uma *birangona*, sempre mencionam como sua resiliência os inspira, como o encontro com elas lhes dá forças."

6. As mulheres que mudaram a história
Taba, Ruanda

Parecia improvável que a pequena cidade de Taba entrasse para a história jurídica internacional. A cerca de uma hora ao sul de Kigali, após cruzar arrozais verdejantes e margear o rio Nyabugogo, uma faixa de água marrom que costumava transbordar sobre a estrada, o asfalto acabava abruptamente, ao pé de uma colina baixa. No topo, havia uma rua de lama avermelhada, a principal via de Taba, cheia de mulheres usando roupas de *kitenge* — tecido de algodão encerado — com estampas coloridas, vendendo tomates, pepinos e minutos de celular. Perambulavam por ali algumas cabras e homens em bicicletas de cores fortes, os táxis locais. Flores de hibisco cor-de-rosa e brancas cresciam ao longo da calçada, e um calau-de-bico-amarelo trombeteava do alto de uma bananeira.

Victoire Mukambanda, uma mulher alta de cinquenta anos, com as maçãs do rosto salientes e os dentes da frente separados, esperava por mim. Ela entrou no meu táxi e sacolejamos pela estrada de terra até sua casa, ao longo de um dos terraços nas encostas verdejantes. Ruanda é conhecida como a Terra das Mil Colinas, e a paisagem era muito agradável, com vales profundos e montanhas envolvidas em névoa ao nosso redor. Victoire começou a apontar para as casas em formato de caixa. "Aqui foram mortos os professores, ali atiraram em toda a família... De cima a baixo eram todos tútsis, e foram todos mortos."

Mais para cima nas montanhas ficavam os bananais onde ela se escondera em meio à chuva forte. "Morri muitas vezes naquelas bananeiras. Rezei a Deus para morrer. Sabia que meus pais tinham sido mortos, porque eles gritavam seus nomes do topo das colinas. Ouvi o nome dos meus quatro irmãos e da minha irmã. Às vezes, eu os ouvia gritando meu nome entre os que ainda precisavam ser caçados.

"Eram pessoas que eu conhecia, vizinhos, agindo como animais. Mataram milhares de tútsis. Os facões que usavam para cortar as pessoas eram os mesmos que usavam nas plantações e nas vacas. Eles nem se importavam."

Por fim, nosso motorista não conseguiu vencer o caminho enlameado, e tivemos que fazer o resto do trajeto a pé. Nuvens carregadas se acumulavam acima de nós. Havia pássaros cantando por toda parte, e o *cá-cá-cá* de uma gralha-do-peito-branco anunciava nossa chegada.

Entramos na ocupação, uma casa sem janelas com paredes de adobe e telhado de chapas de zinco. Nos fundos, num pequeno alpendre, um menininho cuidava de uma vaca amarrada que mugia — parte de um esquema governamental de conceder uma vaca a cada sobrevivente do genocídio.

A casa tinha dois cômodos: um quarto com um colchão sujo no chão e uma sala de estar, cuja mobília consistia em um sofá marrom e uma mesa de centro. A única decoração era uma foto do presidente Kagame e um calendário de dois anos antes.

Começou a chover lá fora, e gotas gigantes martelavam a chapa de metal como punhados de pedras.

Chovia dessa forma em abril de 1994, quando a temporada de matanças tivera início. Como resultado, um décimo dos compatriotas de Victoire foi abatido em cem dias, incluindo a maior parte de sua família. Todos haviam se tornado caça ou caçador.

Sentamo-nos no sofá marrom, e Victoire começou a me contar o que lembrava. "Cresci aqui, em Taba, e antes a vida era fácil", disse. Como todo mundo que eu havia conhecido em Ruanda, ela se referia ao tempo antes do genocídio apenas como "antes".

"Meus pais eram fazendeiros e tinham bastante terra, onde criavam vacas, plantavam feijão, batata, mandioca e amendoim, e havia também maracujazeiros, laranjeiras, mangueiras e mamoeiros. Eu ia à escola e adorava, mas só pude estudar até o fim do ensino fundamental, porque éramos prejudicados pelo governo por sermos tútsis, um dado que era mencionado nos nossos documentos. Éramos minoria e sofríamos preconceito. Mesmo que um tútsi passasse nos exames de admissão do ensino médio, era substituído por um hútu que tivesse se saído pior.

"Aprendíamos que os hútus e os tútsis eram raças diferentes. Diziam que os hútus eram os verdadeiros habitantes de Ruanda e que nós, tútsis, éramos invasores da Etiópia. Ser tútsi era motivo de vergonha. Se um tútsi fosse bem-sucedido, saqueavam sua casa, queimavam-na e matavam seus animais para que tivesse que começar tudo de novo. Meu pai teve de fazer uma 'húturização': conseguiu um documento de identidade hútu falsificado, o que o levava a se sentir desumanizado. Mas o governo sabia desse esquema e verificou o documento, então prendeu meu pai e o espancou.

"Esse problema todo começou bem antes de 1994. Houve assassinatos de tútsis em Taba desde a independência, em 1959, antes de eu nascer. Em 1973, quando eu estava no quarto ano, eles expulsaram os tútsis das escolas e queimaram e saquearam muitas casas, então as pessoas correram para a Igreja católica. Sempre recorríamos às igrejas quando havia algum problema."

Os hútus representavam cerca de 84% da população, os tútsis, cerca de 15%, e os twa, um grupo pigmeu local, o restante. Com frequência se falava em diferenças físicas — os hútus costumam ser descritos como tendo a pele mais escura, o rosto mais redondo e o nariz mais achatado, enquanto se diz que os tútsis são mais altos e mais magros, com o rosto comprido e as feições mais finas; no entanto, encontrei hútus altos e magros e tútsis atarracados. Em geral, a divisão remonta ao fim do século XIX, quando a "ciência racial" era popular entre os colonizadores europeus, que classificavam os africanos por tom de pele e pela dimensão do crânio. Os alemães que colonizaram Ruanda em 1897 viam os tútsis, que tinham pele mais clara, como reis guerreiros dominando os camponeses; os belgas, que assumiram o país depois da Primeira Guerra Mundial, reforçaram essas distinções incluindo a etnia nos documentos de identidade oficiais.

Hoje em dia, tudo isso foi superado, e as duas tribos são vistas não como grupos separados, mas como classes sociais ou castas — tradicionalmente, os tútsis se dedicam à pecuária, e os hútus, à agricultura. O gado é mais valioso, de modo que com o tempo os tútsis adquiriram um status mais elevado e passaram a governar, gerando ressentimento entre os hútus. Por fim, em 1959, a Revolução Hútu, que depôs o rei tútsi, forçou dezenas de milhares a fugirem para o exílio. Desde então, houve expurgos periódicos.

"O assédio que sofríamos por sermos tútsis sempre vinha de oficiais, e não de pessoas comuns", disse Victoire. "Isso mudou em 1994, quando iniciaram a 'solução final', para eliminar nossa etnia. O primeiro passo foram os chamados 'encontros de segurança', dos quais os tútsis eram excluídos. Ali se treinavam as milícias conhecidas como Interahamwe, que significa 'aqueles que trabalham juntos', porque isso era considerado trabalho. Disseram que os tútsis eram o inimigo. Na rádio, começou um discurso de ódio. Dirigiam-se a nós como *inyenzi*, ou baratas.

"Eu era casada na época. Meu marido era dono de um bar e tínhamos sete filhos. Na noite de 6 de abril, ouvimos dizer que o avião do presidente Habyarimana havia descido em Kigali e que ele tinha sido morto. Os bloqueios das ruas de Kigali pelo Poder Hútu tiveram início no dia seguinte, e os assassinatos começaram. Cerca de onze dias depois, nosso burgomestre [o prefeito], Jean-Paul Akayesu, foi convidado para uma reunião em Muchakaberi, no sul de Ruanda, onde lhe ordenaram que matasse todos os tútsis.

"Na manhã seguinte, 19 de abril, fomos despertados por alguém gritando por ajuda. As pessoas subiram as colinas para ver e descobriram que a escola havia sido incendiada e que Akayesu estava em uma reunião. Ele declarou o início dos assassinatos, enfatizando que nenhum tútsi deveria sobreviver.

"Foi então que desceram para o vale onde morávamos. Sentimos muito medo. Começaram matando os tútsis que tinham recebido educação. Procuraram pelo professor Alex Gatrinzi e pelo irmão mais velho dele, Gosarasi, que eram nossos vizinhos. Mataram os dois, e outro professor foi espancado e enterrado vivo, acusado de favorecer crianças tútsis. Setenta e seis crianças foram assassinadas na escola.

"Depois disso, alguém subiu ao topo da colina e anunciou: 'Este é o último dia dos tútsis!'. Naquela noite, todas as vacas que eram propriedade dos tútsis foram mortas. Nossas plantações foram saqueadas.

"Era como se aquelas pessoas tivessem perdido a humanidade. Era gente que conhecíamos, com quem trocávamos bens. Com quem tínhamos compartilhado momentos e tomado cerveja. Gente que costumava frequentar nosso bar; convidávamos uns aos outros para as cerimônias.

"Destruíram nossa casa e levaram tudo, os móveis e até as chapas de aço do teto, não sobrou nada. O que podíamos fazer? Fugimos todos, nos dispersamos.

"Eu não fazia ideia de onde estavam o meu marido e os meus

filhos, fora a bebê que levava nas costas. Enquanto corria, alguém me atingiu por trás com um porrete. O alvo era minha cabeça, mas acertaram a bebê e esmagaram o crânio dela. Ouvi a pancada e não houve choro depois, então eu soube. Tirei seu corpinho morto das minhas costas, coloquei no chão e continuei correndo. Não pude nem enterrar a minha filha.

"Alguns passaram muitos dias escondidos atrás das árvores. Era abril, época de chuvas, então estava tudo molhado e enlameado. Nos escondíamos, mas já havíamos aceitado que a morte seria o nosso destino.

"Um dia, deparei com o cadáver de uma das minhas irmãs golpeado até a morte com um facão. Não sei como sobrevivi. Fui estuprada muitas e muitas vezes. Sempre que alguém me pegava, me estuprava. 'Queremos provar as mulheres tútsis', eles diziam. Um a um, um depois do outro. Fui estuprada tantas vezes que perdi a conta.

"Não dá para imaginar o que é ser estuprada, não poder tomar banho ou trocar de roupa. E depois, na manhã seguinte, a chuva forte cai sobre você, e chove até dizer chega, para depois chover mais à noite.

"Um dia, fui estuprada por quatro homens com tanta violência que não consegui mais andar. Uma mulher me encontrou enquanto ia para os campos, me deu mandioca e disse que eu precisava comer pouco a pouco. Àquela altura, depois de tantos dias sem comer, minha mandíbula mal funcionava.

"Por um tempo, nos refugiamos em frente ao gabinete público. Havia dezenas de mulheres e crianças por ali. Sabíamos que o prefeito havia ordenado a matança, só que não tínhamos mais para onde ir. Ao longo das semanas seguintes, a milícia e os locais nos estupraram e nos espancaram diversas vezes. Quando as pessoas morriam, os cachorros comiam seus corpos, e se tentássemos enterrá-las nos batiam. Imploramos a Akayesu que nos matasse, porque não podíamos mais viver daquela maneira. Ele disse que 'não ia gastar balas conosco'.

"Voltei às colinas, mas fui pega e atingiram meu olho, que ficou vermelho e inchado por meses. Me jogaram na fossa da latrina. Todos os dias, eu pedia a Deus para morrer, de tão cansada que estava."

Lá fora, o barulho da chuva contra o metal era ensurdecedor. A escuridão equatorial caíra rápido, tal qual uma cortina, como acontece em partes da África. O menino que cuidava da vaca nos levou uma lamparina a óleo. O estrondo brusco de um trovão foi seguido por um clarão repentino sobre as colinas, iluminando os sulcos do rosto de Victoire antes pouco visíveis à luz fraca.

"Alguém disse que eu deveria ir para Musambira, ao sul, porque não matavam mais mulheres por lá. Fingi ser hútu, e uma senhora me recebeu em sua casa. Fiquei uma semana com ela, então vi um grande número de hútus migrando em direção ao Congo. A senhora me disse que a FPR estava vindo e que ela ia fugir. Eu disse que ia ficar."

A FPR era a Frente Patriótica de Ruanda, um grupo de guerrilha tútsi liderado por Paul Kagame e exilado em Uganda e Burundi, países vizinhos.

"Quando a FPR veio, corremos em direção a eles, que ficaram muito felizes em nos ver. Nos disseram que estávamos a salvo e nos deram água e comida.

"Levei um mês para encontrar meus filhos. Minha irmã mais nova, Serafina, os havia protegido. Ela também tinha sido estuprada e fora forçada a se casar com um integrante da Interahamwe. Só restávamos nós da família."

Victoire parou por um momento e me olhou. "Espero que as pessoas que fizeram isso tudo conosco também tenham sido mortas", ela disse.

"Depois disso, eu não conseguia falar ou comer. Me esquecia

de cozinhar. Mal pronunciei uma palavra por meses. Como alguém poderia começar a expressar em palavras o que havia acontecido?"

Mas Victoire foi além. Não apenas recuperou sua voz como se tornou a Testemunha JJ e, por detrás de uma cortina fina num tribunal na cidade de Arusha, na Tanzânia, participou de um julgamento que culminou na primeira condenação da história por estupro durante uma guerra.

Deus passa o dia em outro lugar, mas dorme em Ruanda, dizem os locais. Onde estava esse Deus no momento em que vizinhos se voltavam contra vizinhos, com porretes e facões, num esforço nacional para exterminar os tútsis, enquanto o resto do mundo fechava os olhos?

As pessoas pareciam tão amistosas e tudo era muito lindo, mas, como Victoire, todos carregavam histórias de uma crueldade imensa. "Fiquei escondido numa fossa séptica por dois meses e meio", Jean Paul, meu motorista, me contou. "Quando saí, minha família inteira havia sido morta: meu pai, que era médico, minha mãe, que era professora da escola primária, e todos os meus sete irmãos."

Ele me mostrou a ponte de onde centenas de pessoas haviam sido empurradas; o Hôtel des Mille Collines, onde mais de 1200 pessoas aterrorizadas tinham se escondido enquanto seu heroico gerente subornava o Exército ruandês com dinheiro e Johnnie Walker; a igreja onde aqueles que buscavam refúgio foram mortos a golpes de porrete — os crânios quebrados agora estavam dispostos em fileiras ao longo dos bancos.

Josh e Alissa Ruxin — o casal americano que gerenciava a pensão Heaven, onde eu estava hospedada e cujo brunch servido nos fins de semana era muito popular — me contaram que quando começaram a construir ali, em 2003, ossos eram desenterrados toda vez que chovia.

Oitocentas mil pessoas de uma população de 8 milhões foram mortas em cem dias. Nem os nazistas conseguiram chegar a essa taxa de assassinatos, o que forçou a ONU a usar o termo "genocídio" pela primeira vez em sua história — muito embora não tenha feito nada para impedi-lo.

O relator especial da ONU em Ruanda estimou que entre 6 de abril e 12 de julho de 1994 houve entre 250 mil e 500 mil estupros no pequeno país. Isso significa entre 250 e quinhentos por dia. As vítimas tinham de dois a 75 anos. O estupro era a regra, e sua ausência, a exceção, indicou o relatório da ONU em janeiro de 1996. Em algumas regiões, quase todas as sobreviventes haviam sido estupradas.

Estava claro que o estupro não era circunstancial, mas uma parte integral das operações, sendo usado como arma tanto quanto os facões e os porretes. A propaganda política hútu incluía um panfleto chamado *Os dez mandamentos do hútu*, alertando que, para conquistar Ruanda, os tútsis "não hesitarão em tornar suas irmãs, esposas e mães em armas". Um mandamento dizia: "Uma tútsi trabalha pelos interesses de seu grupo étnico. Como resultado, consideraremos um traidor qualquer hútu que se case com uma tútsi, favoreça uma tútsi ou empregue uma tútsi".

Como um país e um povo se recuperam de algo assim? Por meio de uma campanha chamada "Sou ruandês" e da eliminação da etnia dos documentos de identidade, o governo posterior ao genocídio tentou reduzir a animosidade entre a minoria tútsi e os hútus que haviam tentado exterminá-la. A maioria das pessoas desviava os olhos quando eu perguntava se eram tútsi ou hútu. O inglês substituiu o francês como idioma oficial além do quiniaruanda, porque a língua francesa era associada aos antigos senhores coloniais belgas e porque o país, durante o governo do presidente francês François Mitterrand, demonstrara apoio ao regime. Nomes de lugares foram alterados, de modo que muitas vezes eu tinha dificuldade de localizar a cidade e os vilarejos no mapa.

Parece ter funcionado, ao menos de forma superficial. Ruanda se tornou um modelo para a África. O centro de Kigali, por cujas sarjetas literalmente correra sangue, agora tinha vias ladeadas por postes de iluminação, sebes bem cuidadas e calçadas varridas, num arranjo em que cada cidadão devia dedicar um dia do mês à limpeza. Era a capital mais limpa e com menos crimes do continente, como se por meio da limpeza fosse possível apagar o passado. O governo inclusive havia proibido as sacolas plásticas, chegando a desapropriá-las dos turistas no aeroporto e fazendo com que comprassem substitutas de juta.

Quanto às mulheres, Ruanda era o único governo no mundo em que elas compunham a maioria parlamentar, representando surpreendentes 64%. O país também se promovia como destino turístico — com um gasto de 30 milhões de libras esterlinas para pôr um anúncio na camisa dos jogadores do Arsenal — e chegou inclusive a ser recomendado pelo *New York Times*. No aeroporto de Kigali, uma americana loira e sua filha à minha frente disseram ao agente que verificava seus passaportes que estavam ali para "turismo de reconciliação".

Tudo aquilo parecia extraordinário e agradava aos doadores ocidentais, que tinham transformado Ruanda, a Terra das Mil Colinas, na Terra dos Mil Trabalhadores Humanitários, brincavam os locais. O Banco Mundial havia despejado 4 bilhões no país desde o genocídio. O Reino Unido, em particular, apoiava o novo governo, e em 2007 o então líder tóri David Cameron chegou a liderar uma excursão de um grupo de membros de sua ala do Parlamento para ajudar a reconstruir escolas e fazer outras ações voluntárias por alguns dias.

Mas é realmente possível apagar dessa forma um passado tão

sangrento? Muitos me disseram que Ruanda tinha, na realidade, um governo ditatorial. Paul Kagame, tão alto e magro que o paletó de seus ternos chega a ficar solto em torno do corpo, era presidente havia dezoito anos, depois de ter liderado as forças tútsis que tinham acabado com o genocídio. Ele foi reeleito pela terceira vez em 2017, com 99% dos votos, depois de alterar a Constituição para que pudesse concorrer de novo. Aquela que seria sua concorrente, Diane Rwigara, uma contadora que estudara nos Estados Unidos, foi impedida de disputar a eleição e trancafiada numa prisão de segurança máxima com a mãe por mais de um ano. Outras figuras da oposição desapareceram ou tiveram um fim violento. Um conhecido meu que dera um curso de jornalismo no país contou que os jornalistas locais que ousassem criticar Kagame eram espancados ou assassinados misteriosamente.

"Faço o que tenho que fazer para garantir que meu país nunca mais passe por algo tão terrível", declarou Kagame ao general britânico que questionou seus modos autoritários.

O Tribunal Penal Internacional para Ruanda (TPIR) foi aberto em novembro de 1994, pouco depois do julgamento envolvendo a antiga Iugoslávia. Foram os primeiros tribunais internacionais desde Nuremberg e Tóquio, após a Segunda Guerra Mundial. O promotor-chefe de ambos foi o juiz sul-africano Richard Goldstone, altamente respeitado por seu trabalho no desmantelamento das leis do apartheid.

Havia pouca esperança de que o tribunal conseguisse alguma coisa. O novo governo de Ruanda tinha elaborado uma lista com nomes de cerca de quatrocentos principais genocidas e pediu ajuda à ONU para apreendê-los, com a intenção de que fossem julgados em Ruanda, diante de seu povo. Em vez disso, a ONU criou o órgão como um braço do tribunal da antiga Iugoslávia, mais ainda como seu primo pobre. Não seria nem mesmo realizado em Ruanda, mas na Tanzânia, país vizinho.

O objetivo era investigar o envolvimento que pessoas de alto escalão, como militares e funcionários governamentais, haviam tido no genocídio. No entanto, com a falta de pessoal e de recursos, parecia mais um gesto para dar a impressão de que a comunidade internacional estava enfim fazendo algo, após ter falhado da primeira vez.

Muitos dos promotores eram jovens e inexperientes. Entre eles estava Sara Darehshori, que eu conhecera em Nova York por causa de seu trabalho como consultora sênior da Human Rights Watch para casos de agressão sexual nos Estados Unidos.

Enquanto tomávamos chocolate quente em Manhattan numa manhã fria de outono, ela me contou que, nos seus tempos de estudante de direito na Universidade Columbia, havia se voluntariado para trabalhar em centros de crise de estupro e depois trabalhara na Bósnia por um ano, reacomodando refugiados e vítimas de estupro durante a guerra. Recém-formada, tinha acabado de conseguir seu primeiro emprego num escritório de advocacia quando ouviu falar sobre o novo tribunal para Ruanda e se candidatou a uma vaga de investigadora.

"Eu tinha 27 anos, e achei que o trabalho seria só lidar com a papelada de um consultor sênior", disse. "Mas, quando cheguei ali, não havia outros advogados nem ninguém no escritório, só dois sujeitos da área forense e um secretário. Contávamos com um único carro, e precisávamos levar nossos próprios computadores e andar dois quarteirões até o escritório da ONU para tirar cópias. No primeiro dia, pegamos os nossos seguranças tentando roubar o gerador.

"Era difícil de acreditar que se tratava da ONU e de um empreendimento sério. Tudo tinha sido preparado às pressas."

Ninguém fora recebê-la no aeroporto. "Estava a maior escuridão, porque a energia tinha sido cortada e os postes de rua estavam apagados, e não havia mais ninguém ali. Acabei conseguindo pegar uma carona num carro de uma agência humanitária. Minha primeira noite foi num quarto de hotel cuja porta não fechava direito e que tinha uma marca de mão ensanguentada na parede.

"Tínhamos acabado de começar a investigação de campo quando recebemos uma ligação do governo zambiense dizendo que haviam prendido um grupo de ruandeses da nossa lista de procurados. Mas ainda não tínhamos uma lista! Naquele momento o juiz Goldstone era o promotor tanto em Ruanda quanto na Bósnia e estava em Haia com uma equipe grande num gabinete enorme, mas sem ninguém em custódia. Eu sofria bastante pressão das pessoas, que perguntavam o motivo de não haver julgamentos mesmo com todo aquele dinheiro envolvido. Quando ele soube que poderíamos começar os julgamentos, ficou muito entusiasmado."

Ela e um jovem americano chamado Pierre Prosper, que antes trabalhava com casos envolvendo gangues de Los Angeles, acabaram se tornando copromotores. Eles processaram um criminoso de guerra por genocídio diante de três juízes internacionais — o primeiro julgamento do tipo na história.

"Quando fui apresentar a primeira acusação, não havia tribunal, éramos literalmente apenas eu e um juiz que vivia na Tanzânia num gabinete improvisado", Darehshori contou, rindo.

O primeiro réu foi Jean-Paul Akayesu, prefeito de Taba, não por ser uma figura-chave, mas porque estava no grupo preso na Zâmbia.

"Era irônico, porque ele não necessariamente entraria no grupo de pessoas que estávamos visando", acrescentou.

Akayesu foi trazido, e Darehshori foi entrevistá-lo. "Foi o primeiro suspeito que entrevistei na vida", ela disse. "Ele era alto e educado, e me disse que não tinha visto nada, porque estivera em casa durante o genocídio."

O desafio seguinte era convencer as pessoas a depor. A maior parte dos tútsis de Taba havia sido morta. Embora estivesse claro que não faltavam testemunhas, muitos ruandeses tinham medo das punições que poderiam recair sobre eles e sobre suas famílias. Colaborar com os investigadores era perigoso. Até setembro de 1996, pelo menos dez testemunhas tinham sido mortas antes de depor em Arusha.

Victoire foi uma das cinco corajosas mulheres de Taba que prestaram depoimento. "Hesitei a princípio", ela disse. "Amigos e parentes tentaram nos convencer do contrário. Disseram que as pessoas ficariam sabendo e que seria terrível. Mas, no fim, para que a justiça fosse feita, alguém precisava contar ao mundo o que havia acontecido, e eu estava pronta para isso. Queria que aquelas pessoas fossem punidas e que isso nunca voltasse a acontecer."

"Eu não queria morrer com ódio", explicou Godelième Mukasarasi, uma hútu casada com um tútsi, ao contar como persuadira cinco mulheres de seu vilarejo a embarcar num avião pela primeira vez na vida e descrever num tribunal estrangeiro as terríveis provações pelas quais haviam passado.

NOSSA MISSÃO É EXTRAORDINÁRIA, NOSSA MISSÃO RECUPERA CORAÇÕES, dizia o cartaz do lado de fora do predinho de tijolos na rua principal de Taba que abrigava a Sevota, a organização que Godelième havia aberto para viúvas e órfãos do genocídio. Dentro, um grupo de crianças com uniforme azul aprendia inglês, sentadas diante de um quadro-negro no qual alguém havia escrito "tem um leão nos perseguindo". Quando entramos, elas cantaram e dançaram para nos dar boas-vindas.

"Após o massacre, senti ódio de todos", disse Godelième. "Então adoeci e quase morri. Depois de curada, soube que eu precisava fazer algo para perdoar e amar. Tinha sobrevivido duas vezes. No genocídio, fui perseguida e levada ao rio como as outras mulheres, para ser estuprada e morta, mas não morri."

Godelièeve.

Sua casa ficava algumas portas adiante na mesma rua, uma construção robusta de tijolos com porta verde e um mamoeiro em frente. Godelièeve tinha a pele muito mais escura que Victoire e estava muito bem-vestida, com um conjunto de saia e blazer estampado em vermelho, amarelo e branco que me lembrava o nascer do sol. Parecia mais nova que seus 59 anos, e seu sorriso era caloroso, tornando-a o tipo de pessoa em quem se podia confiar de imediato. A casa era mantida imaculada, e sobre a mesa havia uma pilha de cestos feitos pelas mulheres de sua organização.

"Quando o genocídio começou, eu tinha 33 anos e cinco filhos", ela disse. "Meu marido, Emmanuel, era empresário. Ele tinha um mercado que vendia comida, cosméticos, cerveja, refrigerante, tudo. Eu trabalhava como assistente social. Éramos felizes. Emmanuel liderava os empresários locais, tínhamos um carro, uma casa e plantações. Estávamos entre os mais ricos daqui.

"Quando a matança começou, meu marido precisou fugir primeiro, porque era um tútsi rico. Depois meus filhos também foram. Fiquei aqui para cuidar da propriedade, já que, sendo hútu, não era um alvo.

"Os assassinatos começaram em 19 de abril. Iam de família em família, atravessavam colinas e montanhas matando com diferentes armas, como lanças, porretes, facões, ou jogando as pessoas no rio.

"No dia 20, atacaram a família do meu sogro, e no dia 23 jogaram uma granada na nossa casa. Tive medo. Eu conhecia famílias que estavam na mesma situação e todos haviam sido mortos, incluindo quem não era alvo.

"Eles se vestiam com folhas de bananeira, fumavam maconha, cantavam e assoviavam. Talvez tivessem tomado cerveja de banana. Tinham passado algo branco no rosto e gritavam: 'Procurem por eles! Ninguém deve sobreviver!'.

"Eu soube na hora que eram os vizinhos. Alguns trabalhavam na nossa loja, outros eram professores da escola primária.

"Tentei negociar com eles. Tínhamos duas casas no terreno, então eu disse: 'Destruam uma e esqueçam a outra, porque uma é minha, e eu sou hútu'. Dei-lhes algum dinheiro. Mas eles voltaram à noite e destruíram as duas casas, levaram tudo da loja, incluindo nossos porcos e nossas vacas. Tínhamos três vacas.

"Também estavam em nosso terreno minha irmã mais nova e cerca de cinquenta crianças que haviam fugido de Kigali. As crianças estavam escondidas no quintal nos fundos do bar.

"Por sorte, cinco minutos antes que a Interahamwe chegasse, um amigo me alertou. 'Rápido, estão vindo matar você', ele me disse. Esse amigo levou minha irmã e eu para outro lugar, onde um senhor morava. O mesmo homem foi procurar pelos meus filhos, que estavam escondidos numa sala de orações, e os levou até onde eu estava. Um dos meninos tinha subido num abacateiro quando avistou os assassinos chegando e outro conseguiu se esconder num cesto de feijão.

"Eu conhecia todos os envolvidos, tanto os assassinados quanto os assassinos. Não acreditava que eram capazes de tais coisas. Como um menino podia ordenar que atacassem os vizinhos com facões e estuprassem suas filhas? Era como se todos tivéssemos enlouquecido. Pensei: este não pode ser o mundo real, é a única explicação.

"As meninas eram estupradas e depois jogadas no rio. Me levaram para o rio, mas depois me deixaram ali, porque estavam mais interessados em saquear.

"Ficamos só uma noite com aquele senhor. Na manhã seguinte, encontramos um maço de cigarros no qual ele havia escrito: 'Fujam corram depressa eles estão vindo'.

"Corremos, mas deparamos com um bloqueio e eu desmaiei, porque estava havia dias sem comer. Minha irmã me deu água das poças para me acordar, ainda que aquela água não prestasse. Quando voltei a mim, fomos até o meu escritório, no setor administrativo do distrito. Não havia nada ali, só uma Bíblia e um quadro de Jesus. Dormi no chão. Depois de dois dias, um senhor nos levou uma esteira onde dormir e um pouco de comida.

"Eu via as pessoas cavando valas profundas e jogando os mortos dentro. Torturavam as mulheres e alguns estupravam até cadáveres. Vi isso com meus próprios olhos.

"Alguns dias depois, meu marido, muito machucado, foi levado ao escritório. Fazia cerca de duas semanas que estávamos lá. Eu o escondi, mas um grande grupo da Interahamwe chegou num caminhão e o levou de volta para nossa antiga casa, para que mostrasse a eles o que havia de valioso. Eles tiraram daquela milícia menor o que haviam tirado de nós. Depois, disseram a meu marido: 'Não vamos te matar. Você vai morrer de qualquer jeito'.

"Sabíamos que não tínhamos muito tempo, então Emmanuel encontrou o carro de um tútsi que havia sido assassinado e nos levou durante a noite até onde moravam meus pais. Minha irmã, que assim como eu era casada com um tútsi, estava lá também. Eles disseram: 'Temos que puni-los, porque vocês têm cobras em casa'. Às vezes chamavam os tútsis de cobras, em vez de baratas. 'Temos que acabar com aquelas cobras', eles disseram.

"Eles voltaram com armas, então fugimos num comboio de oito veículos para a zona de segurança da missão da ONU em Quibuie, que contava com tropas francesas. Mas, no caminho, encontrávamos bloqueios o tempo todo. Eu estava no primeiro carro e insistia que não havia tútsis entre nós. Dava dinheiro a eles, mas depois de um tempo o dinheiro acabou. Minha mãe, que tinha cerca de 50 mil francos, me deu as economias dela para que eu pudesse salvar meu marido e meus filhos. Foi assim que sobrevivemos.

"Só voltamos a Taba quando o novo governo assumiu. Foi muito difícil retornar, porque não tínhamos dinheiro e eu estava doente. E por causa do que havia acontecido lá, claro. Meu marido conseguiu fechar um contrato com a FPR, que havia assumido o poder, para fornecer madeira para a reconstrução de Kigali."

Depois que Godelième se recuperou, ela abriu a Sevota para apoiar viúvas e crianças. Como Taba não fica longe da capital, em pouco tempo o lugar começou a receber visitas de ONGs e de funcionários do governo. Quando perguntavam a Godelième como podiam ajudar, ela sugeria que levassem galinhas ou cabras para as mulheres, a maioria delas viúvas, para que tivessem como ganhar a vida.

Aos poucos, mais mulheres recorreram à organização. Victoire foi a uma das reuniões e recebeu uma cabra, que ela disse que a ajudou a reencontrar sua voz. "Se você tem uma cabra, tem alguma coisa", ela falou, rindo. "Pode levá-la para fora para comer. Pode conversar com ela. Pode gritar com ela. Mesmo que esteja só gritando e correndo atrás dela, pelo menos estará abrindo a boca."

Também foi importante ter conhecido outras mulheres na

Sevota. "Foi então que me dei conta de que aquilo não tinha acontecido só comigo e conosco aqui", contou.

Quando os investigadores da ONU visitaram o centro, as mulheres concordaram em falar com eles, esperando levar seus torturadores à justiça, embora não estivessem muito seguras de que seriam levadas a sério.

Então chegou a notícia de que Akayesu havia sido acusado. Perguntaram a Godeliève se alguma das mulheres da associação estaria disposta a depor em Arusha.

"Eu queria garantir que a verdade viesse à tona", ela me disse. "Ajudei o tribunal a encontrar testemunhas e a prepará-las psicologicamente antes que fossem a Arusha."

Ela mesma relutou em ir. "Me pediram e eu recusei. Uma norueguesa me disse que quem fornece provas acaba sempre morto. E duas de nós haviam visto a mesma coisa na prefeitura, então não havia necessidade de ambas depormos."

No entanto, o marido dela, Emmanuel, disse que deporia. "Conversamos a respeito, sobretudo depois que recebi uma carta de ameaça, dizendo que iam nos matar. Mas ele quis depor. Então, na noite de 23 de dezembro de 1996, ficamos sabendo que onze pessoas tinham sido mortas em tiroteios. Algumas das milícias derrotadas que haviam fugido para o Congo tinham voltado com a intenção de atacar o país. Os tiroteios ocorreram na região em que Emmanuel estava trabalhando. Disseram que ele estava entre os mortos, assim como minha filha, que tinha doze anos. No dia seguinte, fomos buscar os corpos no hospital e os enterramos no Natal."

Ela se levantou e olhou em volta. "Tenho uma foto deles, mas a moldura está quebrada."

O assassinato de Emmanuel a transformara numa viúva como aquelas que vinha ajudando. A tragédia só a deixou ainda mais determinada a amparar os outros e a levar os criminosos à justiça.

Perguntei se os assassinos e estupradores de Taba haviam

voltado. “Voltaram”, ela disse, assentindo. “Houve pessoas que foram presas e depois voltaram. Outras fugiram para o Congo e depois voltaram. Algumas moram na minha rua. Tive um vigia que era um assassino. O morador da frente também era. Nos cumprimentamos todas as manhãs, e ambos sabemos.”

Fiquei olhando para ela. Não achei que os criminosos retornassem. Não conseguia imaginar como devia ser vê-los todos os dias.

“Nunca podemos declarar publicamente que sabemos quem são os assassinos, mas por dentro sabemos, e conversamos a respeito em casa”, ela disse.

Parte da família de Akayesu havia voltado a Taba, embora se pensasse que sua esposa e seus filhos viviam em Moçambique.

“Mas é claro que a agenda política atual é unir as pessoas e fomentar a reconciliação. A etnia foi eliminada dos documentos de identidade, de modo que não está mais indicada em lugar nenhum. Então ser hútu ou tútsi já não significa muita coisa ou não significa nada.”

É realmente possível decretar isso?, perguntei.

“É claro que as pessoas não esquecem, mas é um mecanismo para ajudá-las a seguir em frente. E obviamente os criminosos sempre dizem que foram enganados.”

Você acredita neles?, perguntei.

“Não sei”, ela respondeu. “Por exemplo, se alguém é seu vizinho e sabe tudo sobre sua família, é quase impensável que essa pessoa possa matar seus filhos. Eles devem ter sofrido lavagem cerebral.”

“Diziam que nós, tútsis, éramos mais bonitas e mais atraentes, e menosprezavam as hútus”, disse Serafina Mukakinani, irmã mais nova de Victoire, que também havia concordado em depor e se tornara a Testemunha NN.

Estávamos sentadas num restaurante composto de cabanas com telhado de sapê numa encosta em Kigali, porque ela não queria que seus vizinhos vissem que estava conversando com uma *mzungu* — uma branca. "Vão comentar, ou achar que tenho dinheiro e pedir emprestado." Ela deu de ombros. "É sempre assim."

Estava chovendo de novo, e a música "Careless Whisper", de George Michael, tocava de fundo nos alto-falantes da nossa cabana enquanto pedíamos arroz e ensopado de cabra.

Serafina se mudara para Kigali depois do genocídio. Ela trabalhava num mercado em Nyamirambo, um bairro pobre na periferia sudoeste, vendendo o carvão que comprava de um caminhão que vinha do norte. Em um dia bom, ganhava mil francos ruandeses — menos de noventa pence.

Na época do genocídio, ela tinha 25 anos. Como a irmã, estava em casa, num vilarejo perto de Taba, quando as milícias chegaram.

"Eles destruíram o telhado, pegaram nossas cadeiras, camas, tudo", ela disse. "Corremos até uma região vizinha, sem levar nada além da roupa do corpo. Depois, Akayesu organizou uma reunião em que disse: até hoje vínhamos falando em inimigos, e agora seu inimigo é seu vizinho. Espero que saibam o que fazer.

"Então começaram a matar todo mundo que encontravam. Cada um correu numa direção diferente, para os campos e para as colinas. Não vi mais a minha família. Mataram nossos pais e nossos irmãos. Meus pais garimpavam pedras preciosas pequenas para um investidor, e a Interahamwe os jogou nas minas e os matou a pedradas.

"Sempre que matavam alguém, a gente sabia, porque eles gritavam: 'Matamos tais e tais pessoas!'.

"Fiquei debaixo de uma árvore por dias. Pegava chuva, mas

não podia sair dali. Eles iam derrubando as bananeiras e outras árvores, então só havia clareiras e foi ficando mais difícil de me esconder. Fui encontrada e levada a um dos pontos de execução. Não sei como sobrevivi. Havia latrinas em volta, eles jogavam as pessoas naquelas fossas sujas e as enterravam vivas.

"Eram nossos vizinhos. Como aquilo era organizado de maneira oficial, tudo acontecia à luz do dia, então era fácil reconhecer as pessoas.

"É claro que me estupraram. As mulheres são fracas fisicamente, e o governo não apenas não nos protegia como ordenava que os homens fossem atrás de nós. Não importava se estivesse escondida debaixo de uma árvore. Um homem ia encontrar, estuprar e às vezes matar você. Havia muitos homens diferentes fazendo isso, eles enfiavam paus e garrafas nas partes íntimas das mulheres, chegando até o estômago, mas não aconteceu comigo. Fiquei inconsciente a maior parte do tempo."

Ela se manteve em silêncio. Fiquei olhando para meu ensopado de cabra, então fiz uma pergunta idiota: "Como você se sentiu?". Desejei retirar minhas palavras assim que elas saíram da minha boca.

"Posso fazer uma pergunta?", ela respondeu, baixo. "Se alguém te encontrasse debaixo de uma árvore depois de três dias sem comer ou beber nada, alguém que matou seus pais e sua família, e que depois te estupra... Você acha que sentiria algo? Você só fica entorpecida. Se coloque no meu lugar e imagine.

"Depois de um tempo, o prefeito Akayesu ordenou: tragam aqueles que estão escondendo. Era uma armadilha para nos levar à sede do distrito. As pessoas continuavam chegando, e Akayesu disse que deveríamos ser todos mortos.

"Então, um dos assassinos disse que se casaria comigo se eu fosse com ele, que me salvaria. O que eu podia fazer? Foi assim que sobrevivi. E salvei os filhos de Victoire.

"Eu contava com proteção, porque ele era da milícia, mas a situação não era nada boa, porque ele matava meu próprio povo. E os companheiros dele não aprovavam. Viviam perguntando: por que se casou com essa barata e não com uma de nossas irmãs?

"Aí ele me levou para outro lugar. Por fim a FPR chegou, e ele e seus amigos fugiram para o Congo. Os soldados me encontraram sozinha e faminta, esperando para morrer. Eu estava em péssimo estado, por causa do espancamento, da fome, da chuva e do medo. Eles nos acolheram e disseram que iam nos proteger.

"Voltei a Taba depois de 4 de julho, quando tudo já tinha acabado. A maior parte dos lares tútsis fora destruída, mas muitas casas de hútus que tinham fugido estavam vazias, então nos deram essas. Pensei que eu fosse a única sobrevivente da família, mas em agosto Victoire voltou. Foi um alívio enorme encontrá-la. Restávamos só nós. Nossa irmã mais nova havia sido estuprada e morta, tivera o corpo todo cortado. Nossos irmãos tinham morrido."

Ruanda é um país superpopuloso com escassez de terras aráveis, de modo que muitas mulheres não tiveram escolha a não ser retornar para a propriedade da família, onde haviam passado por terríveis provações.

"Tive medo de ficar no mesmo lugar onde tudo havia acontecido", disse Serafina. "Depois que Victoire voltou para recuperar seus filhos, eu me mudei para Kigali. Primeiro fiquei com um tio que precisava de cuidados, pois havia perdido a esposa e onze filhos no genocídio. Ele trabalhava e depois de algum tempo voltou a se casar, mas sua nova esposa não gostava de mim, então precisei ir embora. Aluguei uma casa e me sustentei fazendo bicos de faxina e jardinagem.

"Fui depor em Arusha porque estava determinada a ver aqueles crimes punidos e queria fazer minha parte para acabar com aquela história horrível. Não tive medo, porque sabia que era a verdade."

* * *

No entanto, no início, as acusações contra Akayesu não envolviam estupro. Não porque não houvesse provas de estupros em massa — estava tudo muito bem documentado —, mas porque aquilo não era visto como uma questão importante o bastante a ponto de chamar a atenção ou de merecer o investimento de uma equipe sobrecarregada e financeiramente limitada de investigadores, promotores e outros funcionários.

Então, em setembro de 1996, a Human Rights Watch publicou um relatório chamado *Shattered Lives* [Vidas estilhaçadas] que documentava histórias terríveis de estupro, casamento forçado, estupro coletivo e empalamento de mulheres pela vagina — o primeiro relato abrangente de violência sexual durante o genocídio. Algumas das sobreviventes entrevistadas eram de Taba. Organizações em defesa das mulheres e o *New York Times* começaram a perguntar por que o tribunal internacional não estava processando ninguém por aquilo.

O tribunal enviou a Ruanda a americana Lisa Pruitt, de 32 anos, como consultora de gênero, para investigar se o depoimento das vítimas poderia servir de base para acusações de violência sexual contra Akayesu. Mais tarde, Pruitt se tornou professora de direito no campus de San Francisco da UC Davis, onde se deu a nossa conversa. "Acho que me encaminharam para lá porque o tribunal estava atraindo muitas críticas internacionais, e eles precisavam mostrar serviço", ela contou. "Eu já tinha advogado em casos de estupro e acabara de escrever minha dissertação sobre jurisprudência feminista, então estava no lugar certo na hora certa e tinha o perfil certo. Fiquei muito animada."

Mas os julgamentos a desalentaram, e Pruitt saiu convencida de que os investigadores haviam descartado a questão completamente, desacreditando sobreviventes de estupro como Victoire por razões espúrias, como "perder a linha de raciocínio" ou não parecer "coerente o bastante".

"O que se pode esperar de alguém descrevendo esse tipo de trauma?", questionou Pruitt. "E não ajudava em nada o fato de que os investigadores, em sua maioria, eram homens brancos."

Ela também achou que o foco estava totalmente concentrado no genocídio, um crime considerado mais importante. "Muitos dos investigadores diziam: 'Não podemos nos preocupar com algumas mulheres estupradas. Não podemos desviar recursos para investigar esses crimes. Houve um genocídio aqui.'"

Quando Pruitt escreveu um memorando com conselhos sobre como entrevistar mulheres profundamente traumatizadas, sugerindo fazer com que se sentissem confortáveis e oferecer-lhes água, riram dela.

Ela pegou um avião para o centro de operações do tribunal, em Haia, para apresentar suas descobertas a Louise Arbour, a jurista canadense que havia assumido o posto que antes fora ocupado pelo juiz Goldstone e agora era promotora-chefe. Lá, comunicaram a Pruitt que não havia interesse em seguir com as acusações de estupro.

"Depois que deixei Ruanda e encontrei Louise Arbour, ficou muito claro que nada seria feito com meus memorandos. Pensei: Ah, entendi, era só um ardil, eles não estavam de fato comprometidos em ir atrás dessas questões, só queriam mostrar que tinham uma consultora de gênero e fingir que estavam levando aquilo a sério."

Seu relatório de outubro 1996 intitulado *Resumo das provas de agressão sexual na comunidade de Taba* foi arquivado.

"Foi devastador. Fui estuprada quando estava na faculdade, em 1984, então me doeu ainda mais por ser uma sobrevivente e por ter trabalhado tanto, investido tanto em algo que despertava sentimentos tão fortes em mim, só para ouvir: Obrigado, mas não, não vamos alterar a acusação."

* * *

Para os jovens promotores em Arusha, alterar a acusação parecia arriscado demais. Eles estavam ocupados em provar o genocídio com base nos homicídios, o que nunca havia sido feito, e não queriam complicar as coisas e se arriscar a perder o caso.

"Até onde sabíamos, nada ligava Akayesu ao estupro generalizado em Taba", disse Darehshori.

Em 9 de janeiro de 1997, Akayesu foi julgado por genocídio naquele que foi o primeiro julgamento do gênero. Havia três juízes: Laïty Kama, do Senegal, que presidia o tribunal; Lennart Aspegren, da Suécia; e Navanethem Pillay, da África do Sul, a única mulher.

"Eu estava relutante", Pillay admitiu. "Mandela tinha acabado de assumir como presidente [do primeiro governo majoritário] no meu país, e eu queria ser parte daquela mudança. Mas concordei em tentar por um ano."

Filha de um motorista de ônibus de Durban, Pillay cresceu durante o apartheid e diz que se tornou advogada de direitos humanos em razão de tudo o que vivenciou. Mesmo tendo conseguido não apenas completar o ensino médio, mas garantir uma vaga na Universidade Natal, ela contou que "não podia ir a parques ou praias, porque eles eram reservados aos brancos. Não tinha dinheiro para pegar um ônibus para casa entre as aulas, então permanecia na biblioteca, lendo sobre os casos de Nuremberg". Como nenhum escritório de advocacia dos brancos queria contratá-la, ela acabou abrindo um, focado sobretudo em casos de violência doméstica.

Assim como os promotores, ela ficou abismada com a falta de apoio. No entanto, acabou trabalhando ali por oito anos e meio. "Por quê? Por causa das testemunhas mulheres que diziam: esperamos por esse dia, para ver a justiça sendo feita."

Foi uma pergunta sua a uma dessas testemunhas, no julgamento de Akayesu, que mudou tudo. Na terceira semana de julgamento, a Testemunha J disse em seu depoimento que estava grávida de seis meses quando a milícia chegou e matou a maior parte de sua família, mas que ela e a filha de seis anos tinham conseguido escapar se escondendo numa bananeira. Então, quase de passagem, ela mencionou algo mais.

"A mulher tinha subido numa árvore para se esconder. Ela disse que estava com a filha de seis anos, que havia sido estuprada por três homens e que sabia o nome deles. O promotor a interrompeu, dizendo: 'Sim, mas não foi isso que eu perguntei'. Os investigadores não tinham perguntado nada a respeito! Imagino que aquilo não constasse do depoimento por escrito dela, e o promotor ficou preocupado que o fato de dizer coisas diferentes em seu testemunho pudesse servir para desacreditá-la.

"Mas eu pensei: essa pessoa teve a coragem de vir até aqui depor, não vai ganhar nada revivendo esse horror, e quem somos nós para dizer que só queremos ouvir isso e não aquilo? Aquela mulher tinha o direito de dar o relato completo do que havia ocorrido. Ela nos disse que tinha ouvido falar de outros estupros num gabinete público, a prefeitura."

Pouco antes, Pillay dera uma palestra na ONU no Dia dos Direitos Humanos, e durante o evento uma trabalhadora humanitária perguntara por que não havia uma única acusação de estupro entre as 37 acusações no TPIR. "Respondi da forma apropriada: disse que aquela era uma pergunta para os promotores, porque os juízes só analisam as acusações", contou Pillay. "Mas aquilo me fez pensar. Trinta e sete acusações e nem uma delas relacionada a violência sexual! No entanto, o relatório sobre Ruanda que o Conselho de Segurança da ONU havia encomendado a fim de estabelecer o tribunal, e que depois foi fornecido aos juízes, tinha informações factuais de estupro e violência sexual em larga escala."

Quando a próxima mulher, a Testemunha H, foi depor, em março, Pillay insistiu que permitissem que ela contasse toda a sua história. A mulher disse que sua casa havia sido atacada e ela precisara se esconder, depois fora encontrada e estuprada num campo de sorgo. Mais adiante, conseguiu fugir para a prefeitura, onde algumas pessoas tinham se refugiado. Havia cerca de 150 pessoas lá, na maior parte mulheres e crianças, afirmou, mencionando em seguida um novo detalhe.

"Então vi as mulheres sendo arrastadas para o fundo do gabinete público e as vi sendo estupradas", ela disse. E acrescentou que os homens estavam "registrando as mulheres que iam estuprar".

Aquilo chamou a atenção da juíza Pillay. "Você diria que Akayesu tinha ciência de que os estupros ocorriam?", ela perguntou.

"Foi no gabinete público, e ele sabia que estávamos ali", respondeu a testemunha.

"Esse era o elo perdido", disse Sara Darehshori. "Estupros *no* gabinete público eram algo que Akayesu não poderia ter ignorado."

Os promotores pediram um adiamento para investigar as alegações de estupro, e o tribunal ficou suspenso por dois meses. "Foi inusitado, porque o caso já tinha avançado bastante", disse Pillay. "Mas pensamos: é o primeiro julgamento de um crime gigantesco, o primeiro julgamento de genocídio, então não podemos ser rígidos em relação ao tempo."

Os promotores desenterraram o memorando de Lisa Pruitt, que os ajudou a encontrar Victoire, Serafina e outras três mulheres que seus investigadores já haviam entrevistado.

"A informação sempre esteve ali", disse Pillay. "Isso faz a gente pensar..."

Em junho de 1997, os promotores acrescentaram acusações de estupro e de violência sexual ao processo contra Akayesu e se prepararam para provar que, ainda que ele não tivesse estuprado ninguém pessoalmente, sabia que as milícias violentavam mulheres tútsis e não usou seu poder para impedir.

As mulheres foram convocadas para ir a Arusha depor.

"Fomos fortes porque estávamos juntas", disse Cecile Mukarugwiza, a mais nova delas, que tinha apenas catorze anos na época do genocídio e 38 quando a encontrei, tantos anos depois. "Não conseguiríamos ter feito aquilo sozinhas."

Como Serafina, ela havia se mudado para Kigali e vivia num distrito rural chamado Kabuka, a leste da cidade, numa cabana de barro localizada numa encosta à qual se chegava por um caminho de terra. Ouviam-se pássaros cantando e de vez em quando o mugido de uma vaca. Roupas secavam num arbusto do lado de fora. Do lado de dentro, havia numa parede uma foto de Jody Phibi, uma estrela pop ruandesa, tirada de uma revista, assim como o pôster obrigatório de Kagame.

Ergui as sobrancelhas para meu intérprete, que no caminho tinha me mostrado uma mensagem que recebera com uma foto de Kagame segurando um guarda-chuva preto enorme, à la Mary Poppins, com as palavras FELIZ ANIVERSÁRIO. "Não é aniversário dele", dissera, rindo. "Recebemos coisas assim todos os dias."

Cecile era chamativa e cheia de estilo — depois, descobri que trabalhava como costureira. Um jovem alto de jeans escuro e camisa listrada esperava na cabana, com um ar tão sério que amenizava o dia barulhento. "Este é Clemente", ela disse. "Ele é um dos *enfants mauvais souvenirs* [filhos nascidos do estupro]."

"Descobri que vim de sangue ruim aos doze anos", ele disse, "enquanto minha mãe cortava minhas unhas. Eu sempre soube que o homem que eu chamava de pai não me tratava como seu filho de verdade."

"Por muito tempo, não pude estudar. Queria que minha mãe me levasse para a família do meu pai de verdade, mas ela disse que não sabia quem ele era. Ela não queria que eu procurasse ajuda, porque senão as pessoas da região saberiam que havia algo de errado.

"No fim, ela me levou à Sevota [organização de Godeliève], e eu conheci outras crianças como eu, além de Cecile."

"Para tantos de nós, de tantas maneiras, o que aconteceu no genocídio não terminou com a matança", disse Cecile.

Clemente precisava trabalhar — ele pintava carros —, e foi embora de forma tão silenciosa quanto havia chegado.

Então Cecile contou sua história. "Cresci em Muhanga, um vilarejo perto de Taba, na casa da minha avó. Tinham me enviado para lá para tomar conta dela. Em outubro de 1993 ela morreu, e voltei para a casa dos meus pais. Nós, tútsis, éramos discriminados na escola e no trabalho, mas todos convivíamos. Meu irmão se casou com uma hútu. Então, de repente, as coisas mudaram.

"Certa manhã, quando eu estava indo para a casa da minha tia, me disseram: 'Não é seguro, volta'. Não entendi. Quando cheguei em casa, ouvi as pessoas gritando e vi que a casa dos vizinhos, que tinham muitas vacas na colina, tinha sido invadida.

"Meus pais disseram que precisávamos fugir, então corremos todos para as bananeiras. Eu não estava familiarizada com a área, porque só fazia alguns meses que morava ali, então não sabia onde me esconder. Qualquer pessoa que fosse encontrada era morta. Víamos gente sendo assassinada dia após dia, por pessoas que conhecíamos. Até crianças estavam envolvidas nisso. Éramos caçados como criminosos ou animais.

"Quando pegavam uma mulher ou menina, tiravam a roupa dela, forçavam-na a deitar e depois a possuíam, um após o outro. Era terrível, e ainda acontecia em público. Eles gritavam: 'Anda! Também quero!'.

"Fui estuprada inúmeras vezes. O último grupo que me estuprou era tão grande que um homem gritou: 'Não vou colocar meu pênis nesse lugar imundo, vou usar um pau!'. Sei de muitas mulheres que morreram assim. Eles afiavam os paus e os enfiavam pela vagina delas.

"Eu tinha perdido meus pais. A última vez que os vi foi enquanto fugíamos de casa. Meu pai foi jogado numa fossa de latrina a porretadas, depois puseram a casa abaixo e o soterraram. Vi meu irmão de sete anos ser assassinado. Ele tentou escalar uma árvore, mas o agarraram e bateram nele com porretes até a morte. Deram uma ferramenta a meu irmão de nove anos e lhe disseram para abrir uma cova, depois o enterraram vivo ali.

"Sempre que pegavam alguém, gritavam da colina, em comemoração: 'Estamos com tal pessoa, é o último dia dela!'.

"Meu pai tinha duas esposas, cinco filhos com minha mãe e dois com a outra mulher. Todos foram mortos.

"Eu estava à espera da morte. Quando se é estuprada e se está deitada ali, enquanto usam paus e outras coisas, não dá para pensar em nada, de tanta dor física. Eu pensava: posso morrer agora, ou em algumas horas, talvez amanhã. Essa era a minha vida, todos os dias.

"Um dos milicianos me tomou como escravizada. Ele me manteve em sua casa e me estuprava ininterruptamente, depois saía para matar."

Um gato malhado pequeno e magricela entrou e saiu correndo, e alguém na vizinhança começou a tocar jazz num sintetizador. "É uma das novas igrejas evangélicas", explicou o intérprete. O genocídio tinha deixado as igrejas católicas marcadas por seu fracasso em proteger os fiéis.

Cecile retomou sua história. "Por fim, a FPR chegou e a milícia fugiu para o Congo, me levando junto. Um homem que havia perdido a esposa tinha um bebê, e eles me forçavam a carregar a criança. No Congo, eles armaram uma tenda e me botaram ali dentro. Uma mulher me deu uma esteira onde dormir. Vínhamos a Ruanda atrás de comida, e afinal consegui fugir. Um dia, deparei com a FPR. Me perguntaram o que eu estava fazendo ali e me trouxeram de volta.

"Quando voltei a Taba, a única pessoa que encontrei da minha família foi uma tia que era casada com um hútu. Ninguém mais sobreviveu. Fui morar com essa tia, mas o marido dela não gostava de mim, então a vida era difícil.

"No começo, eu não conseguia nem pensar em falar sobre o que havia acontecido. Mas entrei para a Sevota e conheci Godelièe, e um dia chegou a notícia de que Akayesu tinha sido preso e precisavam de testemunhas. Como associação, tínhamos concordado que sempre que necessário prestaríamos depoimento, então me senti obrigada a falar com os investigadores.

"Akayesu era o líder. Foi no gabinete dele que me mantiveram, e eu o vi dando ordens. Vi professores serem enviados a uma sala e ele ordenar que os matassem. Não o vi dando ordens de estupro, mas conheço pessoas que viram.

"Depois, quando nos pediram para depor em Arusha, é claro que ficamos com medo. Sabíamos que as pessoas eram atacadas e recebiam cartas de ameaça, tudo com o intuito de impedi-las. Mas, considerando a gravidade da matança e dos estupros, como poderíamos não ir?

"Eu tinha dezessete anos e acabara de me casar. Meus tios haviam me obrigado a me casar com um tútsi de 37 anos, para que pudessem herdar a propriedade dos meus pais e construir uma casa ali. Aquele homem me batia todas as noites e não se importou. Ele achava que eu receberia dinheiro se fosse para Arusha."

Cecile se tornou a Testemunha OO.

Era a primeira vez que cada uma das cinco mulheres de Taba pegava um avião, e elas estavam morrendo de medo. Por ser a mais velha, Victoire tranquilizou as outras, apesar de ter dado à luz dez dias antes e estar febril por causa da malária. "Eu tinha medo de andar de avião, e meus ouvidos doíam", ela disse.

Chegando a Arusha, elas foram postas num esconderijo. Na noite anterior ao julgamento, todas rezaram juntas, comprometendo-se a falar a verdade, a contar o que havia acontecido e a buscar justiça, e não vingança.

Quando chegaram ao tribunal no dia seguinte, ficaram horrorizadas ao ver Akayesu sentado ali, embora ele não pudesse vê-las, porque estavam atrás de uma cortina. Victoire — a Testemunha JJ — foi a primeira a depor. Seu nervosismo ficou aparente e sua voz saiu fina e esganiçada. O promotor descreveu o ato da penetração e perguntou: "O seu agressor penetrou em você com o pênis?".

Então ela se fortaleceu. "Não foi a única coisa que fizeram comigo", Victoire respondeu. "Eram jovens e eu sou mãe, e mesmo assim fizeram isso comigo."

Ela disse que havia perdido a conta do número de vezes que fora estuprada. "Toda vez que você encontrava com alguém era estuprada."

Quando lhe perguntaram sobre Akayesu, Victoire contou que tinha sido levada à força do gabinete público ao centro cultural da cidade com um grupo de quinze meninas e mulheres e então estuprada repetidas vezes por integrantes da Interahamwe, e que ele tinha aparecido lá. Da segunda vez que aquilo acontecera, ela o ouvira dizer alto: "Nunca mais me pergunte qual é o gosto de uma mulher tútsi".[1]

As mulheres inflamaram o tribunal. "Embora eu tivesse que depor num tribunal estrangeiro, com juízes estrangeiros de toga falando uma língua estrangeira, não tive medo, porque quando se fala a verdade não há nada a temer", disse Victoire.

Vinte anos depois, a juíza Pillay, mãe de duas filhas, disse que nunca se esqueceria do depoimento daquelas mulheres. "Ser mulher e ouvir aquelas mulheres falando de estupro coletivo, de homens pulando sobre a barriga de uma grávida e forçando-a a abortar… É impossível esquecer, porque sentimos na mente e no corpo o que está acontecendo conosco."

Seus colegas homens ficaram horrorizados. "Eles queriam tapar os ouvidos para não escutar mais", contou. "Me disseram: não sabemos o que pode ser feito com essas provas, então deixaremos a seu encargo."

"Não havia definição de estupro e de violência sexual internacionalmente aceita, então decidi criar uma."

Em março de 1998, Akayesu enfim compareceu para depor. Ele se declarou inocente, alegando que era apenas um testa de ferro e que havia feito tudo o que estava a seu alcance para reduzir a violência em sua região. Seu principal argumento era: se o general de divisão Roméo Dallaire, comandante das Forças de Manutenção da Paz da ONU, não tinha conseguido impedir os abusos, como ele conseguiria? Akayesu negou ter testemunhado os estupros e argumentou que as alegações eram resultado da pressão pública do movimento das mulheres, e não baseadas na realidade. Ele também questionou a credibilidade das testemunhas, perguntando, por exemplo, como a Testemunha JJ poderia ter subido numa árvore grávida de seis meses. Depois de catorze meses, as sessões foram concluídas e teve início a deliberação.

Em Taba, as mulheres enfrentavam dificuldades. A Testemunha H desapareceu. Outra das cinco, que tinha sido infectada com HIV por um dos estupradores, morreu. Cecile também ficou doente.

"Os espancamentos constantes do meu marido me deixaram com problemas mentais. O tribunal em Arusha disponibilizou aconselhamento psicológico, durante o qual foi sugerido que eu o deixasse. Mas eu não tinha para onde ir, e tínhamos uma filha. A princípio, fiquei com uma amiga, mas ela trabalhava como prostituta e sua casa só tinha um cômodo. Era muito complicado estar ali com a minha filha, e acabei voltando para casa.

"Fiquei doente por causa dos espancamentos e da malária. As pessoas vinham e zombavam de mim, diziam que eu estava morrendo de HIV por ter sido estuprada. Acabei no hospital, e ouvi o médico dizer a alguém: cuida daquela velha. Eu tinha dezenove anos!

"Depois que me recuperei, tive uma segunda filha. Mais para a frente, com 23 anos, deixei meu marido. Eu tinha algum dinheiro, então aluguei um quarto por 3 mil francos mensais. Parecia um banheiro. Comprei uma colher, um prato de plástico, um colchão e uma cesta para vender bananas. Essa era a minha vida.

"Um dia, um jovem me pediu em casamento. Eu disse a ele: estou acostumada a sofrer sozinha, não venha compartilhar da minha dor. Mas depois pensei que seria bom me sentir segura, e ele veio morar comigo. Em alguns dias, me dei conta de que ele era um bêbado, ladrão e mulherengo.

"Ele roubou uma moto e foi preso. Depois de solto, roubou uma bicicleta e foi preso de novo. Àquela altura eu estava grávida dele. Eu disse a ele: você está aumentando minhas dores.

"Para ganhar dinheiro, ele transportava pessoas na moto, mas um dia Kigali decidiu proibir as motos, porque poluíam a cidade. Eu mesma precisei parar de vender bananas. Quando os dias ruins chegam, chegam com tudo, e engravidei de novo.

"Então minha tia morreu e herdei o terreno dela. Vendi uma parte para pagar o transporte até a cidade do meu marido, na fronteira com o Congo. Morei com os pais dele por um ano, mas os dois eram hútus e não gostavam de mim.

"Depois do que havia acontecido, eu tinha medo de ir morar no terreno dos meus pais em Taba. Meus vizinhos eram assassinos. Até hoje não consigo passar a noite ali.

"Então voltei. Meu marido estava trabalhando como vigia noturno de um banco e lhe concederam um empréstimo de 50 mil francos, com os quais comecei um negócio.

"Aqui em Kabuka a mandioca é barata, então comecei a vir comprar para revender no centro da cidade. Descobri que as casas também eram baratas, então me mudei. Depois o banco fechou, e o meu marido começou a trabalhar com construção. Tivemos outro filho, que morreu num acidente rodoviário em 2013, aos cinco anos."

Ela pegou a foto de um menininho lindo, com os olhos curiosos arregalados.

"Meu marido virou contramestre, mas conforme seus rendimentos aumentaram ele se esqueceu de onde tinha vindo e começou a procurar outras mulheres. Depois que nosso filho morreu, ele pediu o divórcio.

"Meu primeiro marido tinha se casado de novo e não era bom com nossas duas filhas. Ele as botou na rua, então eu as trouxe para morar comigo.

"Havia projetos para sobreviventes, então comecei a costurar e aprendi a fazer roupas. Mas, como Kabuka tem muitos costureiros, a concorrência é alta. Todas as pessoas que fracassaram na vida, sobretudo as mulheres, começam a costurar.

"Há pouco tempo, tomei uma decisão e fui ao gabinete presidencial, que ajuda sobreviventes, para pedir uma casa. Um homem me disse: podemos te dar uma casa no sul de Taba, na região de seu pai. Expliquei que, por causa do que havia acontecido comigo, nunca seria capaz de viver ali.

"Ele disse: 'Bem, então não conseguimos te ajudar'. E depois disse: 'Você parece jovem e saudável. Tem tempo para fazer a vida acontecer. Este não é um bom lugar para trazer seus problemas'.

"Essa é a minha vida. Não é uma vida boa, mas sobrevivemos. Minha mente está tão entorpecida que nada mais me dói. Posso ter uma boa aparência, mas ninguém sabe o que tem aqui dentro."

No dia 2 de outubro de 1998, o tribunal declarou Jean-Paul Akayesu culpado de nove das quinze acusações de crimes contra a humanidade, incluindo extermínio, tortura, homicídio e a 13ª acusação, que era a de estupro. Ele foi condenado à prisão perpétua, a ser cumprida no Mali.

Além do homicídio de pelo menos 2 mil tútsis em Taba, o tribunal concluiu que o "estupro de mulheres tútsis foi sistemático e perpetrado contra todas as mulheres tútsis, e apenas contra elas".

A decisão de 169 páginas foi assinada às duas da manhã pelos três juízes. Ao lados dos oficiais de justiça, eles trabalharam dia e noite até terminar de escrevê-la e a imprimiram na única impressora que havia ali.

Depois de algumas horas de sono, os juízes se encontraram numa pequena antessala para a coletiva à imprensa internacional, que aguardava para cobrir o primeiro veredicto de genocídio da história.

Mas a juíza Pillay deparou com um problema. "O resumo que o juiz Kama [o juiz presidente] ia ler estava em francês, então eu disse: não vou entrar no tribunal até que tenham uma versão em inglês", contou. "Elaboraram uma, então me disseram: veja rápido, por favor. Dei uma olhada e adivinha só: havia páginas faltando. E o que havia nelas? As últimas quatro acusações de violência sexual."

"Quando reclamei, o juiz sueco disse: 'Como assim? Está tudo aí'. Estávamos todos irritados. Eles acabaram percebendo o erro, então gritaram com um dos oficiais de justiça, que foi imprimir o que faltava naquela impressora péssima."

Naquelas páginas, o tribunal determinava que o estupro e a violência sexual "constituem genocídio à maneira de qualquer outro ato desde que tenham sido cometidos com o propósito específico de destruir, total ou parcialmente, um grupo em particular definido como alvo".

Foi a primeira vez que o estupro foi reconhecido como instrumento de genocídio e enquadrado como arma de guerra num tribunal internacional.

"Desde tempos imemoriáveis, o estupro é considerado butim", a juíza Pillay afirmou na época. "Agora será considerado crime de guerra. Queremos mandar uma mensagem poderosa, de que o estupro não é mais um troféu de guerra."

A decisão incluía a definição que ela havia formulado de estupro e de violência sexual — a primeira definição na história do direito internacional, deliberadamente sem distinções de gênero:

> O Tribunal considera que estupro é uma forma de agressão e que os elementos centrais do crime não podem ser apreendidos por uma descrição mecânica de objetos e de partes corporais [...] O Tribunal define estupro como uma invasão física de natureza sexual, cometida por uma pessoa sob circunstâncias coercitivas. A violência sexual não se limita à invasão física do corpo humano e pode incluir atos que não envolvem penetração ou mesmo contato físico.

"Até então, estupro era considerado dano colateral e algo mecânico, sem qualquer compreensão de seu efeito nas mulheres", ela explicou. "Retomamos o que mulheres como JJ disseram: para elas, destrói a própria vida."

Para as mulheres de Taba que haviam arriscado tanto ao falar, o veredicto foi um enorme alívio. "Fiquei ouvindo o rádio à espera de uma decisão por meses, preocupada que nossa decisão de falar tivesse sido em vão", disse Victoire. "Quando escutei a notícia de que Akayesu havia sido considerado culpado, até dancei!"

"As ações delas mudaram a lei e a justiça criminal para todas as mulheres", me disse Erica Barks-Ruggles, embaixadora americana em Kigali. "Essas mulheres mostraram que é possível transformar o pior dos traumas numa história de força e vitória."

Patricia Sellers, na época consultora jurídica de gênero do tribunal e depois consultora especial da promotoria em Haia, além de professora de direito em Oxford, disse que, para ela, o caso Akayesu foi "tão significativo em termos criminais internacionais quanto Brown contra o Conselho de Educação", o célebre caso de 1954 em que a Suprema Corte dos Estados Unidos chegou a uma decisão unânime contra a segregação racial das crianças em escolas estaduais.

Mas, embora tenham transformado a Justiça internacional, as mulheres de Taba nunca se recuperaram.

"Fiquei muito feliz com as condenações, porque sempre me assombrava a maneira como eles equiparavam estupradores a alguém que tinha roubado batatas ou uma cabra. Era muito, muito injusto", disse Serafina. "Abrimos os olhos do mundo. Muitas mulheres me disseram que depois daquilo se sentiram empoderadas para falar. Mas não me ajudou muito em minha própria vida. Passaram-se quase 25 anos desde o genocídio, e eu ainda não consigo confiar em ninguém, não consigo voltar para a minha casa ou para a minha cidade, não tive nenhum relacionamento desde então."

Cecile concordou. "A princípio, quando fomos depor, foi muito assustador, mas depois que demos o primeiro passo outras nos seguiram. Sem as acusações, ainda estaríamos todos olhando feio uns para os outros e não seríamos vizinhos."

"Fiquei muito feliz quando Akayesu foi condenado, mas, pessoalmente, tem sido difícil. Por dentro, me sinto destroçada. A gente nunca se cura, mas a cura é uma jornada: não se fica no mesmo lugar. Já não penso tanto no passado, porque todos os dias, quando acordo, penso no que vamos comer, em como pagar a escola."

Elas me disseram que não receberam nenhum tipo de indenização, e eu notei que tinham dificuldade para se sustentar.

Em 2005, quase dez anos depois do veredicto de Akayesu, a juíza Pillay escreveu sobre a experiência das mulheres na guerra no prefácio do livro *Listening to the Silences* [Ouvindo os silêncios], de Helen Durham e Tracey Gurd: "Fiquei sabendo que a Testemunha JJ conta com provisões esparsas e vive [...] numa cabana caindo aos pedaços com piso de terra batida, rejeitada pela comunidade e rejeitando companhia [...]. A comunidade internacional respondeu a apenas um aspecto das consequências do genocídio, relacionada à necessidade de levar os criminosos à justiça, mas não à necessidade de ajudar essas mulheres a se alimentar, se vestir, se abrigar, se educar, se curar e se reconstruir".

Em 2018, quando as visitei, JJ — Victoire — ainda não tinha eletricidade em casa. No entanto, a maior frustração delas parecia ser o fato de que ter ido a público não impedia que as mesmas atrocidades fossem cometidas contra mulheres em outros lugares. Algumas delas haviam sido levadas para o escritório da ONU em Nova York para se encontrar com sobreviventes iazidis.

"Condenamos a comunidade internacional e a ONU, que ficaram paradas esperando e observando enquanto éramos estupradas, e isso ainda está acontecendo ao redor do mundo várias vezes", disse Victoire. "Somos apenas mulheres simples, mas para nós é difícil compreender isso."

Ela parecia a mais solitária de todas, em sua cabana nas colinas de Taba, com vista para os bananais onde havia sido estuprada repetidas vezes. "Podem pensar que tivemos sorte, porque sobrevivemos ao genocídio e não ficamos doentes", ela disse. "Mas somos mulheres condenadas.

"Acho que estuprar alguém é ainda pior do que matar, porque tenho que conviver com isso todos os dias. Foi algo que eu vivi quando já era adulta, então me lembro de tudo. Pessoas do mesmo país, da mesma cidade, falando a mesma língua, com o mesmo tom de pele, nascidas do mesmo modo fizeram isso conosco. Eu ainda convivo com elas. O menino que me ajuda, que você conheceu, é hútu. As pessoas perguntam: 'O que ele está fazendo aqui?'."

Todas as mulheres disseram que sentem os efeitos físicos do estupro. "Ainda hoje, quando vou capinar ou buscar água, me sinto muito mal. Tenho uma dor nas costas que nunca passa", disse Victoire.

Antes que eu fosse embora de sua cabana escura em meio aos raios e trovões que assolavam a colina, ela me contou que raramente dormia. "Moro sozinha e me sinto solitária, mas o que posso fazer?", disse. "Tranco as portas e as janelas, mas as lembranças vêm..."

O Tribunal Internacional em Arusha, mantido em funcionamento por 21 anos, ouviu mais de 3 mil testemunhas e processou 93 pessoas, das quais 62 foram condenadas.

Ninguém foi processado por praticar estupro, mas por supervisionar e estimular estupros, como aconteceu com Akayesu.

Surpreendentemente, uma dessas pessoas foi uma mulher, Pauline Nyiramasuhuko, condenada ao lado do filho após um julgamento que durou dez anos. Depoimentos confirmaram que a antiga ministra do Desenvolvimento das Mulheres havia convocado a Interahamwe de Kigali para a região de Butare, onde vivia, para matar e estuprar mulheres em conjunto com outras milícias, sob a liderança de seu filho. Ela chegou a forçar pessoalmente mulheres a se despir antes de serem carregadas em caminhões.

Considerando os custos de mais de 2 bilhões de dólares, o número total de condenações é baixo, e apenas uma fração dos criminosos recebeu punição. Alguns dos maiores responsáveis conseguiram fugir, muitos deles para o Reino Unido ou para outros países europeus, o que deixava o ministro da Justiça ruandês, Johnston Busingye, inconformado.

Como muitos integrantes do governo de Kagame, Busingye não estava no país durante o genocídio. Ele cresceu em Uganda, para onde sua família havia fugido depois dos primeiros pogroms contra os tútsis, em 1959 e 1963. Busingye trabalhava no sistema judiciário desde que o governo pós-genocídio assumira, então parecia uma boa ideia questioná-lo se a justiça realmente seria feita no futuro. Vestindo uma camisa violeta, um terno escuro e óculos de armação de metal, ele, um homem bastante alto, estava sentado a uma mesa comprida, cercado por pastas em que se lia MANDADOS DE PRISÃO EUROPEUS. A unidade de rastreamento de fugitivos do ministério havia descoberto mais de quinhentos genocidas ainda foragidos no exterior.

"Alguns dos responsáveis por todos esses estupros e assassinatos em massa estão em nosso território, mas o governo se recusa a entregá-los", ele disse. "O Reino Unido rapidamente se juntou à França para estabelecer um porto seguro. Eles [os suspeitos] dizem: se me levarem para Ruanda, vão me torturar, me matar, não haverá um julgamento justo... Mas como você se sentiria se sua família acreditasse que essas pessoas que hoje vivem no Reino Unido são responsáveis pelo assassinato de seus entes queridos e pelo estupro de suas mulheres? Que mensagem está sendo passada quando se permite que eles permaneçam em liberdade?"

Perguntei se ele achava que a sociedade ruandesa um dia se recuperaria de tudo o que havia acontecido. "Nosso processo de cura foi baseado na passagem do tempo", Busingye respondeu. "O ano de 1994 foi brutal, muito brutal. Todo mês de abril realizamos eventos em memória do ocorrido. Nos primeiros anos, havia centenas de pessoas aos gritos. Agora ficam todos quietos, melancólicos, e caminham para casa em silêncio depois."

Uma parte importante do processo, ele disse, era um programa de justiça restaurativa iniciado em 2002 e intitulado *gacaca* [pronuncia-se "gatchatcha"], em referência ao gramado onde as pessoas se sentavam para fazer sua confissão ou para relembrar as atrocidades que haviam sofrido. Quase 2 milhões de casos foram ouvidos ao longo de dez anos.

Para muitos, o programa significava uma guinada importante rumo à verdade e à reconciliação — conheci uma mulher chamada Alice que tinha ficado amiga do homem que amputara seu braço direito, um antigo colega de classe chamado Emmanuel. Mas algumas pessoas acreditavam que a iniciativa perpetuava o mito de que apenas tútsis haviam morrido. Os tribunais gacaca se mantiveram em silêncio em relação aos crimes por vingança perpetrados pelos tútsis depois do genocídio, logo que Kagame enviou o exército da FPR para o Congo para forçar o retorno de hútus que estavam em campos de refugiados da ONU ou para persegui-los na selva, matando milhares deles.

Além do veredicto de Akayesu, que se deu em âmbito internacional, as mulheres de Taba ajudaram a assegurar uma vitória significativa em sua própria casa ao fazer com o que o estupro passasse de um crime de categoria 4, como furto simples, a um crime de categoria 1, como homicídio.

Os casos de estupro eram tratados a portas fechadas pelos tribunais gacaca, para preservar a identidade dos envolvidos. Mesmo assim, muitas mulheres não recorreram a eles por temer que a comunidade as visse indo prestar depoimento.

"Esses tribunais condenaram um bom número de pessoas, que agora cumprem pena por estupro", disse o ministro. "Mas, do meu ponto de vista, esse número não equivale aos crimes cometidos, porque não temos provas."

Ele pareceu reflexivo. "Você me perguntou se a sociedade é capaz de superar isso, mas a sociedade não supera. Em 1994, pensávamos que, depois de termos passado por tantas tempestades, daríamos conta disso. Tínhamos deposto um governo que nos matava e íamos restaurar a sanidade.

"Mas Ruanda é como uma escola. Trabalho no sistema judiciário desde 1995. Fui promotor, juiz e secretário permanente do ministério, e agora sou ministro. Falei com milhares de pessoas, estudei o trauma. E algumas das minhas primeiras esperanças sofreram uma guinada radical. A ideia de que é possível levar uma vida plena porque não há mais ameaça... É impossível, sobretudo para essas mulheres.

"O estupro foi de fato uma estratégia calculada. Aqueles que estupraram as mulheres e que planejaram estuprá-las sabiam que ou se morre na hora ou depois. Quem passa por isso nunca recupera a humanidade.

"Visitamos essas mulheres aqui na cidade ou nos vilarejos, como Taba, e quando as vemos elas parecem normais. Mas, assim que vão para casa e fecham as portas à noite, há um lugar dentro delas que ninguém consegue acessar, não importa o que aconteça."

7. As rosas de Sarajevo
Sarajevo

Estava nevando quando meu avião tocou a pista em Sarajevo, em março de 2018, com as montanhas brancas e majestosas por toda a volta — ali haviam ocorrido os Jogos Olímpicos de Inverno de 1984, em que Torvill e Dean obtiveram a pontuação máxima com sua apresentação de bolero, fazendo com que adolescentes britânicas como eu quisessem se tornar patinadoras artísticas.

Sarajevo também é conhecida como o lugar em que se deu o estopim da Primeira Guerra Mundial. Uma placa simples de cor cinza na esquina da rua Franz Josef, no extremo norte da ponte Latin, marca o local onde, em 28 de junho de 1914, num domingo ensolarado, o nacionalista sérvio de dezenove anos Gavrilo Princip matou com um tiro o arquiduque Francisco Ferdinando, herdeiro do trono Habsburgo, e sua esposa grávida, a duquesa Sofia, durante um desfile aberto em sua limusine.

Resad, meu guia turístico, que havia aprendido inglês ouvindo músicas de Annie Lennox depois de ter ficado obcecado por "Sweet Dreams (Are Made of This)", contou-me que por pouco aquilo quase não aconteceu. Princip fazia parte de uma equipe de seis pessoas, e o plano era que um de seus colegas jogasse uma granada no carro do casal, que estava em visita àquele posto avançado do Império Austro-Húngaro. Mas a granada rebateu na capota traseira do carro, atingindo o motorista que vinha atrás, de modo que o arquiduque e sua esposa prosseguiram seu caminho até a prefeitura, onde tomariam um chá. Depois, no entanto, eles decidiram visitar o homem ferido no hospital. O motorista virou errado na rua Franz Josef e parou bem em frente ao ponto onde Princip, armado com sua pistola Browning, estava. É por causa desse tipo de casualidade do destino que as guerras começam. O Império Austro-Húngaro culpou a Sérvia pelo assassinato de seu príncipe coroado e um mês depois declarou guerra, com o apoio da Alemanha, dando início a um efeito dominó que atraiu as maiores potências mundiais e deixou 17 milhões de mortos.

Nos anos 1990, Sarajevo se tornou famosa por outro motivo: o maior cerco a uma cidade na história moderna. É difícil imaginar isso agora, com os simpáticos bondes amarelos circulando, os cafés lotados e uma loja da Zara bem ali, mas por quase quatro anos, de 5 de abril de 1992 a 29 de fevereiro de 1996, a cidade ficou sob cerco enquanto a antiga Iugoslávia se desmantelava e os sérvios-bósnios tentavam eliminar os muçulmanos com quem tinham convivido por séculos. Foi essa guerra que apresentou o termo "limpeza étnica" ao mundo.

Dia após dia, as forças sérvias no alto das colinas bombardearam a cidade, destruindo muitos prédios, incluindo a antiga prefeitura, que passara a abrigar a Biblioteca Nacional. Franco-atiradores em prédios altos acertavam pessoas na fila para pegar água, uma menininha saltitando, casais na ponte, pessoas de luto em funerais.

"Um franco-atirador atirou no meu cabelo", disse Aida, minha intérprete, uma mulher de meia-idade de cabelo arrepiado e que adora a cor roxa.

"Era o Ano-Novo de 1994, eu tinha 24 anos. Estávamos comemorando na casa de amigos. Àquela altura da guerra, todo mundo tinha aprendido se a virar diante das dificuldades. Meu maior problema era meu cabelo, que era enorme, e eu precisava de muita água para lavar e de energia para aquecer a água, mas não tínhamos nenhuma dessas duas coisas, já que os sérvios as haviam cortado. Todas as árvores tinham sido derrubadas para aproveitar a madeira no primeiro inverno.

"Trocamos presentes feitos por nós mesmos ou que nos seriam úteis. Meus amigos se juntaram e me deram sete litros de água quente — exatamente o que eu precisava para lavar o cabelo —, o melhor presente possível. Fiquei muito feliz por poder fazer aquilo na manhã de Ano-Novo. Deixei meu cabelo solto, como uma nuvem emoldurando meu rosto, e comecei a caminhar de volta para casa. Nas mãos, tinha uma miniatura de árvore de Natal que havia levado para a festa.

"De repente, ouvi um barulho e senti algo passar voando. Era o meu cabelo! Uma mulher gritou para que eu me abaixasse. Quando você estava no seu bairro, sabia quais eram os alvos fáceis para os franco-atiradores, mas não quando ia a outro lugar. Eu não poderia me parecer menos com um soldado, com aquele cabelão e a arvorezinha de Natal."

Sob as ordens do comandante militar sérvio-bósnio, o general Ratko Mladić, os franco-atiradores e a artilharia de modo geral mataram mais de 11 mil moradores da cidade — em sua maioria civis. A filha de Mladić, Ana, horrorizada com as atrocidades do pai, se matou em 1994 com a pistola preferida dele.

A guerra terminou um ano depois, quando a Otan finalmente interveio com ataques aéreos. Richard Holbrooke, o diplomata americano que intermediou o Acordo de Dayton, considerou a Guerra da Bósnia "a maior falha de segurança coletiva do Ocidente desde os anos 1930".

O *Livro bósnio dos mortos*, relatório de baixas publicado em 1997 pelo Centro de Pesquisa e Documentação de Sarajevo, registrou 97 207 mortes, 40% delas de civis. Dois terços dos mortos eram muçulmanos.

E havia os estupros. Ninguém sabia exatamente quantos, mas as estimativas ficaram entre 20 mil e 60 mil vítimas, sobretudo bosníacas (muçulmanas), mas também croatas e sérvias, e alguns homens.

A idade das vítimas variava de seis a setenta anos. Eram estupradas com frequência, e muitas delas foram mantidas em cativeiro por anos. Várias mulheres foram engravidadas à força e ficaram presas até que a interrupção da gravidez se tornasse impossível. Elas eram tratadas como propriedades, e o estupro era usado com a intenção de intimidar, humilhar e degradar.

A novidade foi a atenção que tudo isso recebeu. A proliferação do estupro como arma de guerra na antiga Iugoslávia e os campos de estupro em que as mulheres eram mantidas chocaram o mundo. Ninguém pode dizer que não sabia disso na época. Pela primeira vez na história moderna, jornalistas e historiadores documentaram o uso deliberado e metódico do estupro e da violência sexual como arma de limpeza étnica e de genocídio.

"A imensidão do sofrimento infligido à população civil nessa guerra é impossível de ser expressada", declarou o relatório Warburton, elaborado em fevereiro de 1993 por investigadores enviados pelo Conselho Europeu.

O documento dizia que os estupros eram cometidos de "maneiras sobretudo sádicas para infligir a máxima humilhação às vítimas, às famílias e a toda a comunidade".

Isso "não poderia ser visto como uma circunstância da agressão", mas como parte de "um padrão deliberado" e que "servia a um propósito estratégico por si só [...], em geral perpetrado com a intenção consciente de desmoralizar e aterrorizar comunidades, afastando-as de sua região de origem e demonstrando o poder das forças invasoras.

"Em muitos casos, parece haver pouca dúvida de que a intenção é engravidar as mulheres deliberadamente e detê-las até que a gravidez esteja avançada o bastante e sua interrupção seja impossível. É uma dose extra de humilhação e um lembrete constante do abuso que sofreram."

A Bósnia é composta de uma mistura de muçulmanos (que desde 1993 se autodenominam "bosníacos"), servos e croatas, todos parecidos fisicamente e falantes da mesma língua — que é conhecida como "servo-croata", embora os sérvios usem o alfabeto cirílico. Apenas os nomes e as religiões diferem — os sérvios são ortodoxos, os croatas são católicos e os bosníacos são muçulmanos. Por anos, esses grupos se casaram entre si.

A Cidade Velha de Sarajevo é representativa dessa mistura de religiões. Descendo as ruas antigas e estreitas de paralelepípedos, onde funileiros trabalham do mesmo modo há séculos, há uma catedral, uma igreja ortodoxa, uma sinagoga e uma mesquita com um relógio lunar, regulado pela mesma família há gerações.

Como vizinhos de tanto tempo se voltaram uns contra os outros de maneira tão selvagem?

"Onde a lógica termina, a Bósnia começa", disse Resad, o guia turístico que adorava Annie Lennox, dando de ombros. Ele tinha dezenove anos quando a guerra começou, em 1992, e de uma noite para a outra passou de um estudante que nunca havia usado uma arma a um soldado com um AK-47 e três balas. "Meu uniforme era o macacão de jardinagem do meu pai. A linha de frente ficava a pouco mais de um quilômetro e meio de casa. Faltava comida para minha família, então quando eu voltava do combate ia ao hospital doar sangue para poder pegar uma lata de carne para a minha mãe. Depois eu voltava e doava sangue do outro braço para conseguir outra. A única certeza toda manhã ao acordar era de aquele dia podia ser o último."

* * *

A prefeitura onde o arquiduque Francisco Ferdinando e sua esposa tomaram seu último chá tinha sido recentemente reconstruída, em todo o seu esplendor mouro. Na parede, havia uma placa em um inglês canhestro: NESTE LUGAR CRIMINOSOS SÉRVIOS NA NOITE DE 25-26 AGOSTO DE 1992 ATEARAM FOGO NA BIBLIOTECA NACIONAL E UNIVERSITÁRIA. MAIS DE 2 MILHÕES DE LIVROS, PERIÓDICOS E DOCUMENTOS DESAPARECERAM NAS CHAMAS. NÃO ESQUEÇA, LEMBRE E ALERTE!

Não esquecer era o objetivo do Tribunal Penal Internacional para a antiga Iugoslávia (TPII), ou o Tribunal de Haia, como ficou conhecido, cuja criação foi aprovada pelo Conselho de Segurança da ONU antes que a guerra acabasse. Tratava-se de um tribunal especial que deveria localizar e punir os responsáveis. O que de fato representou foi o reconhecimento constrangido por parte da comunidade internacional de seu próprio fracasso em impedir as piores atrocidades que a Europa havia visto desde a Segunda Guerra Mundial.

O TPII foi iniciado de maneira pouco auspiciosa. Nos primeiros dezoito meses, o orçamento liberado pela ONU era tão baixo que não foi possível alugar uma sala de tribunal. Mas o TPII ganhou importância quando Nelson Mandela convenceu o juiz sul-africano Richard Goldstone, que havia desmantelado as leis do apartheid, a assumir como promotor-chefe. Mesmo assim, o primeiro réu, em novembro de 1994, não foi um dirigente, apenas um carcereiro, ainda que um especialmente sórdido. Ele havia fugido para Munique, onde acabou reconhecido por um refugiado bósnio, que informou seu paradeiro a um repórter de TV alemão.

Foi necessário que houvesse o pior massacre desde a Segunda Guerra Mundial para que a comunidade internacional se chocasse a ponto de tomar uma atitude. Em julho de 1995, mais de 8 mil homens e meninos bósnios foram mortos pelas forças sérvias em Srebrenica, que deveria ser um enclave protegido pela ONU. As poucas pessoas que sobreviveram, escondendo-se sob os cadáveres e se arrastando para fora das valas comuns, forneceram relatos tão tenebrosos que o mundo não pôde mais fechar os olhos para o que ocorria.

Uma lista com os 161 nomes de todos os lados acusados de crimes de guerra foi elaborada. Mais tarde, ocorreu a maior caçada internacional pré-Onze de Setembro, envolvendo serviços de inteligência e forças especiais de uma dezena de países, incluindo o Serviço Aéreo Especial britânico e a Força Delta americana.

No entanto, o derramamento de sangue na antiga Iugoslávia prosseguiu. Quem encabeçava a lista de acusados era o presidente sérvio Slobodan Milošević, conhecido como Carniceiro da Bósnia, que em 1998 tinha dado início a outra guerra nos Bálcãs — daquela vez no Kosovo, onde milhares de pessoas de etnia albanesa foram mortos ou deportados à força e muitas mulheres foram estupradas.

Por fim, em outubro de 2000, ele foi derrubado do poder, e em março do ano seguinte homens de balaclava e de uniforme militar o prenderam em sua propriedade luxuosa em Belgrado. Era a véspera do prazo que os Estados Unidos haviam estabelecido para que a Sérvia começasse a cooperar com o Tribunal de Crimes de Guerra, caso contrário não receberia mais ajuda e enfrentaria duras sanções econômicas.

Então, em junho do ano seguinte, um helicóptero pousou tarde da noite no pátio da prisão da ONU em Haia. Dentro estava Milošević, que viria a se tornar o primeiro chefe de Estado a ser julgado por um tribunal internacional.

Seu processo durou anos, uma vez que ele era acusado de instigar três guerras, na Croácia, na Bósnia e no Kosovo, e montou sua própria defesa, chegando a inquirir testemunhas. Em 2006, Milošević acabou sofrendo um ataque cardíaco na prisão, que o levou à morte antes do veredicto. Mas a visão de sua cabeçorra e de seu corpo digno de um mafioso no banco dos réus ainda é um símbolo poderoso.

Radovan Karadžić, o líder sérvio-bósnio por trás do pogrom, foi encontrado em 2008, escondido num apartamento em Belgrado, com um disfarce quase cômico, que incluía cabelo comprido e barba brancos, um trabalho como líder espiritual e um novo nome.

O general Mladić, comandante militar, passou dezesseis anos em fuga e foi o último a ser capturado. Ele havia fugido por um bunker nuclear construído para o marechal Tito, governante de longa data da Iugoslávia, que adentrava uma montanha no leste da Bósnia, depois se mudara para a Sérvia, onde foi finalmente encontrado em maio de 2011, num cômodo do andar superior da casa de fazenda abandonada de um primo, em Lazarevo, um pequeno vilarejo no norte do país. Era quase impossível reconhecer no velho encarquilhado de boné preto encolhido diante de um aquecedor simples o general empertigado e de peito largo vociferando ordens assassinas.

Em seu julgamento, em 2016, foram reproduzidas interceptações de rádio em que ele instruía as forças a alvejar o povo de Sarajevo. "Vamos deixá-los loucos, para que não consigam dormir!", Mladić ordenara.

Sua prisão significava que todas as 161 pessoas na lista haviam sido pegas.

Dia após dia, naquela sala de tribunal estéril nos Países Baixos, a mais de mil quilômetros da Bósnia, com seus juízes em togas carmesim presidindo acima dos advogados vestidos de preto e centenas de escrivães sentados diante de computadores, homens e mulheres narravam males além da imaginação — mulheres e crianças trancadas em escolas sofrendo estupro anal, oral e vaginal repetidas vezes, pessoas tendo a língua cortada ou sendo queimadas vivas como tochas humanas enquanto "gritavam como gatos".

Quando o tribunal foi encerrado, em dezembro de 2017, mais

de 5 mil testemunhas haviam sido ouvidas. Dos 161 acusados por crimes de guerra, noventa tinham sido condenados.

Scheveningen, a prisão holandesa no mar do Norte onde deveriam cumprir sua sentença, era supostamente tão confortável que fora descrita como uma mistura de cadeia e spa, com personal trainers, área de cozinha e visitas familiares com duração de uma semana. Mas pelo menos os criminosos tinham sido localizados e presos. Os ditadores não mais passariam seus últimos anos de vida em propriedades rurais no sul da França.

Setenta e oito das 161 pessoas da lista haviam sido acusadas de violência sexual. Mais de metade das condenações incluía responsabilidade por violência sexual. Mas isso abarcava apenas uma fração, considerando que o tribunal recebera relatos de mais de 20 mil estupros.

Enquanto os juízes do Tribunal de Ruanda estabeleceram o precedente de que, como constituinte do genocídio, o estupro podia motivar um processo, o precedente estabelecido na antiga Iugoslávia ia além, determinando que o estupro sistemático e a escravidão sexual podiam ser tratados como tortura e uma arma para a destruição de vidas — e, portanto, como crimes de guerra.

"O estupro foi usado por membros das forças armadas sérvio-bósnias como um instrumento de terror", declarou a juíza Florence Mumba, da Zâmbia, que presidiu a primeira condenação.

Demorou anos para que os criminosos fossem localizados, e é claro que de modo algum isso compensa o fato de que tais atrocidades tenham acontecido, mas, para mim, o Tribunal de Haia fez um bom trabalho em responsabilizar aqueles que haviam cometido crimes contra a humanidade e em deixar claro que não poderia haver impunidade.

Então fui tomar um café num hotel de Sarajevo, e Resad apontou para um homem de terno escuro sentado a uma mesa próxima. "Olha, tem um criminoso de guerra ali", ele disse.

* * *

"Meus hobbies são fumar e perseguir criminosos de guerra", disse rindo Bakira Hasečić, com sua voz rouca, enquanto acendia um cigarro e dava uma longa tragada. Ela também gostava de fazer compras na Primark.

Hasečić não estava brincando. Havia localizado bem mais de cem, 29 deles acusados em Haia e oitenta na Bósnia.

De jeans e blusa canelada de gola rulê cinza, com cabelo loiro-acinzentado curto cortado em camadas emoldurando o rosto sem maquiagem, ela irradiava confiança.

Nós nos encontramos em seu escritório na Associação de Mulheres Vítimas da Guerra, no térreo de um antigo edifício residencial da era comunista, na periferia de Sarajevo. O prédio era cinza e sóbrio, e como muitos na cidade tinha marcas de buracos de bala e da explosão de morteiros — conhecidas como "rosas de Sarajevo".

As paredes internas eram cobertas de fotos e de recortes de jornal, além de um grande mapa da Bósnia, todo pontilhado. Cada ponto vermelho identificava um campo de estupro, e havia 57 deles. Entre 20 mil e 50 mil mulheres haviam sido estupradas na Guerra da Bósnia.

Um desses pontos indicava Visegrád, no sudeste da Bósnia, cidade natal de Bakira. Ela trabalhava no governo local.

"Você deve ter ouvido falar da nossa ponte", ela disse. Tratava-se da imponente ponte com onze arcos de pedra-pomes que se estendia por entre as montanhas e fora construída no século XVI sob as ordens do governante otomano grão-vizir Mehmed Paxá. Ela era o foco do romance *Ponte sobre o Drina*, de Ivo Andrić, vencedor do prêmio Nobel, e por séculos testemunhara em silêncio a história e a mistura de muçulmanos, ortodoxos, judeus e católicos na cidade. Nem mesmo Andrić imaginara que aquelas águas tranquilas cor de turquesa ficariam vermelhas quando o

povo de Visegrád se voltasse contra si próprio e que a ponte se tornaria um matadouro do qual corpos eram jogados.

Tampouco Bakira. "Quase dois terços da população eram de bósnios muçulmanos, e até 1992 nunca havíamos tido problemas", ela disse. "Eu diria que 90% dos meus amigos mais próximos eram sérvios.

"Em 1992, quando a guerra começou, eu tinha 39 anos e vivia feliz com o meu marido e minhas duas filhas, de dezesseis e dezenove anos. Trabalhávamos bastante e morávamos numa casa perto do rio. Estávamos bem de vida e tínhamos montado um salão de beleza para a mais velha. Então, no início de abril, a loucura começou, e nosso mundo entrou em colapso.

"Em 6 de abril, os servos começaram a bombardear Visegrád, então fugimos para Goražde, como muitos outros muçulmanos.

Depois o Exército entrou em Visegrád e nos convocou, dizendo que se não voltássemos em três dias perderíamos o emprego.

"Meu marido não queria voltar, mas sou muito teimosa e estava preocupada com o sustento da nossa família. Confiávamos no Exército. Meu marido havia servido na época do Exército iugoslavo, e naquele momento eu não acreditava que haveria guerra. Então insisti.

"Voltamos, e retornei ao escritório. Havia homens de uniforme camuflado no prédio. Encontrei dez colegas muçulmanos sentados em uma sala, então me juntei a eles. Os homens de uniforme entraram e nos disseram para ir embora. Assim, sem nenhuma explicação.

"Alguns dias depois, em 21 de abril, estávamos tomando café em casa quando, de repente, meu marido disse: 'Olha!'.

"Nossa casa ficava perto da famosa ponte. Vimos um grupo de cinco soldados vindo em nossa direção, incluindo um vizinho que morava a uns cem metros de nós, Veljko Planincic, um policial que eu conhecia muito bem, porque tínhamos crescido juntos. Era um homem alto de bigode, mas naquele dia usava barba também."

Ela levou a mão ao queixo, para demonstrar.

"De repente, abriram nossa porta à força e correram para cima. Veljko estava com dois homens de uniforme camuflado e aqueles cintos brancos com a sigla da polícia militar. Eles tinham cabelo e barba compridos e pareciam aterrorizantes e irreais, como bichos.

"Se um policial entra na sua casa, você espera que seja para te proteger, mas Veljko se comportou de maneira monstruosa, como se nunca tivesse nos visto. Os policiais começaram a nos assediar, pedindo dinheiro e ouro. Viraram nossa casa de cabeça para baixo, pegando tudo de valor que possuíamos.

"Nós chorávamos. Então eles levaram minha filha mais velha para outro cômodo, dizendo que queriam que ela lhes mostrasse algo. Eu sabia que era mentira. Consegui me soltar e corri até lá. Mas era tarde demais. Eles a estupraram na minha frente e na frente do meu marido.

"Depois, bateram na cabeça dela com a coronha do rifle. Tinha tanto sangue que pensei que haviam arrancado a cabeça dela. Eu não conseguia ver nada além de sangue.

"Levamos nossa filha ao hospital. Os médicos foram muito profissionais. Ela tinha um cabelo comprido lindo, e eles o cortaram e suturaram o ferimento.

"Depois daquilo, tivemos medo de ficar em casa. Conseguimos cruzar a ponte e ficamos com vizinhos, num prédio do outro lado que dava para o rio.

"Naquela noite, minha filha teve febre de mais de quarenta graus. Não tínhamos remédios, então perambulamos pelas ruas, tentando encontrar uma farmácia.

"Aquele dia vai ficar guardado na minha mente pelo resto da vida. Fui pega e estuprada três vezes. Na primeira, me levaram para o porão da delegacia. Havia uma poltrona grande e algumas cadeiras, e as paredes eram revestidas de painéis de madeira até metade da altura. Vi Milan Lukić e o primo dele, Sredoje Lukić, um policial. Visegrád era uma cidade pequena, e reconhecíamos as pessoas de imediato. Eu conhecia Milan Lukić muito bem. Tínhamos ajudado sua família no passado.

"Ele puxou uma faca com lâmina curva e me disse para tirar a roupa. Achei que estivesse brincando. Mas ele segurava a faca bem na minha frente.

"Fiz o que ele mandou: tirei a calça e a blusa e fiquei só com a roupa de baixo.

"Da segunda vez foi numa clínica.

"A terceira foi na escola de ensino médio.

"Eu não estava sozinha em nenhum desses lugares: havia muitas outras mulheres. Eles usaram múltiplos lugares para levar a cabo os estupros em massa: a delegacia de polícia, o centro esportivo local e até o Instituto para a Proteção de Crianças. Chamavam a gente de turcos. Diziam: 'Você não vai mais parir turcos, apenas sérvios'.

"Da terceira vez, meu marido descobriu onde eu estava e foi atrás de mim. Ouvi os sérvios brigando. Bateram nele.

"Depois, fui para casa. Meu marido chegou chorando. Ele nunca me perguntou o que fizeram comigo."

Àquela altura, os terríveis ataques ocorriam em cidades e vilarejos por toda a Bósnia, ainda que em Visegrád fossem especialmente bárbaros. Noite após noite, caminhões cheios de homens muçulmanos eram levados à ponte por paramilitares sérvios. Atiravam neles ou os esfaqueavam, então os jogavam no rio, mortos ou quase. Alguns tiveram a garganta cortada com pedaços de vidro, outro foi encontrado com uma chave de fenda enfiada no pescoço. Tantos corpos foram arremessados que o gerente da usina hidrelétrica mais adiante no rio, já na Sérvia, reclamou que estavam entupindo a represa. Além da matança na ponte, centenas de muçulmanos foram espremidos em casas por toda a Visegrád e queimados vivos, incluindo mulheres e crianças que eram chamadas de "tochas humanas".

A carnificina na Bósnia foi realizada sob as ordens do líder sérvio-bósnio Radovan Karadžić e sua contraparte militar, o general Mladić, com a supervisão de "comitês de crise" estabelecidos em todas as comunidades sérvio-bósnias. Em Visegrád, o comitê era liderado por Milan Lukić e sua milícia, os Águias Brancas, que invadiam fábricas e arrastavam muçulmanos para fora, então os alinhavam às margens do rio e os matavam a tiros. "Irmãos sérvios, é hora de exterminar os muçulmanos", ele gritava de um megafone.

"Esses tribunais ouviram muitos relatos, mas mesmo os juízes e os promotores mais experientes fazem um instante de silêncio à menção dos crimes perpetrados em Visegrád", disse um dos juízes de Haia. "Foram crimes que atingiram um pico sem precedentes de uma crueldade imprevisível, nunca vista."

Também era em Visegrád que se localizava um dos mais infames campos de estupro, num hotel e spa chamado Vilina Vlas, onde a gangue de Lukić manteve mulheres e meninas muçulmanas. Ali, elas eram estupradas todas as noites e a noite toda, até enlouquecer e às vezes se suicidar, pulando dos parapeitos de vidro das sacadas. Das duzentas mulheres mantidas ali, Bakira acredita que apenas dez ou onze tenham sobrevivido.

Ela e sua família conseguiram fugir depois de muita provação e rumaram para oeste, ao longo do Drina, na direção de Goražde, um dos seis enclaves muçulmanos que supostamente estavam sob a proteção das Forças de Paz da ONU. "Nunca ousamos esperar sobreviver para ter a oportunidade de contar nossa história", ela disse.

Ao fim da guerra, Bakira havia perdido vinte membros da família, cinquenta contando a família do marido. Nesse número estava sua irmã, que havia sido estuprada repetidas vezes em Vlasenica, outra cidade em que milhares de muçulmanos foram presos em campos ou mortos. "Quando acabaram com ela, mataram-na", Bakira disse. "Seu corpo foi encontrado em 1998, com suas partes espalhadas em três valas comuns diferentes."

A busca de Bakira por criminosos de guerra teve início depois que ela liderou um grupo de pessoas de volta a Visegrád, em 1998, para visitar suas antigas casas e as sepulturas de parentes.

"A cidade ficou tão destruída que só consegui reconhecer minha casa graças à moto queimada do meu pai do lado de fora", disse.

Depois daquilo, Bakira voltou outras vezes. "Não tenho nenhuma ligação com Sarajevo, vivo aqui em meio a certa perplexidade", explicou. "Quero morar em Visegrád.

"Éramos escoltados por forças internacionais, como a italiana, mas a polícia sérvia nos acompanhava. Sempre havia meninas no comboio que reconheciam alguns deles como criminosos. Algumas mães desmaiavam ao ver os homens que haviam estuprado suas filhas.

"Enquanto visitávamos nossos lares, éramos insultadas pela polícia. Eles riam na nossa cara, dizendo: 'Voltaram porque querem mais? Voltaram para que possamos terminar o que começamos?'.

"Já haviam tirado de nós o que significava ser mulher. Quando os vi rindo de nós, nos humilhando, decidi que precisávamos romper o silêncio. Se não falássemos sobre o que tínhamos passado, se eles não fossem punidos, o que poderíamos esperar dos filhos deles além do mesmo mal ou algo ainda pior?

"Naquela época, o próprio Milan Lukić passava boa parte do tempo na cidade, se dividindo entre Visegrád e Belgrado. Ele tinha sido processado [em 1998], mas era primo do chefe de polícia da Sérvia, que o protegeu.[1]

"De início, eu pensava em vingança pelas minhas filhas. Mas tinha uma câmera comigo, então pensei que minha vingança devia ser a justiça, e comecei a tirar fotos e a recolher depoimentos das mães e a enviar ao escritório do TPII. Percebi que a maior vingança seria a instauração de um processo contra aquelas pessoas."

Em 2003, ela criou a Associação de Mulheres Vítimas da Guerra, da qual apenas mulheres que haviam sofrido estupro podiam participar. Bakira foi a primeira mulher a contar sua história publicamente e em detalhes. "Foi difícil demais compartilhar minha história pela primeira vez, mas, sempre que uma de nós aparecia na TV, mais mulheres se juntavam à associação", ela disse. "Hoje temos 35 mil membras. Criamos uma base de dados com tudo, data e local do estupro, idade, condição social, etnia... Nossas membras não são apenas muçulmanas, mas também croatas e sérvias. Porém ninguém pode falar pelas mulheres que foram estupradas e mortas em seguida. Só sabemos delas por meio dos depoimentos de mulheres que estiveram com elas e sobreviveram.

"E não são só mulheres. Desde 2006, homens também têm rompido o silêncio depois de ter ouvido falar de nós. Temos 73 municipalidades na Bósnia e Herzegovina em que mulheres relataram estupro e 23 em que homens relataram."

Como em Ruanda, o estupro ali tinha três objetivos: humilhar as mulheres do inimigo, traumatizar a população bosníaca a ponto de forçá-la a ir embora e engravidar as mulheres, para alterar o equilíbrio demográfico com bebês sérvios.

"Temos registros de 62 crianças nascidas em consequência de estupros e muitas que não foram reconhecidas como tal, e há um número enorme de mulheres que interromperam a gravidez numa fase bastante adiantada para não precisar criar essas crianças."

Muitos dos bebês que sobreviveram foram deixados em orfanatos e tiveram sua origem escondida. Eles ficaram conhecidos como "filhos invisíveis". Para os que tomaram conhecimento de sua origem, esse se tornou um fardo quase impossível de carregar. Em outubro de 2019, uma peça chamada *Em nome do pai* foi encenada em Sarajevo, em que as vozes dos filhos invisíveis soavam dos alto-falantes. "Eu achava que minha mãe me odiava, porque eu era a pior experiência de sua vida", dizia a voz de Ajna Jusnic, primeira criança a ser registrada como nascida em consequência de estupro.

Havia dezenas de fotos de homens de meia-idade coladas com fita adesiva ao longo do corredor do escritório de Bakira. "Não se trata apenas de convencer as pessoas a contarem sua história", ela disse. "Mas também de perseguir os criminosos de guerra.

"Agimos como policiais e investigadoras", ela explicou. "Fazemos muito do trabalho de campo. Algumas das minhas mulheres trabalham secretamente. Quando um promotor diz que não pode abrir um caso porque não conhece a localização do réu, encontro mulheres no mesmo local onde o criminoso está, tiro fotos dele, levo para o promotor e digo: 'Olha, aqui está ele, em frente de casa'. E o promotor diz: 'O que você fez é ilegal'. E eu digo: 'Então me processe, senhor promotor'."

Dos que a associação havia localizado até então, 29 haviam sido julgados em Haia e oitenta na Bósnia.

"Nós, mulheres, precisamos fazer isso, porque não é do interesse da polícia. Muitos deles também são criminosos de guerra!"

Da primeira vez que Bakira depôs em Haia, precisou pegar emprestado roupas apropriadas, porque havia perdido tudo na guerra. No dia em que sairia da Bósnia, ela foi presa, mas conseguiu escapar.

"Infelizmente, preciso ser bastante agressiva, porque ninguém se importa de verdade", disse, dando de ombros. "O governo gostaria de esquecer os estupros, de apagá-los da nossa mente."

Foi a coragem de mulheres como Bakira, que revelaram detalhes íntimos diante dos mesmos homens que lhes haviam causado tanta dor, que garantiu que o estupro fosse enquadrado como crime de guerra em Haia, assim como no Tribunal de Ruanda.

"Quando você está no tribunal e vê o criminoso, lembra-se de coisas que nunca mencionou", ela disse. "Sei por experiência própria como isso é estressante."

O primeiro avanço veio em 22 de fevereiro de 2001, quando o tribunal condenou três sérvios-bósnios por "estupro, escravidão e tortura", na cidadezinha oriental de Foca.

Sobreviventes revelaram em detalhes muito explícitos como centenas de mulheres e crianças a partir de doze anos foram sequestradas no verão de 1992 por três homens e mantidas em ginásios e "casas de estupro". Elas sofriam estupro vaginal, anal e oral repetidas vezes, e eram forçadas a dançar nuas, sob a mira de armas.

"Os três acusados não são soldados comuns cuja moral foi afrouxada pelas dificuldades da guerra", a juíza Florence Mumba disse no tribunal. "Eles prosperaram na atmosfera sombria da desumanização daqueles que se acreditava ser inimigos."

Dragoljub Kunarac, de quarenta anos, que estava supostamente envolvido num "esquema de exploração sexual assustador", foi condenado a 28 anos de prisão por estupro e tortura. Radomir Kovač, de 39 anos, foi condenado a vinte anos de prisão por crimes similares. A sentença do terceiro réu, Zoran Vuković, de 45 anos, foi de doze anos de prisão, porque os promotores não conseguiram tantas provas no caso dele. Ainda assim, Vuković foi condenado por estuprar e torturar uma menina muçulmana de quinze anos, mais ou menos a mesma idade da filha dele na época.

"Vocês abusaram de meninas muçulmanas e arruinaram-nas por causa de sua etnia, escolhendo as que lhes agradavam entre elas", disse a juíza Mumba. "Vocês demonstraram o mais gritante desrespeito pela dignidade e pelos direitos humanos fundamentais das mulheres, numa escala que ultrapassa em muito até mesmo o que se poderia chamar de gravidade média do estupro durante a guerra."

No próprio caso de Bakira, no entanto, apenas um dos agressores está preso, e não por estupro. Seu primeiro estuprador, Milan Lukić, foi preso em Buenos Aires em 2005 e condenado à prisão perpétua em 2009 pela morte de mais de 133 civis, 120 dos quais foram colocados à força em duas casas e queimados vivos. O primo dele, Sredoje, foi condenado a 27 anos de prisão.

"Fui chamada para testemunhar e dei meu depoimento, mas não posso dizer que a justiça foi feita", ela disse. "Precisei repassar tudo, reviver o trauma, tomar inúmeros comprimidos para me acalmar. E ele não foi processado por estupro, apenas por homicídio."

A promotoria fez um pedido de emenda nas acusações contra os primos para incluir crimes de violência sexual — estupro, escravidão e tortura —, citando o caso Akayesu, em Ruanda. Mas o tribunal recusou o pedido sob o argumento de que aquilo prejudicaria indevidamente os acusados.

Bakira ficou furiosa. "Cinquenta ou sessenta mulheres declararam ter sido estupradas por Lukić, mas a promotora-chefe disse que tinham demorado muito para detê-los [os primos] e que havia inúmeras outras acusações que o levariam para a prisão com mais facilidade.

"Algumas mulheres acharam que tudo bem, porque ele havia sido condenado à prisão perpétua, mas outras, como eu, ficaram profundamente ofendidas, porque o ato individual contra nós não foi reconhecido, e isso é importante."

Bakira e outras mulheres protestaram do lado de fora do tribunal internacional em Sarajevo, mas foi inútil. Ela responsabiliza uma mulher por isso. "Culpo Carla del Ponte [então promotora-chefe]. Ela queria abreviar o caso, porque o tribunal estava chegando ao fim."

Desde que o Tribunal de Haia foi encerrado, no fim de 2017, os casos vêm sendo ouvidos nos tribunais da Bósnia.

"Não paramos de perseguir criminosos de guerra", disse Bakira. "É uma corrida contra o tempo, porque todos os dias sobreviventes e criminosos morrem."

Mas enquanto em Haia foi criado um departamento especial de apoio às mulheres, fornecendo assistência psicológica e subsídios para os cuidados das crianças para que as depoentes pudessem viajar, Bakira diz que localmente não existe muita compreensão. "Nossos políticos e promotores não têm ideia de como é", ela disse. "Só falam: 'Oi, como você está? O banheiro é ali. Quer um copo de água?'. Esse não é o tipo de apoio de que precisamos.

"Os tribunais não ajudam. Temos mulheres que foram estupradas cinquenta ou cem vezes, por vinte homens diferentes. Em vez de prestar um único depoimento contando tudo o que aconteceu, como em Haia, agora elas precisam depor cada vez que um desses homens é julgado, passando por tudo de novo. As mulheres deveriam poder dizer as coisas como quisessem, contar sua história como quisessem.

"Dez das nossas mulheres cometeram suicídio e muitas emigraram. Temos inúmeras na nossa base de dados que ainda não conseguiram reunir forças para ir à justiça. Mas sou da opinião de que, quando não se presta depoimento, é como se nunca tivesse acontecido. Esses homens tiraram tudo o que havia de bonito em nós. Não há uma varinha mágica que possa apagar o que aconteceu e acabar com o sofrimento. Quando consegui um sabonete pela primeira vez depois de ter sido estuprada, me esfreguei até sangrar.

"Mas ver seu agressor ser condenado é a melhor sensação que existe. Gosto de vê-los sendo algemados, porque sei que não podem fazer mais nada, sem faca e sem rifle. Agora os criminosos fogem de mim, e não o contrário. Eu estava na primeira fileira quando Mladić foi condenado. Discuti com um homem que carregava uma bandeira em apoio a ele.

"Na Bósnia, é melhor ser criminoso do que ser vítima. A defesa deles é paga pelo Estado, enquanto temos que arcar com os custos legais da nossa parte. E as vítimas ainda não recebem nenhum tipo de indenização.

"Mesmo que o veredicto determine que o criminoso deve pagar uma indenização, em geral ele oficialmente não tem dinheiro, porque repassa tudo à família. E para um processo civil a vítima precisa revelar sua identidade, o que ninguém quer fazer.

"Há um único caso em que sei que houve indenização. O criminoso estava vivendo na Dinamarca e voltou à Bósnia por causa da morte do pai. Ficamos sabendo disso, e ele foi preso assim que o corpo foi enterrado e depois condenado por estupro de guerra.

O homem pagou à vítima e pagou para não cumprir a pena. Limpou seu nome com 43 mil euros. Agora a lei mudou, e criminosos de guerra não podem mais pagar para se livrar da sentença. Estamos tentando fazê-la mudar de novo para incluir as indenizações."

O movimento de Bakira não recebia ajuda estatal e dependia de doações. Uma de suas maiores queixas era a falta de apoio para o empoderamento econômico daquelas mulheres. "Algumas organizações recebem milhões, mas nós não vemos nem um centavo. Até onde sei, o dinheiro é gasto em conferências e acomodações. Não conosco, as mulheres que transmitiram ao mundo a mensagem de que o que aconteceu com elas não deveria acontecer em nenhum lugar."

Bakira e suas colegas tinham se exposto a sérios riscos. Já haviam ocorrido três atentados contra a vida dela, e seu carro e sua casa em Visegrád tinham sido vandalizados. Ela disse que a polícia não fez nada. "Quando liguei para denunciar que atiravam contra minha casa, me disseram que eram tiros comemorativos, por causa de um casamento.

"Minha família costumava dizer que eu corria riscos demais, mas quando viram os criminosos de guerra mentindo em julgamento, negando o que haviam feito, me disseram que eu precisava continuar impedindo aquilo.

"Não tenho medo. Eles não entendem que quanto mais fazem isso, mais força me dão. Se me matarem, milhares de Bakiras assumirão meu lugar. Não podem matar todas nós. Alguém vai sobreviver e vai contar o que aconteceu.

"O mais importante é não deixar que vejam que de fato nos mataram por dentro. Consegui ficar com apenas um anel quando roubaram todo o nosso ouro, e quando minha Amila se casou eu o tirei do dedo para dá-lo a ela. Mais para a frente, quando voltamos para visitar nosso bairro, passávamos nos vizinhos, pegávamos suas joias emprestadas e eu colocava três ou quatro anéis em cada dedo, para mostrar a eles que não tinham me prejudicado nem mesmo financeiramente. Os policiais ficavam surpresos. 'Como Bakira conseguiu todo esse ouro?', se perguntavam. Fiz aquilo por meses, para me vingar de alguma forma."

Perguntei a respeito do efeito daquilo tudo nela.

"Eu costumava ter pesadelos, então experimentei fazer terapia individual e em grupo, mas acho que me resolvi sozinha. Às vezes hesito, em geral quando fico desapontada com o nosso sistema judiciário. Quando vou a campo, ouço homens me xingando por todo o país, e isso me dá forças."

Plantar batata mantinha sua sanidade, Bakira acrescentou. "Moro em Sarajevo, mas todo fim de semana vou a Visegrád, onde tenho um jardim enorme e planto batata, cenoura e vagem. Quero ser eu mesma, na minha própria terra."

"Hoje em dia minhas filhas estão vivas e sinto muito orgulho como esposa, mãe e avó. Tenho cinco netos, dois na universidade, um trabalhando como enfermeiro e os dois mais novos na escola. Tento fazê-los felizes, dar aos meus netos o que não pude dar às minhas filhas, por causa da guerra.

"Minha neta mais velha tem dezenove anos, a mesma idade da minha filha quando foi estuprada, e tento preservá-la disso. Mas durante o julgamento de Mladić apareci na TV discutindo com ele, e quando ela chegou em casa disse: 'Todo mundo na faculdade falou que tenho sorte de ter uma avó tão corajosa.'"

Embora Bakira e seu exército de mulheres tenham localizado muitos criminosos, nem todos os homens que a estupraram estavam entre eles.

"De todos os homens que me estupraram, apenas Lukić foi condenado", ela disse, suspirando. "O segundo aparentemente morreu na guerra e o terceiro está escondido na Sérvia.

“Mas meu principal objetivo é localizar Veljko Planincic, porque foi ele quem os levou até minha casa, o que resultou no estupro da minha filha. Tenho trabalhado muito nesse caso.”

Ela pegou o celular e abriu uma página do Facebook com o nome de Planincic, cheia de fotos dele com uma mulher loira e crianças assoprando velas em bolos de aniversário.

“Todo mundo sabe onde ele está: na Rússia. Ele se casou lá, então encontrei algumas fotos do que havia feito na guerra e enviei para a sua esposa pelo Facebook. Vivo esperando sua extradição da Rússia. Só quero vê-lo no tribunal, depois disso posso morrer.”

Por um longo tempo, Bakira não falou sobre o que havia acontecido com a sua filha. “Então, em 2015, estávamos fazendo um documentário e sem nem pensar comentei que minha filha havia sido estuprada. Quando voltei, meu marido estava chorando. Ele disse: ‘Você contou sua própria história, mas por que mencionar Amila?’.”

“Minha filha me culpa pelo que aconteceu com ela”, Bakira acrescentou. “Ela me dizia o tempo todo: se você não tivesse insistido em voltar para Visegrád e para a guerra, não teríamos passado por isso.”

O estresse de Amila era tanto que ela chegava a desmaiar cinco vezes no mesmo dia. “Fizemos exames, e disseram que era estresse e falta de ferro”, disse Bakira. “A deficiência de ferro foi fácil de resolver, mas…

“Um dia, estávamos na terapia em grupo e minha Amila se levantou e disse que o que havia acontecido era culpa minha, porque eu quis voltar. Ela jogou aquilo na minha cara, na frente de todas aquelas mulheres.

“Tentei explicar que na época achei que fosse a coisa certa a fazer. Eu precisava do meu emprego. Disse a ela: ‘Você tem filhos e sabe que precisa sustentá-los’. Só então ela compreendeu e me perdoou.”

Enquanto conversávamos, o celular de Bakira tocou. Ela atendeu e teve uma conversa breve, claramente perturbada, então suspirou. "Era o meu marido", Bakira disse. "Estão reprisando o documentário na TV, e ele me disse que saiu para dar uma volta com ela. Ele também acha que se não tivéssemos voltado nada disso teria acontecido. Não falamos mais a respeito..."

A maior tragédia foi que a limpeza étnica parece ter funcionado. O Acordo de Dayton, que encerrou a guerra, dividiu a Bósnia em duas "entidades": a Federação da Bósnia e Herzegovina, predominantemente muçulmana e croata, e a República Sérvia, dominada de maneira esmagadora por sérvios. A ideia era garantir a paz, mas muitos muçulmanos têm medo de voltar para sua pátria, agora dominada por sérvios, numa fronteira que parece ter sido traçada a sangue.

O presidente da República Sérvia, Milorad Dodik, é um nacionalista sérvio não declarado e nega que o que aconteceu em Srebrenica foi genocídio ou mesmo que as forças sérvias mantiveram Sarajevo sob cerco, banindo das escolas a menção ao episódio. Em 2016, ele realizou um referendo para tornar feriado nacional o dia de janeiro de 1992 em que os sérvios-bósnios declararam independência, iniciando a guerra. Agora ele queria um referendo para separar a entidade do restante do país.

A cidade natal de Bakira, Visegrád, tornou-se parte da República Sérvia. Suas ruas viviam semivazias — a população tinha se reduzido à metade das 25 mil pessoas de antes que a guerra começasse. O censo de 2013 mostrou que havia apenas 10% de muçulmanos em comparação aos dois terços de antes da guerra, e a assembleia municipal tem hoje um único membro muçulmano. Não foi feito um memorial para as vítimas de estupro, mas as autoridades locais inauguraram um monumento aos voluntários russos pró-Sérvia que se envolveram na guerra, muitos dos quais participaram dos estupros. Também ordenaram que a palavra "genocídio" fosse retirada de um memorial aos mortos no cemitério muçulmano da cidade, que está superlotado.

O notório hotel e spa Vilina Vlas — que havia sido usado como campo de estupro por Milan Lukić, um dos homens que estupraram Bakira — chegou a ser reaberto. Turistas desavisados adentram o saguão, que em 1992 chegou a ser lavado com mangueira para eliminar todo o sangue, e nadam na piscina na qual pessoas foram executadas. No entanto, o maior motivo de reclamação no TripAdvisor são os quartos sujos.

Lukić permaneceu preso e foi transferido para a Estônia. Seu livro de memórias foi lançado em 2011, numa sala da igreja ortodoxa sérvia de Belgrado. Outros condenados que cumpriram sua sentença em Haia foram recebidos de volta como heróis por políticos croatas e sérvios. Vojislav Šešelj, de 63 anos, líder do partido nacionalista sérvio de extrema direita, se tornou uma estrela de reality show após retornar à Sérvia em 2014, depois de quase doze anos preso por crimes de guerra. Em 2018, quando sua absolvição foi indeferida, ele se vangloriou: "Tenho orgulho de todos os crimes atribuídos a mim e estou pronto para repeti-los. Nunca desistiremos da ideia da Grande Sérvia".

8. Esta é a cara do genocídio

Srebrenica

O *Livros dos pertences* estava sobre uma mesa num corredor. Dentro, havia fotografias de itens mundanos — botões, fivelas de cinto, relógios, carteiras, uma etiqueta "Made in Portugal", um carrinho de brinquedo. Por anos, essa foi praticamente a única maneira de identificar os restos mortais das vítimas do pior massacre ocorrido na Europa desde a Segunda Guerra Mundial, devido à mutilação dos corpos.

Depois da guerra, mães de meninos e esposas de homens que haviam desaparecido vinham e folheavam o livro em silêncio, passando por uma fotografia após a outra, ao mesmo tempo querendo dar um fim à incerteza e rezando para não reconhecer nada ali.

Eram mulheres de Srebrenica, onde em 11 de julho de 1995 cerca de 8300 homens e meninos muçulmanos foram carregados em caminhões por soldados sérvios e então alvejados e espancados até a morte em prados, campos de futebol, fazendas e fábricas, sendo depois jogados em valas comuns. Os pelotões de fuzilamento trabalhavam tanto que, em sua confissão posterior em Haia, um de seus membros, Dražen Erdemović, mencionou que uma vez tivera que pedir para se sentar, de tanto cansaço.

Conheci o *Livro dos pertences* num armazém branco, num pequeno parque empresarial na cidade de Tuzla, às margens do Drina, no interior da República Sérvia. Do outro lado do rio fica a Sérvia. Segundo Resad, voluntários russos costumavam atirar dali. Minha viagem até esse lugar pelas montanhas de Sarajevo, em março de 2018, tinha sido mágica. Era como se estivéssemos passando por Nárnia, com florestas tomadas pela neve e em que despontavam chalés de madeira. Mas minha conversa com Bakira havia me deixado inquieta, e aquele livro era um forte lembrete dos males que haviam acontecido.

Do lado de fora, o depósito era muito discreto. Uma plaquinha à porta dizia: COMISSÃO INTERNACIONAL DE PESSOAS DESAPARECIDAS. Ele abrigava o maior projeto de identificação por DNA do mundo.

Quem me recebeu foi uma mulher firme e eficiente chamada Dragana Vučetić, conhecida como a Dama dos Ossos. Ela me levou até uma sala à direita, com um cheiro de mofo meio estranho. Dentro, viam-se fileiras e mais fileiras de prateleiras metálicas com sacolas brancas numeradas. Na parte de cima, havia uma série de sacolas de papel kraft. No chão, dois esqueletos estavam dispostos em bandejas de metal compridas, os ossos de um tom repulsivo de marrom. Nas sacolas brancas havia ossos, enquanto as sacolas de papel continham restos de roupas.

Dragana, a antropóloga forense responsável, foi muito pragmática quanto a seu trabalho extremamente desagradável. Ela explicou que os corpos das pessoas mortas em Srebrenica foram a princípio enterrados em valas comuns, mas depois os sérvios os desenterraram e levaram para outros lugares, numa tentativa de impedir que fossem encontrados. "Eles usaram grandes escavadeiras, por isso muitos dos corpos foram destruídos e os ossos se dispersaram. Encontramos um indivíduo em quinze pontos dife-

Dragana Vučetić com ossos ainda não identificados.

rentes, em quatro valas comuns distintas. Em apenas 10% dos casos encontramos corpos completos."

Haviam sido encontrados ossos em mais de quinhentas localidades. "É como montar um quebra-cabeça", ela disse. "Primeiro os lavamos, então os disponho na posição anatômica e verifico se são todos consistentes em termos de idade e de tamanho. Se encontramos fragmentos de crânio, tentamos colá-los. Depois faço um inventário do esqueleto."

Ela me passou uma folha impressa que poderia ser um desenho para crianças colorirem, se não fosse de um esqueleto humano. Estavam assinalados em branco os ossos já "encontrados", em vermelho os "não encontrados" e em amarelo aqueles dos quais se encontraram apenas "fragmentos".

Notei que faltavam muitos ossos aos esqueletos nas bandejas e que outros estavam quase desfeitos em pó. Cinco costelas, seis dedos, uma tíbia...

Dragana não demonstrava nenhuma emoção. Outra pessoa que trabalhava ali me disse que quando abriam sacolas de partes humanas exumadas havia pouco, muitas vezes ainda com pele e cabelo, o cheiro às vezes era tão forte que eles vomitavam.

O instituto foi inaugurado em 1997, e a decomposição de muitos corpos estava tão avançada que apenas 140 vítimas haviam sido identificadas nos primeiros cinco anos. Além de reconhecer marcas como cicatrizes e dentaduras, bem como idade e tamanho, o *Livro dos pertences* teve um papel fundamental.

Às vezes, havia outras pistas — ossos encontrados em meio a cacos de vidro verde, o que indicava que a execução ocorrera perto de uma fábrica de garrafas.

Então, em 2002, testes de DNA começaram a ser feitos. Naquele ano, 501 corpos foram identificados.

O DNA era tirado de ossos maiores, como fêmur ou tíbia, na presença de um promotor, depois enviado a um laboratório em Haia. Os resultados levavam de dois a três meses para sair, e eram cruzados com amostras de sangue das famílias dos desaparecidos — àquela altura, a base de dados tinha mais de 70 mil amostras.

Os testes de DNA mostraram-se tão bem-sucedidos que 6708 vítimas foram identificadas — mais de 80% dos desaparecidos. Na maioria, eram homens — apenas treze ou catorze mulheres —, e o mais novo deles tinha treze anos. Em cerca de metade dos casos, era possível saber a causa da morte, devido a buracos de bala claramente visíveis ou crânios esmagados.

As sacolas que permaneciam nas prateleiras continham cerca de oitocentos corpos não identificados, incluindo 92 para os quais não havia sido encontrada correspondência de DNA.

"O DNA é 100% preciso, mas o problema é que não testamos todos os ossos e nem todas as famílias forneceram amostras de sangue", explicou Dragana.

"A cada ano, há menos descobertas, porque os ossos estão se

deteriorando. As localizações se baseiam em testemunhas ou em imagens de satélite. A última vala comum encontrada foi em 2016. Continha 55 partes de corpos de dezoito indivíduos."

Eles ainda recebiam casos novos: nos primeiros três meses de 2018 apareceram três. Os dois esqueletos no chão tinham vindo de Kozluk, uma propriedade militar onde quinhentos homens haviam sido executados.

Alguns corpos tinham sido enterrados apenas superficialmente, como os de pessoas que caíam na floresta em sua tentativa de escapar durante a chamada Marcha da Morte. Em geral, eram encontrados por cachorros. Dragana contou de um homem, Ramiz Nukic, que era chamado de "caçador de ossos" por ter descoberto sozinho mais de 250 corpos. Ele percorria trinta quilômetros de floresta por dia com seu cachorro, à procura de seu pai, dois irmãos e um tio. Até então, tinha encontrado partes do pai, mas não dos outros.

Uma vez identificados, um médico assina o atestado de óbito e a família deve decidir o que fazer com os restos mortais. A maioria os enterra no cemitério Potočari, em Srebrenica, no dia 11 de julho, aniversário do massacre.

Em 2017, outros 66 foram enterrados. Mas algumas famílias se recusam a fazer isso. "Temos quarenta corpos identificados aqui cujas famílias não querem enterrar, porque ainda há partes faltando", disse Dragana. "Outras famílias enterraram um único osso."

Às vezes, mais ossos daqueles de pessoas que já foram enterradas são encontrados, e nesses casos eles são exumados e reenterrados. Em 2017, ocorreram 550 exumações por causa disso, e 150 estavam planejadas para 2018.

As provas forenses reunidas pelo instituto foram vitais para alguns julgamentos em Haia. Seus métodos de identificação também eram usados em outros conflitos com grande número de desaparecidos, como no Iraque, e parte da equipe foi transferida.

O projeto bósnio estava sendo reduzido: contava com um orçamento mais apertado, e de oitenta funcionários Tuzla passou a ter vinte.

Para pessoas cujos maridos ou filhos ainda não haviam sido encontrados, aquilo era angustiante. "Para as famílias, é importante que continuemos trabalhando. Elas não querem que desistamos", disse Dragana.

"Além dos corpos que ainda não foram identificados, temos 3 mil sacolas de roupas e mais de 12 mil sacolas com ossos ou fragmentos pequenos demais para a identificação."

Imagino como deve ser passar dia após dia, ano após ano, mapeando um genocídio. "Só lido com ossos", ela disse, dando de ombros. "Não sei os nomes e não conheço as histórias."

Ela apontou para a bandeja de metal.

Depois, descobri que ela é sérvia.

Na viagem de Tuzla a Srebrenica havia uma estranha mistura de casas abandonadas e recém-construídas. Homens e meninos tinham sido transportados por aquele vale antes de sua execução ou antes de ter sido mortos a tiros naquelas colinas, enquanto tentavam escapar. 'Chamamos de Vale da Morte', disse Aida, minha intérprete de cabelo roxo.

No cemitério de Potočari, à entrada de Srebrenica, os túmulos subindo e descendo, conforme a colina, lembravam ondas, uma lápide fina de pedra branca após a outra. Numa delas, alguém havia deixado uma única rosa branca. Um pequeno aglomerado de prímulas amarelas crescia em frente a outra, onde a neve havia derretido.

Do lado oposto se estendiam grandes hangares brancos, em cujo mourão ainda dava para ler DutchBat. Era ali que ficara estacionado o batalhão holandês de setecentos homens que supostamente deveria proteger a população de Srebrenica, designada pela ONU como uma zona de segurança.

Quando as forças do general Mladić sitiaram a cidade, em julho de 1995, o batalhão holandês fracassou também em proteger de 20 mil a 30 mil civis que se refugiaram nos hangares. A princípio, poucos milhares tiveram permissão para entrar, mas depois os portões se fecharam e ao fim todos foram forçados a sair e ficaram à mercê dos sérvios, que começaram a dividi-los enquanto os soldados holandeses de capacete azul apenas observavam. É difícil não imaginar as pessoas ali, as mulheres gritando sob as ordens para ficar à esquerda com os idosos e as crianças menores, enquanto seus maridos e seus filhos eram agrupados à direita.

Os hangares viraram um museu de histórias perturbadoras. "A mão do meu filho foi puxada da minha", disse uma mulher em um vídeo. "Enquanto o arrastavam, ele implorou para que eu tomasse conta de sua mochila. Ele nunca mais voltou."

Depois que os homens foram levados embora, ouviram-se mais gritos: as jovens estavam sendo estupradas pelos sérvios.

Simpatizei com a dra. Branka Antic-Stauber imediatamente. Seu sorriso era reconfortante e seu rosto bondoso era emoldurado pelos cabelos curtos e escuros com mechas grisalhas. Ela coordenava uma organização chamada Snaga Žene, cujo nome significa "Girl Power".

A dra. Branka me recebeu em seu escritório aconchegante em Tuzla e me ofereceu chá de camomila e tomilho cultivados pelas mulheres de Srebrenica. Como Bakira, elas tinham descoberto que trabalhar com a terra podia ser terapêutico. A dra. Branka tomou o dela numa caneca com um Papai Noel desenhado.

Em 2001, ela e uma colega pediatra trabalhavam no tratamento de doenças infecciosas nos centros coletivos em Tuzla para onde as mulheres e as crianças haviam sido levadas quando souberam, escandalizadas, que algumas das mulheres estavam voltando a Srebrenica.

"Decidimos ir ver com nossos próprios olhos", ela disse. "Eu nunca tinha estado lá, mas sentia que conhecia o lugar, das minhas conversas com aquelas mulheres. Elas costumavam falar de sacadas e rosas, mas quando chegamos o lugar estava arrasado, era tudo preto e cinza. Então vimos fumaça saindo de uma chaminé de uma das casas destruídas. Fomos até lá e encontramos seis mulheres de casaco e cachecol amontoadas em torno de um fogão a lenha num corredor. Era novembro, e estava congelando."

"O que estão fazendo aqui?", a dra. Branka perguntou a elas. "Não estão com frio, não têm medo?"

Uma das mulheres respondeu: "Não temos medo, porque não temos mais nada a temer. Viemos procurar nossos filhos mortos, e nós mesmas estamos mortas há muito tempo. Estamos presentes só em corpo, e se alguém viesse e nos matasse não faria a menor diferença".

Enquanto me contava essa história, lágrimas começaram a rolar pelo rosto da dra. Branka, e ela pegou um lenço. "Algo naquela resposta me atingiu em cheio como mulher, como mãe, como médica, e decidi tentar ajudar. Não tínhamos como resolver todos os seus problemas, devolver seus filhos ou desfazer o mal que lhes haviam feito, mas pelo menos podíamos conversar com elas e tentar construir algo novo, e senti que o universo nos daria forças para isso."

Desde então, ela ia a Srebrenica a cada duas semanas. O número de mulheres que havia retornado passou de seis a mais de trezentas, sem contar suas famílias.

"São mulheres simples, pouco instruídas, mas acho que são um grande exemplo", a dra. Branka disse. "Sempre tivemos guerras e voltaremos a ter, mas se as pessoas que sobreviverem a elas puderem falar a respeito talvez aprendamos algo.

"Em vinte anos, nunca ouvi nenhuma delas dizer que queria vingança. Essas mulheres só querem respostas e a garantia de que isso não volte a acontecer com outras pessoas."

A dra. Branka disse que durante um longo período não soube bem como ajudá-las. "O trauma do estupro é sempre algo muito difícil de trabalhar. Afeta a saúde mental, a física e a íntima. Mas o estupro e o assassinato de seus entes queridos não foram os únicos traumas que as mulheres de Srebrenica sofreram. Elas também foram expulsas de suas casas e precisaram viver em centros coletivos. Fora o novo trauma dos funerais e dos enterros todos os anos, conforme os corpos vão sendo encontrados.

"Tentamos diferentes abordagens, mas em cinco anos não tivemos nenhum progresso. Tudo permanecia nas trevas. Então me dei conta de que as mulheres tinham algo a nos dizer. Elas haviam perdido os maridos e os filhos, no entanto retornavam, como se a Mãe Terra as chamasse. Iniciamos a terapia hortícola, e tudo mudou."

Assim como Safina Lohani em Bangladesh, a dra. Branka descobriu que era importante que essas mulheres tivessem algum tipo de poder econômico para recuperar o controle de suas vidas. Ela teve a ideia de cultivar rosas e conseguiu uma doação da Holanda de 3 mil mudas.

"A ideia era que as mulheres as cultivassem e as vendessem na lojinha do memorial em Potočari", ela disse. "Mas, quando os botões surgiram, elas não conseguiam cortá-los. 'Estamos aqui, tomando café e apreciando a beleza e o perfume de nossos jardins!', me disseram."

A dra. Branka acabou conseguindo 35 mil mudas, de modo que havia o bastante para o cultivo comercial e para os jardins das mulheres. Elas administravam três roseirais e tinham produzido o chá que estávamos bebendo. A jardinagem não se restringia à terapia ocupacional — também gerava fundos para o trabalho que desenvolviam.

Embora o cultivo de rosas ajudasse as mulheres, a maioria delas ainda sofria fisicamente, contou a dra. Branka. "Mulheres vítimas de violência sexual não vão a ginecologistas, porque têm medo de que algo possa acontecer a elas, ou então vão o tempo todo. Algumas desenvolveram câncer no colo do útero, muitas têm problemas de tireoide, porque essa glândula é a parte do corpo mais afetada pelo estresse, e algumas têm níveis tão baixos de insulina que sofrem de diabetes."

Ela ainda se encontrava todas as sextas com as sobreviventes. "Mesmo que faça bastante tempo, suas histórias permanecem muito vívidas. Elas começam a chorar e a tremer. Isso ainda me choca muito."

Na semana anterior à minha visita, uma mulher havia contado à dra. Branka uma história que ainda lhe dava arrepios. "Ela me disse que estava grávida quando foi estuprada, e que fizeram sua filha de oito anos assistir. Essa mulher foi estuprada por vários homens na frente da filha, e depois os estupradores fizeram a menina lavar a genitália deles e a da mãe. A mulher acabou dando à luz um menino de 34 semanas, que nasceu cego. Quanto à filha, nunca concluiu os estudos. Teve cinco filhos com três homens diferentes.

"Foi difícil ouvir essa história", disse a dra. Branka. "Aqueles homens causaram danos enormes. Talvez a mulher pudesse ter lidado com seu próprio trauma, mas o filho cego e a filha arruinada…

"Essa mulher não comentou sobre o estupro por anos, porque depois queimaram sua casa, então eles não tinham onde morar, e ela teve dificuldade de sustentar os filhos. Com tudo isso acontecendo, contar que havia sido estuprada parecia menos importante. Por vergonha, muitas demoram anos para contar sua história."

Enesa levou 25 anos para contar sua história a alguém. Seu cabelo ruivo estava preso num rabo de cavalo curto, seus olhos estavam vermelhos, e ela ficava lambendo os lábios e remexendo as mãos. Aos 59 anos, parecia desgastada pela vida.

Ela morava em Tuzla, mas era de Srebrenica, e vivia entre Srebrenica e Potočari com o marido e dois filhos quando a guerra começou. "O que aconteceu comigo em 16 de abril de 1992, o que aconteceu na minha casa", ela começou. "Srebrenica deveria ser um refúgio seguro, protegido pela ONU, mas já estava claro que nós, muçulmanos, precisaríamos fugir, então ficávamos todos atentos. Passávamos as noites em casas diferentes, várias famílias juntas. Naquela noite em particular, eu estava numa terceira casa com amigos e crianças. Os sérvios tinham cortado a energia e a água, e faltavam dias para sermos forçados a sair de vez.

"Estávamos na semiescuridão, eram as primeiras horas da noite, quando me dei conta de que não tínhamos água suficiente. Peguei duas garrafas de cinco litros e disse à minha amiga que iria até a nascente. Eu também queria buscar algumas roupas em casa para os meus filhos. Fui pegar a água e quando cheguei em casa deixei as garrafas na porta, que estava destrancada. Conforme avançava pelo corredor, fui agarrada por trás. Uma mão masculina cobriu minha boca, então apareceu outro homem, me chamando de *balinka*, que é uma palavra de baixo calão para os muçulmanos, e exigindo saber onde estavam o dinheiro e o ouro. Eles usavam uniformes. Eu tremia e gritava. Usava um vestido simples vermelho-escuro, de amarrar na cintura. Depois que falei que não tínhamos ouro ou dinheiro, eles tiraram minha roupa e fizeram o que fizeram, do jeito que queriam, pela frente e por trás. Enquanto um me estuprava, o outro disse: 'Também quero'. Eu estava no chão, então veio mais um, e senti uma dor aguda e repentina no seio esquerdo, sem saber o motivo. Desmaiei. Quando voltei a mim, estava deitada em uma poça de sangue escorrido do seio esquerdo e da mão direita. Metade do mamilo tinha sido arrancada com os dentes. Peguei o vestido e tentei limpar o sangue do chão, depois fui buscar roupas no armário. Então meu filho de dois anos entrou em casa, perguntando: 'Mamãe, o que aconteceu?'."

Ela começou a chorar. "Estávamos construindo um andar superior, então eu disse que havia caído da escada, que ainda não estava pronta. Ele me pegou pela mão e me levou até a casa dos nossos amigos.

"Enfaixei o braço e não contei a ninguém o que havia acontecido. No dia seguinte, ficamos sabendo que devíamos ir embora, então partimos no dia 17 com outras pessoas. Viemos a Tuzla e nos registramos como refugiados. No caminho, havia postos militares de controle, e nossa van foi parada por homens que usavam aquelas mesmas palavras de baixo calão e pediam ouro, prata e dinheiro.

"Meus dois filhos estavam nos meus braços. Eles tremiam, aterrorizados. Quando dissemos que não tínhamos nada, os soldados começaram a nos revistar, com brutalidade. Minha filha usava brinquinhos de argola de ouro, um presente da minha mãe, e eles os arrancaram. Ela gritou, e enquanto eu tentava acalmá-la um soldado disse: 'Você tem sorte de não termos te matado'.

"Só nos restaram cobertores. Por mais de um ano, vivemos no ginásio de Maidan. Meu marido permaneceu em Srebrenica, encontrou outra mulher e viveu ali por mais quatro anos. De alguma maneira sobreviveu, depois foi para Sarajevo, onde morreu em 2002.

"Então, um ano depois, viemos para Tuzla e percebi que meu filho não estava bem. Ele não crescia, e sua tireoide e outras funções corporais pararam de funcionar. Quando ele tinha nove anos, foi por fim diagnosticado com uma séria disfunção hormonal causada pelo estresse. Agora ele faz suplementação hormonal. Consegue falar e andar, mas é completamente dependente das injeções, e não recebo nenhuma ajuda do governo. Custa 55 euros por mês, por isso faço faxina em casas e em escritórios, mas os remédios são muito caros... Agora estão dizendo que ele tem insuficiência de cobre no sangue e que o fígado quase parou de funcionar. Os médicos estão discutindo o que fazer..."

Ela olhou para mim, desesperada.

"E quanto à sua saúde?", perguntei.

"Nem queira saber", ela respondeu. "Pressão, estresse, coração... Meu médico disse que não vou poder cuidar do meu filho se eu não cuidar de mim mesma."

Até o ano anterior, ela nunca havia contado a ninguém o que acontecera.

"Eram vários conflitos em paralelo", ela explicou. "Eu tinha vergonha do que havia acontecido. E tinha medo de que, se falasse, acontecesse de novo. Quis me matar, depois quis mutilar minhas partes íntimas. Aí meu filho ficou doente, e me ocupei de cuidar dele.

"Sempre que estava prestes a contar, eu não sabia com quem falar, então algo acontecia com meu filho, como uma convulsão. Da última vez, não consegui encontrar todos os remédios necessários e ele caiu no chão, com os olhos brancos e a boca espumando, e eu e a minha filha ficamos tão perdidas que não conseguíamos lembrar o número da emergência. Outra vez, uns dez anos atrás, eu estava preparada para falar, mas meu filho precisou ir para o hospital."

As coisas haviam mudado no ano anterior, quando ela se mudara e conhecera uma vizinha de outro apartamento que também tinha sido estuprada. "Conversamos sobre nossas experiências e eu finalmente contei a ela. Eu vinha sonhando com a minha mãe, que morreu em 1993, vítima de um estilhaço de morteiro em Srebrenica. Nos sonhos, ela insistia: 'Querida, o que você quer me contar?'. Acho que, no fim, contei porque estava esgotada. E minha vizinha me disse para ir ver a dra. Branka."

"Não me senti nem um pouco melhor depois de botar tudo para fora, mas agora estou fazendo terapia", ela acrescentou.

A dra. Branka deu tapinhas na mão dela. "Reconhecer o que aconteceu é um passo crucial", ela disse.

"Meus filhos não sabem", contou Enesa. "Tenho dado algumas dicas à minha filha. Ela sabe que tem algo acontecendo, mas... Não sei por que sinto vergonha.

"Nunca mais vou àquela casa. Quando volto para as cerimônias fúnebres, preciso de três ou quatro meses para me recuperar. Tenho uma irmã morando em Srebrenica de novo, mas não consigo visitá-la."

Perguntei a Enesa se ela voltou a encontrar o amor depois de seu marido.

"Não", ela disse, quase estremecendo. "Não consigo nem imaginar isso. Eu tinha 33 anos quando fui estuprada, e o sangue que saiu de mim naquele dia foi o último."

Branka me disse que ela já tinha ouvido aquilo antes. "Uma menina foi estuprada aos 22 e não voltou a menstruar", ela contou. "O estresse faz com que os hormônios subam a níveis anormais, então tudo para, porque a adrenalina e o cortisol produzidos bloqueiam todos os outros."

Ela ficara curiosa quanto ao que os homens ganhavam com o estupro de guerra, o que a levara a estudar os processos químicos do cérebro. "Como alguém que não é motivado pelo desejo tem uma ereção, para começar?", ela se perguntou. "O ódio, o medo ou a vingança são capazes de fazer isso? A ocitocina, produzida por homens e mulheres e chamada por alguns de hormônio do amor, é responsável pela sexualidade e pela excitação e atinge altos níveis durante o ato sexual para ambos, e também pode ser produzida pelo medo, então talvez isso seja parte da explicação. Mas como aceitar que homens escolham atacar aquilo que é o símbolo do amor e da renovação da vida? Por que escolhem deliberadamente atacar isso?"

"Qualquer que seja a pior punição de todas, os homens devem encará-la", disse Enesa. Ela assou o nariz, depois olhou para o relógio e disse que precisava trabalhar. Perguntei se eu podia lhe dar um abraço. Algumas das mulheres não gostam de ser tocadas, mas ela sorriu e se enterrou no meu suéter antes de se soltar.

Enesa parecia tão frágil, eu disse à Branka, que temia que ter falado a respeito tivesse piorado as coisas. "É impossível se recuperar disso", ela disse, "mas falar a respeito o mais depressa possível ajuda, assim como compartilhar sua história com alguém que sinta compaixão. O que definitivamente ajuda no processo de cura é quando os criminosos são punidos, porque isso dá à vítima a confiança de que ela não é culpada pelo que aconteceu e que é inocente.

"O problema é que poucos foram condenados. Minha associação participou de oito casos em que as mulheres foram ao tribunal, com apenas duas condenações. Havia um grupo de onze homens que passavam de casa em casa pegando meninas, até chegar a 56. Desses onze, apenas seis foram declarados culpados. Três foram declarados inocentes e os outros foram soltos por falta de provas. O caso se arrastou por três anos, e as mulheres precisaram ir ao tribunal diversas vezes para depor. Tínhamos de prepará-las várias vezes. Elas passaram por todo aquele sofrimento porque queriam justiça, então ouviram seus agressores ser considerados inocentes. Depois disso, acreditavam que não havia sentido se pronunciar, e disseram às outras que era melhor permanecer em silêncio.

"Eu disse às mulheres: 'Se ficarem quietas, é como se nada tivesse acontecido. Como se não houvesse culpados'. Eu disse: 'Sim, aqueles homens foram declarados inocentes, mas eles continuaram em julgamento por três anos, seus nomes vieram a público, suas famílias e seus amigos ouviram tudo. Não acha que as pessoas vão se perguntar a respeito?'

"Mas quando se leva em consideração o tempo que os julgamentos de estupro duram e quão poucas condenações há, é impossível evitar a sensação de que tem algo estranho acontecendo. De que o governo não leva a sério o estupro de guerra. É preciso vontade política e reconhecimento de todos os líderes políticos, independentemente de sua etnia."

Depois de ter ouvido Enesa, fiquei sem palavras. Quando saímos, já era noite. Dei-me conta de que não havia comido nada desde que tinha saído de Srebrenica, depois do café da manhã, então disse ao motorista para ir direto até um shopping ali perto. As luzes me pareceram fortes demais lá dentro, e as pessoas, barulhentas demais. Fomos a uma pizzaria. Como é comum na Bósnia, todo mundo em volta fumava, incluindo Aida e o motorista.

No caminho de volta para Sarajevo, os dois começaram a discutir como se fossem um casal, muito embora só tivessem se conhecido dois dias antes. Perguntei qual era o problema. "Ele disse que é um romântico e que sonha em ir para Cuba", resmungou Aida. "E eu disse: então por que não vai? Não espere. Nunca se sabe o que a vida vai colocar no seu caminho."

9. A hora da caça
Berlim

A primeira vez que muitos de nós ouviram falar em estupro como arma de guerra foi nos anos 1990, durante o conflito na Bósnia. Houve uma onda de choque quando vieram à tona as primeiras notícias de campos de estupro. Como algo do tipo podia acontecer no coração da Europa?

Mas aquilo não era novo. Num dia frio de outubro, com o céu azul e as folhas das árvores já amarelando, saí do S-Bahn para o Treptower Park, na antiga Berlim Oriental, desci os degraus e segui ao longo do rio Spree, com seus cafés apinhados de turistas e os barcos com teto de vidro fazendo city tours. Uma série de indicações me conduziu a um arco de pedra e ao caminho até a estátua de uma Mãe Rússia de luto. Segui na direção de seu olhar, ao longo de uma avenida margeada por bétulas despontando numa plataforma entre duas grandes bandeiras de granito vermelho decoradas com a foice e o martelo.

Foi difícil não arfar. Os stalinistas sabiam ser grandiosos como ninguém, e o maior memorial de guerra soviético longe da antiga União Soviética é avassalador, em parte por ser totalmente inesperado. À minha frente estendia-se um jardim comprido e rebaixado, ornamentado com fileiras de enormes ataúdes de pedra dos dois lados, cada um deles com uma cena de guerra ou de libertação esculpida, uma delas inclusive com o rosto de Lênin flutuando acima dos soldados. No outro extremo, sobre um montículo gramado, assomava uma figura majestosa, cuja silhueta se destacava contra o céu azul-claro, como uma declaração.

A estátua de bronze do soldado soviético, com uma espada em uma mão e carregando uma menina alemã no colo, pisava numa suástica. Era enorme, com onze metros de altura, e pesava cerca de setenta toneladas.

Seu efeito era silenciador, e aquela era a intenção. No Treptower Park estão enterrados 7 mil dos 80 mil soldados soviéticos mortos no primeiro semestre de 1945, no que ficou conhecida como a Batalha de Berlim, a última grande ofensiva da Segunda Guerra Mundial na Europa.

Eu me sentei num banco sob as árvores amareladas e pensei em todos os filhos, maridos e pais enterrados, que nunca haviam voltado para casa, assim como em suas mães, esposas e filhas, desamparadas. As pessoas aproveitavam o sol de outono, correndo ou passeando com cachorros e carrinhos de bebê. Um grupo de turistas passou, fazendo um tour de bicicleta. O parque ficava ao lado de uma avenida movimentada, mas a atmosfera ali era tranquila.

Depois de um tempo, subi os degraus até a base da estátua e olhei lá dentro. Havia rosas vermelhas e cravos espalhados pelo chão, abaixo de um mosaico que retratava, em vermelho vivo e dourado, um grupo de pessoas, como um afresco religioso. Acima, uma inscrição em russo e em alemão declarava: O POVO SOVIÉTICO SALVOU A CIVILIZAÇÃO EUROPEIA DO FASCISMO.

Mas o preço foi imenso. Entre 1941 e 1945, 30 milhões de homens e mulheres serviram no Exército soviético, a maior parte recrutas, diante do que parecia uma derrota certa. Dois milhões e meio de soldados foram capturados nos primeiros cinco meses de guerra, e mais de 8 milhões morreram até o fim.

De volta ao meu banco, eu olhava fixamente para o soldado carregando a menininha. Muito distante da imagem heroica que ele pretendia transmitir, diversas mulheres alemãs chamam esse memorial de Túmulo do Estuprador Desconhecido.

O que as cenas de batalha e de libertação esculpidas em pedra não dizem é que o Exército Vermelho atacou centenas de milhares de mulheres em seu caminho rumo à capital alemã. Uma em cada três mulheres em Berlim foi estuprada, num total estimado em 100 mil, e "pelo menos 2 milhões" ao todo, de acordo com o historiador Antony Beevor, que considera esse "o maior fenômeno de estupro em massa na história".

Chocado com o que encontrou ao analisar diários, cartas de soldados e registros do regime comunista para seu livro *Berlim 1945: A queda*, ele escreveu: "De muitas maneiras, o destino das mulheres e das meninas em Berlim foi muito pior que o dos soldados que sofreram e morreram de fome em Stalingrado".

Os estupros começaram assim que as tropas de Stálin adentraram a Prússia Oriental e a Silésia, em janeiro de 1944. Tropas britânicas, francesas, americanas e canadenses também estupraram alemãs, mas em outra escala. Em muitas cidades e vilarejos, "todas as mulheres de oito a oitenta anos foram estupradas", contou Natalya Gesse, correspondente de guerra soviética que testemunhou o Exército Vermelho em ação. "Era um exército de estupradores."

O escritor Alexander Soljenítsin, que na época era um jovem capitão, descreveu esses horrores em seu poema narrativo "Noites prussianas":

A filha pequena está no colchão
Morta. Quantos a tomaram?
Um pelotão, uma companhia, talvez?

Mas a maioria não disse nada. Soldados que se recusavam a participar das orgias embriagadas eram alvo de desconfiança.

Tecnicamente, o Exército Vermelho punia o estupro com a morte; na prática, os oficiais de carreira muitas vezes presenciavam os estupros coletivos, e alguns inclusive se certificavam de que todos os homens tivessem sua vez. Era uma política, uma arma de guerra? "Sim e não", diz Beevor. "É extremamente complexo. Nunca houve uma ordem para estuprar, mas havia uma atmosfera de vingança e uma psicologia subliminar em ação."

Àquela altura, os russos haviam sofrido anos de atrocidades desde o lançamento da Operação Barbarossa, a invasão nazista da União Soviética em 1941, que tinha a intenção de eliminar os eslavos para dar espaço aos arianos e assegurar mais fontes de alimentos. Acredita-se que 27 milhões de soviéticos tenham morrido durante a guerra, incluindo mais de 3 milhões deliberadamente subjugados pela falta de comida em campos alemães para prisioneiros de guerra, sob o chamado Plano Fome.

Humilhar as mulheres alemãs foi uma das medidas de retaliação soviéticas por terem sido tratados como uma raça inferior — o sexo delas as tornava um alvo mais fácil. Depois de anos recebendo propaganda política antigermânica, é possível que os soldados do Exército Vermelho não enxergassem suas vítimas como humanas.

Beevor acredita que também pode ter sido uma reação à humilhação que os soldados sofriam por parte de seus próprios superiores — no que ele chama de "teoria da opressão em cadeia". E o excesso de vodca e Schnapps deve ter ajudado a alimentar sua ira. Quando os soldados não conseguiam efetuar o ato eles mesmos, usavam garrafas no lugar.

"Era violência pura", Beevor me disse. "Estupravam mulheres de oitenta ou noventa anos a meninas de sete. Não havia nenhum tipo de critério."

O estupro era muitas vezes acompanhado de mutilação e assassinato. As imagens dos cadáveres nos cinejornais nazistas eram tão horrendas que muitas alemãs a princípio achavam que eram fabricação da máquina de propaganda de Goebbels.

Conforme as notícias do que estava acontecendo se espalhavam, houve ondas de suicídios preventivos com a aproximação dos russos, e alguns pais matavam os próprios filhos antes de se matarem. Apenas na cidade de Demmin, no norte do país, seiscentas pessoas se mataram no primeiro semestre de 1945, de acordo com o documentarista alemão Florian Huber, que escreveu um livro sobre as centenas de milhares de pessoas que se estima que tenham tirado a própria vida.

Em Berlim, os soldados tomavam vodca e saíam para caçar, usando lanternas para localizar suas vítimas. As mulheres aprenderam a se esconder à noite, durante a "hora da caça", ou a passar cinzas e iodo no rosto para parecer menos atraentes — mais ou menos como as meninas iazidis do Cinema Galaxy fizeram anos depois. Muitos falam de noites preenchidas por gritos, porque a maior parte das janelas havia quebrado com os bombardeios. Entre as vítimas estavam mulheres judias, que já haviam sofrido nos campos de concentração nazistas e antes imaginavam os soviéticos como seus libertadores.

Os estupros foram perpetrados não apenas na Alemanha, mas em países que eram aliados dos soviéticos, como Hungria, Romênia, Polônia e Iugoslávia. Quando o político comunista iugoslavo Milovan Đilas protestou, Stálin retrucou: "Ele não pode relevar que um soldado que atravessou milhares de quilômetros em meio ao sangue, ao fogo e à morte se divirta com uma mulher ou tome ninharias?".

Essa "diversão" seria algo de que as mulheres nunca se recuperariam. Milhares morreram, de acordo com registros de hospitais berlinenses, a maior parte por suicídio. Muitas foram infectadas com doenças venéreas. As que engravidavam matavam os bebês.

Os soldados estupravam inclusive as próprias mulheres — russas e ucranianas que haviam sido levadas à Alemanha como mão de obra escrava.

Beevor relembra como ficou abalado ao ouvir de uma vítima alemã que as mulheres que tentavam se suicidar após estupros coletivos só conseguiam se mutilar, cortando os pulsos do jeito errado. As histórias eram tão horrendas que por dias ele não conseguiu dormir direito.

No entanto, pouco se falou a respeito disso depois da guerra. E certamente não na União Soviética, onde o conflito recebeu o nome de Grande Guerra Patriótica e onde os soldados que retornavam eram vistos como heróis. No entanto, em 1945 circulou uma piada doentia sobre Ivan voltando depois da guerra para a esposa, que havia guardado uma garrafa de vodca para celebrar; quando ele não consegue a ereção, ordena a ela: "Agora tenta resistir".

Tampouco se abordou o assunto na Alemanha, onde os homens que voltaram para casa se retraíam ao ouvir os relatos das mulheres que tinham falhado em proteger. Em seu livro de memórias anônimo, *Eine Frau in Berlin* [Uma mulher em Berlim], uma alemã se descreve como "uma loira de rosto pálido usando sempre o mesmo casaco de inverno" e conta como, depois de ser estuprada por soldados soviéticos, acabou procurando um oficial russo com quem dormir, para que ele mantivesse "o restante do bando à distância, como um lobo". Quando de sua publicação, em 1953, o livro foi amplamente criticado, e ela foi acusada de "manchar a honra das mulheres alemãs". O livro logo saiu de catálogo.

O presidente americano Harry Truman só descobriu anos depois que a propriedade à beira do lago em que ele, Churchill e Stálin tinham ficado em julho de 1945 durante a Conferência de Potsdam, que dividiria o mundo pós-guerra, poucas semanas antes havia sido palco de horrores.

Ele ouvira dizer que a casa amarela de estuque tinha sido propriedade do chefe da indústria do cinema nazista, que fora enviado para a Sibéria. Em seu diário, há a seguinte menção: "Como todas as outras, tinha sido completamente pilhada pelos russos, não restando nem uma colher".

Anos depois, ele recebeu uma carta de Hans-Dietrich Müller--Grote, um editor abastado, dizendo que na verdade aquela casa era de seu pai, Gustav Müller-Grote, também editor, e que por muito tempo fora ponto de encontro de escritores e artistas.

"Meus pais ainda viviam ali no fim da guerra", ele escreveu. "Algumas das minhas irmãs se mudaram para lá com os filhos, porque o subúrbio parecia oferecer mais segurança quanto aos bombardeios... No começo de maio, os russos chegaram. Semanas antes que o senhor entrasse naquela casa, seus moradores viviam em alarme e medo constantes. Fosse dia ou noite, soldados russos entravam e saíam, para saquear, estuprar minhas irmãs diante dos meus próprios pais e dos seus próprios filhos e espancar meus pais, já de idade..."[1]

Levou mais de meio século para que as pessoas dessem atenção ao ocorrido. Quando o livro de memórias anônimo foi reeditado em 2003, no ano seguinte às revelações de Antony Beevor, tornou-se um best-seller. Àquela altura, a autora estava morta. Outro relato pungente, *Warum war ich bloss ein Mädchen?* [Por que eu tinha que nascer menina?], foi publicado em 2010 por Gabi Köpp, a primeira mulher a falar publicamente sobre o que havia sofrido. Köpp tinha apenas quinze anos quando foi agarrada por um soldado soviético em janeiro de 1945, enquanto fugia em meio à neve, e suportou catorze dias infernais, sendo estuprada repetidas vezes e se encolhendo sob a mesa ao som das palavras: "Onde está a pequena Gabi?". Sua própria mãe lhe disse para não contar aquilo a ninguém quando ela por fim escapou e as duas se reencontraram. Köpp revelou que teve problemas para dormir pelo resto da vida e que nunca experimentou o amor romântico. Ela morreu pouco depois que o livro saiu.[2]

No Deutsch-Russisches Museum, em Berlim, antes conhecido como Museu da Rendição, no qual se encontra a Sala da Capitulação, onde o Wehrmacht alemão assinou a rendição aos Aliados à meia-noite de 8 de maio de 1945, as atrocidades alemãs são detalhadas sala após sala. No entanto, tive dificuldade de encontrar qualquer menção aos estupros praticados pelo Exército Vermelho. Por fim, depois de perguntar duas vezes ao guia, ele me apontou para uma pequena seção na sala nove, denominada *Ubergriffe* [abusos].

Perto de alguns relatos de estupro escritos à mão, havia um cartão datilografado com o seguinte texto:

> O Exército Vermelho enviou relatos de crimes contra civis alemães à liderança política e militar em Moscou. Em 20 de abril de 1945, o supremo comandante das tropas soviéticas ordenou que cessassem, para facilitar a luta e a ocupação posterior.

Quando estudei a Segunda Guerra Mundial na escola, nos anos 1980, os livros não diziam nada a respeito de estupros em massa — parecia se tratar de uma guerra de homens. Nem mesmo os livros de história do meu filho, mais recentes, mencionam isso.

Não houve pedidos de desculpas; ninguém foi acusado.

Na verdade, até hoje, esse é um tema tabu na Rússia. Os estupros são negados como mito, propaganda ocidental contra o Exército Vermelho ou o que hoje seria chamado de fake news. Quando o livro de Beevor saiu, Grigory Karasin, então embaixador russo em Londres, o acusou de conter "mentiras, calúnias e blasfêmias", e o volume foi proibido nas escolas e nas universidades russas.

Em 2014, o presidente Vladímir Putin assinou uma lei que decretava que qualquer pessoa que maculasse a participação russa na

Segunda Guerra Mundial poderia enfrentar multas pesadas ou até cinco anos de prisão. Beevor desconfia de que os documentos que utilizou em sua pesquisa podem ter sido removidos dos arquivos.

Os registros da cidade polonesa de Gdansk estimam que até 40% das mulheres foram estupradas, de acordo com o principal jornal diário, a *Gazeta Wyborcza*. Em 2013, um jovem estudante de arte de Gdansk chamado Jerzy Szumczyk fez uma estátua de um soldado russo ajoelhado entre as pernas de uma mulher deitada em estado avançado de gravidez, segurando seu cabelo com uma mão e uma pistola em sua boca com outra. Ele a chamou de *Komm, Frau*, que significa "Venha, mulher", uma das poucas frases em alemão que os soldados do Exército Vermelho sabiam e a qual todas as mulheres alemãs temiam. A estátua foi destruída em poucas horas, em meio a furiosas reclamações russas.

Silêncio, impunidade, negação — olhando para a história, não era de surpreender que em todos os lugares que eu cobria, do Afeganistão ao Zimbábue, as mulheres eram estupradas por forças de segurança do Estado. Como era possível que o estupro, um crime universalmente condenado, pudesse ser desconsiderado e trivializado quando ocorria na guerra?

No início deste capítulo, mencionei que a Guerra da Bósnia foi a primeira em que houve ampla cobertura da mídia internacional dos estupros em massa. No entanto, quando comecei a procurar, notei que havia inúmeras representações relativas ao tema. Bastava visitar a sala dezoito da National Gallery, em Londres, e olhar para *O rapto das sabinas*, de Peter Paul Rubens — uma confusão de mulheres seminuas com expressões angustiadas, saias erguidas e seios expostos sendo agarradas pelos soldados romanos enquanto Rômulo assistia a tudo de um estrado e coordenava a ação.

Trata-se de uma representação da história contada pelo historiador romano Lívio sobre a preocupação de Rômulo de que não houvesse mulheres o suficiente para garantir o futuro de Roma, a qual ele fundara em 753 a.C. Rômulo tivera então a ideia de convidar a tribo vizinha dos sabinos para um banquete em honra a Netuno, então raptara as mulheres.

É possível dizer que Roma foi fundada com base no estupro. O mesmo tema inspirou uma pintura de Nicolas Poussin, que está no Metropolitan Museum, em Nova York, e uma escultura de mármore de Giambologna, que está na Loggia dei Lanzi, em área aberta, ao lado da Galeria degli Uffizi, em Florença. A escultura consiste em três corpos entrelaçados, uma mulher acima se contorcendo desesperadamente enquanto tenta escapar das garras de um homem mais jovem que afasta um homem mais velho abaixo, que se presume que seja o pai dela.

Quando param e admiram a maestria do escultor em captar na pedra a fluidez do movimento, quantos turistas pensam no que de fato representa? De certa maneira, longe de uma condenação, todo aquele espaço onde estão as esculturas parece uma celebração do estupro de mulheres.

Ao lado de *O rapto das sabinas* está *O rapto de Polixena*, de Pio Fedi, que mostra um guerreiro grego que pode ou não ser Aquiles agarrando com o braço esquerdo Polixena, a filha mais nova do rei de Troia, com os seios expostos. A mão direita do guerreiro ergue uma espada contra a rainha Hécuba, que está aos pés dele, agarrando-se com desespero à filha. Aos pés do guerreiro está o filho dela, Heitor, morto.

Aquiles supostamente se apaixonou por Polixena ao vislumbrá-la pegando água, e ela se ofereceu a ele em troca da devolução do corpo morto de seu irmão Heitor. Depois, descobriu o segredo do calcanhar vulnerável, que permitiu que seu irmão Páris matasse Aquiles com uma flechada e desse fim à guerra. Em vez de mostrá-

-la como heroína, no entanto, a estátua a mostra sendo raptada para ser sacrificada sobre o túmulo dele.

Também na Loggia dei Lanzi está o bronze triunfante de Cellini que retrata Perseu segurando uma espada e a cabeça cortada de Medusa, com cobras sibilantes no lugar dos cabelos, transformada por Atena como punição por ter sido estuprada por Posêidon.

Ovídio descreveu Medusa como uma bela donzela que era a única mortal de três irmãs conhecidas como górgonas. Sua beleza chamou a atenção do deus dos mares, que a estuprou no templo sagrado de Atena. Furiosa com a profanação de seu templo, a deusa transformou Medusa num monstro com uma característica mortal: quem quer que a olhasse era transformado em pedra. Posêidon não recebeu nenhuma punição, o que alguns veem como um exemplo claro de culpabilização da vítima.

O uso do estupro na guerra "existe desde que há conflito", declarou um relatório da ONU Mulheres em 1998.

A palavra para estupro em inglês, *rape*, vem do inglês medieval *rapen, rappen* — levar à força, sequestrar, raptar. Sua origem é o latim *rapere*, que significa roubar, apreender ou arrebatar, como se as mulheres fossem propriedade, que foi exatamente o que os homens pensaram por muitos séculos.

Heródoto escreveu sobre o estupro coletivo de mulheres pelos persas em suas guerras contra os gregos no século V a.C.: "Uns poucos fenícios foram perseguidos e capturados perto das montanhas, e algumas mulheres, estupradas sucessivamente por tamanha quantidade de soldados persas, morreram".

A Bíblia também deixa claro que o estupro era uma prática-padrão nos relatos das batalhas dos israelitas no Antigo Testamento. Deuteronômio 21,10-14 diz: "Quando saíres para guerrear contra os teus inimigos [...], caso vejas entre eles uma mulher formosa e te enamores dela, tu a poderás tomá-la como mulher e trazê-la para tua casa".

Moisés parece estar ordenando o estupro de 32 mil virgens durante o conflito com os midianitas quando, segundo Números 31,17-18, diz: ""Matai, portanto, todas as crianças do sexo masculino. Matai também todas as mulheres que conheceram varão, coabitando com ele. Não conserveis com vida senão as meninas que ainda não coabitaram com homem e elas serão vossas"".

E isso não se restringiu aos tempos antigos. Os vikings também eram conhecidos por seus estupros e saques, assim como Gengis Khan e seus mongóis e quase todo mundo durante a Idade Média e além.

Diários escritos durante a época, cartas endereçadas à família e registros militares da Guerra Civil Americana não deixam dúvida de que muitas mulheres sulistas, brancas e negras, foram estupradas. "Escreveram de casa", escreveu John Williams, do 7º Regimento do Tennessee em seu diário, no primeiro semestre de 1863. "Os ianques passaram por lá. Parecem ter o objetivo de estuprar todas as mulheres negras que puderem encontrar."[3]

Nos últimos meses de guerra se deu a notória Marcha ao Mar, em que o general William Sherman conduziu pelo sul do país 60 mil soldados da União endurecidos pela batalha, através de Atlanta, Georgia e das Carolinas, até finalmente tomar posse do porto de Savannah e o entregar ao presidente Lincoln antes do Natal de 1864. Os soldados foram deixando um rastro de destruição pelo caminho, queimando casas para desmoralizar os confederados. De acordo com um jornal sulista, também deixaram "centenas de mulheres violentadas e donzelas defloradas".[4]

Talvez o primeiro uso do estupro especificamente como arma de guerra para espalhar o terror tenha sido na Guerra Civil Espanhola. Esse conflito teve início em julho de 1936, depois que uma aliança dos partidos de centro e de esquerda venceu uma eleição disputada e assumiu o poder, libertando prisioneiros políticos e incentivando lavradores a se apossar da terra.

Em um país profundamente dividido, a direita observava tudo com uma preocupação crescente. Até que o general Francisco Franco, depois chefe do Estado-Maior Central, decidiu que já era o bastante e reuniu um exército rebelde fascista no Marrocos espanhol, que depois sobrevoou o estreito de Gibraltar em aeronaves alemãs com o propósito de derrubar o governo republicano em Madri.

Esse conflito, que logo foi visto como uma guerra ideológica entre esquerda e direita, atraiu voluntários de esquerda do mundo todo para as brigadas internacionais, incluindo escritores e intelectuais, como Ernest Hemingway, Martha Gellhorn, John Dos Passos, George Orwell e W. H. Auden, além de fotógrafos, como Robert Capa e Gerda Taro, alguns dos quais se envolveram em casos apaixonados tendo a guerra como pano de fundo.

Centenas de milhares de espanhóis foram mortos em três anos de guerra. Muito menos conhecida é a escala de perseguição sistemática e deliberada das mulheres.

Os *regulares* marroquinos do Exército da África de Franco operavam como tropas de choque dos nacionalistas. Eles foram estimulados pelos oficiais de Franco a cometer terríveis atrocidades contra as mulheres republicanas em seu caminho para Madri. "Não apenas estupro, mas a pavorosa estripação de camponesas de Andaluzia e Estremadura", conta Beevor, que escreveu um livro sobre a guerra.

Esposas, mães, irmãs e filhas dos esquerdistas executados ou exilados foram estupradas e humilhadas em retaliação, tendo a cabeça raspada e sendo forçadas a beber óleo de rícino, que agia como laxante e fazia com que se sujassem publicamente. Às vezes, depois de estuprar as mulheres, eles marcavam a ferro quente em seus seios o jugo e as flechas que eram o símbolo falangista.

Após a captura de qualquer cidade ou vilarejo, os soldados tinham duas horas para saquear e estuprar.

Mulheres que haviam sido politicamente ativas eram trancadas em cadeias lotadas e imundas, onde também eram estupradas. Algumas eram executadas pelo pelotão de fuzilamento. As que escapavam vivas sofriam o resto da vida com problemas físicos e psicológicos.

"O estupro sistemático pelas colunas de tropas do Marrocos era parte do plano de instilar o terror", afirmou o historiador britânico Paul Preston, cujo arrepiante livro *The Spanish Holocaust* [O holocausto espanhol] revelou mais do que qualquer livro anterior o que de fato se passou naquele período de trevas.

O abuso das mulheres como uma política oficial sempre esteve evidente nos discursos do general Gonzalo Queipo de Llano, líder militar que efetivamente governava o sul da Espanha. Preston aponta que os pronunciamentos dele no rádio eram "repletos de referências sexuais" e "descreviam cenas de estupro com uma satisfação vulgar que encorajava suas milícias a repeti-las".[5]

Num deles, Queipo de Llano declarou: "Nossos bravos legionários e regulares mostraram aos covardes vermelhos o que é um homem de verdade. E às mulheres dos vermelhos também. Essas comunistas e anarquistas, no fim das contas, foram alvo fácil de sua própria doutrina do amor livre. E agora pelo menos conheceram homens de verdade, em vez de milicianos covardes. Chutar a esmo e gritar não vai salvá-las".

Depois da morte de Franco, em idade avançada, em 1975, a Espanha, em seu caminho rumo à democracia, fez tudo o que pôde para apagar esse passado. Em 1977, o Parlamento firmou o Pacto do Esquecimento e aprovou uma lei de anistia que garantia que ninguém seria responsabilizado pelo ocorrido. Não houve expurgos ou Comissão da Verdade, e nada aparece nos livros de história. O general De Llano, responsável pela execução de 54 mil pessoas em Sevilha, incluindo o poeta Federico García Lorca, foi enterrado numa capela especial na cidade, na Basílica de La Macarena.

Pouco depois do início da Guerra Civil Espanhola, ocorreu o Estupro de Nanquim, quando o Exército Imperial japonês cometeu uma série de atrocidades e destruiu a então capital da China, durante a Segunda Guerra Sino-Japonesa. Num massacre de seis semanas, de dezembro de 1937 a janeiro de 1938, as tropas japonesas foram de porta em porta à procura de meninas a partir de dez anos de idade e estupraram inúmeras — as estimativas vão de 20 mil a 80 mil. Muitas depois foram mortas, deixadas "na rua com as pernas abertas, os orifícios penetrados por varas de madeira, galhos e ervas daninhas", de acordo com relatos da época.[6]

Os estupros em massa em Nanquim horrorizaram o mundo a ponto de o imperador Hirohito se preocupar que pudesse prejudicar a imagem do Japão. No entanto, longe de se refrear, o Exército Imperial sequestrou milhares de mulheres e meninas da China, da Coreia e de todo o Sudeste Asiático durante a Segunda Guerra Mundial. Elas foram internadas em bordéis militares em territórios ocupados, ficando conhecidas como "mulheres de conforto", e serviam basicamente como escravizadas sexuais.

Uma diretiva de 1938 do Departamento de Guerra japonês defendeu o sexo controlado em "postos de conforto" para "animar as tropas, manter a lei e a ordem e prevenir o estupro e as doenças venéreas".

Meninas a partir de doze anos eram reunidas nas ruas de todo o Sudeste Asiático e eram sequestradas ou convencidas a viajar acreditando que trabalhariam em unidades de enfermagem ou em fábricas, ou ainda eram compradas dos pais, em casos de servidão por contrato. Elas eram enviadas a bordéis para servir sexualmente aos soldados japoneses, às vezes até cinquenta vezes por dia, e eram mantidas por meses ou até mesmo anos.

Estima-se que de 50 mil a 200 mil mulheres de conforto foram forçadas a servir 3 milhões de soldados japoneses. Ninguém sabe os números exatos, porque os oficiais japoneses destruíram os registros depois da guerra. Muitas foram mortas pelas tropas em retirada. Muitas morreram em consequência de doenças sexualmente transmissíveis ou complicações relacionadas ao tratamento violento por parte dos soldados japoneses. Outras se suicidaram.

Em 1993, o Tribunal Internacional da ONU sobre Violações dos Direitos Humanos das Mulheres estimou que, ao fim da Segunda Guerra Mundial, 90% das "mulheres de conforto" haviam morrido. Aquelas que sobreviveram se tornaram párias sociais, a quem as pessoas se referiam como "sobras dos japoneses".

No Japão, o silêncio a princípio foi mantido, com os oficiais insistindo que os postos de conforto nunca existiram ou que as mulheres eram prostitutas pagas. Mas, gradualmente, mais e mais sobreviventes corajosas foram a público.

Quase cinquenta anos depois, em 1993, o Japão reconheceu oficialmente o que havia acontecido, e o primeiro-ministro Morihiro Hosokawa apresentou um pedido de desculpas. Ele foi alvo de crítica de um de seus sucessores, Shinzō Abe, e apenas em 2015 se chegou a um acordo com a Coreia do Sul para pagar 8,8 milhões de indenização às sobreviventes, que àquela altura eram menos de cinquenta.

A questão ainda não foi resolvida — a Coreia do Sul quer uma satisfação mais significativa por parte da antiga metrópole, e as mulheres continuam se reunindo todas as quartas-feiras junto a uma estátua do lado de fora da embaixada japonesa em Seul para exigir pedidos de desculpas e a revisão dos livros de história.

O Japão aparentemente permanece em negação. Desde 2014, os editores da NHK, a emissora estatal japonesa, foram proibidos de usar o termo "escravizadas sexuais" e devem usar o termo "pessoas a quem se chamava de mulheres de conforto da época da guerra".

Em outubro de 2018, a cidade japonesa de Osaka rompeu seu elo de sessenta anos como cidade-irmã de San Francisco em protesto contra uma estátua retratando mulheres de conforto que foi erguida na Chinatown de lá.

Os soldados russos e japoneses não foram os únicos que estupraram durante a Segunda Guerra, é claro — ingleses, franceses, americanos e canadenses também o fizeram, mas numa escala muito menor. Na Itália, as tropas de mercenários marroquinos lutaram com as Forças Francesas Livres segundo termos que incluíam "licença para estuprar e saquear em território inimigo".

Outra onda de estupros amplamente varrida para debaixo do tapete da história ocorreu durante a Guerra do Vietnã, que se estendeu de 1961 a 1973. Milhares de livros angustiados foram escritos sobre o conflito em que 58 mil americanos e quatro vezes mais vietnamitas morreram, no entanto mal há menção aos estupros praticados por soldados americanos e vietnamitas — e, antes deles, pelos franceses.

Um dos mais notórios incidentes de guerra foi o Massacre de Mỹ Lai, em março de 1968, no qual soldados do Exército americano mataram quatrocentos civis desarmados, incluindo crianças, como foi exposto por uma série de fotografias bastante explícitas. Mas também houve inúmeros estupros, que mal receberam uma linha nas reportagens.

Um inquérito posterior sobre o massacre encabeçado pelo general William Peers[7] incluiu relatos pormenorizados de testemunhas oculares de vinte atos de estupro de mulheres e meninas entre dez e 45 anos. Muitas das agressões envolveram estupro coletivo e tortura sexual, e nem um único soldado de infantaria tentou impedi-las. No entanto, ninguém foi acusado.

No vizinho Camboja, o Khmer Vermelho matou milhares de pessoas entre 1975 e 1979. Médicos, professores, advogados e todos aqueles com diploma foram considerados traidores no novo Camboja, o qual Pol Pot, líder do Khmer Vermelho, queria levar de volta ao "ano zero". Ter mãos macias ou usar óculos era o bastante para uma ordem de execução. Em menos de quatro anos, o regime maoista assassinou 2 milhões de cambojanos, um quarto da população do país, em locais de execução em massa conhecidos como "campos da morte". Mais uma vez, foi pouco divulgado o fato de que mulheres eram estupradas e forçadas a se casar com desconhecidos em cerimônias coletivas que não seguiam os rituais tradicionais budistas e a consumá-las sob a mira de armas, com um soldado do Khmer Vermelho postado do lado de fora das cabanas para se certificar de que os casais estavam fazendo sexo. Esperava-se que aquelas mulheres produzissem filhos para o partido.

As tropas turcas que participaram em 1974 da invasão e da ocupação de Chipre ficaram famosas pelo estupro disseminado de mulheres e meninas. Em certa ocasião, 25 meninas que haviam relatado a oficiais turcos estupros por parte de soldados turcos foram estupradas em seguida por esses oficiais.

Quando os soldados e a polícia secreta de Saddam Hussein invadiram o Kuwait em 1990, saquearam lojas e lares, atearam fogo em poços de petróleo, espalharam excremento no chão do palácio real e riscaram o nome Kuwait para tentar apagar a identidade do país. Muito menos divulgado na época foi o estupro de milhares de mulheres kuwaitianas e domésticas filipinas.

"A guerra acontece às pessoas uma a uma", escreveu Martha Gellhorn em 1959 em seu livro *A face da guerra*. Mas ela acontece de modos diferentes, e a morte pode não ser a pior opção.

Quanto mais eu lia, pesquisava e conversava com mulheres, mais me indagava em relação a tudo o que havia aprendido nas aulas de história.

10. E fez-se o silêncio
Buenos Aires

No verão de 1987, María José Lavalle Lemos tinha dez anos e estava assistindo a desenhos da Disney na casa de uma amiga na cidade balneária de Mar del Plata, onde vivia, quando o juiz local chegou e a levou a seu escritório. Teresa González de Rubén, a sargento de polícia que María José conhecia como "mamãe", estava esperando.

"Sua mamãe tem algo a lhe dizer", dissera-lhe o juiz, Juan Ramos Padilla. "Eu estava confusa", María José contou. "Não entendia por que não podia ter ficado na minha amiga, tomando sorvete. Não fazia ideia do que ia acontecer."

Ela ficou sabendo que as pessoas que conhecia como "mamãe" e "papai" não eram seus pais. María José tinha nascido num centro de tortura clandestino, e não no hospital. Seus pais verdadeiros estavam entre *los desaparecidos*, milhares de pessoas que foram sequestradas pela polícia secreta depois que uma junta militar tomou o poder em março de 1976 e acabaram sendo levadas a centros de detenção, onde a maioria foi torturada ou morta. A mulher que a criara e que a registrara como filha biológica tinha trabalhado como guarda no centro de tortura de Banfield, onde os pais verdadeiros de María José tinham desaparecido.

Para María José, os três primeiros dias após as revelações no escritório do juiz Padilla passaram em branco. "Tudo o que eu achava que era verdade era mentira", ela me contou quando nos encontramos, cinco anos depois. "Eu não sabia mais quem eu era."

Ela foi levada ao hospital para fazer exames de sangue e depois foi conduzida a um hotel, enquanto as amostras eram analisadas. Na terceira manhã, os resultados saíram, revelando com 99,88% de certeza que María José era a filha perdida de Mónica e de Gustavo Antonio Lavalle, que nas primeiras horas do dia 21 de julho de 1997 haviam sido arrastados de sua casa em Buenos Aires com a filha de quinze meses María Laura e depois assassinados. Mónica estava grávida de oito meses quando fora sequestrada.

Mónica e Antonio trabalhavam com couro e eram membros comprometidos do sindicato dos artesãos. Mónica havia se envolvido com política estudantil quando cursara geologia na universidade, e Gustavo também era ativista. Eles eram tão populares em sua comunidade que mais tarde uma rua seria batizada com o nome deles.

Para o regime militar, tratava-se de "subversivos" de esquerda — entre os milhares de sindicalistas, advogados e estudantes sequestrados por homens mascarados em casa ou nas ruas, quando saíam do escritório, do ônibus ou mesmo da escola.

Cinco dias depois que os Lavalle desapareceram, os pais de Gustavo receberam um telefonema anônimo que levou ao resgate de María Laura, encontrada desnutrida e abandonada. Mas nada mais se ouviu falar deles. Para as famílias, era como se a terra tivesse se aberto e os engolido. Todos os registros do destino deles foram destruídos.

Durante os sete anos de ditadura militar na Argentina, de 1976 a 1983, milhares de homens e mulheres foram "desaparecidos" — 13 mil de acordo com as fontes oficiais, ou cerca de 30 mil segundo as organizações de direitos humanos —, no que ficou conhecido como Guerra Suja.

Clubes esportivos, garagens de ônibus, escolas militares e até mesmo um hipódromo foram transformados em cerca de seiscentos centros de detenção onde os sequestrados eram torturados, muitas vezes até a morte. Cadáveres eram descartados em aterros secretos, enquanto outros prisioneiros eram carregados em aviões e atirados vivos no rio da Prata ou no oceano Atlântico.

Cerca de 30% dos sequestrados eram mulheres; algumas delas, como Mónica, estavam grávidas. Elas eram mantidas vivas até que dessem à luz em salas especiais nos centros de detenção, então eram postas nos chamados "voos da morte". Os bebês eram dados a casais sem filhos, que não tinham ideia de sua origem, ou, o que era mais assustador, eram criados pelos próprios militares ou por membros da polícia secreta que haviam matado as mães deles.

Alguns anos depois do desaparecimento de Mónica, a mãe dela, Haydee Vallino de Lemos, conheceu uma mulher que também havia estado no centro de detenção Banfield, a qual lhe contou que sua filha dera à luz uma menina.

"Eu sabia que Mónica estava grávida quando foi levada e muitas vezes pensava que a criança devia ter nascido", disse Haydee. "Mas não tinha ideia de como começar a procurá-la."

Ela se juntou a outras mães de desaparecidos, que marchavam em silêncio todas as quintas-feiras, às três e meia da tarde, sob as palmeiras e os jacarandás da praça de Maio, em Buenos Aires. Foi uma escolha simbólica — a praça recebeu seu nome por causa da Revolução de Maio, que abriu caminho para a independência em relação à Espanha, e podia ser vista da catedral, centro da poderosa Igreja católica, e da Casa Rosada, o palácio presidencial do qual Eva Perón se dirigia às multidões.

A primeira marcha, em 30 de abril de 1977, começou com

apenas catorze mulheres. Elas precisavam andar em duplas — porque reuniões a partir de três pessoas já eram consideradas ilegais — e circulavam repetidamente a pirâmide no centro da praça. Inspiradas em fraldas de bebê, as mulheres passaram a usar lenços brancos na cabeça, com o nome dos filhos desaparecidos bordado neles.

De início, ninguém as ouvia. Muitos só passavam apressados. As Mães da Praça de Maio foram acossadas pela polícia e denunciadas pela junta militar como "loucas". As famílias imploravam para que parassem, temendo por sua segurança. Três líderes do grupo foram sequestradas e assassinadas, assim como duas freiras francesas que as ajudavam.

No entanto, o número de mães marchando cresceu. O grupo passou a incluir Haydee, depois que ela descobriu que sua filha sequestrada dera à luz. Formou-se um grupo separado, das *abuelas*, ou avós.

Outra antiga membra foi Estela Barnes de Carlotto, ex-diretora de ensino médio em La Plata que em 1989 tomou como missão de vida encontrar as crianças desaparecidas — *niños desaparecidos* —, tornando-se a presidente das Avós da Praça de Maio. Estela é uma mulher elegante com um vasto cabelo loiro-acinzentado, maquiagem impecável e belas roupas produzidas por ela mesma (sua mãe era estilista). Nos encontramos em seu pequeno escritório, cheio de brinquedos para bebês e fotografias de crianças que, como María José, haviam sido localizadas.

"Temos todas mais de sessenta anos, e na maioria somos donas de casa sem experiência na política ou na militância, mas compartilhamos a consciência de que nos tiraram não apenas nossos filhos, mas nossos netos", ela me contou. "Aqueles predadores achavam que nós, mulheres, éramos fracas e que ficaríamos em casa, chorando de medo, mas eles estavam errados."

Na parede atrás dela, havia uma foto em preto e branco de

Laura, sua deslumbrante filha mais velha, diante das ondas do mar. A jovem parecia Joan Baez, com sombra preta esfumada e cabelo comprido.

Laura estudara história na Universidade de La Plata e atuara como ativista "de personalidade e senso de justiça fortes", Estela contou. Ela tinha sido sequestrada com o namorado, Walmir Montoya, em novembro de 1977 e levada a um centro de detenção clandestino, na periferia de La Plata. O lugar, que havia abrigado uma antiga estação de rádio, fora apelidado de La Cacha, por causa de uma feiticeira de desenho animado que sequestrava criancinhas.

"Ainda éramos muito inocentes. Não acreditávamos que os militares matavam pessoas", disse Estela. Então, em agosto de 1978, o corpo de Laura aparecera cheio de buracos de bala e com o rosto amassado a coronhadas. Estela parou de falar e olhou para baixo por um momento. "De certa maneira, tivemos sorte, porque a maior parte dos pais não encontrou um corpo para enterrar."

Havia algo que Estela não sabia. Sua filha estava grávida de três meses quando fora sequestrada. Dois anos após sua morte, Estela conheceu uma advogada que estava entre as poucas sobreviventes de La Cacha. Ela tomou conhecimento de que, antes de ser assassinada, Laura dera à luz um menino chamado Guido enquanto estava algemada a uma maca. "Fiquei sabendo que ela tinha estado em La Cacha, mas não o que havia acontecido com o bebê", disse Estela. "Era o meu neto, e tinha sido roubado. Fiquei determinada a encontrá-lo."

Parecia uma tarefa impossível. O namorado de Laura, Walmir, também havia sido assassinado. Nos primeiros anos, a busca não levou a quase nada. As avós precisavam trabalhar em segredo. Eram constantemente perseguidas, recebiam ameaças por telefone e às vezes eram presas. "Parecia coisa do 007", disse Estela. "Imagine só: estávamos procurando crianças sem saber o nome, a aparência, o paradeiro ou a data de nascimento."

Elas dependiam sobretudo de dicas anônimas — ligações ou cartas de pessoas que informavam sobre vizinhos agindo de maneira suspeita ou que haviam se mudado de repente. O telefone de Estela tocava sem parar.

"Era todo tipo de pista", contou Haydee. "Podia ser de alguém que trabalhasse no governo e de repente aparecesse com um bebê, sem que houvesse nenhum sinal de gravidez; ou de alguém de pele escura que tivesse um filho de pele clara; ou de alguém que tratasse mal o filho. Essas pessoas muitas vezes agiam de maneira suspeita, e, em geral, os outros não gostavam delas por suas ligações com os militares."

A coragem e a dignidade dessas mulheres diante de tal sofrimento chamaram a atenção internacional e reuniram fundos para uma equipe de investigação.

Quando o regime militar terminou, em seguida à malfadada invasão das Malvinas, sob domínio britânico, a busca ficou mais fácil, e ainda mais com o advento dos testes de DNA, alguns anos depois. O presidente civil Raúl Alfonsín sancionou o estabelecimento de um Banco Nacional de Dados Genéticos em 1987 que continha amostras de sangue de todos os avós. Uma vez encontrada uma criança, como aconteceu com María José, os dados eram usados para localizar sua família verdadeira.

Na época da minha primeira visita, em 1992, cinquenta crianças haviam sido localizadas, e metade delas ficou com a família biológica. Treze permaneceram com a família adotiva, mas mantinham contato com a família biológica; cinco tiveram sua guarda disputada na justiça; e sete haviam sido mortas. Mas Estela acreditava que o número real era muito maior, considerando os 30 mil desaparecidos.

A conversa com María José e sua avó, Haydee, me alertou para as dificuldades a todos os envolvidos. Para financiar as buscas, Haydee tinha sido forçada a vender sua aliança de casamento e sua televisão. Sua casa havia sido arrombada e saqueada — o que ela acreditava ser uma tentativa de ameaçá-la —, deixando-a apenas com suas lembranças e uma foto amarrotada em preto e branco de Mónica e Gustavo.

Os outros avós de María José, pais de Gustavo, tinham se recusado a reconhecer que o casal estava desaparecido. Como muitos argentinos, eles tentavam ignorar a repressão. Pior ainda: reprovavam o envolvimento de Haydee com as Avós da Praça de Maio e restringiram o acesso dela à outra filha de Mónica, María Laura, que era criada por eles.

Depois de ficar sabendo que as Avós estavam atrás deles, os pais adotivos de María José se mudaram quatro vezes. A menina quase não tinha permissão para sair de casa. Mas, sempre que se mudavam, vizinhos desconfiados entravam em contato. Um dos contatos chegou ao juiz Padilla, que descobriu que Teresa González havia trabalhado entre 1976 e 1978 no centro de detenção de Banfield, para onde muitos dos desaparecidos haviam sido levados.

A princípio, González negou ter pegado María José. Mas, depois de ser detida, admitiu que a menina não era sua e que trabalhava no centro quando ela havia nascido. "Na verdade, ela pareceu quase aliviada, como se tivesse se livrado de dez anos de mentiras", disse o juiz Padilla. Quando ele contou a Haydee, ela sabia que a idade e a localização batiam, mas mal ousara acreditar que era sua neta. Haydee teve sorte. María José foi a segunda criança a ser encontrada.

O juiz Padilla não sabia muito bem o que fazer. "Era tudo novo, e eu não estava certo do que era melhor para a criança", ele disse. "Me parecia um sofrimento terrível uma criança de repente descobrir que as pessoas que sempre assumiram ser seus pais não eram. Falei com psiquiatras e não me convenci. Finalmente, meu filho de doze anos me disse: 'Olha, pai, o que importa é a verdade'. Então me dei conta de que era melhor que a criança soubesse a verdade, por mais dolorosa que fosse, em vez de continuarem mentindo para ela."

María José se mantivera quieta e reservada durante as consultas psiquiátricas, as quais o juiz acompanhava. "A princípio, achei melhor voltar para as pessoas que haviam me criado, porque estava com medo. Sempre tinha vivido com elas", ela disse.

María Laura também tinha dificuldade de aceitar que tinha uma irmã mais nova. Mas a semelhança entre as duas era impressionante. Por fim, foram deixadas a sós. Depois de quarenta minutos de silêncio, o juiz ouviu vozes, depois risos e afinal gargalhadas. As duas saíram de braços dados — haviam descoberto que ambas tinham uma marca de nascença no mesmo lugar, em forma de lua.

"Era como se sempre tivéssemos estado juntas", disse María Laura. "Assim que conheci a minha avó e a minha irmã, não quis mais voltar", contou María José.

A confissão de González tornou o caso mais simples. Uma semana depois da descoberta, María José já havia escolhido morar com a avó, e sua irmã decidiu deixar os outros avós e ir morar com ela.

Haydee me contou que ficou radiante de morar com as duas netas aos 72 anos. Ambas tinham sido criadas como filhas únicas e às vezes arrumavam brigas terríveis, mas estavam se adaptando. Por meio das Avós da Praça de Maio, elas recebiam a assistência de que precisavam.

Seu apartamento em Buenos Aires era pequeno e ela podia se dar a poucos luxos, em comparação à vida que María José levava com seus sequestradores. "Eles me tratavam bem, mas era uma mentira", a garota disse.

"Uma criança pode ganhar roupas e brinquedos lindos, mas se sua identidade lhe foi roubada ela perdeu a coisa mais preciosa que tinha", disse Haydee. "É pior que ser um escravizado, porque pelo menos um escravizado tem sua história."

Anos depois, no julgamento de 2018 dos oficiais que trabalhavam no centro de detenção da Brigada de San Justo, onde o casal fora mantido a princípio, a tia da menina, Adriana, irmã mais velha de Gustavo, contou ao tribunal quão dramático aquilo havia sido para todos. Por toda a infância, María Laura sofrera com pesadelos e tivera "medo de barulhos altos, sirenes e pessoas de uniforme", enquanto para Maria José "foi difícil se incorporar de repente a uma família de desconhecidos, com um vazio no espaço onde seus pais deveriam estar".[1]

Para as outras avós, a busca prosseguiu. Embora seu pedido de acesso aos registros policiais tivesse sido negado, os primeiros anos depois do fim do regime militar pareceram ter tido um saldo positivo. Diferentemente do que acontecera com os outros países latino-americanos saindo de uma ditadura, a Argentina logo deu início à prestação de contas dos envolvidos na Guerra Suja. O Julgamento das Juntas, em 1985, foi o primeiro grande julgamento de crimes de guerra desde Nuremberg, e 833 pessoas prestaram depoimento, incluindo Estela. Ele foi encerrado com a seguinte declaração do promotor: "*Nunca más*".

Mas, no ano seguinte, temendo outro golpe, o presidente Alfonsín declarou que o país precisava olhar para o futuro, e não para o passado, e promulgou a Lei do Ponto-Final, encerrando as investigações e os processos. A isso se seguiu a Lei da Obediência Devida, que concedia anistia a todos os oficiais de baixo e médio escalão que haviam seguido ordens. Em 1990, o novo presidente, Carlos Menem, perdoou aqueles que tinham sido condenados.

O futuro voltou a parecer sombrio. O movimento das mães foi rachado, ficando dividido entre as que achavam que deviam trabalhar em conjunto com o Estado e as que discordavam disso. Além de sua coragem e persistência, a única ferramenta que restou a Estela, presidente das Avós, foi a publicidade. Ela me disse que esperava que as crianças que viviam com pais adotivos começassem a fazer perguntas sobre o passado à medida que ficassem mais velhas e, desconfiadas, se dirigissem a seu escritório. Mas havia casos em que as crianças suspeitas de terem sido sequestradas se recusavam a fazer exames.

Nenhum dos "pais" que tiveram que devolver as crianças se dispôs a falar. Mas uma amiga de Teresa González contou que "ela queria dar a María José uma chance de viver. Não foi melhor ela ter sido salva e criada em segurança que deixada para morrer no campo?".

Alicia Lo Giúdice, psiquiatra que trabalhou com algumas das crianças devolvidas à família de origem, me disse: "Eles não admitem que roubaram as crianças. Dizem que as adotaram. Talvez acreditem mesmo nisso".

As avós eram menos compreensivas. Algumas viam isso como uma forma macabra de butim, outras viam como lavagem cerebral — a vitória definitiva sobre os oponentes que desejavam destruir. "É como se, depois de matar os pais, os repressores quisessem controlar o destino de seus filhos", disse Estela.

Ao resumir o caso de María José, o juiz Padilla comparou a menininha a "um animal de estimação que é tratado com afeto, mas cujo único objetivo é dar prazer ao dono".

A ideia de torturadores mantendo prisioneiras grávidas vivas apenas até dar à luz e então levando os bebês era tão sinistra que parecia tirada de um romance distópico. Na verdade, a escritora canadense Margaret Atwood escreveu que a Argentina "forneceu algumas das práticas reais que incluí em *O conto da aia*".[2]

Como as pessoas podiam fazer uma coisa dessas? E quanto aos médicos e às parteiras que traziam os bebês ao mundo? E quanto aos padres que os batizavam? Eram todos cúmplices? Alguns repressores claramente percebiam o que faziam em termos ideológicos, como se estivessem salvando as crianças dos comunistas e as entregando a uma "família católica adequada" para que não tivessem as crenças esquerdistas e não levassem uma vida "sem Deus", como seus pais.

"Pais subversivos educam seus filhos para a subversão. Isso precisa ser impedido",[3] disse o general Ramón Juan Alberto Camps, chefe de polícia da província de Buenos Aires de 1976 a 1978. Ele explicou que os líderes da Guerra Suja tinham medo de que os filhos dos desaparecidos crescessem odiando o Exército por causa do destino de seus pais e se tornassem uma nova geração de subversivos.

Ao longo dos anos, quando os casos voltaram a ser abertos, o trabalho de detetive das Avós localizaria mais crianças e ajudaria a condenar dezenas de torturadores.

Estela, no entanto, não encontrou seu neto. Seu marido morreu, seu cabelo ficou branco e seu rosto foi marcado pelas rugas, embora ela permanecesse tão elegante — e vigorosa — quanto antes. Em 2014, aos 84 anos, ela ainda insistia que nunca desistiria. "Há uma força motivadora poderosa dentro de mim. É o amor que nos motiva, o amor por nossos filhos e netos."

Entre aqueles impressionados com a sua dedicação estava um estudante de música chamado Ignacio Hurban, que estava assistindo à TV um dia e viu uma entrevista dela. "Eu pensei: 'Que tristeza, essa mulher passou a vida toda procurando o neto e talvez nunca o encontre.'"[4]

Os pais dele eram camponeses na pequena cidade de Olavarría, a 350 quilômetros de Buenos Aires, e trabalhavam para um proprietário de terras abastado chamado Francisco Aguilar. Algumas vezes, conforme crescia, ele estranhava o fato de não ter qualquer semelhança física com nenhum deles, assim como sua perspectiva bastante diferente da vida.

Ignacio estudou num conservatório em Buenos Aires e se

tornou músico de jazz, tocando piano em sua própria banda. Ele se casou e voltou a Olavarría, onde começou a gravar álbuns e abriu uma escola de música. A vida ia bem. O casal havia acabado de comprar um carro novo e pensava em começar uma família. Então, num jantar em junho de 2014, em comemoração ao seu aniversário de 36 anos, tudo mudou.

Um dos convidados era uma amiga da filha de Aguilar, o proprietário de terras. Ela contou à esposa de Ignacio que ele havia surgido do nada quando bebê, no auge da ditadura.

Para Ignacio, aquilo foi um enorme choque. Ele decidiu ir atrás de sua família biológica. Entrou em contato com as Avós, que providenciaram um exame de sangue, cujos resultados foram enviados ao Banco Nacional de Dados Genéticos. Em agosto de 2014, dias depois, ele recebeu a notícia. Era o neto perdido de Estela.

Ele disse depois que esperara que fosse ela, recordando a entrevista que havia visto anos antes na TV. Os dois participaram de uma coletiva de imprensa, ambos com um sorriso de orelha a orelha. Estela tinha se tornado uma instituição nacional, e era como se todo o país compartilhasse da alegria deles. "Pude abraçar meu neto", ela disse. "Ele não se parece com minha filha, mas sei que o sangue é dela. É como se eu tivesse recuperado os dois."

Ignacio Hurban assumiu o sobrenome Montoya Carlotto. O casal que o havia criado precisou enfrentar um processo judicial. Sempre que se encontra uma criança, o sistema judiciário é envolvido.

"As pessoas que criaram meu neto cometeram um grave crime, um crime contra a humanidade", disse Estela. "Mas há circunstâncias atenuantes. Eles eram pessoas muito simples do campo que não conseguiam ter filhos e estavam sob o controle de um senhor dominador que um dia lhes levou um bebê e disse: 'Não façam perguntas e nunca contem a ninguém que ele não é seu filho.'"

Nem mesmo tendo encontrado seu neto Estela parou. Ignacio foi a 114ª criança a ser identificada. Em 2018, quando Estela fez 88 anos, esse número havia subido para 129. “Enquanto viver, vou continuar buscando os netos desaparecidos, a verdade e a justiça”, ela me disse.

As salas de incubação ficavam no andar superior. Eram três cômodos sem janelas, cada um com uma mesa cirúrgica e alguns instrumentos médicos.

Conforme a Argentina tenta se reconciliar com seu terrível passado, alguns de seus centros de tortura foram transformados em monumentos, memoriais ou museus. Muitas vezes, como é o caso da Garagem Olimpo, o antigo terminal do ônibus nº 5 em Buenos Aires, eles se localizam no meio de áreas residenciais.

O maior e mais conhecido fica na Escola Superior de Mecânica da Armada (ESMA), onde 5 mil pessoas foram torturadas. Apenas cerca de duzentas sobreviveram. “É nosso Auschwitz”, afirmou um amigo argentino.

A Marinha havia deixado o prédio relutantemente em 2015, e ele fora transformado em museu. A entrada principal leva a um edifício grandioso com colunatas brancas, numa propriedade arborizada localizada numa via movimentada no norte da cidade, não muito distante do aeroporto doméstico. Mais adiante ficava o Casino de Oficiales, um prédio creme de quatro andares com venezianas verde-escuras que servia de área de convivência e era onde ocorria a tortura. Foi montada uma estrutura de vidro com rostos de vítimas em preto em branco para que eles não tivessem contato com o prédio antigo. Fiquei impressionada com quão jovens todos eram.

Era para lá que levavam estudantes, ativistas, jornalistas e sindicalistas, com a cabeça encapuzada e os tornozelos e os pulsos amarrados, de modo que só conseguiam arrastar os pés. Uma vez dentro, eram-lhes designados números antes que eles fossem levados para o beiral, que era chamado de *capucha* [capuz]. Os prisioneiros eram mantidos deitados em reentrâncias no chão que lembravam caixões, com a cabeça coberta. Baldes serviam de latrina.

De tempos em tempos, os números eram chamados e eles eram levados ao porão, onde a tortura acontecia. Agora havia pouco para ver lá, mas muito a imaginar: espancamentos, queimaduras de cigarro, choques elétricos com carga máxima e muitas vezes nos órgãos genitais, e "submarinos" — afogamentos simulados.

Exauridos e andando com dificuldade, os prisioneiros eram, então, levados de volta ao beiral, passando pelos quartos dos oficiais no primeiro e no segundo andar. Havia algo de especialmente sinistro nesses homens praticando tortura no mesmo prédio em que comiam, viviam e socializavam, com prisioneiros de capuz e algemas sendo levados para cima e para baixo e passando por suas portas enquanto dormiam. Ainda dava para ver a marca de uma mão ensanguentada na parede.

Às quartas-feiras, alguns prisioneiros eram avisados de que deviam se preparar para os *traslados*. Tratava-se de voos da morte. Eles eram levados ao aeroporto, dopados e postos em aviões militares, depois jogados do alto no mar ou no rio da Prata. Alguns corpos eram levados pela água até o Uruguai.

Um dos motoristas de caminhão que recebera ordens de colocar pessoas em aviões recordou num julgamento ter perguntado a um oficial aonde iam levá-las. A resposta: "Eles vão para a névoa do nada — *la niebla de ninguna parte*".

Espantosamente, enquanto tudo isso acontecia, a Argentina sediava a Copa do Mundo de 1978, recebendo seleções e torcedores da Escócia à Suécia (a Inglaterra não havia conseguido se classificar) e vencendo a competição. O Estádio Monumental, onde foi realizada a final contra a Holanda, ficava a cerca de dois quilômetros da ESMA, e os oficiais — incluindo o capitão Jorge

Acosta, chefe da ESMA — comemoraram a vitória beijando as mulheres que haviam acabado de torturar. De acordo com uma sobrevivente: "Acosta entrou na sala gritando: 'Ganhamos, ganhamos!'".[5]

Ao contrário de outros lugares em que eu estivera, pelo menos ali a justiça tinha sido feita. Numa sala no segundo andar, havia uma série de projeções nas paredes com os rostos e os nomes dos criminosos condenados.

As leis de anistia foram derrubadas pela Suprema Corte em 2005, a pedido do presidente Néstor Kirchner, o que significava que poderia ser retomada a instauração de processos contra os responsáveis pela repressão assassina.

Entre 2006 e 2018, 3010 oficiais militares foram acusados de crimes contra a humanidade. Os julgamentos relacionados à instituição apresentavam tantos acusados e vítimas que ficaram conhecidos na Argentina como Megacausa ESMA. O terceiro julgamento se estendeu de 2012 a 2017 e foi o maior da história do país, com 54 pessoas sendo acusadas de crimes contra 789 vítimas. Até então, 862 pessoas tinham sido condenadas, 530 haviam morrido e 715 permaneciam sob julgamento. Entre os presos estavam pilotos dos voos da morte. A cada julgamento, pais dos desaparecidos eram vistos carregando fotos ampliadas em preto e branco de seus filhos e filhas. Quando era dada a sentença, a multidão comemorava.

Entre os sobreviventes da ESMA estava Graciela García Romero. Com seus olhos escuros e seu cabelo castanho cortado em camadas, usando jeans preto, oxford e uma jaqueta acolchoada azul, ela aparentava ter menos que os sessenta e muitos que eu sabia que tinha, e parecia ao mesmo tempo forte e marcada. Em novembro de 2018, ela foi me encontrar num café no meu hotel na Calle San Martín, às três da tarde de uma sexta-feira.

Antes que começássemos a conversar, Graciela me levou lá para fora. "Veja", disse. Dois imóveis adiante, no número 700, ela parou em frente a uma porta azul, ao lado da entrada do Teatro Payró. "Fui sequestrada aqui", contou. "Também eram três da tarde de uma sexta-feira.

"Era 15 de outubro de 1976, e eu estava andando com a minha amiga Diana Garcia quando, de repente, senti braços agarrando meu pescoço e meu corpo. Gritei, mas ninguém fez nada. Seis ou sete homens com roupas comuns e portando armas nos agarraram e arrastaram até a avenida Córdoba. Eles me jogaram para dentro de um carro branco e me levaram à ESMA. Nunca mais vi Diana."

Fiquei olhando para ela. Em todos os lugares de Buenos Aires onde eu poderia ter sugerido o encontro, aquela era uma horrível coincidência.

A jovem Graciela, antes de ser sequestrada.

Ela riu diante do meu pedido de desculpas, então voltamos para dentro e pedimos cappuccinos. Graciela me contou que havia acabado de ler o livro de Nadia Murad, um relato de sua vida como escravizada sexual. "Percebi que foi o que aconteceu conosco", ela disse. "Também éramos escravizadas sexuais."

Ela começou a contar a sua história. Apelidada de *La Negrita*, Graciela era militante dos Montoneros, um grupo de esquerda envolvido na guerrilha urbana, criado inicialmente com o intuito de trazer de volta ao país o antigo presidente Juan Perón. No início da década de 1970, depois de rejeitados por Perón, os Montoneros focaram em atacar pontos de interesse comercial internacional, chegando a detonar uma bomba no Sheraton de Buenos Aires, e a sequestrar executivos — eles ainda detêm o recorde de resgate mais alto do mundo, 60 milhões de dólares, pelos irmãos Born. Quando do novo golpe militar, os Montoneros passaram à luta armada, numa tentativa de derrubar o regime.

Graciela se juntou ao movimento por intermédio de um namorado e ganhou uma arma, embora nunca tivesse chegado a usá-la. Ela estava com vinte e poucos anos quando foi sequestrada pela polícia secreta e levada para a ESMA. Lá, foi encapuzada e conduzida à *capucha*, onde os prisioneiros eram vigiados pelo que ela chamou de *verdes*, por causa da cor do uniforme e porque eram todos estudantes universitários. "Tínhamos que urinar e defecar em baldes fedidos, e quando conseguíamos usar o banheiro de verdade havia sempre um *verde* observando, fazendo comentários sobre o nosso corpo."

Ela foi levada ao porão, onde havia algumas celas ao longo de um corredor a que se referiam como "Avenida da Felicidade". Lá, Graciela foi interrogada. Deixaram-na nua e estapearam seu rosto. Às vezes, ela era amarrada a uma maca e eles simulavam sua execução. Não se tratava de uma ameaça vazia — havia pilhas de corpos inertes no chão.

No começo, disseram a ela que poderia ser enviada a uma "fazenda de reabilitação" no sul. Então Graciela ficara sabendo dos *traslados*. "Sabíamos quando as pessoas haviam sido levadas para os voos, porque os sapatos eram abandonados. Dava para sentir a tensão desde cedo toda quarta-feira, enquanto as pessoas esperavam para ver quem seria levado, que número seria chamado."

Depois de algumas semanas, uma noite ela foi levada a uma casa de fazenda com outras prisioneiras. "Um grupo de oficiais navais estava sentado à mesa, comendo bem", ela recordou. "Tudo o que recebíamos na ESMA era pão amanhecido, carne podre de vez em quando e mate, então todas aproveitamos para comer. Um capitão veio e se juntou a nós. Ele disse que seu nome era Ariada e começou a conversar conosco sobre a civilização cristã ocidental, sobre Aristóteles e Platão. Não abri a boca, porque não sabia o que estava fazendo ali. Então colocaram discos para tocar. O homem que se chamava Ariada perguntou a cada oficial: 'Que garota você prefere?'. Parecia que estavam brincando conosco."

Mais tarde, ela descobriria que aquele era o capitão Jorge Eduardo Acosta, oficial do serviço de inteligência que comandava a ESMA. Ele também era conhecido como Tigre. Todos os oficiais se referiam uns aos outros por nomes de animais, como Corvo, Piranha e Puma.

De volta à ESMA, Graciela foi transferida para o que chamavam de camarote, um pequeno cubículo com janelas bloqueadas, o qual compartilhava com outra prisioneira.

Em várias ocasiões, um oficial chamado Antonio Pernías, conhecido como Rato, a visitou, bêbado. Uma vez, ele colocou um croissant fresquinho na cama dela e exigiu sexo oral em troca. "Consegui evitá-lo, mas foi um aviso do que estava por vir", contou.

Um dia, Graciela foi levada com três outras prisioneiras ao principal conselheiro de Acosta, Francis Whamond, capitão aposentado da Marinha. "Que artigos de higiene vocês querem?", ele perguntou. "Não entendemos. Ele disse que íamos tomar banho, e perguntou se queríamos xampu, sabonete, desodorante. Achamos que ele tinha ficado louco. Na verdade, estavam nos preparando para eles."

"Depois que nós quatro nos banhamos, ele nos levou ao andar de baixo. Fui conduzida ao escritório de Acosta. Estava a meia-luz. Ele usava uma camiseta azul-claro e tinha um bolo à sua frente.

"Ele perguntou se eu queria uma fatia, e respondi que sim. Estava morta de fome. Ele falou e falou. Então disse: 'Amanhã vou tirar você daqui'.

"No dia seguinte, ele me colocou num carro e fui levada para um apartamento que era usado para esse tipo de coisa. Ficava na Calle Olleros, numa parte chique de Belgrano. Estava sem luz, e ele ficou irritado com tantos andares para subir. Ficava repetindo: 'Por que não tem luz?'. Me aproveitei disso, dizendo que não me sentia bem. Ele disse que não importava e começou a subir, eram uns oito ou dez andares. Por fim chegamos ao apartamento, que estava quase vazio, a não ser por uma cama de casal.

"O apartamento era usado para sexo pelos oficiais da Marinha, que o chamavam de Guadalcanal, por causa da famosa batalha da Segunda Guerra Mundial.

"Foi a primeira de muitas vezes que me levaram para aquele prédio ou outro do tipo. Eles me deixavam semanas inteiras lá, trancada, esperando que Acosta viesse me estuprar. Quando eu tentava resistir, ameaçavam me colocar num dos *traslados*."

De volta à ESMA, ela temia o chamado "544, para baixo!".

"Sempre que um guarda dizia aquilo, eu me encolhia por dentro", Graciela contou. Aquele era o número dela, e significava que seria levada para ser estuprada por um dos oficiais.

De certa maneira, Acosta a tratava como sua namorada. "Ele me levava roupas, fazia eu me trocar e me maquiar, me levava para jantar nos melhores restaurantes da cidade. Ele me levou para dançar numa casa noturna famosa.

"Eu o achava repulsivo", Graciela disse. "Ele tinha trinta e poucos anos, olhos claros, voz aguda e lábio inferior caído. Dizia que falava com Jesus todas as noites."

Uma noite, ele até levou Graciela para visitar a família dela. "Era tarde, e estavam todos de pijama. Eles me abraçaram e choraram. Acosta se sentou ao meu lado e disse que os militares defendiam o mundo ocidental e a cristandade, que estava determinado a resgatar jovens como eu e que a minha família precisava cooperar com a minha reabilitação. Ele perguntou às minhas irmãs o que elas faziam. Uma era advogada, a outra era estudante de filosofia. Ele perguntou a ela: 'Por que você frequenta essa faculdade de *zurdos* [esquerdistas]?'.

"Depois ele disse ao meu pai que eles precisavam se mudar e convocou minha irmã que era advogada para ir à ESMA. Ele disse a ela: 'É fácil entrar naquele lugar, o difícil é sair'.

"O que faziam conosco era perverso. Era destruição psicológica e biológica. Éramos escravizadas que podiam ser mortas a qualquer momento. Depois de dois anos na mesma situação, eu só queria morrer naquele camarote."

A única escapatória era o sono. "Quando eram trazidas de volta dos apartamentos, algumas *compañeras* conseguiam comprimidos com a enfermagem e dormiam o dia todo. Porque, quando a gente abria os olhos, precisava encarar o pesadelo de novo." Graciela, no entanto, sofria de insônia.

Em dezembro de 1978, ela estava num grupo de mulheres libertadas. Mas era o que chamavam de *libertad vigilada* — Graciela era forçada a trabalhar no Ministério das Relações Exteriores, onde podiam ficar de olho nela, e a voltar para a ESMA à noite. *Verdes* a levavam e buscavam de carro.

Toda quarta-feira, Graciela esperava ouvir seu número em

meio às convocações para os voos da morte. "Um grupo de oficiais do serviço de inteligência definia o destino daqueles que haviam prendido, fazendo sinal de positivo ou negativo para diferentes nomes, como se fôssemos gladiadores na Roma Antiga."

Mais e mais mulheres eram mortas, incluindo algumas com quem Graciela compartilhara o camarote, e ela perguntou a Acosta por que havia sido salva e outras não. "Porque Jesus quis assim", ele lhe disse.

Após um tempo, Graciela começou a trabalhar na assessoria de imprensa do Ministério do Bem-Estar Social, em conjunto com outra prisioneira política e em virtude da Guerra das Malvinas. Só depois ela foi liberada de fato.

Eu quis saber por que ela não tinha fugido enquanto trabalhava naqueles lugares.

"Não tínhamos documentos, então não podíamos ir embora", ela disse. "Eu temia por minha família, por minhas duas irmãs. Acosta sabia tudo a respeito delas.

"Naquele tempo, me levaram até ele duas vezes. Da última vez, criei coragem e disse que não queria mais vê-lo. Não me importava se ele me mataria."

"Tenha cuidado com as mulheres, Negrita", ele respondeu. "Elas podem machucar."

Graciela não havia lhe dito que estava num relacionamento homossexual. "Ficou claro que ele tinha grampeado meu telefone."

Por anos depois, Graciela não falou sobre o que havia passado. "Tínhamos sido estupradas, mas éramos acusadas de colaboracionismo, como se eu fosse mesmo namorada de Acosta. Éramos como bombas-relógio. Ninguém queria se aproximar de nós."

Como ela mesma disse, era "o começo de trinta anos de dor".

Ela começou a trabalhar como fotógrafa e arquivista, mas por um longo período viveu em isolamento. "Não queria ver meus amigos", Graciela disse. "Eu dormia com a luz acesa."

Graciela em 2018 no local onde fora sequestrada em 1976.

Por fim, alguém recomendou que ela fosse a um grupo que se reunia todas as quartas-feiras para elaborar listas de pessoas vistas na ESMA, com o intuito de registrar os desaparecidos. "Eu sempre passava mal no dia seguinte", contou.

A história de Graciela me deixou embasbacada. Nem na Garagem Olimpo nem na ESMA havia qualquer menção ao tratamento dado às mulheres além da questão dos partos. No entanto, da maneira como ela descrevera, o estupro de prisioneiras e o estado de "coexistência forçada", como era descrito, em que elas eram mantidas pareciam amplamente disseminados. "Acho que todas as mulheres da ESMA foram estupradas", Graciela disse.

Embora a busca pelos desaparecidos, conduzida por mães e avós como Estela, tenha se tornado um símbolo heroico de resistência na nova democracia, mulheres como Graciela, que haviam sido forçadas a dormir com seus torturadores, eram um tabu.

Na tentativa de compreender aquilo e de saber dos esforços que eram feitos para se obter justiça, encontrei Lorena Balardini, socióloga que fazia parte de uma equipe estabelecida em 2014 na Procuradoria-Geral para avaliar casos de violência sexual. Antes ela trabalhara no Centro de Estudos Legais e Sociais (CELS), na equipe jurídica que se dedicava a processos contra a ditadura.

"A primeira vez que ouvi falar em estupro em centros de detenção foi em 2007, no primeiro julgamento da ESMA", explicou.

Esse primeiro julgamento foi muito curto e teve apenas um réu, o oficial da Guarda-Costeira Héctor Febres, acusado de tortura em massa e execução de mulheres que haviam acabado de parir. Ele era conhecido na ESMA como Gordo Selva, por causa de seus métodos extremos de tortura. Na noite anterior à sua sentença, ele foi encontrado morto em sua cela, aparentemente em consequência de envenenamento por cianeto após um jantar com sua esposa e seus filhos adultos. Seguiram-se rumores de que ele havia sido morto pelos militares, que pretendiam silenciá-lo.

Lorena me disse que, durante o julgamento, ela e sua chefe, Caroline Varsky, uma renomada advogada de direitos humanos, haviam presenciado o depoimento de uma mulher chamada Josefa Prada sobre o período que passou na ESMA. "Ela estava muito emotiva. A promotora perguntava sobre companheiros de prisão, enquanto a vítima tentava contar como se sentira. Em determinado momento, ela disse: 'Me lembro desse dia porque foi quando fui estuprada.' E começou a falar sobre como se sentia destruída por dentro.

"Ficamos todos chocados. Nunca tínhamos ouvido falar nada do tipo. A promotora disse apenas 'Certo' e passou para a próxima pergunta.

"Caroline ficou furiosa e foi conversar com a vítima. Decidimos que precisávamos fazer algo, porque aquelas mulheres falavam e o Estado não as ouvia. Queríamos ajudá-las a ser ouvidas. Então começamos a conversar com elas. A desculpa era de que as mulheres não comentavam a respeito, mas isso não era verdade. Quando se conversava com as mulheres, elas comentavam, sim, e queriam fazer alguma coisa."

Na verdade, as advogadas se deram conta, as mulheres falavam a respeito desde o começo — só que ninguém as ouvia. "No Julgamento das Juntas, em 1985, no qual nove comandantes foram julgados, uma vítima disse que havia sido estuprada, mas o promotor a ignorou. Ele literalmente disse: 'Estamos perdendo o foco. Vamos nos concentrar na tortura e no homicídio'."

A mulher em questão era Elena Alfaro, que havia se mudado para Paris. Fui encontrá-la lá. Ela estava grávida de dois meses quando homens armados invadiram sua casa em Buenos Aires e a arrastaram para fora da cama por volta da meia-noite do dia 19 de abril de 1977, alguns dias depois do seu aniversário de 25 anos.

Seu companheiro, Luis Fabbri, com quem ela morava, tinha sido sequestrado na rua horas antes. O casal havia se conhecido quando ela estudava ortodontia e ele, direito. Os dois se tornaram alvo por causa de seu ativismo. Luis trabalhava no conselho local, como jornalista e representante sindical.

"Eles saquearam a casa e me jogaram no chão do carro, vendaram meus olhos e me levaram para o que chamavam de 'enfermaria'. Na verdade, era uma série de celas de tortura, e eu ouvia os gritos e gemidos das pessoas que depois viria a conhecer.

"Fui levada para outra sala, onde amarraram minhas mãos e meus pés em uma mesa de estrutura metálica que eles chamavam de 'grelha'. Fui torturada a choques. Eles ignoravam meus avisos aos gritos de que estava grávida e de que iam acabar matando meu bebê.

"Meu companheiro estava na sala ao lado, e queriam que ele ouvisse. Depois, o levaram até mim. Ele havia sofrido tamanha tortura que estava quase destruído."

Os dois estavam num centro de detenção clandestina conhecido como El Vesubio, uma fazenda fora dos limites de Buenos Aires. Seu apelido, Empresa El Vesubio, era uma referência às forças vulcânicas desencadeadas sobre os detidos. As condições ali eram horrendas. "Éramos mantidos em *cuchas*, ou canis, salinhas com paredes de tijolos", ela recordou.

Elena viu o marido mais algumas vezes. Então, em 23 de maio, ele foi um dos dezesseis prisioneiros levados a uma casa de Buenos Aires e fuzilados.

Para ela o pesadelo estava apenas começando. Uma mulher bonita que no passado havia sido coroada Reina del Trigo na província de La Pampa, Elena chamou a atenção do comandante do campo, Durán Sáenz. No feriado nacional de 20 de junho, ele a levou a seu quarto e a estuprou. "Ele me deixou no quarto, nua e amarrada à cama, sem comida ou bebida [até a noite seguinte]", revelou em depoimento. "Eu estava grávida de quatro meses, e meu estado era óbvio. Estuprar uma grávida é algo sádico... Nós, mulheres, éramos usadas apenas para o prazer e o pecado dos homens, como em um ritual bárbaro.

"Me tornei propriedade de Durán Sáenz", acrescentou. "É importante usar as palavras certas. Eu não tinha um 'relacionamento sexual' com ele. Isso implicaria consentimento."

Estupros eram comuns em El Vesubio, Elena disse. Ela também foi estuprada pelo tenente-coronel Franco Luque, um notório beberrão e promíscuo. Guardas agrupavam prisioneiras regularmente, despiam-nas e as prendiam, então colocavam um porquinho-da-índia entre suas pernas.

Quando seu filho nasceu, em novembro de 1977, Elena implorou que a deixassem ficar com ele. Pouco depois, o comandante permitiu que ambos fossem viver com a tia dela, em La Plata, mas seus movimentos eram controlados. "Éramos observados o tempo todo", Elena disse. Sáenz continuou a visitá-la. Depois que o comandante se mudou para os Estados Unidos, o irmão dele foi visitá-la e a estuprou.

Em março de 1982, Elena fugiu para Paris com o filho. "Fingi que íamos tirar férias na Europa. Foi muito difícil, porque eu não falava francês. Mas eu não queria ir para a Espanha, por causa de Franco."

Ela aprendeu a língua e se tornou pesquisadora médica e ativista dos direitos das mulheres. Quando a encontrei, em 2018, Elena visitava escolas para contar de sua experiência.

No julgamento de 1985, ela depôs diante de seis juízes, descrevendo seu próprio estupro e o de outras seis mulheres. Três delas faziam parte do harém de Sáenz e depois desapareceram, incluindo uma estudante de dezessete anos. "Como mulheres, estávamos totalmente à mercê de qualquer força ou de qualquer homem que por acaso estivesse ali", Elena disse. "Ser estuprada ali era algo muito comum."

O juiz presidente, o dr. Jorge Valerga Aráoz, não fez nenhum comentário a respeito no tribunal. Só perguntou a ela: "Notou se havia algum estrangeiro entre os detidos em El Vesubio?".

Os advogados de defesa a retrataram como promíscua e traidora. Corriam boatos de que ela havia sobrevivido porque fora para a cama com os militares. "Era como se eu tivesse jogado uma pedra em tudo, séculos e séculos de patriarcado", Elena me disse. "Ninguém me ouvia. Eles usavam aquilo para me denunciar e me difamar. Os militares mancharam meu nome."

Mas não foram apenas eles. Elena também culpava as Avós da Praça de Maio. "Elas querem que seja tudo a respeito delas. Para elas, se tornou um negócio."

Logo que começaram a recolher depoimentos, Caroline Varsky e Lorena se deram conta de que não se tratava de casos isolados. Elas ouviram falar de um comandante que mantinha um harém e estuprava aquelas mulheres diariamente. Algumas eram estupradas depois de torturadas, quando mal podiam andar. Também havia muitos casos de escravidão sexual, como ocorrera com Graciela e Elena.

Muitas mulheres não tinham ido a público porque não queriam que sua família soubesse o que havia acontecido ou porque estavam preocupadas com a possibilidade de ser tachadas de traidoras — ainda que tivessem passado por algo humilhante e moralmente degradante, que resultaria em sua própria morte caso se recusassem a se submeter aos oficiais.

"Não sabemos quantas vítimas de terrorismo de Estado existem e não é possível estimar o número exato que sofreu violência sexual, mas descobrimos dezenas de vítimas em cada centro de detenção", disse Lorena. "Chegamos à conclusão de que era algo que acontecia por todo o país, e não apenas em centros de detenção, mas em casas e instalações militares.

"Então contestamos a visão dos anos 1980 de que a violência sexual era algo que simplesmente acontecia, de que os homens apenas perdiam a cabeça diante de garotas bonitas. Tal qual o roubo de bebês, aquilo era parte de um plano sistemático para destruir a humanidade da vítima, uma técnica como a tortura, embora diferente em essência.

"Ficou claro para nós que, se uma mulher dissesse que havia sofrido violência sexual, isso não deveria ser tomado apenas como parte da tortura, e sim como uma acusação por si só. Lutamos muito para que esses crimes fossem considerados de maneira independente."

Mas elas descobriram que a mudança de atitude não seria fácil. As vítimas de estupro que tinham ido a público quase sempre eram desacreditadas. Tantos anos haviam se passado que não existiam provas físicas na maior parte dos casos. Muitas vezes a identidade do agressor era desconhecida.

"Isso também era verdade em relação à tortura, e nesse caso o promotor culpava o chefe do centro de detenção ou a cadeia de comando", disse Lorena. "Mas, em caso de estupro, eles não faziam isso, porque diziam que o comandante do centro não era responsável pelo desejo dos outros."

Uma das mulheres que Lorena e Caroline conheceram enquanto reuniam depoimentos foi Graciela, numa das reuniões semanais na ESMA. Elas lhe perguntaram se estaria disposta a prestar queixa contra o capitão Jorge Acosta.

Graciela concordou e depôs em 2007, depois testemunhou de novo no segundo julgamento da ESMA, que teve início em 2009 e que, com seus 86 casos, foi muito maior que o primeiro. Preocupados com o desaparecimento de testemunhas e criminosos e com os traumas infligidos aos sobreviventes, que precisavam depor em diferentes processos e reviver seu sofrimento repetidas vezes, grupos de direitos humanos pressionaram para que houvesse um grande julgamento que demonstrasse a natureza sistemática da opressão.

Entre os acusados estava Acosta. Em 23 de junho de 2009, o juiz o acusou de estupro — foi a primeira vez que o estupro de uma prisioneira política foi considerado um crime independente. O juiz federal Sergio Torres declarou: "As subjugações sexuais não constituíram casos isolados, tendo sido realizadas sistematicamente como parte de um plano clandestino de repressão e extermínio".

Outro oficial da ESMA, o capitão Raúl Scheller, conhecido como Pinguim, contou aos investigadores que Acosta havia ordenado que seus homens apreendessem mulheres e as estuprassem.

Acosta não demonstrou arrependimento. "Violações dos direitos humanos são inevitáveis durante a guerra", ele disse.

Graciela disse ao tribunal: "Todos esses dias antes de vir depor, pensei que com o tempo isso tivesse diminuído, mas agora vejo que não. Reviver todos esses anos não reduz a experiência, só a torna ainda mais terrível, séria e imperdoável".

No entanto, a instância superior decidiu que o que aconteceu com Graciela não foi estupro, mas tortura. Embora Acosta e outros onze membros de esquadrões da morte da ESMA tenham sido condenados à prisão perpétua em outubro de 2011, foi por homicídio e tortura, e não por estupro.[6]

Lorena ficou horrorizada. "Acho que Graciela deve sentir orgulho do que fez, mas foi um fracasso em termos legais. Nós a incentivamos a ir à justiça com a sua alegação, e ela depôs várias vezes."

Foram tantas as testemunhas que mencionaram aborto e agressão sexual durante o julgamento que os argumentos finais dos advogados incluíram um capítulo especial sobre violência sexual, compilado por Lorena.

"Então pedimos que todos os depoimentos fossem levados em conta para dar entrada num novo caso de violência sexual", ela disse. "Foi um pesadelo, levou quatro anos. Se sou uma vítima e dei um depoimento muito difícil, não deveria ser obrigada a repeti-lo e pedir novos julgamentos."

Apesar da recusa do tribunal em incluir as acusações de estupro em seu caso, Graciela me disse que estava feliz por ter deposto. "Falar com os juízes foi o começo da minha reabilitação", contou. "Por muitos anos, a sociedade não quis me ouvir. Fomos difamadas porque sobrevivemos e porque viam nossa situação como um privilégio, ainda que não tivesse sido nossa escolha. Agora, pudemos contar nosso lado da história. A palavra certa para tudo o que passamos é 'terror'. Sobrevivi por acidente. Sempre carregarei essa marca. Mas finalmente ver as sentenças de prisão perpétua, depois de tudo o que fizeram conosco, nos traz de volta à vida."

Ela ainda fazia terapia, mas estava num relacionamento feliz. Pouco antes de nos encontrarmos, Graciela tinha feito uma viagem ao Japão com outras duas sobreviventes para se encontrar com algumas mulheres de conforto da Segunda Guerra Mundial e compartilhar experiências. "Elas querem quebrar décadas de silêncio imperial e obter um recurso judicial concreto", Graciela disse.

Ler a respeito do que havia acontecido com as iazidis tinha trazido tudo de volta à sua mente. "Elas estavam num deserto no Iraque, e nós estávamos numa das cidades mais importantes da América Latina, e passamos pela mesma coisa. Fui sequestrada e mantida no mesmo estado clandestino que aquelas meninas, e foi igualmente angustiante para as famílias das meninas desaparecidas."

A primeira condenação por violência sexual durante a ditadura argentina aconteceu em 2010, 33 anos depois de o crime ter sido cometido.

O condenado foi um antigo sargento da Força Aérea, Gregorio Rafael Molina, encarregado do centro de tortura conhecido como La Cueva, o Buraco de Rato, numa estação de radar desativada, numa base em mar del Plata.

Com sua voz profunda e seu bigode, ele se achava parecido com o ator Charles Bronson e exigia ser chamado por esse nome. Molina chamava seu harém de Charlie's Angels, título original da série de TV *As Panteras*, mas entre as mulheres era conhecido como Sapo, por causa de sua pele marcada.

As primeiras acusações do que havia feito com as mulheres emergiram durante o Julgamento das Juntas, mas depois foram repetidas na Comissão da Verdade e ignoradas.

Entre suas vítimas estava Marta García Candeloro, uma psicóloga sequestrada em 13 de junho de 1977 na cidade de Neuquén, no oeste da Argentina, com seu marido, Jorge Candeloro, um renomado advogado trabalhista.

O casal foi enviado de avião para a base em Mar del Plata, onde Marta descreveu mais tarde que foi arrastada à força por uma porta numa colina gramada, depois vinte ou trinta degraus de concreto abaixo, onde ouviu o som de grandes portas de metal batendo, seguido por um burburinho e vozes ecoando.

Tratava-se do grande campo subterrâneo sobre o qual Molina reinava, estuprando quase todas as mulheres que entravam ali.

Marta recordou: "Um dos homens me disse: 'Ah, então você é psicóloga. E uma puta como todas elas. Vai aprender o que é bom para você'. Então ele começou a socar minha barriga. O inferno começou ali...".

No Julgamento das Juntas, ela falou da última vez que ouviu a voz do marido, quinze dias depois de terem sido sequestrados. "Sempre o levavam primeiro, depois eu. Daquela vez, fizeram o contrário. No meio do interrogatório, trouxeram meu marido, dizendo que se ele não falasse iam me matar. Começaram a me dar choques elétricos. Ele ouvia meus gritos e gritava: 'Meu amor, eu te amo, nunca imaginei que fariam isso com você'. Aquilo os enfureceu. Suas últimas palavras foram cortadas pelo choque que levou. Então me desamarraram e me levaram de volta para a cela. Parecia que nunca iam terminar de interrogá-lo. De repente, ouvi um único grito penetrante, de partir o coração. Ele ainda ressoa em meus ouvidos. Nunca vou conseguir esquecer. Foi o último grito dele. Depois tudo ficou em silêncio."

Ela depôs por oito horas, sem mencionar estupro. "Entre todos os horrores nos campos de concentração, o estupro parecia algo secundário", Marta explicou depois. "Com a morte do meu marido, com tudo o que acontecia ali, todo o horror, o estupro perdeu espaço."

Quando o processo judicial foi reaberto, em 2007, ela e outra sobrevivente abriram queixa de estupro. No início, a acusação foi indeferida, mas o julgamento em segunda instância, em Mar del Plata, indeferiu a decisão e acrescentou as acusações de estupro, que foram julgadas três anos depois.

O relato angustiante dos três estupros que Marta sofreu nas mãos de Molina em 1977 fez todo mundo chorar, inclusive os juízes, entre eles uma mulher. Em três horas de depoimento, ela contou que ele havia se aproximado bêbado, depois que ela saíra de uma sessão de tortura, e dissera: "Depois de tanta dor, vou lhe dar prazer".

Ele colocara sua Colt 45 entre os seios dela e misturara o sangue dos ferimentos infligidos pela tortura ao seu sêmen. "Era difícil entender, e mais difícil de esquecer", ela disse.

Em junho de 2010, Molina foi condenado à prisão perpétua por inúmeros crimes, incluindo dois homicídios, 36 sequestros seguidos de tortura, cinco acusações de estupro agravado e uma tentativa de estupro de duas vítimas. Ele morreu no hospital da prisão, em julho de 2012. Como a primeira decisão argentina que considerava o estupro um crime contra a humanidade, ela abriu caminho para mais processos. Mas muitos outros tribunais decidiram que não era correto transformar acusações de tortura em acusações de violência sexual.

Até 2019, houve 26 decisões judiciais relativas à violência sexual. Na quarta Megacausa ESMA, que teve início em 2018, com nove oficiais acusados de crimes contra 936 vítimas, os promotores pediram que os crimes de violência sexual fossem julgados separadamente.

Mais e mais mulheres estavam indo a público. "Muitas decidiram falar nos últimos anos porque se sentiam mais seguras. Antes, ficavam preocupadas, ainda estavam em negação ou eram forçadas pelas famílias a manter silêncio", disse Lorena. "Agora temos muitas testemunhas em julgamentos em todo o país que mencionam crimes sexuais."

Também houve casos de homens denunciando casos de abuso sexual contra eles.

Mas ainda havia problemas. "Primeiro a vítima precisa dizer que quer abrir um processo por violência sexual, e muitas não sabem disso, o que é um absurdo. Elas acham que, se acusam um oficial disso em outro caso, o promotor tomará uma atitude. E ainda há uma ideia de que o crime sexual é cometido por desejo ou necessidade sexual. A questão não é que nossos tribunais não têm as ferramentas necessárias. O que está em jogo para os juízes é um plano sistemático de repressão de oponentes políticos, mas o estupro não faz parte dele.

"É importante para essas mulheres que a violência sexual seja reconhecida", ela acrescentou. "Desde o princípio, quando ouvi Josefa no julgamento de 2007, ficou claro que era um tipo diferente de tortura, não parecia a mesma coisa. As mulheres nos diziam: 'Fui espancada e doeu, me senti minúscula, mas com o estupro eles me destruíram, foi como se tivessem matado algo dentro de mim.'"

Ela ainda tinha outro ponto a destacar, algo que eu também achava perturbador. "Na Argentina, essas vítimas eram sobretudo da classe média, mulheres educadas e urbanas com acesso a advogados e terapeutas, privilegiadas, com um emprego, que podiam lutar, mas ainda assim não foi feita justiça, então há algo de muito, muito errado com o sistema.

"Não se trata de mulheres pobres de áreas rurais que não têm nem acesso à água. São mulheres que podem comprar no mercado toda a água mineral de que necessitarem, e ainda assim não conseguem que se faça justiça. Veja só Graciela. Ela tinha uma arma, era uma ativista política, uma mulher forte. Foi estuprada sistematicamente por um homem e diz isso em tribunal, então decidem que ela não foi estuprada, e sim torturada. Se não conseguimos fazer justiça, que esperança há para mulheres em partes menos desenvolvidas do mundo?"

Na minha última noite em Buenos Aires, fui ao antigo Palácio dos Correios e das Telecomunicações, um edifício estilo beaux-arts que havia sido transformado num centro cultural deslumbrante. No piso inferior do lugar, participei de uma aula aberta de tango. Dezenas de casais de todas as idades dançavam sob inúmeras bandeirinhas coloridas penduradas no teto. Existe dança mais passional no mundo? Precisei de um tempo para criar coragem e me juntar ao grupo. Enquanto observava as mulheres sendo manipuladas pelos homens, com a cabeça pendendo para a frente e para trás, as pernas chutando o ar e depois se entrelaçando, pensei que aquele era um retrato do machismo do país.

No entanto, em alguns casais, eram as mulheres quem conduziam os homens. Naquela tarde eu havia participado de uma mesa-redonda com um grupo impressionante de jornalistas mulheres. Todas falaram sobre a campanha recente de legalização do aborto, que continuava sendo ilegal na Argentina a não ser em caso de estupro ou quando a vida da mãe estava em perigo.[7] Estimava-se que fossem realizados 345 mil abortos clandestinos ao ano no país. A Câmara havia aprovado uma lei naquele verão, mas ela fora rejeitada pelo Senado, então era preciso recomeçar.

Toda semana um mar de mulheres se reunia do lado de fora do Congresso, assim como em cidades do mundo todo, exigindo o direito de escolher. Elas também destacavam a taxa alarmante de feminicídio na Argentina: em média, uma mulher era morta a cada trinta horas — algo que muitos atribuíam à impunidade generalizada no país.

As manifestantes usavam lenços verdes na cabeça, em homenagem às Mães e às Avós da Praça de Maio. Notei que algumas das mulheres com quem eu conversara e algumas das que estavam na aula de tango tinham lenços verdes amarrados à bolsa. Eles haviam se tornado tão simbólicos que havia até um termo para aquilo: *pañuelización*.

As Avós não tinham desistido de lutar. Na época com oitenta ou noventa anos, algumas em cadeiras de rodas, outras usando andadores ou bengalas, elas se reuniam todas as quintas às três e meia da tarde e caminhavam em torno da praça de Maio, usando lenços com nomes bordados na cabeça e segurando cartazes com fotos desbotadas de homens e de mulheres jovens. Em quase 45 anos, elas não tinham faltado nem uma semana.

11. O apicultor de Aleppo
Dohuk, norte do Iraque

Eu nunca havia pensado em apicultura como algo relacionado aos direitos das mulheres ou como uma tarefa que exigisse coragem até conhecer Abdullah Shrim.

Era um homem pequeno e grisalho de 43 anos que usava óculos de armação de metal e um terno cinza amarrotado. Ele estava empoleirado feito uma coruja na beirada do sofá no saguão escuro do hotel Dilshad Palace, entre uma escultura pomposa de Long John Silver e um aquário todo sujo.

Nada em sua aparência ou em seu comportamento sugeriria que ele fosse um herói. Tratava-se do tipo de pessoa imperceptível ao passar na rua. No entanto, na minha visita aos campos no norte do Iraque no começo de 2018 para conhecer meninas iazidis que haviam conseguido escapar do Estado Islâmico, quando eu perguntava quem tinha ajudado a resgatá-las, todas elas me respondiam: Shrim.

"Antes que o Estado Islâmico chegasse, eu era apicultor e comerciante. Minhas colmeias ficavam em Sinjar, e eu vendia o mel em Aleppo", ele me contou. "As mulheres que crescem nessas áreas

Abdullah Shrim e suas abelhas, antes do Estado Islâmico.

não têm direitos. Quando nasce um menino no Oriente Médio, há festa, música, e as pessoas levam doces. Se é uma menina, ninguém faz nada, e quando ela cresce e se casa não tem ideia nem opinião próprias, só repete o que sua família diz.

"Mas, criando abelhas, percebi como a sua sociedade, com uma rainha no centro, funcionava bem, e me perguntei por que nosso mundo devia ser diferente. Então comecei a pesquisar diferentes países governados por mulheres. E quando o Estado Islâmico chegou e matou e sequestrou nossas mulheres, decidi fazer alguma coisa."

Entre as sequestradas estavam 56 familiares de Shrim. Mas ele insistia: "Não foi por causa da minha família que me envolvi. Foi por causa das abelhas. Tudo em Sinjar foi destruído, e agora tenho só algumas colmeias, mas quando estou com as abelhas me sinto melhor".

A primeira menina que ele resgatou, em 27 de outubro de 2014, foi sua sobrinha. "Ela estava sendo mantida por um homem em Raqqa quando me ligou. Entrei em contato com alguns comerciantes com quem costumava trabalhar e perguntei como fazer para libertá-la.

"Eles me disseram que o único jeito seria através de contrabandistas de cigarros. Para o Estado Islâmico, cigarros são *haraam*, proibidos, mas os homens fumam mesmo assim. Para nós, iazidis, eles também são *haraam*. Os comerciantes disseram: 'Se quer tirar sua sobrinha de lá, precisa fazer como com os cigarros. Mas as meninas custam mais caro'.

"Eu nunca havia feito nada do tipo, nunca tinha trabalhado com contrabandistas ou cruzado fronteiras ilegalmente, e fiquei morrendo de medo."

Através de sua rede comercial, Shrim encontrou um motorista curdo na área em que sua sobrinha estava. Ele conseguiu pegá-la enquanto o sequestrador rezava, então a levou para a fronteira. "Isso me deixou confiante de que seria possível", Shrim disse. Quando o conheci, três anos e meio depois, ele já havia resgatado 367 mulheres e meninas das garras do califado.

Ele foi ajudado pelo fato de que, surpreendentemente, muitas das iazidis sequestradas tinham conseguido ficar com seus celulares e assim se comunicavam com a família. Mas com o tempo isso mudou, disse Shrim. "Os resgates ficaram mais difíceis, conforme os curdos deixavam as áreas dominadas pelo Estado Islâmico, e tive que começar a usar motoristas árabes. Eles também cobravam mais, de mil a 40 mil dólares.

"Para cada resgate, eu bolava um plano com o meu filho, que é engenheiro", Shrim explicou. "No caso de oito mulheres e crianças iazidis que estavam numa casa fortemente vigiada, enviamos um carro de funerária e caixões, fingindo que duas crianças haviam morrido e precisavam ser enterradas."

Quase sempre as ações terminavam de maneira desastrosa devido à insistência dos guardas do Estado Islâmico de ir junto e abrir as covas. "Achei que as crianças seriam enterradas vivas", Shrim disse. "Mas conseguimos tirar todos de lá enquanto os homens buscavam suas ferramentas."

A parte mais difícil era tirar as meninas das casas. Se fossem pegas tentando escapar, eram torturadas. Muitas vezes, Shrim alugava esconderijos — de onde seus contatos observavam o vaivém — para receber as meninas, assim não precisavam passar pelos postos de controle com o alarme disparado. Ele chegou a alugar um estabelecimento que entregava pães para poder ver se as meninas permaneciam nas casas.

"Tentamos tantas coisas", Shrim disse. "Pusemos algumas mulheres para distribuir roupas para outras, porque assim elas podiam entrar na casa e ver seus rostos descobertos."

Era um trabalho perigoso. Cinco homens e uma jovem de sua rede na Síria tinham sido pegos e executados pelo Estado Islâmico. Shrim vivia recebendo ameaças. "Me mandaram uma foto de quando eu estava em Dohuk, querendo dizer que poderiam me matar assim que quisessem. Uma menina que resgatei me disse: 'O Estado Islâmico tem uma foto sua, eles dizem que vão te matar quando pegarem você.'"

Ele deu de ombros. "Minha vida não é mais importante que as lágrimas da minha sobrinha ou as das outras meninas as quais resgatei."

Desde que o califado começara a ruir, em 2017, e o Estado Islâmico perdera o controle de Mossul e depois de Raqqa, havia ficado ainda mais difícil libertar as meninas, porque muitas tinham sido transferidas para a Turquia, cujas autoridades se recusavam a cooperar, segundo Shrim. Acreditava-se que algumas haviam sido vendidas para redes de prostituição europeias. Shrim estimava que cerca de mil ainda estivessem vivas, mas muitas tinham morrido.

A última menina a ser libertada foi outra sobrinha dele, Khitab, sequestrada quando tinha apenas nove anos. Ele a havia resgatado somente três dias antes de nos encontrarmos. Ela estivera na cidade de Idlib, no norte da Síria, onde fora mantida pelo Jabhat al-Nusra, grupo islâmico afiliado à Al-Qaeda. "Minha sobrinha foi vendida a muitos homens. E foi torturada", ele disse, balançando a cabeça.

Shrim já havia tentado resgatá-la usando uma ambulância, mas no caminho eles tinham sido parados e Khitab fora capturada novamente. "Eles a torturaram bastante depois daquilo", Shrim disse.

Dessa vez, o local onde ela fora mantida ficava perto do hospital da cidade, então ele a instruíra a ir para lá quando seu captor saísse para as preces da sexta-feira e ficar do lado de fora, segurando uma bolsa branca. "Eu disse para ela esperar um homem se aproximar e dizer: 'Sou Abdullah.'"

Shrim e a esposa aguardavam numa van do outro lado da fronteira. Ele me mostrou uma foto no celular em que estavam todos reunidos e felizes.

Ele ansiava pelo dia em que poderia voltar para Sinjar com a esposa e retomar sua vida tranquila de apicultor. Seu celular não parou de vibrar durante todo o nosso encontro. Sempre que ele resgatava alguém, as famílias das que permaneciam desaparecidas entravam em contato para ver se a recém-chegada tinha informações sobre as outras meninas. Shrim mantinha um registro com nomes, datas e fotos de todas elas. "Vou continuar ajudando a libertar mulheres e crianças enquanto puder", disse.

Ele não era o único iazidi que tinha desistido de esperar que o mundo ajudasse e decidira agir. Havia uma espécie de rede clandestina envolvendo pelo menos outros três grupos, a qual incluía Shaker Jeffrey, o jovem iazidi que tinha sido o meu intérprete na Alemanha.

Outra noite, encontrei Khaleel al-Dakhi e sua esposa, Ameena Saeed. Khaleel era advogado, e Ameena havia sido uma das duas únicas membras iazidis do Parlamento iraquiano até 2014, quando renunciara em protesto, diante do fracasso em proteger seu povo.

Ambos pareciam exaustos — não só tinham um bebê pequeno como ficavam acordados até tarde todas as noites tentando rastrear desaparecidas. Khaleel tirou três celulares do bolso e os dispôs na mesa.

"No começo, só reuníamos nome, idade e vilarejo das sequestradas", ele explicou. "Éramos um grupo de voluntários, incluindo advogados, policiais e membros da família do príncipe iazidi. Nosso plano era documentar quem havia desaparecido e o que sabíamos a seu respeito, porque tudo isso parecia maior que nós, e achamos que algum governo ajudaria no resgate das meninas.

"Demos as informações ao governo iraquiano, às autoridades curdas, às embaixadas, ao Exército americano, mas ninguém fez nada. Em um mês, recebemos uma única resposta, do escritório de Barzani [primeiro-ministro curdo], dizendo que providenciariam fundos. Então percebemos que deveríamos agir nós mesmos."

O casal tinha resgatado 265 meninas, embora um dos resgates tivesse dado tragicamente errado, em maio de 2015. Eles estavam tentando libertar um grupo grande, de modo que haviam precisado deixar treze meninas num esconderijo durante a noite enquanto escoltavam as outras. Mas o primeiro grupo se perdeu enquanto caminhava no escuro até o posto de controle, e quando ele voltou para o segundo grupo uma menina havia entrado em pânico e ido embora. Ela tinha sido encontrada pelo Estado Islâmico e revelado onde as outras estavam. "Só uma delas foi encontrada", disse Khaleel. "As outras estão desaparecidas ou foram assassinadas."

Apesar dos perigos e das dificuldades, eles se recusavam a desistir. O casal tinha duas filhas, uma de oito anos e outra de cinco meses. "Meu sonho é que minhas filhas sejam educadas e tenham um futuro melhor", disse Khaleel. "Essas famílias têm o mesmo sonho. Essas meninas não fizeram nada de errado e merecem um futuro."

Enquanto muitos enxergam libertadores como Ameena, Khaleel e Shrim como heróis, comparando-os à resistência clandestina na guerra, outros os acusam de lucrar com isso ou argumentam que o dinheiro pago por eles ajuda a financiar o Estado Islâmico. Shrim pareceu horrorizado diante da ideia de que pudesse estar lucrando e insistiu que nunca deu dinheiro ao Estado Islâmico. "Se fosse a sua mãe ou a sua filha, e você pudesse tirá-la desse horror pagando 10 mil dólares, não faria isso?", perguntou.

Entre as que deviam a vida a Shrim estava Turko, uma mulher determinada que vivia com os cinco filhos numa das poucas tendas que pontilhavam uma extensão de terra improdutiva do lado de fora de um campo iazidi em Khanke, a cerca de 45 minutos da cidade curda de Dohuk.

Quando o primeiro-ministro iraquiano Haider al-Abadi anunciou em dezembro de 2017 que o Estado Islâmico havia sido expulso do Iraque e que a guerra tinha terminado, presumi que os iazidis retornariam a Sinjar, sua amada terra. Em vez disso, 350 mil deles — cerca de 80% da população — permaneceram em campos espalhados pelo norte do Iraque. Era uma vida sombria atrás das cercas de arame, nos campos lamacentos com incontáveis fileiras de tendas brancas frias demais no inverno e quentes demais no verão. De vez em quando, um dos fogões explodia e o fogo se espalhava, destruindo as poucas posses deles.

O campo de Khanke era o lar de mais de 16 mil iazidis. Turko preferia viver do lado de fora, ela disse, porque, com todo o arame farpado, o campo parecia uma prisão. Sua tenda era surpreendentemente aconchegante, com cama de casal, TV, aquecedor a gás para espantar o frio e pilhas de cobertores e almofadas de um tom forte de rosa — mas ainda era uma tenda distante de casa.

Ela se sentou numa almofada no chão, com dois bebês de cinco meses encantadores no colo, suas maçãs do rosto emolduradas por uma cascata de cabelos castanho-avermelhados brilhantes, e começou a contar a sua história.

"Meu marido e meu irmão estavam trabalhando no Curdistão quando, em agosto de 2014, os combatentes do Estado Islâmico chegaram ao nosso vilarejo, Herdan, e levaram todas as jovens. Fui pega com nossas três filhas, que na época tinham três, seis e oito anos, e nos levavam de um lugar a outro.

"Fomos parar em Raqqa, prisioneiras de um comandante saudita do Estado Islâmico chamado Haider, que forçava as meninas a estudar o Corão. Também me forçava a fazer sexo com ele, me machucando, e eu temia que fizesse o mesmo com as minhas meninas."

Ela tentara escapar, mas a casa era bem protegida. "Ele me disse: 'Se não parar de tentar fugir, vou levar suas filhas'. Ele eletrocutava quem tentava fugir."

"O Estado Islâmico decapitava as pessoas, e ele nos fazia assistir, inclusive as crianças. Deixavam os corpos sem cabeça pendurados por dias, e passávamos por eles quando íamos e voltávamos da mesquita.

"Uma noite, enquanto ele me forçava, eu disse: 'Um dia, vocês todos estarão acabados'. Ele jogou minhas filhas e eu numa cela suja e nos deixou lá por três meses. Não tínhamos como nos lavar e recebíamos pouquíssima comida.

"Eu não me importava comigo mesma. Se estivesse sozinha, teria me suicidado", ela disse, chorando. "Mas estava com as minhas filhas. Quando saímos, estávamos num estado tão lamentável que nos levaram para o hospital. Tínhamos contraído febre tifoide."

Mais tarde, quando foi devolvida a seu captor saudita, Turko concluiu que não havia esperança. "A tortura e o estupro... a morte teria sido melhor", ela disse. "Tentei matar todas nós, despejei combustível no nosso corpo e estava prestes a atear fogo quando uma das minhas filhas me impediu."

Um tempo depois, em novembro de 2016, seu captor foi para Mossul, combater as forças iraquianas que haviam iniciado uma campanha para recuperar a cidade. "Ele me deixou com algum dinheiro para comprar comida, então paguei a uma mulher síria para pegar sua identidade emprestada, vesti um nicabe, como se fosse uma esposa do Estado Islâmico, fui a um escritório que tinha wi-fi e mandei uma mensagem de WhatsApp para o meu irmão.

Era muito perigoso. Se tivessem me pegado, iam me queimar viva numa jaula, mas eu estava desesperada, por causa das minhas filhas."

O irmão dela ligou para Shrim e lhe passou a localização de Turko, além de informações pessoais, como data de nascimento, para provar que ela estava viva. Shrim disse a ele para pedir à mãe dos dois que conseguisse dinheiro — 32 mil dólares — com o departamento de sequestros criado pelo governo curdo.

Ele colocou Turko em contato com um contrabandista árabe. Ela explicou que a casa ficava perto dos destroços de um avião e informou quando seu captor costumava sair. Um dia, ao iniciar um ataque aéreo, o contrabandista disse a ela que era sua chance de escapar.

Mas suas filhas não queriam ir embora. "Elas tinham sofrido lavagem cerebral, sobretudo a mais velha, Rehan", Turko disse. "Enquanto fugíamos, ela gritava: 'Não nos levem de volta para os infiéis!'. Todas elas estavam bravas e ficavam reclamando que não iríamos para o Paraíso, porque não estávamos rezando e jejuando."

Depois de deixar Raqqa, Turko e as meninas tiveram que caminhar por quatro dias, escondendo-se entre os juncos para descansar, e sem comida ou bebida, a não ser quando encontravam uma caixa-d'água. Em determinado ponto, Turko tropeçou e machucou o tornozelo, então o contrabandista precisou carregá-la. "Foi muito assustador, pensar o tempo todo que seríamos pegas", ela disse.

Finalmente, elas encontraram a segurança num vilarejo curdo em Kobane, no norte da Síria. "Eu gritei: uhu!", ela contou, rindo. "Fiquei muito feliz."

Na manhã seguinte, elas acordaram ao nascer do sol e se posicionaram para rezar, como os muçulmanos. Outra pessoa iazidi disse: "O que estão fazendo? Vocês não estão mais com o Estado Islâmico!".

"Olhe só para nós!", disse Turko. Ela me mostrou no celular um vídeo dela com as três filhas, à beira do rio, todas de hibaj preto.

Depois de dois anos e meio em cativeiro, o retorno não havia sido fácil. "Eu fiquei tão feliz de ver o meu marido, mas também não fiquei feliz, por causa do que havia acontecido e por não saber se ele me aceitaria de volta", ela disse. "Já faz mais de um ano e ainda não consigo olhar para ele normalmente."

O doutrinamento de suas filhas tinha sido tão efetivo que elas consideravam os outros iazidis infiéis. "As meninas ainda vivem falando de religião e pensam em si mesmas como muçulmanas. Eu digo que os muçulmanos estão cortando a mão e a cabeça das pessoas, e elas respondem: 'Elas merecem'. Elas não falam com o tio ou com os primos, porque acham que eles são infiéis."

Shrim riu com amargura quando lhe perguntei a respeito. "Turko me perguntou se seu marido ainda rezava. Ela também sofreu lavagem cerebral."

Ele explicou que, muitas vezes, quando as mulheres voltavam tinham sofrido tamanha doutrinação que acreditavam que o Estado Islâmico dominava o mundo. Algumas até tentavam entrar em contato com seus sequestradores.

Como a maioria das iazidis com quem falei, Turko morria de medo de voltar a Sinjar. Ela queria ir embora do país. "Só nos leve para fora do Iraque, por tudo o que o povo iraquiano fez conosco", suplicou.

Estava claro que escapar do Estado Islâmico não representava o fim dos problemas. Logo após a entrada do campo de Khanke havia alguns trailers onde a Free Yezidi Foundation oferecia aulas de ioga e de arte e acompanhamento psicológico para tratamento de trauma. Uma aula de ioga estava em andamento, e fui convidada a participar. Havia um grupo de meninas sentadas no chão. Desenhos de flores e olhos tinham sido colados nas paredes, assim como um esboço a lápis de quatro meninas de hijab acorrentadas juntas. Todas que participariam da aula, inclusive a professora Zainab, eram sobreviventes. Elas tinham sido mantidas como escravizadas sexuais pelos combatentes do Estado Islâmico, estupradas e vendidas repetidas vezes. Zainab lhes disse para respirar "devagar e profundamente", mas as mulheres pareceram inquietas.

Achei que devia estar atrapalhando e saí. Yesim Arikut-Treece, psicóloga britânica especializada em trauma que trabalhava com elas, explicou que uma das alunas, Khalida, de vinte anos, havia se enforcado na semana anterior.

Suicídio era comum entre aquelas mulheres. Os estupros contínuos haviam causado danos físicos a muitas delas. Algumas não tinham coragem de sair de casa. Muitos dos homens tinham se voltado para a bebida e os níveis de violência doméstica eram altos. Grandes números de famílias iazidis estavam endividados,

porque haviam pegado emprestado milhares de dólares para resgatar suas filhas — Abdullah, um homem que conheci, tinha gastado 70 mil dólares para recuperar suas sete meninas.

Elas não conseguiam ir para casa, explicou Sevvi Hassan, uma mulher usando um vestido de tecido branco fino com manga e saia compridas, ao estilo puritano que era típico das iazidis mais velhas. Ela me disse que tinha 45 anos, embora parecesse vinte anos mais velha, e que tinha chegado recentemente de Sinjar depois de ter tentado voltar para casa. "Só havia escombros", ela disse. "Nossa casa não tinha porta, teto ou janelas, não tinha água ou eletricidade, tampouco pessoas, só fantasmas. Levávamos uma vida boa, tínhamos pomares com romãzeiras, figueiras, oliveiras e videiras, noventa ovelhas e trinta cabras. Não restou nada."

Tampouco era seguro voltar. Diferentes milícias reivindicavam a área. O pior de tudo, ela disse, eram as terríveis lembranças. Sua filha mais nova, Zeena, que aos 28 anos tinha quatro filhos, ficara tão traumatizada que despejara combustível em si mesma e ateara fogo. "Ela vivia achando que o Estado Islâmico ia voltar para levá-la com as crianças. Só um lado de seu rosto permanece ileso."

Apenas em Khanke, quatro meninas haviam se suicidado e outras treze haviam tentado. Pari Ibrahim, jovem advogada iazidi que vive nos Estados Unidos e que fundou a Free Yezidi Foundation depois de perder quarenta membros da própria família, me disse ter ouvido que cerca de dez iazidis se suicidavam toda semana.

"Eu queria abrir uma clínica especializada em tratamento de trauma para as mulheres, mas sabia que isso seria um estigma", disse Pari. "No Oriente Médio, quem tem problemas psicológicos é chamado de louco."

Então ela abriu um centro para mulheres, com a intenção de que fosse um ponto de encontro seguro para as sobreviventes, e conseguiu financiamento da Women for Women International, da

ONU e do governo britânico, para contratar uma psicóloga especializada em trauma. A primeira foi uma avó britânica de Dorset chamada Ginny Dobson. Nos primeiros dias, noventa mulheres se consultaram com ela.

Algumas relutavam em ir ao centro, como fora o caso de Zainab, a professora de ioga de cabelos avermelhados e rosto sardento, que havia sido sequestrada com as cinco irmãs. Ela tinha sido a última a escapar, e, quando finalmente conseguiu, as outras já haviam sido levadas para a Alemanha, enquanto seus pais e irmãos permaneciam desaparecidos. "Eu sentia que não fazia a menor diferença para o mundo se eu existisse ou não", Zainab disse. Mas ela foi persuadida a comparecer a uma cerimônia de graduação, depois da qual concordou em fazer um curso de inglês e falar com Ginny. Segundo ela mesma, em meses tinha se transformado "de uma mulher que ficava sentada sozinha dentro de um prédio inacabado em alguém radiante".

Pari me avisou antes de eu ir que muitas iazidis estavam cansadas de contar suas histórias a jornalistas que só queriam saber coisas horríveis, como abutres se alimentando de seus infortúnios. Elas não viam mais sentido em falar, considerando que o ultraje internacional não se traduzira na reconstrução de sua terra natal ou em justiça pelo que haviam sofrido. As mulheres estavam especialmente chateadas por causa da equipe de um documentário recente da BBC que havia convencido uma das meninas resgatadas de Khanke a acompanhá-la até Mossul para visitar a casa onde ela havia sido mantida e estuprada repetidas vezes, então a colocara frente a frente com um prisioneiro do Estado Islâmico.

"Por favor, não as retrate como escravizadas sexuais. Elas eram humanas em primeiro lugar", pediu Pari.

Foi em Khanke que conheci Naima, a menina cujo nome havia sido tirado de uma tigela e que havia passado por doze homens diferentes. Ela queria falar, porque se defendera.

"Sempre que os homens do Estado Islâmico me forçavam a fazer sexo, a dor e o medo só me tornavam mais forte", ela disse. "A escolha era morrer ou aceitar. Mas eu pensava: um dia vai ser minha vez, e eles vão estar na minha situação."

Em 3 de agosto de 2014, ela tinha acabado de fazer dezoito anos e estava numa casa em Khanasor quando a notícia de que o Estado Islâmico havia chegado a Sinjar se espalhou. "Todo mundo correu para as montanhas. Mas não tínhamos comida ou água lá, e ouvimos que iam bloquear o caminho para a Síria, então decidimos escapar antes que o fizessem.

"Éramos duas famílias, em dois carros. Estávamos espremidos, em cerca de vinte pessoas, a família do meu tio e meus pais, minha avó, minhas quatro irmãs e meus cinco irmãos. Quando chegamos ao antigo posto de controle americano em Dugre, havia dois carros bloqueando a estrada, cheios de combatentes do Estado Islâmico, vestidos de preto e portando armas. 'Passem o ouro e descubram a cabeça das meninas!', eles exigiram.

"Ficamos com medo, então ouvimos uma bomba e eles nos fizeram voltar para os carros. Havia cerca de trinta veículos ali, todos lotados de iazidis como nós, mas sendo escoltados por picapes do Estado Islâmico, duas à frente, uma no meio e duas ao fim. Pensamos em tentar fugir de volta para a montanhas, mas tínhamos ouvido falar de pessoas que tinham tentado e haviam sido mortas a tiros.

"Paramos em Shiloh, onde nos separaram entre homens e mulheres. Então ouvimos barulhos de tiro e algumas das mulheres começaram a gritar.

"Fui olhar, mas os homens só estavam sentados ali. Então eles colocaram homens e mulheres em carros separados. Minha mãe, meu irmão e minha irmã conseguiram escapar, assim como minha avó e meu outro irmão, porque seus motoristas eram iazidis.

"Eu estava com a minha prima. Minha irmã mais nova, Maha, que tinha seis anos, estava chorando, e foi com o meu irmão mais velho. Eles nos levaram até Sinjar. No caminho, vimos coisas horríveis: cadáveres, carros pegando fogo. Nos levaram para um prédio administrativo cheio de meninas e mulheres, depois trouxeram a minha irmã mais nova também. Por volta das oito da noite, um mulá veio e começou a ler o Corão. Ele disse que iam tirar algumas fotos e depois poderíamos ir para casa. Mas nunca nos levaram. Perguntei: 'Onde estão os homens?'.

"Nos vinte dias que se seguiram, nos conduziram de um lugar a outro, até que acabamos na prisão de Badush, que estava cheia de mulheres e meninas. Ficaram com as nossas joias e com todo o nosso dinheiro. Quase não havia comida, era terrível. O lugar cheirava a suor, vômito e menstruação. Eu me sentia mal. Todos os dias, homens vinham e escolhiam uma menina. Da primeira vez que me levaram, congelei. Até então, não sabia o que era estupro.

"Conseguíamos ouvir as bombas se aproximando. Fomos levadas a uma escola e depois para Qasr al Gharib, em Tal Afar, um antigo vilarejo xiita cujos moradores todos haviam fugido, para onde levavam os convertidos. Encontrei com os meus irmãos e o meu tio ali. Eles me contaram que o Estado Islâmico oferecera uma adaga e um Corão e dissera: 'Se escolher o Corão e se converter ao islamismo, verá sua família; se escolher a adaga, será morto'.

"Ficamos naquele vilarejo por quatro meses. Eles vinham e pegavam as mulheres ou as meninas de que gostavam, e levavam os meninos para trabalho escravizado e treinamento. Também levaram as ovelhas e as cabras a Mossul, para alimentar seus homens.

"Um dia, chegou um ônibus e levou um grupo de nós ao Cinema Galaxy de Mossul, um grande salão com colunas e piso de ladrilho que era usado para casamentos. Havia inúmeras sandálias masculinas à entrada. Era como um mercado de meninas. Fomos separadas em bonitas e feias. Bagunçávamos o cabelo e esfregávamos sujeira e cinzas no rosto, porque era melhor não ser considerada bonita.

"Depois de uma semana, vieram alguns homens de Raqqa e me levaram, junto com a minha irmã de seis anos e a nossa prima. Quando chegamos, fui separada delas e colocada numa casa com dez meninas mais ou menos da minha idade e muitas crianças, incluindo um bebê, então era muito barulhento. Um dia, um iraquiano chamado Abu Ali me levou para sua casa. Fiquei feliz de estar longe do barulho, mas depois ele me deixou num centro de treinamento do Estado Islâmico, cheio de meninas e mulheres.

"Um mulá veio e mandou que eu entoasse a *chahada* [o primeiro dos cinco pilares do islã], para provar que eu tinha me convertido. 'Não há outro Deus além de Alá, e Maomé é seu mensageiro...', comecei, mas ele puxou a arma. 'Me mate, por favor', implorei. 'Quero ser livre.' Fiquei contente, porque achei que seria o fim de tudo aquilo. Mas ele disse: 'Como você se converteu, ninguém pode machucá-la'. Então mandou eu me lavar. Depois, nos levaram para Mossul. Foi então que colocaram nossos nomes na tigela e começaram a nos vender."

Quando estava com o seu quinto "dono", Faisal, o fabricante de bombas, ela decidiu começar a retrucar.

"Um dia, ele me disse: 'Você é uma puta'. Perguntei a ele: 'Você sabe o que essa palavra significa? Acha que eu gosto do que tenho que fazer?'.

"Quando me vendeu para Abu Badr, me disse: 'Vá se aprontar e ande devagar, para não cair'. Eu respondi: 'Como eu ando não é da sua conta'. Era o último dia de dezembro de 2015. Estava frio e úmido, e ele saiu de casa descalço. Fui até o carro, então voltei para ele e disse: 'Faisal, um dia você será punido pelo que fez'. Ele começou a chorar enquanto o carro ia embora, e fiquei feliz. Faisal podia ter armas, mas era ele quem estava chorando, não eu.

"Fiquei 24 dias com Abu Badr. Ele me estuprou, claro. Fui vendida muitas vezes, mas foi com esse homem que tive a pior experiência, porque ele me disse que a esposa de um amigo, Abu Sahib, estava doente e que por isso ia me levar até ela. Quando cheguei à casa de Abu Sahib, não havia nada de errado com a tal esposa. Me colocaram num quarto, e ele foi me visitar durante a noite. Eu disse a Abu Sahib: 'Não sou sua, sou de Abu Badr'. Eu pertencia a Abu Badr, e era *haraam* que qualquer outra pessoa me tocasse. Ele tentou me forçar, mas gritei e gritei, e sua esposa acabou vindo.

"Na manhã seguinte, ele me levou a outro centro do Estado Islâmico e me estuprou. Fui mantida ali, vigiada, e à tarde Abu Badr veio. Perguntei se ele tinha me vendido. Ele disse que não, então contei o que Abu Sahib havia feito.

"Então Abu Sahib apareceu e disse que ia me levar. Me recusei a ir, dizendo que Abu Badr não havia me vendido. Comecei a gritar. Ele me mandou ficar quieta, mas eu disse que não, que queria que todo mundo soubesse. 'Vocês do Estado Islâmico dizem que seguem o islã, mas o que está fazendo vai contra isso. Vocês não obedecem nem suas próprias regras, estupram até mulheres grávidas.'

"Ele tentou me forçar, mas eu tinha uma faca que havia conseguido pegar na cozinha. Um guarda veio e a levou, então me trancafiaram. Dei um soco na janela para quebrar o vidro e tentei cortar os pulsos para me matar, mas o guarda chegou e levou o vidro.

"Depois de 24 dias, fui vendida de novo, por 10 200 dólares, para Abu Haman, cujo nome verdadeiro era Ahmed Hasoum. Ele era outro especialista em bombas e explosivos. Fiquei com ele por oito meses, perto do famoso restaurante Jendul, em Mossul.

"Eu era uma escravizada, mas tinha certo controle", ela continuou. "Uma vez, fiz um emir chorar. Uma amiga minha estava com ele. Ela tinha dois filhos, e o homem não lhe dava comida. Quando viam comida na TV, os meninos pediam: 'Mamãe, precisamos disso'. Por um mês, ficamos sem chá e óleo de cozinha, e por uma semana só comemos pão velho.

"Então esse emir, Abu Walid, veio e se sentou no sofá, com o corpanzil esparramado, e eu perguntei: 'Por que não traz comida? O restaurante é aqui perto'. Ele disse que era porque jogávamos comida fora. Então cuspiu em mim. Eu falei: 'Imagine se fossem os seus filhos pedindo comida e se você não tivesse nada. Se fosse o contrário, eu não o deixaria nessa situação'. Então eu disse: 'Venha comigo'. Peguei a sua mão e mostrei a ele que estávamos comendo um pão seco e muito duro.

"Ele começou a chorar, depois veio com bolos e biscoitos. Isso me deixou feliz, o fato de que eu havia feito um emir chorar. Fizeram muitas coisas ruins comigo, mas eu ficava contente quando conseguia agir como uma heroína."

Perguntei se a família dela havia tentado resgatá-la através de Shrim ou de outras pessoas. "Eles não sabiam onde eu estava", ela disse. "Uma vez, consegui pegar o telefone e ligar para o meu pai. Falei em curdo com ele, mas, no momento em que consegui passar o endereço, o homem tirou o aparelho de mim."

Em outubro de 2016, quando ela estava com Abu Haman em Mossul, forças ocidentais começaram a bombardear a cidade para recuperá-la do Estado Islâmico. "Era assustador, mas sabíamos que significava que as pessoas de fora finalmente estavam tentando fazer alguma coisa.

"Então, Haudi, um amigo de Abu Haman, chegou e disse que a casa estava em perigo, que podia ser bombardeada a qualquer momento, então eu precisava ir com ele. Haudi me levou para a sua casa, e eu fiquei lá por dez dias.

"Abu Haman morreu", ela disse de repente em inglês, com uma risada dura.

"Ele morreu no bombardeio. Fiquei feliz com a sua morte, mas ele tinha feito um testamento. Dizia que eu devia ser vendida por 6 mil dólares e que o dinheiro devia ir para a família dele.

"Então fui vendida para Abu Ali al-Rashidi, que me levou para a sua casa. Eu estava de nicabe, então não conseguia enxergar para onde íamos. Fiquei 24 horas com ele, que fez o mesmo de sempre comigo. Na manhã seguinte, às dez horas, ele me levou para a casa de um amigo, Nashwan, e disse: vou te deixar aqui enquanto vou combater.

"Então Nashwan chegou, mas eu sabia que não pertencia a ele, e me sentei bem distante. Ele falou: 'Abu Ali não te contou?'

"'Contou o quê?', perguntei.

"Ele disse: 'Abu Ali vendeu você por 5 mil dólares'.

"Os membros do Estado Islâmico nos passavam adiante como se fôssemos doces, nos vendiam sem nem nos avisar. Fiquei três meses com Nashwan, e foi igual. Então ele morreu num bombardeio, mas também tinha feito um testamento que dizia que eu devia ser vendida e que o dinheiro iria para a sua família.

"Os bombardeios ficavam mais intensos, mas eu estava feliz, porque obrigavam o Estado Islâmico a deixar a margem esquerda do Tigre, que divide a cidade. Depois bombardearam as pontes, então nós, do lado ocidental, ficamos isolados."

"Você não teve medo?", perguntei.

"Não. As bombas não me assustavam. A única coisa que me assustava era que se meu dono morresse outra pessoa ficaria comigo. Depois que Nashwan foi morto, fui vendida para Hamad. Passei doze dias com ele, que então me vendeu a um farmacêutico. Fiquei um mês com ele, que fez a mesma coisa que os outros.

"Todo esse tempo, os bombardeios chegavam mais perto. Ele me levou a uma família cheia de mulheres e meninas do Estado

Islâmico. Tinham ouvido que o Exército iraquiano faria com elas o mesmo que eles haviam feito com as iazidis, então estavam assustadas. Elas me disseram: 'Se o Exército iraquiano chegar e perguntar, diga que somos todas iazidis tomadas pelo Estado Islâmico'. De repente, todo mundo queria ser iazidi! Uma até me disse: se você tiver um irmão bonito, por favor, deixe que eu fique com ele. Então me dei conta de que o jogo estava virando. Elas estavam assustadas, e aquilo era bom.

"Fui vendida de novo, por 5 mil dólares, para Abdullah, cujo nome verdadeiro era Tawfiq Hattam al Hossaini, um sunita de Tal Afar. Fiquei cinco meses com ele, que fez as mesmas coisas..."

Eu estava impressionada com como ela recordava todos os detalhes. "A única coisa que eu podia fazer era guardar o nome de todos, para que o que fizeram não fosse esquecido", ela explicou. "Agora que estou livre, estou escrevendo tudo num livro, sei o nome de todos."

Não pude deixar de me perguntar como ela havia evitado a gravidez em três anos com todos aqueles homens.

"Dá para dizer que usávamos um método natural, se é que você me entende", ela disse, dando de ombros. "E o Estado Islâmico não quer que tenhamos filhos. Às vezes, eles davam às meninas contraceptivos, comprimidos egípcios ou camisinhas usadas, mas nunca aconteceu comigo.

"O Estado Islâmico me forçou a ir ao médico duas vezes. Eu não queria, porque tinha medo. Estava com bastante dor, com todos os machucados internos. O médico me disse que eu tinha uma infecção do trato urinário e uma inflamação interna forte, e que era para eu não deixar ninguém fazer sexo comigo por dez dias, mas eles não ligaram...

"Abdullah também morreu!" De novo, ela soltou aquela risada vazia. "Ele foi o último. Depois que morreu, fiquei com a sua irmã e o seu irmão. Os últimos seis meses foram muito difíceis, por causa de todos os bombardeios na Cidade Velha, onde estávamos. A casa foi atingida mais de uma vez, e alguns membros da família se machucaram."

Em um dia de janeiro de 2017, a irmã de Abdullah deu o telefone a Naima e pediu que ela ligasse para o pai dela para pedir ajuda. "Ela pediu que eu dissesse que eles não tinham nada a ver com o Estado Islâmico. Em vez disso, eu disse: 'Perdoe qualquer coisa que eu possa ter feito, se eu sobreviver vou voltar'.

"Era a primeira vez que eu falava com alguém da minha família em seis meses. Durante todo o período de cativeiro, depois de ter sido separada dos meus irmãos e da minha irmã, eu só havia entrado em contato quatro vezes.

"Uma manhã, fomos para um abrigo subterrâneo. As bombas caíam uma após a outra, e ouvimos tiros, aviões de guerra e todo tipo de arma. Havia cerca de sessenta pessoas, incluindo três homens mais velhos. Um deles disse: 'O Exército iraquiano está próximo. Vamos falar com eles'. O Estado Islâmico estava deixando roupas e todo o resto de prontidão e queimando qualquer coisa que pudesse identificá-los: fotos, identidades, cartões de memória, tudo…

"Saímos do subsolo por volta de sete da noite de 3 de julho. Foi um choque. Não reconheci nada, não via uma casa normal, estava tudo destruído, parecendo uma montanha de pó.

"Havia bombardeios o tempo todo. Caminhamos por um tempo, então vimos alguns soldados iraquianos, mas a área não estava completamente livre do Estado Islâmico, e eles estavam ocupados atacando.

"Os soldados iraquianos tentavam nos mostrar por onde ir. No meio do caminho, havia um cadáver de um combatente do Estado Islâmico, com a barba comprida e o rosto coberto de pó e sangue, e tive que pular por cima dele. Na minha cabeça, talvez ele ainda estivesse vivo e pudesse me machucar. Mas senti que precisava fazer aquilo. A sensação foi boa, me senti fortalecida depois. Vi os cadáveres, e era parecido com o que haviam feito conosco.

"Caminhamos pelos escombros até quase nove da noite, quando chegamos a uma clínica onde as pessoas que estavam fugindo se reuniam. Eu tinha escapado da irmã de Abdullah e estava com outra família, que tinha uma criança pequena. A criança começou a chorar. Eu não sabia se a família era do Estado Islâmico ou se só morava em Mossul, mas tinha uma garrafa de água comigo, então peguei o bebê e lhe dei um pouco.

"Contei que era iazidi, e eles disseram: 'Quando encontrarmos o Exército iraquiano, por favor, diga a eles: esta família tomou conta de mim e não tem nada a ver com o Estado Islâmico'. Eu disse que tudo bem, então devolvi o bebê e fugi.

"Um pouco adiante, vi um soldado iraquiano e sussurrei para ele: 'Sou iazidi'. Ele disse: 'É verdade?'. Eu disse que sim. Ele perguntou meu nome. 'Naima', eu disse.

"Eu sabia que o soldado poderia pensar que eu era apenas uma esposa do Estado Islâmico tentando escapar. Ele me colocou num ônibus cheio de gente fugindo da cidade. Antes que o ônibus partisse, um soldado iraquiano entrou e perguntou: 'Tem alguma Naima aqui?'. Ele pediu o contato da minha família. Passei o número do telefone do meu pai. O soldado ligou e perguntou: 'Você tem uma filha que foi capturada pelo Estado Islâmico?'.

"Quando meu pai confirmou, o homem disse: 'Ela está conosco e a salvo'. Então me entregou o telefone. Foi a primeira vez que ouvi a voz do meu pai em seis meses.

"O ônibus estava cheio, não havia espaço para se sentar. O soldado iraquiano mandou um homem ceder a sua poltrona, e disse: 'Ela é iazidi'. Agora eu era mais valiosa que eles.

"Estávamos sendo levados a um campo para famílias do Estado Islâmico, mas depois de um tempo o ônibus parou e fui transferida para um veículo do Exército iraquiano, que me levou à delegacia de polícia.

"Eles me conduziram ao segundo andar, porque não queriam que eu visse as esposas do Estado Islâmico sendo levadas. Os iraquianos tomavam seu ouro e suas identidades, e eu conseguia ouvir as mulheres gritando. O que aconteceu conosco aconteceu com elas. Elas perderam tudo, assim como nós.

"Uma mulher que morava por ali me deu biscoitos e roupas limpas, então disse que eu poderia passar a noite na casa dela. Quando estávamos indo embora, trouxeram mais membros do Estado Islâmico que haviam capturado, vendados e algemados, o que me deixou feliz.

"Às oito da manhã do dia seguinte, a bondosa mulher me levou de volta ao segundo andar da delegacia e me pediu para esperar perto da porta. Cerca de 8h30, a porta abriu e ali estava meu pai. Ele me abraçou e começou a chorar. Fiquei muito feliz em vê-lo, mas não chorei nem ri.

"Então a polícia levou meu pai ao tribunal para assinar um papel que dizia que ele não ia me matar. Fazem isso com todas as meninas iazidis devolvidas, mas não sabíamos disso, e ele ficou muito ofendido. 'Do que estão falando?', ele perguntou. 'Ela é minha filha e faz três anos que não a vejo.'

"Finalmente, aquela noite nos levaram ao posto de controle de Akrab, na fronteira entre o Curdistão e Sinjar, onde meus primos nos esperavam num táxi. Chegamos umas seis da manhã. Era 6 de julho de 2017. Esse é o fim da história."

Naima me contou tudo isso no trailer. Depois caminhou comigo em meio às fileiras de tendas brancas do campo até chegar à sua, que tinha geladeira e uma pilha de cobertores. Dava para ver que aquele não era o fim da história.

"Quando voltei, descobri que não íamos para casa, mas viríamos para este campo, e que minha família já não estava completa. É como ter um jardim verdejante e deixá-lo por um tempo, então voltar e encontrá-lo todo marrom, seco e morto.

"Vivo nesta tenda com os meus pais, a minha avó, duas irmãs e dois irmãos. Tenho três irmãs casadas, e sou a mais velha que resta. Minhas irmãs, incluindo a menor, Maha, que tem nove anos e meio, também foram sequestradas, mas foram resgatadas de Raqqa antes de mim. Minha família pagou ao Estado Islâmico pelo resgate de onze parentes, incluindo minha tia e seus filhos, então agora temos uma dívida bem grande.

"Três de meus irmãos e um tio permanecem sumidos. Não tivemos notícias deles. Na noite passada, eu os vi em meus sonhos, e eles estavam numa situação muito ruim. Pareciam muito cansados. Às vezes, vejo jovens jogando futebol e acho que é o meu irmão."

Ela me mostrou no celular uma foto dos irmãos e do tio, com imagens de flores sobrepostas, acompanhadas por uma melodia romântica tocada ao piano. "Fiz um vídeo deles, caso alguém os tenha visto", ela disse.

"Quando eu voltei, só ficava na tenda. Não queria sair ou encontrar pessoas. Sentia que a vida havia parado. Não falei com ninguém sobre o que havia acontecido comigo. Quando saía, sempre me envolvia em discussão. As pessoas perguntavam: 'O que aconteceu com você?'. E eu respondia: 'Como assim? Não sabe o que fizeram conosco?'.

"Então me dei conta de que a vida continua, não espera o fim da guerra, e vi que precisava mudar, pelo bem da minha família. Os desaparecidos eram filhos do meu pai antes de ser meus irmãos. Alguém me levou à Free Yezidi Foundation, e eles me arranjaram um emprego no campo como professora de cuidados com a saúde, o que ajudou."

Perguntei-lhe se havia voltado para Khanasor. Ela ficou quieta por um momento. "Se voltasse a Sinjar, seria com o coração partido. Estive lá duas vezes, em uma delas para pegar a minha identidade, e meu pai não deixou que eu visse a nossa casa. Da segunda vez, quando fui com a minha irmã, eu a vi. Foi muito difícil. Tudo por dentro foi destruído, todas as portas e janelas foram quebradas."

Ela baixou os olhos para as próprias mãos. "Quero que as piores coisas aconteçam aos homens que fizeram isso comigo. Quero que eles morram, e não de uma maneira rápida ou humana, mas devagar, devagar, para que saibam como é quando se fazem coisas ruins às outras pessoas."

Não muito longe do campo havia um morro onde ficava um santuário iazidi, com três construções cônicas e brancas, parecendo saias plissadas, que representavam os raios de sol que eles veneravam brilhando sobre a terra. Havia um grupo de mulheres de vestido branco e longo reunidas ali, enquanto o sol de verdade se punha, observando-o virar uma bola vermelha e inchada que se dissolvia no horizonte atrás das tendas cercadas. Com as famílias e as comunidades divididas em campos, os líderes iazidis temiam que a comunidade, que remonta à antiga Mesopotâmia, nem sobrevivesse.

As mulheres rezavam pelas crianças desaparecidas. Como ocorria na família de Naima, em quase todas as tendas de Khanke que eu havia entrado familiares permaneciam sumidos. Embora talvez dois terços das 7 mil meninas sequestradas tivessem sido recuperados, ainda havia 3154 iazidis desaparecidos, muitos deles mulheres e meninas.

Quando o Ocidente declarou vitória sobre o Estado Islâmico, depois de tirá-lo de Mossul e de Raqqa, em 2017, nada foi feito

para resgatar as meninas. A coalizão liderada pelos Estados Unidos permitiu que um comboio de cerca de 3500 pessoas deixasse Raqqa, incluindo combatentes e possivelmente meninas escravizadas. Do outro lado das cercas de arame, dos sacos de areia e dos postos de controle, no quartel-general da coalizão em Bagdá, entrevistei o subcomandante, um major britânico chamado Felix Gedney, e perguntei a ele o motivo. "Não era o plano", ele respondeu, "mas o conflito foi muito intenso, e nossas forças parceiras sentiram que não podiam ignorar os pedidos muito emotivos dos líderes tribais locais."

Shrim, o apicultor, disse que ele e os outros só estavam conseguindo recuperar cerca de três iazidis por mês. Não apenas se tornara mais difícil localizar as meninas, com a Turquia se recusando a cooperar, como algumas se recusavam a retornar, porque aquilo significaria abandonar os filhos. Uma sobrinha dele estava naquela situação, porque havia tido uma menina em cativeiro. Ele acreditava que algumas das meninas sequestradas tinham permanecido com apoiadores do Estado Islâmico em Mossul ou em campos porque temiam ter que entregar os filhos para voltar para casa.

A comunidade iazidi é extremamente fechada, talvez por causa das muitas tentativas de extingui-los que houve ao longo dos séculos. A criança deve nascer iazidi para seguir a religião, e os adultos precisam se casar entre si. As mulheres não podem ter um relacionamento com homens de outras religiões, e no passado qualquer contato sexual com alguém de fora implicava banimento. Muitas iazidis me contaram a história de uma menina que havia se apaixonado por um garoto muçulmano alguns anos antes e fora apedrejada até a morte.

Tinha sido um passo considerável o líder espiritual iazidi, o xeque Baba, proclamar que as meninas sequestradas pelo Estado Islâmico eram inocentes e até mais santas que as outras, e que deviam ser recebidas de volta. Mas isso não se aplicava aos filhos de seus sequestradores que houvessem tido, então as famílias não os aceitavam.

Aquilo parecia bastante duro, então decidi ir a Lalish, o vale sagrado onde ele vivia e onde os iazidis eram batizados. É para lá que os iazidis se voltam para rezar durante o dia.

Fazia frio e chovia, e as montanhas verdes do vale de Shekhan estavam envoltas em espirais de névoa. Meu guia era um jovem iazidi chamado Bader. Fomos para lá num táxi com um anjo-pavão dourado e dois amuletos em vidro azul pendurados no retrovisor, para proteger do mau-olhado.

Chegamos a um posto de controle na estrada que levava a um templo com outras três construções cônicas brancas. Não podíamos seguir adiante. Bader me disse para tirar os sapatos e as meias, porque não se podia contaminar Lalish com a sujeira exterior. O tempo estava frio e úmido, e aquilo era estranho por si só, mas a pedra do piso pareceu macia e surpreendentemente agradável aos meus pés.

Passamos por uma galeria com lojas fechadas e subimos alguns degraus até uma pequena construção de pedra. Uma senhora grande usando um vestido de veludo roxo e véu branco estava agachada à porta, sob um relógio de plástico. Ela cuidava de um pote com o que parecia ser terra.

Seu nome era Asmara, e ela explicou que o pote continha "solo sagrado", que os iazidis guardavam num pedaço de pano dentro do bolso ou na carteira para ter sorte. Ela disse que fazia vinte anos que vivia e que inclusive dormia naquele local. Também disse que era de uma família de *pirs*, uma casta sagrada. "Só nossa família pode guardar esta entrada", ela disse, orgulhosa. Mais além, dentro do cômodo, dava para ver uma fonte natural borbulhando atrás de um parapeito de latão, mas como eu não era iazidi não pude entrar.

Ouvimos risadinhas e atravessamos para o outro lado da estrada, onde um grupo de meninas tirava selfies, todas usando vestidos

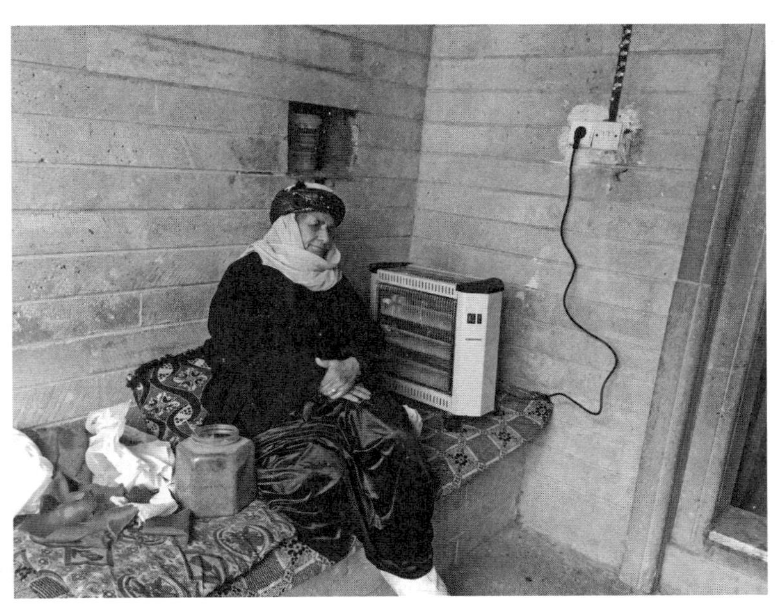

Asmara e seu pote de solo sagrado.

longos e coloridos, como se tivessem atacado um armário de fantasias. Então atravessamos uma arcada, e fui instruída a passar por cima do batente, sem pisar nele. Demos num pátio com uma figueira.

Havia um grupo de homens sentados em volta do fogo, sob a copa da árvore. Era ali que o xeque Baba costumava presidir. Além deles havia um enorme portal de mármore com o entalhe de uma cobra preta subindo sinuosamente a parede à direita. De acordo com a lenda iazidi, a cobra tapara um buraco por onde entrava água na Arca de Noé, impedindo que ela afundasse, assim esse povo tinha as cobras pretas como sagradas e nunca as matava.

Depois de atravessar um portal, de novo tomando cuidado para não pisar na soleira, adentramos um cômodo mal iluminado com sete colunas, todas decoradas com sedas de cores fortes cheias de nós. As colunas representavam os sete anjos iazidis a quem se acreditava que Deus confiara o mundo depois da Criação, e os nós aparentemente davam sorte. Desfazer um nó libertava o pedido do peregrino anterior para que pudesse ser atendido, então um novo pedido poderia ser feito dando três nós num ponto diferente.

Uma brisa fresca chegava de alguns degraus abaixo, que levavam à nascente sagrada onde os iazidis são batizados e que eles acreditam vir da mesma fonte que a de Meca. De novo, como não iazidi, não pude entrar, então peguei o caminho que levava à câmara principal, com teto bastante alto e a cúpula mais elevada do templo. Dentro havia um sarcófago de pedra coberto de veludo verde, onde havia sido sepultado o xeque Adi Musafir, um dos fundadores da fé iazidi. O xeque Adi, que morreu no século XII, supostamente era a manifestação terrena do verdadeiro governante dos iazidis, Melek Taus, o anjo-pavão. Iazidis me disseram que eles acreditam que o anjo-pavão vem à terra todo ano, no dia que chamam de Charsema Sor, ou Quarta-feira Vermelha, seu Ano-Novo.

Descendo outro lance de degraus, chegamos a um salão com grandes ânforas de azeite dos pomares de Lalish empilhadas ao longo das paredes. Alguns iazidis se revezavam para ficar de costas para o pilar de pedra e jogar uma pequena trouxa de seda por cima do ombro, em direção a ele. Aparentemente, se a seda aterrissasse no topo do pilar, seu desejo seria realizado.

Foi frustrante tentar compreender a fé iazidi. Cada pessoa que eu conhecia parecia me dar um relato diferente de sua história. Eu fazia perguntas sem parar a Bader, que pouco ajudava. "É tudo bobagem, todos os líderes são corruptos e ganham dinheiro em cima das pessoas", ele disse.

Eu esperava que o xeque Baba fosse ser capaz de explicar tudo, mas, infelizmente, seu lugar sob a árvore estava vazio. Ele estava doente e havia ido para a Alemanha, disseram os homens em volta do fogo enquanto eu esquentava meus pés molhados.

"As crianças nascidas em cativeiro são inocentes. Por que não deveriam ser aceitas de volta?", perguntei a Murad Ismael, o engenheiro e amante de poesia que fundou o Yazda, o principal grupo ativista dos iazidis.

"Isso é um passo longe demais", ele explicou quando nos encontramos para tomar café no que era inapropriadamente chamado de Classy Hotel, em Arbil.

A condição das crianças abandonadas o havia comovido tanto que Ismael inclusive tentara adotar uma, para horror de sua família, já que ele não era casado. Mas, quando entrou com o pedido, ele descobriu que não se tratava de uma criança órfã — o homem que havia dito que era seu tio na verdade era seu pai. Ismael ficou bravo, mas nós dois nos perguntamos quanto aquelas pessoas não deviam estar desesperadas se chegavam a ponto de dar seus filhos para a adoção, esperando lhes oferecer assim uma oportunidade de vida melhor.

Ismael trabalhara como intérprete para as forças americanas

no Iraque antes da invasão de 2003, assim havia conseguido um visto especial para os Estados Unidos. Ele estava estudando em Houston em agosto de 2014 quando começou a receber ligações de familiares e de amigos de Sinjar aterrorizados, dizendo que o Estado Islâmico tinha chegado.

Ele começou a mandar e-mails para todos os membros do Congresso e a jornalistas a que conseguia acesso com fotos das crianças iazidis desesperadas, além de vídeos das pessoas sendo enterradas no alto da montanha.

Ismael e um grupo de outros iazidis que haviam trabalhado para as Forças Armadas americanas foram a Washington para protestar diante da Casa Branca, mas foram deixados de lado para dar lugar aos palestinos. Eles permaneceram ali, dormindo seis em cada quarto num motel encardido de Maryland, e acabaram conseguindo uma reunião com o Escritório de Liberdade Religiosa Internacional. Nessa reunião, contaram histórias tão horríveis de famílias assassinadas pelo Estado Islâmico e de pessoas morrendo de fome na montanha que levaram Doug Padgett, ex-oficial da Marinha de 1,95 metro, às lágrimas.

Ismael não esperava muito. "Somos uma pequena minoria morando em meio a outra minoria no meio do nada", disse, dando de ombros. No entanto, ele e seus amigos iazidis tinham uma vantagem. Tendo trabalhado com os militares americanos, sabiam como a mente deles funcionava, e criaram um plano que envolvia três pontos: os americanos deveriam enviar comida e água para a montanha, ajudar a milícia iazidi que havia se formado em Sinjar e, por último, persuadir o governo iraquiano a rastrear o número cada vez maior de iazidis feitos reféns pelo Estado Islâmico.

Ele tinha mestrado em geofísica, e desenhou mapas de Sinjar nos quais indicou campos e caixas-d'água, marcando as posições do Estado Islâmico com octógonos vermelhos e com bonecos de palitinho os iazidis fugindo.

O grupo ficou radiante quando conseguiu persuadir o presidente Obama a autorizar o abastecimento aéreo e ataques aéreos em Sinjar, além de denunciar publicamente o que estava acontecendo com os iazidis como um "ato de genocídio em potencial".

A isso logo se seguiu a desilusão, quando os americanos ignoraram o resto do plano e não fizeram nada para impedir o massacre dos moradores de Kocho, apesar de seus avisos cada vez mais desesperados. Ismael chegou a ameaçar se autoimolar diante da Casa Branca, mas foi inútil.

Quando o dinheiro acabou, os iazidis retornaram a Houston e formaram o Yazda. A experiência toda, Ismael disse, fez com que ele sentisse que não valia a pena acreditar na humanidade.

Os alemães acabaram recebendo 1100 mulheres, enquanto o Canadá recebeu cerca de setecentas e a Austrália, cerca de trezentas. O presidente francês Emmanuel Macron prometera receber cem famílias. O Reino Unido e os Estados Unidos não receberam nem uma única mulher iazidi, algo que Ismael tinha dificuldade de compreender.

"Todo mundo fala nos sobreviventes, e houve bastante cobertura da mídia, mas na verdade eles não recebem ajuda", Ismael disse. "Tivemos uma mulher com tuberculose e não conseguimos arrecadar nem os setecentos dólares de que ela precisava para a cirurgia."

Sinjar permanecia em ruínas, e parecia que ninguém estava preparado para reconstruí-la. "Viver nos campos destrói o tecido de que é feita a comunidade", disse Ismael. "Meu maior medo é termos algo como os campos de refugiados dos palestinos, campos eternos em que as pessoas levam uma subvida."

Aquilo não era tudo. Para sua frustração, nem um único criminoso fora levado à justiça, e nenhuma das valas comuns tinha sido exumada. "Temos registros de mais de 1400 depoimentos de mulheres e mais de trezentas declarações extensas", ele disse. "Temos listas de nomes de militantes do Estado Islâmico e bancos de dados, mas ninguém quer."

Enquanto isso, milhares de sequestradores do Estado Islâmico continuavam à solta, de acordo com Khaleel, o advogado que se transformara em salvador. "Consegui libertar uma menina de quinze anos, Rana, que havia sido vendida treze vezes. Ela foi para Mossul atrás de seus documentos e viu o último homem que a mantivera presa caminhando pela rua. Rana gritou, mas ele cobriu o rosto e saiu correndo."

Khaleel e Ameena tinham começado a tentar localizar pessoalmente alguns dos criminosos. Uma das jovens que eles haviam resgatado naquele mês de janeiro se chamava Bushra e tinha vinte anos. Ela havia sido vendida repetidas vezes, e seu último sequestrador era um homem de setenta anos que morava em Deir Azzour.

Depois que Bushra já estava em segurança, Khaleel criou um perfil falso no Facebook para entrar em contato com o homem, oferecendo-se para recuperá-la. Bushra gravou uma mensagem de voz para enviar ao homem, dizendo que se ele fosse buscá-la ela voltaria com ele.

O homem mordeu a isca. Khaleel me mostrou um vídeo de um senhor de barba grisalha gritando para uma oliveira e implorando: "Volte, por favor, sinto sua falta!".

"Conseguimos pegar muitas pessoas do Estado Islâmico assim", ele disse.

Mas Ameena tinha começado a se perguntar se havia algum sentido naquilo. "Não me sinto otimista quanto à possibilidade de se obter justiça", ela disse. "Nosso próprio governo não nos apoia, o governo iraquiano não nos ajuda, muitos líderes do Estado Islâmico compram sua liberdade. Setenta e três valas comuns de iazidis foram encontradas, mas ninguém está investigando isso ou os protegendo."

12. Os julgamentos de Nínive
Nínive

Mais de 2 mil anos atrás, havia um rei chamado Assurbanípal, o homem mais poderoso da terra, que se declarou "rei do mundo" e vivia num "palácio sem rivais", que supostamente tinha 79 cômodos. Na época, no século VII a.C., Nínive era a maior cidade do mundo, cercada por muralhas altas com quinze portões, cada um deles flanqueado por touros alados. Abrigava palácios decorados com enormes relevos em pedra, templos, jardins abastecidos de água por uma série de canais e aquedutos, parques para caça e uma biblioteca real com mais de 30 mil tabuletas de barro em escrita cuneiforme.

A capital do Império Assírio pode ter sido uma das mais antigas e grandiosas cidades do mundo, mas é provável que seja mais conhecida hoje por sua descrição na Bíblia como o caldeirão de desgraça e devassidão ao qual Deus enviou Jonas para avisar ao povo que este deveria se arrepender de seus pecados ou enfrentar sua destruição.

Quando vi em Mossul a placa indicando Nínive, na margem leste do Tigre, foi difícil não me impressionar. O Iraque é cheio de nomes do mundo antigo — Babilônia, Jardim do Éden e Ur, local de nascimento de Abraão —, mas no geral a realidade dos dias modernos me decepcionava. Não vi sinal de um Jardim Suspenso da Babilônia, e a pequena árvore morta próxima ao encontro do Tigre com o Eufrates, fora dos limites de Basra, era bem diferente de como eu havia imaginado a Árvore do Conhecimento.

Tudo o que resta de Nínive se resume a um banco de barro alto e retangular, como o baluarte de uma grande fortaleza, uma barreira e um portão restaurado. Dentro, há uma vasta planície com fortificações espalhadas e algumas colunas em ruínas. O British Museum exibe mais artefatos de Nínive do que a própria cidade.

Dessa vez, pelo menos, a destruição não foi trabalho do Estado Islâmico — Nínive foi saqueada por babilônios, persas e medos, que a incendiaram e fizeram o Império cair. Pouco restava em 2014 quando o Estado Islâmico chegou, munido de escavadeiras e dinamite, mas um vídeo mostra a destruição do Portão de Adade, que fora reconstruído, e de parte da muralha. Eles também explodiram a mesquita de Nabi Yunus, que se acreditava ser o local de sepultamento de Jonas.

Os assírios também eram brutais: construíam pirâmides com os crânios dos inimigos, estripavam os prisioneiros e decepavam narizes e orelhas regularmente. Eles se vangloriavam de sua barbaridade na escrita e na arte, assim como o Estado Islâmico mais tarde transmitiria seus horrores através das redes sociais.

Algumas das tabuletas escavadas no começo do século XX continham um código de leis que incluía um número surpreendente de itens sobre relações sexuais. "Se uma mulher, durante uma contenda, fere um testículo de um homem, então um dos dedos dela deve ser cortado", lia-se. Se os dois testículos fossem feridos, então os olhos dela deviam ser arrancados. Previa-se pena de morte para o crime de estupro.

Foi para ver a justiça em ação, mais do que a destruição de antiguidades, que eu tinha ido a Mossul em março de 2018 com meu facilitador curdo, Halan, no Toyota branco que ele chamava de Monica Lewinsky. Quando expressei meu estranhamento, Halan me contou que todos os modelos de carro têm apelidos no Iraque. Ele só não sabia explicar por que Monica Lewinsky. Talvez aquele modelo fosse da época do escândalo?

Nosso destino era uma cidade próxima e malcuidada, Tel Kaif, dominada por uma igreja de tijolos de terracota que fora restaurada havia pouco. Era uma igreja caldeia — construída por assírios católicos —, um lembrete de que a região era lar de uma das mais antigas comunidades cristãs do mundo. Os cristãos de Mossul tinham corrido para lá em julho de 2014, quando o Estado Islâmico tomara conta da cidade e lhes dera 24 horas para se converter ou pagar uma taxa de proteção. Mais tarde, o Estado Islâmico destruiu aquela igreja também.

Ao lado da igreja, pessoas perambulavam ao redor de uma construção murada vigiada por guardas. Lá dentro, prisioneiros em macacões laranja ao estilo de Guantánamo se alinhavam nos corredores, de frente para as paredes. Aquele lugar modesto era onde ocorriam os julgamentos de membros do Estado Islâmico responsáveis por três anos de governo bárbaro sobre um terço do país.

Fui levada a uma sala com um policial na porta, dentro da qual três juízes em toga preta com colarinho branco presidiam de uma tribuna elevada, com pilhas altas de pastas amarelas à vista. Atrás deles havia uma bandeira iraquiana e um banner com a balança da justiça. Numa mesa mais abaixo dos juízes, ligeiramente à direita, estavam o promotor público e duas mulheres que faziam anotações, enquanto do outro lado estava o advogado de defesa, de toga preta com detalhes em verde. O público se resumia a mim e a Halan, meu tradutor.

Havia um prisioneiro magro de cabeça raspada e de macacão

sujo no banco dos réus. Seu nome era Omar Abdul Qadar, e ele era jornalista.

O juiz presidente leu os detalhes. "O senhor foi preso em 4 de julho de 2017 no bairro de Noor, em Mossul, e afirmou que não havia se juntado ao Estado Islâmico, mas que tinha feito propaganda política para o grupo."

"Repito que não me juntei ao Estado Islâmico ou lutei por ele", disse o prisioneiro. "Eu trabalhava na agência de notícias Zahoor antes de o Estado Islâmico chegar. Depois da queda de Mossul, eles a assumiram e mudaram seu nome para Bayan. Eu apurava histórias de pessoas. Recebia 125 mil dinares por mês. Era uma espécie de colaborador."

"Está afirmando que o Estado Islâmico é uma empresa com colaboradores e funcionários?", perguntou o juiz.

"Sim", o homem respondeu.

"Mas o senhor tinha uma arma do Estado Islâmico e fazia propaganda política para eles."

"Eu fazia isso porque era coagido", insistiu o jornalista.

O juiz continuou lendo o depoimento. "'Eu redigia notícias para a agência de notícias Bayan e apresentava notícias no canal deles. Recebi uma arma do Estado Islâmico e ajudei a instalar três TVs nas ruas para transmitir sua propaganda política e a distribuir CDs e pen drives...'"

Ele interrompeu a leitura e olhou para o prisioneiro por cima dos óculos. "O senhor foi com seu irmão Bashir à mesquita. Repetiu o *bayat* [juramento de fidelidade]?"

"Havia milhares de pessoas na mesquita para as preces da sexta-feira", respondeu o prisioneiro. "Todas liam o *bayat*. Sou inocente de todas as acusações", insistiu.

O juiz não se comoveu. "Omar, eu o acuso de se juntar ao Estado Islâmico em Mossul em 2014, proferir o *bayat* e ajudar a difundir suas publicações e a distribuir sua propaganda política."

"Isso não é verdade", repetiu o jornalista.

O promotor público então se levantou e leu um papel. "Em sua confissão inicial, ele afirmou que havia se juntado ao Estado Islâmico com o irmão em Mossul oriental, proferido o *bayat* e passado a supervisionar a distribuição de propaganda política. Como promotor público, acreditamos que sua confissão inicial é mais fidedigna do que aquilo que o réu afirma agora e que ele deve ser condenado à morte."

O advogado de defesa se levantou. "Todas essas confissões foram feitas sob tortura. Peço que reconsiderem e perdoem meu cliente", disse, e então voltou a se sentar.

O juiz dispensou todos do recinto para deliberar e chegar ao veredicto. Omar, o jornalista, ficou aguardando seu destino apoiado numa parede e friccionando as mãos. Depois de alguns minutos, a porta se abriu e fomos todos chamados de volta.

O juiz olhou para Omar. "O senhor se juntou ao Estado Islâmico, o que pode implicar sentença de morte por enforcamento, mas reduzimos a pena para prisão perpétua ao levar em consideração o fato de que não entrou em combate. Seu caso agora irá para Bagdá. Tem algo a dizer?"

"Tenho um diploma de mestrado em administração", disse o jornalista. "Eu poderia trabalhar recebendo um salário de classe média, mas fui forçado a trabalhar para o Estado Islâmico por 125 mil dinares. O senhor acha que teria feito isso por escolha própria?"

Aquela parecia uma defesa estranha. "Seu diploma não tem importância", disse o juiz. "Julgo o senhor de acordo com as provas e com a sua confissão."

"Na prisão, não terei acesso a advogados", protestou o prisioneiro.

O policial o algemou e Omar foi levado embora. O julgamento todo terminou em menos de meia hora. O advogado de defesa me disse que havia sido designado pelo Estado e que não tinha acesso a nenhuma das provas.

* * *

Às 11h20, o prisioneiro seguinte foi trazido. Era um jovem de 24 anos chamado Harith, que havia sido preso no campo de Haj Ali em maio de 2017. Ele fora acusado de trabalhar como guarda num posto militar do Estado Islâmico e assinara uma confissão na qual admitia ter se juntado ao grupo em setembro de 2014, proferido o *bayat*, recebido uma arma, trabalhado no posto de controle e fornecido informações para punir mulheres que haviam se comportado de maneira inapropriada.

"Isso não é verdade", ele insistiu, retorcendo as mãos por trás das costas. "Juro por Deus que não trabalhei para o Estado Islâmico."

Uma encenação similar à do primeiro caso ocorreu, com o advogado de defesa mais uma vez alegando que a confissão havia sido obtida sob tortura. O juiz logo se cansou daquilo e mandou o prisioneiro embora.

Às 11h48, ele foi chamado de volta. "Poderíamos condená-lo à morte por se juntar ao Estado Islâmico, mas por causa da sua idade a sentença foi reduzida a quinze anos de prisão."

"Juro que sou inocente", ele protestou.

O juiz não se comoveu. "Decretamos as sentenças de acordo com o que vemos", afirmou, dando de ombros.

Eu não conseguia entender por que o jornalista havia recebido uma sentença mais pesada que o guarda. Também me perguntava se aquela aparente leniência tinha a ver com minha presença. Ouvira de grupos de ativistas de direitos humanos que a maioria das pessoas era condenada à morte.

Os juízes avaliaram outros três casos em três horas. O sistema parecia uma linha de produção. Não era nenhuma surpresa: o tribunal de Nínive trabalhava apenas das dez da manhã às duas da tarde por quatro dias na semana, e era um dos dois únicos tribunais para prisioneiros do Estado Islâmico — o outro ficava em Bagdá —, embora houvesse milhares de julgamentos para acontecer. As vitórias contra os terroristas nos campos de batalha tinham levado a prisões não só de combatentes, mas de suas famílias e de funcionários de baixo escalão, como motoristas e cozinheiros.

A Human Rights Watch estimava que as autoridades iraquianas haviam prendido 20 mil pessoas por suspeita de fazer parte do Estado Islâmico, e 1350 delas eram mulheres estrangeiras e crianças. Muitos dos suspeitos eram da Turquia, do Golfo Pérsico, da Ásia Central ou da Tunísia, mas outros eram de países ocidentais, como Inglaterra e França, que se recusavam a aceitar seus cidadãos de volta.

O juiz presidente Jamal Daoud Sinjari me dissera inicialmente que não estava autorizado a dar entrevistas. Mas, depois do segundo caso, ele acenou para que eu me aproximasse e se dispôs a responder a algumas perguntas.

Ele explicou que, na verdade, aquele era um dia tranquilo — às vezes ele tinha até oito casos para presidir. Até então, havia julgado 480 prisioneiros, dos quais me disse que cerca de um terço havia sido condenado à morte. Mas o juiz Sinjari ainda tinha outros mil prisioneiros para julgar, além dos 30 mil mandados de prisão em andamento. Todos eram julgados sob a mesma acusação — terrorismo —, o que, sob a lei antiterrorista iraquiana, implicava pena de morte para qualquer pessoa "que comete, incita, planeja, financia ou auxilia atos de terrorismo".

Aquilo era tão abrangente que motoristas ou esposas poderiam facilmente ser condenados — o *New York Times* chegara a publicar uma reportagem sobre o tribunal de Bagdá, no qual catorze mulheres casadas com membros do Estado Islâmico tinham sido julgadas e condenadas à morte em apenas duas horas.[1]

O juiz contou que até então havia julgado apenas uma mulher, condenando-a à morte por enforcamento. "Ela estivera envolvida desde 2005 e tinha incentivado todos os seus irmãos a se envolver também, além de ter atirado na cabeça de um policial.

"Ela confessou", o juiz acrescentou. "Muitos confessam. Ontem mesmo um rapaz de vinte anos confessou ter matado vinte pessoas, reunindo-as de cinco em cinco e atirando na nuca."

Perguntei sobre a alegação do advogado de que as confissões eram obtidas sob tortura, algo que também era amplamente relatado.

"Não é do nosso interesse, como juízes, acusar inocentes", ele respondeu. "E não consideramos apenas confissões: também contamos com documentos do Estado Islâmico e testemunhas."

Perguntei como eles podiam realizar julgamentos tão depressa. "Procuramos por detalhes para provar que a história é verdadeira e, por experiência, conseguimos identificar quando alguém está dizendo a verdade", ele respondeu.

Depois de quinze anos de terrorismo e derramamento de sangue, e com uma estimativa de 100 mil iraquianos mortos, talvez a pouca preocupação com leniência ou com o devido processo legal não fosse uma surpresa. O primeiro-ministro iraquiano, Haider al-Abadi, recebera amplo apoio público quando falara em acelerar o ritmo dos processos.

Parecia um trabalho perigoso, considerando que todo mundo vivia me dizendo que Mossul ainda estava cheia de membros do Estado Islâmico e que mais de 160 juízes e investigadores haviam sido mortos em ataques terroristas no Iraque desde a invasão americana. Perguntei se os juízes recebiam proteção especial.

O juiz Sinjari olhou para o alto e sorriu. "Temos guardas no trabalho, mas não em casa", ele disse. "Tenho três guardas, mas moro no Curdistão, então não há como levá-los comigo. Não recebemos ameaças diretas, mas ouvimos de outros."

Fiquei intrigada com o nome do juiz e descobri que ele era de Sinjar, embora não fosse iazidi. Perguntei se algum dos prisioneiros que ele havia julgado tinha mantido escravizadas sexuais iazidis.

“É claro”, ele respondeu. “Julgamos muitos homens que tiveram escravizadas sexuais, inclusive um que lutou por uma. Alguns disseram que até seus emires tinham escravizadas sexuais.”

Por que ele não acusava aqueles homens de estupro e sequestro?

O juiz pareceu abismado. “Se há duas pessoas lutando na rua, temos um problema, mas quando esses terroristas se juntam ao Estado Islâmico eles matam, estupram e decapitam, então tudo se enquadra como terrorismo. Isso já leva à pena de morte, por isso não há necessidade de se preocupar com estupro.”

Tentei explicar que aquilo era importante para as mulheres que haviam sofrido por ter sido estupradas, escravizadas e vendidas.

“Se um civil estuprasse uma menina iazidi, então seria estupro”, ele respondeu. “Mas se um homem se juntasse ao Estado Islâmico e estuprasse uma menina iazidi, seria terrorismo, porque ele também matou pessoas e lutou contra as forças iraquianas.”

Insisti, apontando que, por não ser incluído nas acusações, o estupro parecia um ato sem consequências. As mulheres, no entanto, tinham que conviver com aquilo pelo resto da vida.

Ele começou a remexer em seus papéis. “Por que os ocidentais são obcecados pelos iazidis?”, o juiz perguntou. “Não se trata só de iazidis. É melhor perguntar o que aconteceu a todos os iraquianos, porque aconteceram muito mais coisas que as pessoas nem ficaram sabendo. Árabes e cristãos de Sinjar sofreram tanta destruição quanto os iazidis. Oitenta por cento de Sinjar foi destruída. No meu caso, uma família iazidi se apossou da minha casa!”

A entrevista terminou. O juiz bateu o martelo e outro prisioneiro foi trazido. Daquela vez, era um homem mais velho, que conseguia aparentar distinção mesmo vestindo um macacão sujo e chinelos lilás. Ao contrário dos outros, ele atraíra público — os bancos estavam repletos de homens em vestes longas com lenços em xadrez vermelho e branco na cabeça. Ele também contava com um advogado particular.

O homem era o xeque Rashid Khan, um líder tribal do vilarejo de Al-Mowali.

"O senhor se juntou ao Estado Islâmico em 2015", começou o juiz. "Temos um vídeo do senhor proferindo o *bayat* e fazendo um discurso, além de três páginas de confissão."

O xeque balançou a cabeça, mas não disse nada, e uma testemunha foi chamada. Um dos homens de lenço na cabeça foi para o assento depor e fez um juramento. Sua história era desconexa e confusa. Para começar, não entendi muito bem se ele era testemunha da defesa ou da acusação.

"Ele é da minha tribo", disse o homem. "No verão de 2015, os militantes chegaram armados ao vilarejo dizendo que todos nós devíamos rezar na grande mesquita e pediram que fizéssemos o *bayat*. As pessoas se recusaram, então os militantes disseram que não eram bem-vindos como deveriam. Como o prisioneiro era o xeque, foram até a *diwan* [casa de hóspedes] dele e o filmaram."

Outra testemunha assumiu o seu lugar. "Eu estava cuidando das minhas ovelhas nos campos quando o Estado Islâmico veio pela primeira vez e fincou sua bandeira na nossa mesquita. Alguns moradores a substituíram pela bandeira iraquiana e escreveram frases contra o Estado Islâmico. Cerca de dez dias depois, eu estava de novo cuidando das ovelhas quando o Estado Islâmico voltou e espancou e matou alguns locais. Eles convocaram todo mundo à mesquita e nos obrigaram a levantar as mãos no ar e dizer o *bayat*, depois pediram ao xeque que apertasse a mão deles. Estávamos cercados, o que podíamos fazer? Então eles foram para a *diwan* do xeque e todo mundo se sentou. Penduraram uma bandeira do Estado Islâmico na parede, entregaram um depoimento escrito ao xeque e o filmaram enquanto ele lia."

Houve seis testemunhas no total. Todas pareciam ter uma relação entre si e todos os depoimentos se contradiziam. Um alegava que o Estado Islâmico havia cercado mais de cem pessoas e as torturado por cinco dias. Mas todos concordavam que o xeque não pertencia ao Estado Islâmico e não tivera escolha a não ser ler o *bayat*.

Finalmente, os depoimentos terminaram. "Acuso o senhor de se juntar ao Estado Islâmico por vontade própria. A acusação procede?", o juiz perguntou.

"Não, eu não tive escolha", disse o prisioneiro.

Em seguida, fomos dispensados. O xeque foi postado de frente para a parede e começou a rezar repetidas vezes. Suas testemunhas conferenciavam com o advogado. Não estava claro para mim como aquilo ia acabar, embora o juiz tivesse sido notavelmente mais deferente com o xeque do que com os réus anteriores.

Depois de dez minutos, a porta se abriu e todos voltamos a entrar. O juiz anunciou que o prisioneiro havia sido julgado inocente e que seria libertado de imediato. O xeque ergueu as mãos para o céu e chorou.

Os juízes começaram a arrumar suas coisas. Eram quase duas da tarde. Quando saí do tribunal, deparei com o xeque e seus apoiadores, já de roupas limpas e com o lenço na cabeça. Havia uma caixa enorme de doces, e ele me entregou alguns. Perguntei sobre seus sete meses na prisão. Eles nos convidaram para ir ao seu vilarejo, onde haveria comemorações e "muitos tiros", mas Halan disse que não era aconselhável.

Em vez disso, almoçamos em Mossul, e para isso era preciso passar pelas ruínas da Cidade Velha, de onde ainda retiravam corpos. Fazia nove meses que a batalha que expulsara o Estado Islâmico tinha acabado, mas a cidade antiga, que se mantivera habitada desde o século VII, ainda parecia um cenário apocalíptico pós-bomba. Para onde quer que eu olhasse, havia escadas que não levavam a lugar nenhum, construções prensadas, blocos de concreto no chão e, ocasionalmente, corpos carbonizados. O cheiro era fétido, mas as pessoas relutavam em mover os cadáveres por medo de armadilhas. Havia placas colocadas pela ONU alertando sobre o risco de bombas caseiras. Alguém tinha rabiscado "FODA-SE O EI" em letras pretas garrafais no que restava da mesquita de Al-Nuri, onde o líder do grupo, Al-Baghdadi, usando vestes pretas, turbante e um Rolex, havia proclamado seu califado.

Tomamos um café num estabelecimento em frente à Universidade de Mossul, que também estava em ruínas, uma vez que servira de base para o Estado Islâmico e fora bombardeada pela coalizão liderada pelos Estados Unidos e incendiada pelos combatentes em retirada. Sua biblioteca, com milhões de livros, fora

considerada uma das melhores do Oriente Médio, mas estava reduzida a uma casca carbonizada.

O proprietário do café nos disse que estavam recebendo doações de livros para a comunidade, então fomos até lá. Conforme nos aproximávamos, fiquei surpresa ao ouvir um violino tocando e reconheci a melodia — era a música-tema de *O último dos moicanos.*

O violinista, que tocava em meio às ruínas, era Mohammad Ahmad, um estudante de direito de 29 anos. Ele me disse que, na época do Estado Islâmico, tocava com o ar-condicionado ligado e com um pregador de madeira no cavalete do instrumento para abafar o som. "Se o Estado Islâmico ouvisse, teria me matado", Mohammad comentou.

Uma vez, o Estado Islâmico foi fazer uma busca em sua casa, e ele enterrou seus dois violinos no jardim. "Meu pai se esqueceu e regou as plantas, então um acabou destruído", ele contou e riu.

Embora não tivessem encontrado nada, Mohammad foi detido mesmo assim e mantido preso por um mês, sofrendo espancamentos e sendo obrigado a se ajoelhar enquanto ameaçavam atirar nele. "Era como viver no inferno", disse. "Agora toco em todos os lugares que foram destruídos, na esperança de que as pessoas ouçam e sintam que a vida recomeçou, independentemente do que tenha acontecido."

Antes de ir embora de Mossul, eu queria ver algo mais. Muitas das meninas iazidis que eu conhecera contaram que haviam ficado presas no mercado de escravizadas do Cinema Galaxy.

Mohammad, o violinista, achava que o local ficava perto da floresta de Al Ghābāt, na margem leste do Tigre, que antes da ocupação do Estado Islâmico era um ponto popular para piqueniques. Entramos no Monica Lewinsky e fomos para lá. Parecia que a vida estava começando a voltar ao normal: algumas famílias circulavam, o ar era perfumado pelo aroma frutado dos narguilés e pelas carpas vermelhas sendo grelhadas nos restaurantes, uma iguaria típica de Mossul. Eu não estava com muito apetite para experimentar o peixe depois de ter visto os cadáveres se decompondo na Cidade Velha, ali ao lado.

Dirigimos de uma ponta a outra da margem, mas ninguém parecia saber onde ficava o Cinema Galaxy. As pessoas insistiam em nos mandar para um estranho navio pirata de fibra de vidro que antes funcionava como casa noturna e claramente não era o lugar que as meninas haviam descrito. Então decidimos procurar no Google.

Distante da margem do rio, chegamos a um hotel grande em forma de pirâmide, que no passado abrigara um cassino e depois fora convertido em alojamento para os comandantes do Estado Islâmico, apelidado por eles de Shariaton. Do outro lado da estrada havia um campo de escombros. Um guarda confirmou que aquilo era tudo o que restava do Galaxy depois de um ataque aéreo. Perambulei pelas ruínas. O que quer que tivesse atingido o lugar, tinha sido muito eficiente: tudo, exceto alguns ladrilhos do chão, estava destruído. Uma parte do entulho era azul. O único sinal de que aquelas mulheres tinham estado ali eram alguns retalhos de pano. O ar parecia pesado e imóvel. Tentei imaginar como elas haviam se sentido ao ficar expostas ali, feito mercadoria humana, enquanto os combatentes do Estado Islâmico chegavam, erguiam seus xales para verificar seus rostos e apalpavam seus seios, rejeitando uma por ser muito escura ou "usada" demais, escolhendo outra por ser jovem e bonita.

Eu me lembrei das palavras de Zainab, a professora de ioga no trailer em Khanke, que havia sido mantida no Cinema Galaxy. "Acho que o mundo já esqueceu", ela me disse. "Mas diga a eles, se acha que eles vão ouvir."

Enquanto ouvia aquelas histórias de partir o coração, uma pergunta me afligia sem parar: como aqueles homens podiam sentir prazer em abusar de tal modo das mulheres?

"Não há nada de sexual no estupro", insistiu o dr. Mukwege, médico vencedor do prêmio Nobel cujo hospital no Congo já havia tratado mais de 55 mil vítimas dessa violência. Em seu livro de 1975 sobre o estupro, Susan Brownmiller também negou a ideia de que ele tenha relação com desejo ou com satisfação da libido masculina, descrevendo-o como uma afirmação de poder. "[Estupro] não é nada mais nada menos que um processo consciente de intimidação pelo qual todos os homens mantêm todas as mulheres num estado de medo", ela escreveu.

Os homens são programados de alguma forma para ferir as mulheres? E, em caso afirmativo, como nós, mães, criamos esse tipo de pessoa? Essa é uma pergunta que a escritora feminista Eve Ensler levantou e tentou responder em seu livro *O pedido de desculpas*, no qual assume a voz de Arthur, o pai que abusou dela desde os cinco anos. "O tempo todo fiz você sentir que tinha feito algo terrivelmente errado", a escritora o imagina dizendo.

É claro que há uma diferença entre os perpetradores da violência sexual na guerra e quem comete atos de violência sexual em tempos de paz. Inger Skjelsbæk, psicóloga do Instituto de Pesquisa da Paz, em Oslo, realizou extensas pesquisas nesse campo e aponta que "o ambiente da guerra representa um rompimento extremo com as normas e os valores que guiam a coexistência pacífica entre o(s) povo(s) — como ilustrado pelo próprio fato de que matar é permitido sob certas circunstâncias numa guerra".

"No entanto", ela continua, "há uma clara distinção entre matar e cometer atos de violência sexual na guerra: matar pode ser justificado sob certas condições, mas a violência sexual não pode. Independentemente disso, é possível considerar a violência sexual na guerra como parte de um repertório de ações que parecem admissíveis porque as circunstâncias da guerra são extraordinárias e porque tal comportamento não acarreta nenhuma consequência, punição ou condenação por parte das lideranças militares."

A descoberta da escala monstruosa dos estupros soviéticos em Berlim em 1945 levou o historiador Antony Beevor a se perguntar se há algo de sombrio na sexualidade masculina que emerge mais facilmente com a guerra, quando não há amarras sociais e disciplinares. Todos os homens são estupradores inerentes ao caos da guerra? "Até que ponto homens armados sem o menor medo da justiça ou de uma retaliação não fariam a mesma coisa em iguais circunstâncias?", ele conjectura, quando lhe pergunto a respeito. "Simplesmente não sabemos."

Beevor aponta que o preceito feminista de que o estupro envolve apenas violência e poder é falho, porque define o crime apenas do ponto de vista da vítima. "Ele fracassa totalmente em investigar a variedade de instintos e motivações do homem — vingança do inimigo, desejo de humilhá-lo, necessidade de apagar suas próprias humilhações por parte de seus superiores e, é claro, puro oportunismo sexual, porque ele tem uma arma nas mãos e pode escolher sua vítima."

Muitos acreditam que o estupro na guerra é inevitável, seja motivado por oportunismo, pela determinação de humilhar o inimigo ou pelo estado ébrio do triunfo. Afinal de contas, guerras envolvem um elevado nível de testosterona, com jovens procurando se provar e afirmar sua masculinidade. Há muito se sabe que os quartéis do Exército são conhecidos pelo uso de linguagem misógina, de termos depreciativos para mulheres, e por pôsteres da *Playboy* pendurados.

Mas, então, por que houve tanta diferença entre os Exércitos durante a Segunda Guerra Mundial? O Exército britânico "foi disparado o que menos estuprou", de acordo com Beevor, que acredita que isso seja devido à cultura militar, mais do que ao amplamente citado "brometo no chá".

Ele lembra que também há a zona cinzenta da prostituição durante a guerra, quando as mulheres são forçadas pela fome e pelo desespero a se prostituir. Os soldados americanos às vezes eram descritos como "russos com calças bem passadas", que não precisavam estuprar ninguém para obter sexo por causa da grande quantidade de cigarros que tinham para distribuir, uma moeda de troca valiosa naquele momento.

E cada guerra é diferente. Por exemplo, há poucos relatos de violência sexual no conflito entre israelenses e palestinos. Elisabeth Jean Wood, professora de política na Universidade Yale, acredita que o estupro não é inevitável na guerra. Ela conduziu um estudo sobre guerras civis em vinte países africanos entre 2000 e 2009 e descobriu que 59% de 177 atores armados não foram acusados de se envolver em estupros ou em outras formas de violência sexual.[2]

Então por que alguns grupos armados cometem estupros em massa durante guerras e outros não? Dara Kay Cohen, professora de políticas públicas da Universidade Harvard, estudou a guerra civil em Serra Leoa, durante a qual o estupro era comum, e elaborou uma teoria que chama de "socialização do combatente".[3]

Apontando que o estupro coletivo é muito mais comum na guerra do que em tempos de paz, ela argumentou que grupos armados estupram durante a guerra como uma ferramenta de socialização. "Grupos de combate que recrutam à força novos membros, seja mediante sequestro ou coação, precisam criar uma força de combate coerente a partir de uma reunião de desconhecidos, muitos dos quais sofreram abuso para ser constrangidos a se juntar a eles. [...] O estupro — e sobretudo o estupro coletivo — permite que grupos com combatentes recrutados à força criem laços de lealdade e estima a partir do medo e da desconfiança das circunstâncias iniciais."

Presume-se que haja outros fatores, como o tempo que os homens passam em combate longe de casa e a atitude em relação às mulheres em seu país — muitos dos piores grupos vinham de países com elevadas taxas de violência doméstica ou onde o estupro conjugal não era considerado crime. Com frequência, tais países tinham poucas mulheres na política e em outras posições de poder. Talvez se tratasse de uma questão de quem nasceu primeiro: o ovo ou a galinha?

Em alguns conflitos que retrato neste livro, embora os combatentes fossem incentivados ou mesmo instruídos a estuprar, fica claro que eles tinham, sim, escolha. É como Inger Skjelsbæk pontua: "Que mensagem a pessoa passa cometendo estupro em vez de, por exemplo, decepar um membro?".

Curiosamente, enquanto o movimento Me Too se concentrava nos agressores, pessoas que analisam o estupro na guerra tendem a se concentrar nas vítimas. Mas ouvir apenas as vítimas não contribuiu em quase nada para acabar com a violência sexual, o que sugere que pode ser útil tentar compreender os agressores.

"Trabalho com violência sexual há tantos anos", Eve Ensler me disse quando nos encontramos, "e continuo me perguntando: onde estão os homens? Não é uma questão nossa, não estupramos nós mesmas. Isso diz respeito aos homens."

Inger Skjelsbæk me contou que, quando começou a pesquisar a violência sexual, nos anos 1990, passou um ano tentando entrar em contato com os homens que haviam sido condenados por estupro na Guerra da Bósnia. Dos cerca de vinte que abordou, apenas dois responderam. "Um entrou em contato pelo advogado e disse que poderíamos nos encontrar se eu lhe pagasse. O outro disse que eu poderia ir para a Alemanha visitá-lo na cadeia, mas só se não falássemos sobre os estupros."

Então ela decidiu se voltar para as sentenças dos julgamentos e para as narrativas dos criminosos e dos advogados. "Fiquei surpresa ao descobrir que eles explicavam o estupro como algo normal que acontece na guerra", ela disse. "Alguns dos agressores inclusive falavam como se estivessem sendo cavalheiros ao cometer os estupros, porque eles não matavam as mulheres. Na cabeça daqueles agressores sexo era visto como algo não violento."

Alguns ainda falavam como se o estupro fosse parte de relacionamentos amorosos durante a guerra. Em um caso, houve uma longa discussão a respeito de as meninas estarem ou não apaixonadas por seus agressores, porque uma delas havia desenhado um coraçãozinho num cartão-postal.

A única maneira de responder à pergunta parecia ser conversar com os agressores. Então, alguns meses depois, voltei a Arbil, onde muitos dos combatentes do Estado Islâmico estavam sob custódia desde a queda de Mossul, aos quais o serviço de inteligência curdo havia me prometido acesso.

Numa manhã cinzenta e chuvosa de segunda-feira antes do Natal, passei por um número surpreendente de árvores de Natal e de Papais Noéis infláveis quando saí do meu hotel, localizado na área cristã da Catedral de São José, centro de operações da Igreja Católica Caldeia. Muitos daqueles que haviam escapado do massacre do Estado Islâmico em Mossul e na planície de Nínive tinham ido para lá, embora um número ainda maior tivesse fugido do país — acreditava-se que a comunidade cristã do Iraque tinha se reduzido de 1,2 milhão de pessoas na época de Saddam para apenas 300 mil.

Seguimos pela Estrada dos Sessenta Metros (os curdos não são muito criativos na hora de nomear seus rodoanéis, então havia também uma Estrada dos Trinta Metros, uma Estrada dos Quarenta Metros, uma Estrada dos Noventa Metros e uma Estrada dos Cento e Vinte Metros) e acabamos chegando a um longo muro de cor creme e a um posto controlado pelos peshmergas. Lá dentro, numa antiga fábrica de tabaco, funcionava uma prisão administrada pelo Asayish, o serviço de inteligência curdo, para onde 1502 homens acusados de serem membros do Estado Islâmico, em sua maior parte iraquianos, haviam sido levados depois da queda do califado. Deles, 277 tinham sido transferidos para o tribunal de Nínive e 576 para o de Bagdá, restando ali 649.

Um general vestindo suéter e calça cáqui que não disse seu nome me levou a uma sala de conferências com uma mesa comprida e brilhante de mogno e cadeiras de couro executivas, então disponibilizou garrafas de água e álcool em gel para as mãos. O papel de parede era de um bege acetinado, e havia uma TV grande de tela plana, assim como uma geladeirinha com porta de vidro cheia de garrafas de Coca-Cola. A nós se juntou um homem de rosto pálido com um tufo de cabelo preto e uma expressão engraçada, que usava uma capa de chuva preta e comprida por cima da camisa branca e da gravata vermelha. Apresentaram-no apenas como capitão, e supus que fosse um oficial do serviço de inteligência.

"Vá com calma e pode ser que eles falem", recomendou o general. Não pareceu o momento adequado para lhe dizer que eu fazia aquele trabalho havia trinta anos.

O primeiro prisioneiro que foi trazido era um sujeito de tom de pele esverdeado, orelhas de abano e mãos cheias de calos, que vestia um suéter cinza e uma jaqueta marrom. Enquanto se sentava diante de mim e do intérprete, seus olhos tremulavam como os de um lagarto. Seu nome era Salahaddin, conforme nos contou. Ele tinha 37 anos e era de Shirkat, uma cidade conhecida por ter apoiado o Estado Islâmico. Lá, Salahaddin trabalhava na fazenda da família, plantando tomate, algodão e melancia.

Com dicção monótona, ele descreveu uma vida desgraçada, a começar pela prisão com toda a sua família, quando ainda era bebê, por parte das forças de Saddam. O pai e cinco tios dele haviam sido enforcados em 1988, quando Salahaddin tinha apenas seis anos, durante a Operação Anfal, na qual milhares de vilarejos curdos foram destruídos e os homens em idade de combate foram massacrados pelo regime baathista.

Sobre a derrocada de Saddam durante a invasão liderada pelos Estados Unidos em 2003, Salahaddin disse: "Fiquei feliz que fosse o fim dele". Depois, ele recebeu uma pensão do Estado como indenização pelo que havia sofrido. "A vida era boa na época, os amigos cuidavam uns dos outros, íamos todos fazer piqueniques em Tikrit, Bagdá e Kirkuk."

Mas, no ano seguinte, conforme o novo governo xiita começou a oprimir os sunitas que haviam governado por tanto tempo, o irmão mais velho de Salahaddin se tornou bastante religioso. "Ele tinha um amigo com quem sempre falava de religião e sofreu lavagem cerebral. Se juntou à AQI [a Al-Qaeda iraquiana] e se tornou um comandante."

Mais tarde, depois que o líder do grupo, Abu Musab al-Zarqawi, foi morto em um ataque aéreo americano em 2006 e o movimento passou à clandestinidade para depois emergir como o Estado Islâmico, o irmão de Salahaddin se tornou o comandante conhecido como Abu Anas.

"Eu não gostava muito", alegou Salahaddin. "Não tinha o costume de rezar e não conseguia nem falar com o meu irmão, porque tinha medo. Ele ficava muito bravo por qualquer coisa que dissessem."

Um meio-sorriso se insinuou no rosto do capitão.

Depois, o irmão do meio de Salahaddin também acabou entrando para o grupo. "No caso dele, foi por dinheiro."

Então, em 15 de outubro de 2016, Salahaddin estava tomando café no jardim por volta das sete da manhã quando o céu começou a vibrar. Ouviu-se um estrondo alto e, de repente, havia fumaça por toda parte. A artilharia aérea tinha atingido a sua casa, logo ao lado. Salahaddin correu para ver o que havia acontecido.

"Ela foi derrubada", ele disse. "Todos os vizinhos vieram ajudar a tirar os sobreviventes de lá."

Salahaddin revirou os destroços até encontrar sua mãe, sua esposa e seu filho de quatro anos, todos mortos, assim como os quatro filhos do irmão. Os únicos sobreviventes foram uma filha dele e a esposa e uma filha do irmão.

"Depois daquilo, também me juntei ao Estado Islâmico porque eu estava transtornado", ele disse. "Fui para Mossul ocidental, fiz o *bayat* e fui enviado ao hospital Al-Salam como segurança."

O Estado Islâmico estava no seu auge, controlando 34 mil quilômetros quadrados e 10 milhões de pessoas, e ganhava dinheiro com o contrabando de petróleo e de relíquias culturais, assim como com as taxas que impunha. Salahaddin recebeu um AK-47 e passou a participar das operações. "Eles me pagavam 200 mil dinares por mês", disse.

Naquele ponto, perguntei sobre as meninas iazidis. Seus olhos tremularam um pouco mais. "Elas ficavam com os membros mais importantes do Estado Islâmico", ele disse, "não com combatentes comuns como eu. Meu irmão tinha uma, mas eu não.

"Era difícil conseguir uma menina iazidi, porque elas sempre choravam e você tinha que pagar. Elas eram vendidas por até 10 mil ou 20 mil dólares. Meu irmão comprou uma por 4 mil dólares. Ele tinha um certificado de propriedade. O nome dela era Suzanne, e devia ter treze ou catorze anos, era linda e muito jovem. Tinha duas irmãs mais novas. Tentei comprá-las, mas eu não tinha dinheiro o suficiente."

"Eles eram estimulados a tomar as iazidis?", perguntei.

"Sim", Salahaddin respondeu. "Eles diziam que fazia parte da Xaria tomar *sabaya* [escravizados]. Havia um cara chamado Nafar que costumava vendê-las na casa dele. Às vezes eu ficava lá, e ele tinha quatro ou cinco meninas. Não dormi com elas, porque as tratava como humanas."

Ele parecia saber bastante coisa a respeito.

"Quando meu irmão foi morto, em abril de 2017, tive que

cuidar da sua esposa e da menina. Elas ficavam na Cidade Velha, com a minha filha. Cuidei de Suzanne como se fosse filha do meu irmão. Era errado ter aquela menina iazidi."

Salahaddin permaneceu em Mossul até o fim, uma vez que o hospital foi um dos últimos redutos do Estado Islâmico. "O hospital Al-Salam foi uma operação grandiosa. Primeiro rechaçamos as forças iraquianas, mas depois começou um ataque aéreo após o outro, ficamos presos dentro das residências dos médicos e fomos cercados. A esposa do meu irmão ligou e disse que o Exército iraquiano havia levado Suzanne."

A batalha por Mossul durou nove meses, mais do que a batalha por Stalingrado, com intensos bombardeios por parte dos americanos, dos britânicos e de seus aliados, além dos combates em becos estreitos. A Cidade Velha finalmente caiu em julho de 2017, representando o começo do fim do califado.

"Escapei e atravessei o rio [Tigre] a nado, do oeste ao leste, então tentei chegar a Arbil com a minha esposa e a minha filha, mas fomos presos em agosto de 2017", disse Salahaddin. "Passei uma noite com os peshmergas e desde então estou aqui, aguardando julgamento."

Achei aquilo confuso, porque antes ele havia me dito que sua esposa havia morrido num ataque aéreo.

"Arranjei outra esposa em 2016. Ela estava em Mossul ocidental com a esposa do meu irmão e a iazidi", ele contou.

Aquela era apenas uma de algumas contradições. Imaginei que não seria nada fácil para uma jornalista ocidental conseguir que homens muçulmanos falassem sobre estuprar mulheres, principalmente em se tratando de membros do Estado Islâmico aguardando julgamento.

Perguntei o que ele achava do Estado Islâmico. "O Estado Islâmico estava fazendo coisas ruins", ele respondeu. "Atirava sem motivo. Se as mulheres não estivessem completamente cobertas, com véu e luvas, eram punidas."

E o que ele achava daquilo?

"Era uma coisa boa, porque somos muçulmanos."

O que ele achava de mulheres como eu, que andavam sozinhas, com a cabeça descoberta?

"É meio repugnante", ele disse. "O Estado Islâmico fazia coisas ruins, mas coisas boas também, e uma delas era cuidar das mulheres. Também mantinha o controle, para que as pessoas não roubassem nada.

"Se o Estado Islâmico apanhou no fim foi porque todos os comandantes tinham mulheres iazidis e não queriam lutar. No começo, eles passavam uma noite com as iazidis e quatro dias com as esposas, mas no fim passavam cinco dias com as iazidis."

"Tem certeza de que você não tinha uma?", voltei a perguntar.

Ele não olhou para mim. Seus olhos iam de um lado a outro. "Juro por Deus que não tinha uma menina iazidi. Iazidis são humanos como nós", ele insistiu. "Eu tentei comprar as irmãs de Suzanne porque elas eram novas demais."

Como você se sentiria se a sua filha fosse comprada e vendida assim?

"Eu não gostaria que a minha filha fosse tratada como as meninas iazidis", ele respondeu. "Você sabia que eles veneram pavões?", acrescentou. "Perguntei a Suzanne sobre a religião dela. Eu disse: 'Sei que vocês acreditam num pavão'. Perguntei que religião era melhor, a dela ou a muçulmana, e ela disse que era o islã."

Perguntei sobre as condições na prisão, mas o general interveio. "Não faça perguntas sobre isso", ele disse.

Um relatório recente da Human Rights Watch sobre o centro de detenção de meninos em Arbil descreveu que o Asayish usava choques elétricos e espancamento com tubos plásticos e cabos elétricos para obter confissões. Se faziam aquilo com meninos, o que não deveria estar fazendo com homens? A Human Rights Watch me disse que seu acesso à prisão adulta fora recusado.

O prisioneiro que foi trazido em seguida era mais jovem e parecia aterrorizado. Usava uma jaqueta de moletom com a palavra "CHÁ" estampada. Seu nome era Abdul Rahman. Ele tinha 24 anos, era de Mossul e disse que havia se juntado ao Estado Islâmico na primeira incursão do grupo na cidade, em 2014. "Fiz isso por dinheiro." Ele deu de ombros. "Eles pagavam 120 mil dinares por mês. Eu era casado e plantava melancias num vilarejo chamado Shora, quarenta quilômetros ao sul da cidade. A vida era difícil, porque o combustível para o gerador era caro demais."

Como o primeiro prisioneiro, Abdul Rahman disse que era segurança. O mesmo sorriso voltou ao rosto do capitão do serviço de inteligência, e eu lembrei que o juiz do tribunal de Nínive havia me dito que todos alegavam ter trabalhado como motoristas ou como seguranças.

Abdul trabalhava numa cidade chamada Mushraq, onde o Estado Islâmico usava uma estação meteorológica como base. "Eu não era um combatente, era apenas um segurança que trabalhava três dias por semana", ele disse. "Nunca proferi o *bayat* e não gostava de algumas coisas que eles faziam, como espancar pessoas porque não deixavam a barba comprida o bastante.

"Um dia, eu estava fumando e eles vieram me pegar e me bateram. Mas meu primo, que era comandante da segurança, interveio por mim. Então houve um ataque aéreo na cidade, e eu larguei meu posto porque fiquei com medo. O Estado Islâmico me pegou e raspou meu cabelo. Depois disso eu fugi."

Perguntei sobre as meninas iazidis.

"Um primo meu era emir, comandante do Estado Islâmico, e o meu irmão mais velho também estava com o Estado Islâmico, em

Al-Qayyarah. Ele tinha uma menina iazidi que havia comprado em Mossul por 2 mil dólares. Ele costumava passar um mês com ela e voltar no outro mês, mas depois a vendeu.

"Meu irmão também comprou uma, chamada Medea. Ela era muito nova, tinha uns nove ou dez anos, e morava com a gente, mas meus pais não estavam felizes com aquilo, então botaram o meu irmão para fora. Meu pai disse a ele: 'Não traga essas meninas para cá, isso não é bom'.

"Meu irmão não dormia com a menina, porque ela era nova demais, mas ela costumava brincar com os filhos dele. Ele a comprou para cuidar dela.

"Aquilo funcionava como um negócio. Eles levaram trinta meninas para Al-Qayyarah. Elas choravam, porque eram muito novas."

Decidi que poderia ir mais longe perguntando de maneira genérica o que eles achavam do estupro. Abdul deu de ombros. "O Estado Islâmico espalhava propaganda política dizendo que estava trazendo as meninas para que se convertessem e que era nossa obrigação aceitá-las, mas eu não acreditava", ele disse.

Como ele havia acabado na prisão? "Logo que deixei o Estado Islâmico, fui para Shimal, no norte do Iraque, entre Kirkuk e Arbil, para tentar arranjar trabalho, mas, em outubro, encontraram meu nome no sistema quando eu passei por um posto de controle, então me prenderam e me trouxeram para cá. Eu disse que não lutei. Era apenas um segurança. Não sei o que vai acontecer comigo. Espero que não me mandem para Bagdá."

O general assentiu, satisfeito. "Todos querem ficar aqui, porque é um hotel cinco estrelas em comparação ao lado iraquiano, onde simplesmente executam as pessoas", ele disse.

O Curdistão não tem pena de morte.

O terceiro prisioneiro se apoiava em muletas, porque não tinha nenhuma das pernas. Vestia uma polo preta e calça marrom e parecia diferente dos outros, porque olhava diretamente para mim, com a expressão aberta e agradável, apesar de seus terríveis ferimentos. Seu nome era Issa Hasim Saleh. Ele disse que tinha 22 ou 23 anos e vinha de Mossul.

"Morávamos no lado ocidental, perto da Cidade Velha, e meu pai trabalhava no mercado, vendendo arroz e secos em geral", ele disse. "Antes da chegada do Estado Islâmico, eu era estudante. Fazia serviços de carpintaria e consertava geradores durante o dia, depois ia para a escola à noite. Estava tentando terminar os estudos e talvez até fazer faculdade em seguida, para ter um bom trabalho, como um de engenheiro.

"Quando o Estado Islâmico chegou pela primeira vez, não só eu, mas todo mundo se juntou ao grupo. As pessoas aplaudiam, porque estavam cansadas de como vínhamos sendo tratados pelo governo xiita. A situação antes era muito ruim. Havia sequestros, assassinatos. O Exército iraquiano costumava bater na porta das pessoas e pedir dinheiro. Se não recebesse nada, atirava ou prendia as pessoas. Se alguém precisasse pegar a estrada para ir a outro bairro, a polícia ou o Exército iraquiano acossava a pessoa e exigia dinheiro, por isso estávamos todos bravos e queríamos nos defender.

"Um dia, quando eu estava com dezesseis ou dezessete anos, discuti com um homem que não conhecia. No fim era um tenente do Exército, e eles me levaram e me espancaram sem nenhum motivo, e não só eu, éramos milhares de pessoas."

Perguntei como era em comparação à época de Saddam.

"Não me lembro direito da época do Saddam, porque tinha sete anos quando ele se foi, mas ouvi dizer que ele era bom para os sunitas, porque tinha força e controlava os xiitas, e que se alguém fazia algo ruim ele simplesmente enforcava.

“Quando o Estado Islâmico chegou a Mossul pela primeira vez, não eram muitos, talvez duzentos, mas todas as pessoas, aos milhares, começaram a se juntar a eles, porque estavam cansadas, e o Exército iraquiano fugiu. Minha família não ficou feliz: eles sabiam que algo ia acontecer. Mas eu estava com tanta raiva que me juntei ao Estado Islâmico.

“Fui à mesquita e proferi o *bayat* em julho de 2014. Então passei a trabalhar como segurança no pronto-socorro do hospital. Recebia 200 mil dinares por mês, controlados pelo Estado Islâmico, mas depois baixou para 100 mil, porque não tinham mais dinheiro.

“O Estado Islâmico ajudava bastante as pessoas. Abriu uma estrada para que pudéssemos ir para outros bairros, instalou iluminação nas pontes e melhorou bastante coisa. A única coisa ruim era que eles não tratavam bem as mulheres e as obrigavam a usar hijab. Se o Estado Islâmico não tivesse se fixado tanto em religião, perturbando as pessoas com isso o tempo todo, acho que teriam ficado ali para sempre.”

Perguntei sobre as iazidis.

“Só vi meninas iazidis no celular, porque meus amigos do hospital sempre me mostravam fotos. Um deles tinha uma *sabaya* que estava tentando vender por 6 mil dólares. Ela devia ter uns dezoito ou dezenove anos. Diziam que a gente podia comprar uma iazidi e tratá-la como escravizada. Meu amigo perguntou: ‘Por que você não arranja uma?’. Mas eu tinha uma criação diferente, minha família havia me ensinado que a gente sempre devia cuidar do vizinho. Aquilo não era para mim, eu não gostava, somos árabes e não podemos simplesmente comprar e vender mulheres. Eu costumava dizer às meninas: ‘Volta para a sua família’. Mas ela dizia: ‘Não, quero ficar’.”

Que menina?, perguntei. Antes ele havia dito que só havia visto as meninas pelo celular. “As que conheci”, ele disse, dando de ombros.

“Também me casei três meses depois da chegada do Estado Islâmico, e tenho uma filha de três anos.”

Onde estão sua esposa e sua filha?, perguntei.

Seus olhos pareceram lacrimejar. “Num campo, graças a Deus”, ele respondeu.

O que aconteceu com as suas pernas?, perguntei.

“Eu estava na ambulância quando houve um ataque aéreo em Mossul. Tentamos tirar os feridos dos destroços, e depois de um tempo fazendo aquilo ouvimos um barulho alto, então outro ataque aéreo começou. Quando acordei estava no hospital e as minhas pernas tinham explodido, uma acima do joelho e a outra abaixo.

“Quinze dias depois, eu estava tentando fugir de carro para a Síria e a Turquia, com minha mãe, meu pai, minha esposa e minha filha, quando fomos presos pelos americanos. Era 19 de novembro de 2016. Trouxeram o meu pai, o motorista e eu para cá. Meu pai continua aqui, mas ele não era do Estado Islâmico.”

Como os outros, eles ainda aguardavam que seus casos fossem levados a julgamento.

“Hoje me arrependo de ter me juntado ao Estado Islâmico”, acrescentou.

Ficar cara a cara com o Estado Islâmico não tinha sido particularmente iluminador, só me fizera constatar que ia ser complicado todas aquelas comunidades trabalharem juntas e quão longe estávamos de conseguir qualquer forma de justiça em nome das iazidis.

Discuti o que eu havia visto com Pari Ibrahim, jovem advogada iazidi que vive nos Estados Unidos e que fundou a Free Yezidi Foundation para ajudar as mulheres nos campos.

“O problema é que todos os agressores no Iraque são acusados de terrorismo em geral”, ela disse. “Sei que é o jeito mais fácil de conseguir uma condenação, mas para uma menina iazidi isso não é aceitável. Elas querem justiça pelo crime do qual foram vítimas, e ainda não vimos isso. É uma vergonha. Gostaríamos de vê-los acusados de estupro de guerra."

O problema não é só o Iraque, ela acrescenta. "Meninas iazidis foram estupradas por muitos combatentes estrangeiros. Fui falar com autoridades na França, na Alemanha, na Espanha e na Inglaterra, e todos disseram: 'Pari, essa pessoa viajou para a Síria, então pode ser acusada de terrorismo'. Eles não entendem que, se uma pessoa estuprou uma menina iazidi, queremos que ela seja condenada e presa por isso. Precisamos mostrar ao mundo que as pessoas não podem se safar disso."

O desespero era perceptível em sua voz. "O Reino Unido está na vanguarda do combate ao estupro de guerra, mas não pode fazer mais nada?", ela pergunta. "Parece que não conseguimos acusações, só encontros de cúpula. Só falam, falam e falam, sem ações concretas."

Assim como tinham assumido pessoalmente o resgate de suas mulheres e crianças, Pari acreditava que os iazidis deviam fazer o mesmo na luta por justiça. Ela e outros haviam começado a reunir um banco de imagens na esperança de identificar culpados de estupro e conseguir que fossem acusados. O grupo trabalhava com Amal Clooney e uma promotora alemã. Tudo era feito com muita discrição, porque as mulheres tinham medo.

"Sabemos que a justiça não vai ser feita em um ou dois anos." Ela deu de ombros. "É um caminho muito longo."

"Uma vez, levamos algumas iazidis a Nova York para encontrar as ruandesas que haviam conseguido sua primeira condenação. Elas abraçaram umas às outras e choraram. Para as iazidis, foi um alívio ver que um dia haverá justiça."

Não contei a ela que as ruandesas haviam me dito que, para elas, encontrar as iazidis tinha causado o efeito oposto — ficaram deprimidas porque, apesar de toda a coragem e dos esforços delas, os estupros continuavam.

13. Dr. Milagre e a City of Joy
Bukavu, República Democrática do Congo

"A luta com que deparei era feroz e cruel, e no geral os homens maus prevaleceram", escreveu o famoso fotógrafo de guerra Don McCullin ao relatar uma visita ao Congo em 1964, em meio ao caos que se seguiu ao assassinato — apoiado pela CIA — de Patrice Lumumba, líder da independência. Poderosas imagens em preto e branco mostravam jovens soldados apontando armas para a cabeça de membros da resistência ainda mais jovens que eles, os quais estavam prestes a executar.

As fotos foram expostas em 2019 na galeria do Tate Britain, em Londres, pouco antes de eu viajar para a República Democrática do Congo, e não parecia que as coisas haviam melhorado muito desde então.

"A capital mundial do estupro" — foi assim que a representante especial da ONU sobre a violência sexual nomeou o país em 2010. Os números iam além da compreensão: mil mulheres estupradas por dia, mais de uma a cada três estuprada no Congo oriental, setenta em uma hora... Acho que, de alguma forma, fiquei adiando minha ida para lá.

Levei meses para conseguir um visto. Quando ele finalmente foi estampado no meu passaporte, tinha cores fortes e relevo prateado, o que não era uma coisa boa — na minha experiência, quanto mais impressionante o visto, mais problemático o país.

Horas depois de ter comprado a passagem, minha caixa de entrada começou a lotar de e-mails do Departamento de Turismo alertando sobre epidemias como sarampo, varíola dos macacos, chikungunya e outras doenças das quais eu nunca ouvira falar. E, é claro, o segundo maior surto de ebola do mundo. Agências humanitárias com as quais entrei em contato me enviaram alertas sobre a violência contínua no leste, para onde eu estava indo, que implicara o deslocamento de 6 milhões de pessoas, o maior contingente migratório da África.

Atravessar a fronteira organizada de Ruanda para a cacofonia de Goma só contribuiu para aquela impressão. As ruas destruídas ficavam repletas de gente; meninos carregavam fardos pesados em veículos caseiros de madeira chamados *chukudu* — uma mistura de bicicleta e patinete. Um homem que expunha apenas um pé de cada par de sapatos para vender explicou que não colocava os dois à mostra para que não os roubassem. A carne pendurada em ganchos ao sol tinha um cheiro rançoso. Grande parte da cidade permanecia sob uma camada do que parecia ser uma bala fundida preta e brilhante — lava da erupção vulcânica de 2002, que havia coberto um terço da cidade. Mesmo o lago Kivu, que cintilava sedutor à distância, era um "lago explosivo", repleto de metano e dióxido de carbono dissolvido, que também poderia irromper a qualquer momento.

No entanto, ao cruzar aquele lago no ferry *Kivu Queen*, que saía de Goma, o cenário era de tirar o fôlego. Dentro da cabine passava um vídeo em volume alto, com áudio em francês e legendas em chinês, mas a reduzida área aberta do deque dava para a água azul espelhada e as colinas verdes, acima das quais de vez em quando uma ave de rapina escura sobrevoava.

Conforme o sol mergulhava no horizonte, despejando longos retângulos de luz sobre a água, o céu ficou de um tom de damasco corado, depois um laranja profundo, e por fim um vermelho ardente, como se pintado por alguém em frenesi. A silhueta de barcos simples de madeira, pescando sardinha com rede, era discernível — suas extremidades compridas e ligeiramente curvas como asas de gaivota, e o som levado pela brisa dos homens cantando.

Eu estava a caminho de Bukavu, na margem sudoeste do lago, para visitar o homem apelidado de dr. Milagre, que tinha tratado mais vítimas de estupro que qualquer outra pessoa no mundo.

A estrada para o Hospital de Panzi estava lotada de gente, cabras, carros, jovens vendendo chiclete e minutos de celular, mulheres equilibrando pirâmides de frutas na cabeça e até um grupo de oração. As duas décadas anteriores de guerra no Congo oriental haviam levado centenas de milhares de pessoas a fugir do campo para a cidade.

Do lado de fora, o hospital não parecia nada especial. A entrada levava a dois edifícios quadrangulares de tijolo vermelho; os corredores em volta do pátio gramado no meio de cada um estavam lotados de mulheres com vestidos estampados coloridos esperando para serem levadas a uma de uma série de portas que davam para os consultórios ou laboratórios.

Logo atrás, um portãozinho se abria para o caminho que conduzia a um prédio de dois andares pintado de creme — o hospital para mulheres. Lá dentro, de ambos os lados do saguão da entrada, havia grandes alas com incontáveis fileiras de camas com mulheres e crianças.

Todas tinham sofrido prolapso de órgãos pélvicos ou algum outro ferimento durante o parto, ou então eram vítimas de violência sexual tão extrema que seus genitais haviam sido rasgados e elas haviam sofrido fístulas — rompimentos no músculo do esfíncter ligado à bexiga ou ao reto, o que levava a vazamento de urina, fezes ou ambos.

Em vinte anos de existência, o hospital havia tratado mais de 55 mil vítimas de estupro.

Todos os dias, entre as cinco e as sete, mais chegavam. O dr. Patrick Kubuya, que chefiava o hospital para mulheres, me disse que naquele momento havia 250 pacientes vítimas de violência sexual, mas que o número às vezes chegava a trezentas. No ano anterior, eles haviam tratado 3093 mulheres, metade das quais havia sido estuprada.

Atrás do prédio, numa grande área coberta, muitas mulheres estavam sentadas às mesas, várias delas com a cabeça nas mãos, olhando para baixo. Ouvia-se um lamento vindo de algum lugar.

Uma placa enorme estava apoiada de cabeça para baixo contra uma parede, parabenizando o fundador, o dr. Denis Mukwege, por ter recebido o prêmio Nobel da paz alguns meses antes.

Eu já havia encontrado o dr. Mukwege na Europa algumas vezes. Tínhamos comido curry etíope em Genebra, onde ele reunira sobreviventes de diferentes conflitos numa tentativa de fazer a comunidade internacional agir. Aquele homem alto, de modos modestos, movimentos lentos e rosto quadrado e bondoso era uma das pessoas mais incríveis que eu já havia conhecido.

Com seu inglês com sotaque francês, ele tinha me contado que, quando fundara o hospital, em 1999, o objetivo era lidar com os níveis apavorantes de morte de mulheres no parto, um dos mais altos do mundo — e hoje ainda, com sete mortes a cada mil nascimentos.

"Meu objetivo era lutar contra a mortalidade materna", ele explicou. "Na França, onde concluí meus estudos de medicina e minha especialização como ginecologista, nunca havia visto uma mulher morrer no parto, mas no Congo isso é tão comum que as mulheres têm o costume de dizer suas últimas palavras quando entram em trabalho de parto, porque nunca sabem se vão sobreviver."

"Era terrível imaginar que, mesmo num mundo com tanto progresso e tecnologia, uma mulher pensasse: 'Estou grávida, então talvez minha vida tenha chegado ao fim'. Não é difícil reduzir a mortalidade materna. É uma questão de vontade política: onde você quer gastar o seu dinheiro?"

Depois de se formar na Universidade de Angers, em 1983, e voltar para Bukavu, onde seu pai era um pastor pentecostal, o dr. Mukwege se mudou para Lemera, numa parte remota do sul, para trabalhar como ginecologista num hospital. Lá, ele começou a construir escolas para treinar parteiras e pequenos centros onde as mulheres pudessem dar à luz. Em alguns anos, a mortalidade materna local foi drasticamente reduzida.

"Fiquei muito feliz com o resultado", contou. "Mas em 1994 soldados começaram a aparecer, e em 1996 a guerra começou."

Em razão do genocídio de Ruanda, centenas de milhares de hútus tinham atravessado a fronteira ocidental para as florestas do que na época era o Zaire. Entre eles havia muitos integrantes da Interahamwe, genocidas que assumiram o controle dos vastos campos de refugiados que se espalharam em torno de Goma e de Bukavu. O Exército ruandês comandado por tútsis do general Paul Kagame, que havia acabado com o genocídio e assumido o poder em Ruanda, logo foi atrás deles. O combate entre os hútus e os tútsis de Ruanda acabou levando à Primeira Guerra do Congo, entre 1996 e 1997. As forças bem treinadas de Kagame ajudaram os grupos rebeldes de Laurent-Désiré Kabila a derrubar o déspota de longa data Mobutu Sese Seko. Com seu chapéu de pele de leopardo, ele era um símbolo da corrupção.

Foi o que Kabila chamou de "época da colheita". Ele tinha começado a combater Mobutu nos anos 1960, com o intuito de realizar uma revolução marxista no Congo oriental. Che Guevara se prontificara a ajudar, chegando com uma centena de cubanos para tentar dar início à revolução. Eles foram assolados pela malária e pela disenteria. Che Guevara acabou desistindo e zombou de Kabila em seu diário por, "desde tempos imemoriáveis, não ter colocado o pé no front", preferindo passar seu tempo "nos melhores hotéis, emitindo comunicados oficiais e bebendo uísque na companhia de belas mulheres".

Depois daquele fracasso, Kabila tinha se dedicado a traficar ouro e madeira, e administrava um bar e um bordel na Tanzânia. Provavelmente não passaria de uma nota de rodapé na história se não fosse pelos presidentes Kagame, de Ruanda, e Yoweri Museveni, de Uganda, que o escolheram como representante da revolta.

O exército de Mobutu logo se desintegrou, e as forças rebeldes partiram do leste para dominar o vasto país. Na noite de 6 de outubro de 1996, atacaram o hospital de Lemera. O dr. Mukwege conseguiu evacuar alguns pacientes, mas os soldados bloquearam a estrada atrás dele, de modo que não conseguiu voltar para ajudar os outros. Trinta e três pacientes foram massacrados em suas camas, além de muitos funcionários do hospital.

"Sofri com aquilo por um longo período", ele disse. "Quando afinal recuperei o controle, voltei para Bukavu, onde testemunhei o mesmo problema: mulheres morrendo durante o parto desnecessariamente.

"Pensei: para ajudar as mulheres, não preciso de muita infraestrutura, só algumas caixas de equipamentos, dois ou três cômodos pequenos e uma sala de parto onde possa fazer uma cesariana, se necessário, e onde as mães possam ficar por um curto período depois de dar à luz. Eu poderia salvar vidas fazendo coisas pequenas, porque tinha conhecimento."

Então, em 1998, uma segunda guerra começou, quando os apoiadores de Kabila em Ruanda e Uganda se cansaram do presidente cada vez mais corpulento e ditatorial. Foi uma guerra ainda mais sangrenta, envolvendo nove países, porque Kabila subornava outros líderes para que lhe enviassem tropas, incluindo os do Zimbábue (em troca de minas de diamante que, por sua vez, ajudaram a fortalecer o regime de Mugabe) e os de Angola (em troca de plataformas de petróleo). Foi o conflito mais mortal do mundo desde a Segunda Guerra Mundial, e ficou conhecido como a Guerra Mundial Africana, opondo Ruanda, Uganda e Burundi a República Democrática do Congo (RDC), Zimbábue, Angola, Namíbia, Chade e Sudão. Estima-se que 5 milhões de pessoas tenham sido mortas e outros milhões desalojadas de suas casas. No entanto, mal me lembro de ela ter sido mencionada no resto do mundo.

Para o dr. Mukwege, foi um desastre. Seus cômodos foram vandalizados e seus equipamentos pilhados, então, em julho de 1999, ele passou a tratar de mulheres grávidas em tendas. "Foi dessa forma que o Panzi começou", ele disse.

A primeira paciente, no entanto, não estava grávida. "Era uma mulher que havia sido estuprada por múltiplos homens a quinhentos metros da minha casa e depois levado um tiro na vagina", ele recordou. "Fiquei tão chocado que achei que deveria ser um incidente isolado, perpetrado por alguém drogado, que não tinha total consciência do que estava fazendo."

Nos três meses seguintes, outras 45 mulheres apareceram com a mesma história. Uma depois da outra, elas contaram a ele que estavam em casa com a família quando homens armados chegaram, atiraram nos maridos e depois as estupraram. "Eles penetravam os genitais com baionetas ou pedaços de pau ensopados de combustível, depois ateavam fogo", disse o dr. Mukwege. "Algumas tinham sido estupradas por cinco ou mais homens até perder a consciência. Tudo na frente dos filhos. Então me dei conta de que aquelas milícias usavam o estupro como arma de guerra."

Os estupros eram levados a cabo por milícias aliadas a diferentes grupos étnicos de lados opostos da guerra. Eles também lutavam pelo controle de recursos minerais preciosos, como ouro, columbita-tantalita e cobalto, os quais, segundo Mukwege, em vez de tornar o país rico, "amaldiçoavam" suas mulheres.

Cada grupo parecia ter uma forma de tortura que lhe era característica, e os estupros eram tão violentos que com frequência uma fístula ou um buraco eram abertos na bexiga ou no reto das sobreviventes.

"Não é algo sexual, é uma maneira de destruir o outro, de tirar da vítima a humanidade, de mostrar: você não existe, você não é nada", disse o dr. Mukwege. "É uma estratégia deliberada: estuprar uma mulher na frente do marido é uma humilhação para ele, que vai embora e deixa a vergonha recair sobre a vítima. Como é impossível conviver com a realidade, a primeira reação é ir embora da região, e a comunidade é totalmente destruída. Já vi vilarejos inteiros abandonados."

"O objetivo é fazer com que as pessoas se sintam impotentes e destruir o tecido social. Vi um caso em que a esposa de um pastor foi estuprada diante de toda a congregação, assim todos foram embora. Porque, se Deus não protege a esposa do pastor, como poderia protegê-los?

"O estupro como arma de guerra pode deslocar uma população inteira e ter o mesmo efeito que uma arma convencional, mas a um custo muito mais baixo."

Desesperado com o que via, em 2001 o dr. Mukwege entrou em contato com a Human Rights Watch, que enviou uma equipe para Panzi. No ano seguinte, a organização publicou um relatório chocante com detalhes da epidemia de violência sexual por parte de milícias e do Exército que assolava o Congo oriental.[1]

"Achei que seria um momento decisivo, que a comunidade internacional se juntaria para dizer que aquilo não podia continuar. Mas continuo esperando, desde aquela época", ele disse. "Vinte anos se passaram, e ainda estou tratando as vítimas de violência sexual."

Em janeiro de 2001, o presidente Kabila estava em seu palácio de mármore em Kinshasa quando um de seus guarda-costas adolescentes entrou, puxou uma pistola e o matou com um tiro. Ele foi substituído por Joseph, seu filho de 29 anos, comandante do Exército congolês, e a guerra terminou oficialmente em 2003. Mas a violência e os estupros prosseguiram.

"Não para nunca", disse o dr. Mukwege. "Já tratamos 55 mil mulheres, e essa é apenas a ponta do iceberg. Muitas morrem em vilarejos sem nem vir ao hospital, porque são estigmatizadas, têm vergonha e medo de ser excomungadas se os outros ficarem sabendo. Para falar a verdade, tenho a impressão de que estamos regredindo."

Atrás de uma porta no Hospital de Panzi, logo entendi o que ele quis dizer. Ela fora aberta por um dos cirurgiões da equipe do dr. Mukwege, o dr. Desiré Alumetti, um homem com um sorriso iluminado usando um boné vermelho com letras em branco que diziam "DR. MUKWEGE É MEU HERÓI". A sala lá dentro era decorada com temas infantis, com decalques grandes do Mickey Mouse, da Pantera Cor-de-Rosa e do Pluto. Numa das macas, com os olhos arregalados, estava sentada uma menininha, que usava um vestido laranja e amarelo rasgado e uma trança alta de cada lado da cabeça. Seu nome era Violette. Ela tinha quatro anos e havia sido estuprada.

Ao seu lado, bastante ansiosa, estava sua mãe. Seu nome era Atosha, e as duas tinham vindo de Kindu, na província de Maniema, que ficava mais de 550 quilômetros a oeste.

Com a voz baixa, Atosha contou o que havia acontecido. "Fui até a floresta semear arroz e deixei Violette brincando sozinha em casa", ela começou. "Quando voltei, ela não estava, depois a encontrei chorando e sangrando, com as roupas na mão. Fiquei assustada e perguntei o que tinha acontecido. 'Você caiu?'

"Ela disse: 'Não, um homem veio e me levou para a latrina atrás da escola e pôs a mão na minha boca e abusou de mim'.

"Não encontramos ninguém, mas fomos verificar e tinha sangue no banheiro. Nós a lavamos e a levamos para a clínica. O médico deu um remédio, mas não tínhamos dinheiro para pagar, então a levamos de volta para casa. Foi quando notamos o cheiro ruim, e percebemos que estava vazando cocô.

"Eu não sabia o que fazer. No nosso vilarejo tem uma senhora chamada Kapinga, que é profissional da saúde. Essa mulher ouviu o que tinha acontecido e me disse para levar Violette até ela. Quando a viu, a mulher mandou que eu trouxesse minha filha ao Panzi imediatamente; não tivemos tempo nem de ir para casa trocar de roupa. Fomos de avião até Goma. Foi a primeira vez que entrei em um. Depois pegamos um barco.

"Desde que chegamos aqui, na semana passada, os médicos a deixam sentada na água salgada para tentar curar o ferimento. E ela faz acompanhamento psicológico."

Atosha estava claramente em choque. "Meu coração está partido", ela disse. "Me sinto tão mal. Ela só tem quatro anos e já não é virgem. Me sinto culpada porque a deixei sozinha, mas não tenho escolha além de ir à floresta para ganhar dinheiro e comprar comida."

Assenti. Em meus poucos dias no Congo, parecia-me que eram as mulheres que faziam todo o trabalho, tanto nos campos como carregando nas costas sacos enormes de carvão que quase as dobravam ao meio.

Por que alguém faria algo assim?, perguntei.

"Não sei", ela respondeu. "Talvez bruxaria. As pessoas acreditam que estuprar bebês lhes dá poderes especiais."

O que ela achava que devia acontecer com o estuprador?

"Não podemos fazer nada, porque não sabemos quem foi." Ela deu de ombros. "Violette só disse que era um velho. Se soubéssemos, o vilarejo ia matá-lo. Como alguém pôde fazer algo desse tipo com uma menina de quatro anos?"

A pequena Violette colocou a cabeça e os braços no colo da mãe, como se tentasse bloquear o mundo exterior.

O dr. Alumetti explicou que a menina de quatro anos havia sofrido estupro anal de forma tão brutal que o pênis do homem havia rompido o reto, motivo pelo qual as fezes vazavam. Ele planejava operá-la no dia seguinte, para a restauração.

Eu ainda estava tentando compreender aquilo quando outra paciente entrou. Uma jovem mãe chamada Anazo amamentava uma bebê chamada Chantal, de apenas sete meses.

A princípio, fiquei confusa, imaginando que a mãe seria a vítima. Mas Anazo cuidadosamente tirou a bebê do peito e a deitou na cama para ser examinada. Chantal começou a chorar na mesma hora. Eu nunca havia visto um medo tão absoluto nos olhos de um bebê.

"Ela chora sempre que eu a tiro do colo", disse Anazo.

A mãe voltou a pegar Chantal no colo e ergueu sua roupa. Tive que me segurar para não arfar diante da ferida vermelha vívida em torno do ânus da bebê.

Elas também tinham feito uma longa viagem, de cerca de 260 quilômetros a partir do vilarejo de Kaloli, em Shabunda, uma parte remota de Kivu do Sul, onde tinham encontrado ouro — o que levara mais sofrimento que prosperidade aos moradores, porque atraíra as milícias.

"Eu havia deixado a bebê com minha irmã mais nova e estava trabalhando no campo quando os rebeldes chegaram ao vilarejo", ela explicou. "Eles começaram a atirar e a roubar coisas. Minha irmã fugiu, deixando a bebê, e foi atrás de mim no campo para me avisar."

Os homens eram da Raia Mutomboki, uma das mais temidas entre as muitas *mai-mai*, as milícias da região. De acordo com um relatório recente da ONU, a Raia Mutomboki era responsável pela morte de centenas de civis e por estupros em massa.[2] Os combatentes sequestravam mulheres e meninas e as mantinham numa caverna como suas escravizadas sexuais. Antes que os estupros começassem, eles gritavam: "*Tchai! Tchai!* É hora do chá!". Então dançavam em torno de seu líder, Masudi Kokodikoko, que escolhia as mulheres que queria para si, em geral as mais novas, e estuprava até nove delas antes de passá-las adiante aos combatentes.

"Todo mundo teme esses homens", disse Anazo. "Corri para casa, mas eles já tinham atacado. Levaram o saco de arroz e todas as minhas roupas e as da bebê. Eu a encontrei na cama chorando. Só a peguei e fugi.

"A bebê não parava de chorar. Tentei amamentar, mas ela não queria. Eu não sabia o que havia de errado. Então tirei a roupa dela e encontrei ferimentos no ânus e vermelhidão por toda parte, então a levei ao centro médico. O médico percebeu na hora que ela havia sido estuprada e que o tecido anal estava totalmente rompido.

"Quando ouvi aquilo, meu corpo todo começou a tremer. Senti como se tivesse perdido o controle, nem sabia onde estava. Era comum que os rebeldes viessem à nossa região e prendessem pessoas, destruíssem casas e saqueassem, mas era a primeira vez que eu ouvia falar de algo assim.

"Quando o médico tentou ver o que estava acontecendo, ele percebeu que o canal do ânus e a vagina estavam se tocando — o pênis havia aberto um buraco. Ele disse que não podiam deixar a bebê daquele jeito, então fez o que podia e depois me mandou para cá. Tenho uma filha de três anos também, que deixei com o meu marido. O caminho era longo, então tive que pegar duzentos dólares emprestados para vir.

"Quando cheguei aqui, não tínhamos nenhuma roupa para usar, nem eu nem a bebê, porque a milícia havia roubado tudo. A esposa do médico me deu algumas coisas."

Quando o exame acabou, a mãe colocou Chantal de volta no peito. "Olha, ela só consegue sentar de um lado", Anazo disse. "Espero que quem quer que tenha feito isso passe anos na cadeia."

Comentei com o dr. Alumetti que não conseguia imaginar um homem adulto forçando o pênis num bebezinho.

"Alguns fazem isso para obrigar as pessoas a sair de uma área, para que então possam explorar os recursos minerais", ele disse. "Alguns acham que assim adquirem um poder que os torna invencíveis."

Perguntei ao médico como ele ia tratá-la. "Demos a ela uma injeção contra hepatite B e a banhamos em água antisséptica para prevenir a infecção. Depois, vamos fazer uma cirurgia."

Ele desenhou um diagrama no meu caderno de como o esfíncter anal tinha sido rompido. O dr. Mukwege divide o dano em cinco categorias — a pior é a quinta, quando os tratos genital, urinário e digestivo precisam de restauração, e uma laparoscopia é necessária para limpar a cavidade abdominal.

O dr. Alumetti nunca havia operado uma bebê tão nova quanto Chantal. A mais nova até então tinha dezessete meses na época, e ele disse que havia outra bebê de apenas quatro meses no hospital.

"Para nós, não é fácil ver esse tipo de história e tratar esse tipo de paciente", disse. "Mas é um grande prazer trabalhar com o dr. M. Nunca conheci um homem como ele. Todos os dias eu digo: 'Se eu puder ser como esse cara, quanto respeito não terei da minha família, da minha comunidade, do meu país?'."

De volta aos quadriláteros de tijolos tomados de mulheres, um homem destrancou um portão gradeado e me conduziu por um corredor até uma recepção lotada de arquivos nas prateleiras. Na parede, havia um quadro branco no qual estava escrito, em caneta verde: *La Pensée de la Semaine* [pensamento da semana].

> Hoje, graças aos novos meios de comunicação e à tecnologia, ninguém pode dizer que não sabia. Fechar os olhos para esse drama é ser cúmplice. Não são apenas os agressores que são os responsáveis por esses crimes, mas também aqueles que decidem virar o rosto.

Mais além havia um escritório espaçoso onde o homem que chamavam de dr. Milagre dava uma aula a um grupo de jovens médicos em volta de uma mesa comprida. Eles eram parte da rede Panzi que o dr. Mukwege vinha tentando criar por toda a RDC, assim como em outros países africanos em meio a uma grave crise de estupros, como Guiné-Conakri, Burkina Faso e República Centro-Africana.

Os olhos do dr. Mukwege estavam vermelhos. Eram duas da tarde e ele já havia feito quatro operações naquele dia, duas em vítimas de estupro. Como sempre, começara a trabalhar às sete da manhã, conduzindo as preces para a equipe (como o pai, ele era um pastor pentecostal), e provavelmente iria até as onze da noite. Na semana seguinte, viajaria para a Europa e para os Estados Unidos, para tentar mais uma vez chamar a atenção do mundo para os horrores que ocorriam em seu país.

Depois de se sentar pesadamente ao meu lado no sofá, o dr. Mukwege me disse que estava deprimido. "Na segunda-feira, depois de examinar a bebê, fiquei pensando em como recuperá-la fisicamente, já que a ruptura do ânus é mais complicada que a da vagina. Então pensei: não, isso é demais, não consigo continuar. Estamos tratando mulheres que já operamos antes e foram estupradas de novo, ou gerações de mulheres de uma mesma família. Nos últimos cinco anos, recebemos cada vez mais bebês. Como esse tipo de coisa pode acontecer sem que façamos nada? Estou gritando há anos para que interrompam isso, mas as pessoas se mantêm em negação."

A primeira vez que lhe haviam levado um bebê que fora estuprado tinha sido em 2014. "Ela só tinha dezesseis meses, e eu não entendia como era possível, de verdade. O intestino pendurado para fora da vagina, ela sangrando aos montes, morrendo. Conseguimos salvar a bebê, mas foi um grande choque para mim. Os enfermeiros todos soluçavam. Foi a primeira vez que os vi chorando enquanto tratavam um paciente.

"Rezamos em silêncio: 'Meu Deus, diga que o que estamos vendo não é verdade, que é só um pesadelo'. Mas não era. Era a nova realidade.

"Agora, se você olhar para o número de pacientes chegando ao hospital, há uma estabilidade, mas o grande problema é que o número de crianças vem aumentando. Dez anos atrás, 3% das pacientes tinham menos de dez anos. No ano passado, já eram 6%, e está crescendo.

"Fazer isso com bebês de sete meses ou de quatro anos... não é humano. Quando deixamos a impunidade prevalecer, autorizamos coisas que nem um animal seria capaz de fazer.

"Posso operar e restaurar dia após dia, mas essa não é a solução. Todas essas crianças e bebês foram destruídos... seu futuro foi completamente destruído..."

A crença do dr. Mukwege de que o problema não pode ser resolvido na mesa de operação o levou a uma abordagem holística pioneira, amplamente conhecida como "modelo Panzi".

Vítimas que chegam 72 horas depois do estupro recebem um

kit para combater a gravidez, HIV e doenças sexualmente transmissíveis. As que chegam depois disso são tratadas para infecções. Se testarem positivo para o HIV, recebem medicação. Só os casos mais graves vão para o hospital, e a maioria deles exige intervenção cirúrgica.

Pelo que notei ao vê-lo perambulando pelo hospital nos dias que se seguiram, ali se oferecia muito mais do que tratamento médico.

O dr. Mukwege explicou: "O que descobrimos foi que a medicina não bastava para tratar as vítimas, por causa do trauma. Então montamos uma equipe de psicólogos para apoiá-las e começamos a usar arteterapia e musicoterapia. Mas, mesmo quando as pacientes se recuperavam psicologicamente, percebíamos que enviá-las de volta aos vilarejos de onde vinham não seria a solução, já que a maioria sofria discriminação e era rejeitada pela família e pela comunidade. Enviá-las de volta seria encaminhá-las para as ruas.

"Então o terceiro pilar é o apoio socioeconômico. Pagamos a escola e o sustento das mais jovens. Também temos um refúgio, a Maison Dorcas, onde cuidamos das grávidas.

"Às mulheres adultas, oferecemos um curso de alfabetização e ensinamos diferentes habilidades, como artesanato, costura e agricultura, para que consigam ser independentes. Nós as ensinamos a montar fundos de investimento e fornecemos sementes e microcrédito para que possam abrir pequenos negócios, porque esse é um modo não apenas de garantir sua renda, mas de elas se fortalecerem e lutarem pelos próprios direitos."

Também havia um centro para bebês que eram fruto de estupro, uma vez que eles tendiam a ser rejeitados.

O quarto e último pilar era o aconselhamento jurídico. "Descobrimos que, depois de ajudarmos as mulheres a ser autossuficientes, o que acontece é que elas voltam e dizem: 'Quero justiça'. Então temos advogados para auxiliá-las a entrar com uma ação."

Aquilo, ele disse, era parte do processo de cura e a chave para mudar a situação.

"Não é de um dia para o outro — pode levar seis meses ou mesmo cinco anos até que uma mulher diga 'Estou pronta e quero falar'. Demora, mas o único modo de mudar a sociedade é acabar com a impunidade. Porque o que protege os agressores, inclusive na Europa, é o silêncio.

"Precisamos ajudar as mulheres a compreender que aquilo pelo que passaram não é normal, e que se elas começarem a falar ajudarão não apenas a si mesmas, mas a toda a comunidade. Mesmo esses homens têm família, e, quando as mulheres tornam público o que eles fizeram, muitos temem por sua posição na sociedade e na própria família.

"Enquanto o tabu residir na vítima, e não no agressor, nada vai mudar. Mas, quando os agressores começarem a considerar 'Qual vai ser a reação da minha esposa, dos meus vizinhos, do meu chefe? Isso vai afetar minha posição na comunidade, posso perder meu emprego e ser levado à justiça', então vão pensar duas vezes antes de fazer algo."

Estabelecer todo aquele sistema não era fácil, ele disse. "Muitos funcionários de hospitais resistem, porque não acreditam que isso faz parte dos cuidados com a saúde."

Também era perigoso, especialmente porque o dr. Mukwege com frequência falava da cumplicidade do governo, assim como dos estupros realizados pelo Exército congolês. "Recebi muitas ameaças", ele disse, dando de ombros.

Em 2011, o dr. Mukwege foi convidado por Margot Wallström — a representante especial da ONU sobre violência sexual que descrevera a RDC como "a capital mundial do estupro" — para falar na Assembleia Geral da organização, em Nova York. Quando ele chegou, o ministro da Saúde do Congo o convocou em seu hotel. "Ele me disse: 'Você precisa fazer uma escolha — ou vai para casa, ou fica e faz o discurso, mas nesse caso assume responsabilidade sobre o que acontecer com você e com a sua família'. Minha família estava no Congo e eu em Nova York, de modo que se tratava de uma ameaça clara. Decidi cancelar."

No ano seguinte, em setembro de 2012, ele foi convidado de novo para se dirigir à assembleia, daquela vez pelo ministro das Relações Exteriores britânico, William Hague, que se tornara o primeiro entre seus pares nos países mais influentes do mundo a abordar a questão da violência sexual. Daquela vez, o dr. Mukwege concordou em falar. Ele foi bastante direto em sua crítica ao governo de Kabila.

Quando voltou para casa, em outubro, encontrou cinco homens com pistolas e rifles esperando-o. "Tinham feito minhas filhas reféns e começaram a atirar. Achei que fosse morrer. Meu segurança, Jeff, que trabalhava comigo havia mais de 25 anos, foi morto na frente das minhas filhas. Não sei como escapei.

"Não fizeram nada com as minhas filhas, não as estupraram nem nada, mas é claro que, enquanto me esperavam, elas ficaram pensando que algo poderia acontecer, o que deve ter sido assustador."

Depois de ter escapado por pouco, a família deixou o país e foi para a Bélgica. Nos dois meses que se seguiram, mulheres no Congo escreveram, pedindo que ele voltasse. "Um dia, ouvi dizer que estavam vendendo bananas e tomates para pagar minha passagem, então tive que voltar."

Em certo sentido, o hospital havia se tornado uma prisão para o dr. Mukwege, uma vez que ele morava ali desde o ataque, e contava com um caminhão de soldados da Monusco, a força de paz das Nações Unidas, para protegê-lo. "Estamos sempre em risco. Não posso me deslocar sem seguranças." Ainda assim, ele disse que muitas vezes ouve tiros. "Eles se aproximam do hospital ou da minha casa e atiram."

Em 2015, uma colega sua, a dra. Gilda, foi assassinada com um tiro enquanto trabalhava no hospital de Kasenga. "Para mim foi devastador", ele disse.

Os cinco filhos do dr. Mukwege já estavam crescidos. Por mais que sentisse falta deles, estava feliz por terem saído do país, pois se preocupava que estivessem voltando aos horrores do fim dos anos 1990. "Estamos numa situação que não é de guerra, tampouco de paz", ele disse.

Seu filho estava estudando para ser ginecologista, e, embora o dr. Mukwege torcesse para que ele seguisse seus passos no Panzi, também estava dividido. "Como posso pedir para ele voltar se tem filhos pequenos e eu mesmo vivo numa prisão?"

Numa sexta-feira, em 5 de outubro de 2018, o dr. Mukwege começou a operar às sete e meia da manhã, como de costume. Ele já estava em sua segunda cirurgia quando ouviu gritos das pacientes e dos colegas.

A princípio pensou que algo terrível tivesse acontecido. Mas, quando saiu, ainda vestindo as roupas cirúrgicas, todo mundo o abraçou. O dr. Mukwege tinha recebido o prêmio Nobel da paz ao lado de Nadia Murad, a jovem ativista iazidi, por seu trabalho revelando o uso da violência sexual como arma de guerra.

Aquilo devia significar que agora a comunidade internacional estava levando a questão a sério, não?

Ele deu de ombros. "O Nobel pode ser uma honra, mas nossa luta não é por honra, é para impedir o que está acontecendo com as meninas e com as bebês do Congo."

Perguntei a ele por que o Congo era tão ruim para as mulheres. "É uma boa pergunta", respondeu. Em Goma, eu tinha ficado perplexa com o fato de que eram as mulheres que iam para os campos todos os dias e buscavam lenha e água, muito embora corressem um risco enorme de ser sequestradas e estupradas. Um belga com quem falei e que havia vivido no Congo por mais de vinte anos achava que o verdadeiro problema era a cultura patriarcal. Ele me lembrou dos altos índices de abuso doméstico.

Para o dr. Mukwege, a violência era extrema e metódica demais para que fosse a explicação. "Em geral, as mulheres que vemos foram estupradas não por um homem apenas, mas por três ou quatro, em geral na frente do marido e das crianças e mediante tortura, tendo um pedaço de madeira enfiado na genitália, por exemplo, para que seu aparelho genital fosse todo destruído. Isso é feito sistematicamente, e não tem nada a ver com sexo."

Para ele, a violência está relacionada ao influxo de genocidas de Ruanda e às guerras subsequentes, mas sobretudo ao domínio dos recursos naturais.

Seu discurso em Oslo ao receber o Nobel, em dezembro, começou assim: "Meu nome é dr. Mukwege. Venho de um dos países mais ricos do planeta. No entanto, o povo do meu país está entre os mais pobres do mundo".

"Meu país está sendo sistematicamente pilhado com a cumplicidade das pessoas que se dizem nossos líderes. O povo congolês foi humilhado, abusado e massacrado por mais de duas décadas diante dos olhos da comunidade internacional."

O país criado pelo rei belga Leopoldo II em 1825 como seu feudo pessoal tem sido ilimitadamente saqueado por seus líderes devido às suas reservas de ouro, diamantes, cobre e estanho, muitas vezes com a conivência de companhias mineradoras multinacionais. Mas, nos últimos tempos, outros minerais se tornaram importantes: aqueles necessários para a revolução tecnológica. A RDC fornece cerca de dois terços do cobalto necessário para as baterias de carros elétricos, celulares e notebooks, assim como da columbita-tantalita, da qual é extraído o tântalo, indispensável para os capacitores. Nomes importantes como Microsoft, Apple e IBM dependem de minerais do Congo — e provavelmente todos os lares do Ocidente têm pelo menos um produto dessas empresas.

Isso enfurecia o dr. Mukwege. "Sinto que o Congo é parte da comunidade humana e que os bebês congoleses são humanos também, então fico surpreso que todo mundo use os recursos naturais do Congo, mas poucos considerem a mácula na humanidade que é tratar mulheres e crianças desse modo.

"No Ocidente, eles precisam desses minerais para celulares, notebooks e carros elétricos. Eu mesmo tenho um celular. Mas comprar minerais de zonas de conflito não é aceitável. Deveria haver outra saída. E deixar que isso se prolongue por vinte anos... O mundo não pode dizer que não teve a chance de impedir isso."

O problema, ele disse, vinha de cima. "O que eu sei é que o estupro não pode ser usado como arma de guerra sem responsabilizar ninguém. Não devemos culpar apenas os agressores, mas também perguntar quem mandou que estuprassem.

"Nessa região, há vinte anos, pessoas matam, estupram, destroem, e essas ainda são as pessoas que lideram o país, os militares, a polícia e o serviço de inteligência. Quando aceitamos isso, aceitamos ser dirigidos por pessoas que perderam totalmente a cabeça. Acho que a maior parte delas é doente."

Em seu discurso ao receber o Nobel, o dr. Mukwege falou sobre um relatório que estava "mofando numa gaveta de escritório em Nova York", o chamado *Relatório de mapeamento*, uma investigação feita pela ONU dos crimes de guerra no Congo. Segundo o dr. Mukwege, o documento descrevia pelo menos 617 crimes de guerra e trazia nomes de vítimas, datas e locais, mas não nomeava os criminosos.

"O *Relatório de mapeamento* é um estudo da ONU, então por que mantê-lo engavetado?", ele me disse. "Sabemos que as pessoas que cometeram os crimes ainda estão comandando o país."

Falei a ele que seu discurso ao receber o Nobel era uma das falas mais emocionantes que eu já ouvira.

"Todo mundo aplaudiu, mas nada aconteceu", ele disse, triste. "Precisamos que o Conselho de Segurança da ONU diga 'Não, a guerra no Congo não é aceitável, e medidas devem ser tomadas'.

"Precisamos que um mecanismo internacional leve todos os criminosos a julgamento para começar uma investigação. Sabemos que as pessoas que estão liderando o país são as mesmas que cometem esses crimes, então não podemos pedir a elas que conduzam a investigação."

Em 30 de dezembro de 2018, algumas semanas depois do discurso do dr. Mukwege ao receber o Nobel e alguns meses antes da minha viagem, uma eleição presidencial finalmente foi realizada, com dois anos de atraso. Num encontro nosso anterior a isso, o dr. Mukwege expressara sua preocupação de que não houvesse eleição. Ele estava convencido de que Joseph Kabila não tinha nenhuma intenção de renunciar ao poder.

O dr. Mukwege riu com ironia quando perguntei a respeito. "Fui votar na escola local. Abria às sete da manhã, mas a máquina só chegou às cinco da tarde. Mais de 30 mil pessoas iam votar ali, então a maior parte de nós não conseguiu fazê-lo."

Houve uma surpresa inicial quando o candidato da oposição, Félix Tshisekedi, foi declarado vencedor. Mais tarde, descobriu-se que ele e Kabila tinham feito um acordo antes da eleição. O verdadeiro vencedor, de acordo com o monitoramento eleitoral feito pela Igreja católica, foi outro líder da oposição, Martin Fayulu.[3]

A reação do mundo foi mínima. Os governos aparentemente acreditavam que alguma mudança era melhor do que nenhuma, muito embora Kabila tenha permanecido no palácio presidencial, e seu partido, a Frente Comum pelo Congo, tenha ficado com a maioria esmagadora das cadeiras do Parlamento.

"Kabila está ainda mais forte do que antes", disse o dr. Mukwege, balançando a cabeça. "Ele agora controla não só os militares, o serviço de inteligência e a polícia, mas também o Senado, o Parlamento, os governos locais e os governadores, então todo o poder está em suas mãos."

Depois que a RDC foi chamada de capital mundial do estupro, em 2010, o presidente Kabila decidiu nomear uma consultora especial sobre violência sexual, Jeannine Mabunda, prometendo uma política de tolerância zero. Desde então, ele alegava que seu país devia ser "considerado um exemplo" de como combater a violência sexual. Em 2016, Mabunda visitou Bukavu e afirmou que o número de estupros tinha caído 50% desde que fora nomeada, dois anos antes.

"Isso não passa de relações públicas", disse o dr. Mukwege. "Na prática, nada mudou. Se ainda recebo bebês, como posso dizer que houve uma mudança?"

A animosidade prevalecia entre o governo de Kabila e o dr. Mukwege. Em 2015, o governo enviou uma cobrança de 600 mil dólares ao hospital, referente a impostos antigos, ainda que na RDC hospitais sejam supostamente isentos de tributação. Por fim, a cobrança acabou sendo indeferida diante dos protestos.

Quando pedi meu visto com uma carta-convite do Hospital de Panzi, disseram-me para conseguir uma carta de outro lugar se eu quisesse que o visto fosse aprovado.

O governo tinha inclusive acusado o dr. Mukwege de passar mercúrio-cromo nas crianças para simular ferimentos perante os jornalistas.

Embora alguns comandantes tivessem sido levados à justiça, o pessimismo do dr. Mukwege era compartilhado por Daniele Perissi, um jurista italiano com quem falei depois e que havia passado quatro anos em Bukavu, liderando o escritório no Congo da TRIAL International, uma ONG de Genebra fundada por um grupo de advogados e vítimas para lutar contra a impunidade no mundo.

"Não quero parecer tão pessimista, mas, embora o Estado tenha feito algumas coisas, como parar de recrutar crianças-soldado para as Forças Armadas, é uma pena que não se pode dizer o mesmo dos estupros, que continuam sendo cometidos por todo mundo."

Ele me disse que até juízes e magistrados com quem trabalhava nos casos estavam envolvidos. "O fato de que agora vemos professores, advogados e juízes cometendo esses crimes mostra que a cultura da impunidade está tão arraigada na sociedade que não apenas os trivializa, como também passa uma mensagem de que é normal que pessoas em posição de poder façam esse tipo de coisa."

"Tivemos o caso de um juiz que de dia presidia um tribunal móvel que julgava crimes de violência sexual e à noite abusava da filha de dezesseis anos de seus anfitriões."

A sensação de que se dava um passo para a frente e dois para trás foi intensificada com o caso do Tribunal Penal Internacional (TPI) envolvendo Jean-Pierre Bemba — chefe militar e ex-vice-presidente de Kabila, que depois concorreu contra ele nas eleições de 2006.

Em 2008, Bemba foi preso em Bruxelas com um mandado do TPI sob oito acusações de crimes de guerra e de crimes contra a humanidade cometidos por combatentes sob seu comando durante o conflito na República Centro-Africana, em 2002 e 2003, quando ele enviou mil soldados para apoiar o então presidente.

Em março de 2016, o TPI declarou Bemba culpado de homicídio, estupro e pilhagem de civis perpetrados por seus homens. Foi uma decisão histórica — a primeira condenação do TPI envolvendo violência sexual e a primeira vez que um comandante era considerado culpado pela ação de suas tropas.

No entanto, dois anos depois, em junho de 2018, a decisão acabou sendo indeferida e Bemba foi absolvido e solto para voltar à RDC e participar das eleições.

"É o exato oposto da mensagem que precisamos mandar", disse Perissi. "O que as pessoas na RDC sentem é: se até o TPI faz isso, que esperança podemos ter?"

Mukwege ficou horrorizado. "Alguém fez essas coisas. Mulheres da República Centro-Africana lutaram dez anos por isso. Se você o absolve, outra pessoa deve ser processada pelo que aconteceu. Caso contrário, para as vítimas, a mensagem é de que nunca haverá justiça ou indenização. Como as vítimas podem reconstruir suas vidas quando sentem que nosso sofrimento foi aceito pela comunidade?

"As mulheres têm a impressão não só de que sua própria comunidade as considera culpadas de ter sofrido estupro, como também de que a comunidade internacional as acusa de mentir, sofrendo assim uma dupla acusação."

Comentei que havia assistido a julgamentos do Estado Islâmico e visto a frustração das mulheres iazidis ao ver que a violência que haviam sofrido não era incluída nas acusações.

Ele assentiu. "Falei com mulheres na Coreia, na Colômbia, na Bósnia, no Iraque... Todas elas dizem: 'Quando me estupraram, me mataram. Vocês condenam pessoas porque mataram, porém o que aconteceu conosco é pior, porque somos deixadas vivas, mas com a sensação de que não existimos'. Elas já estão mortas por dentro.

"Isso me faz pensar que precisamos de outra palavra para 'estupro', porque me parece que, na cabeça dos homens, o estupro é apenas uma relação sexual que não é aceita pela vítima, e é quase algo normal."

Perguntei como ele lidava com o fato de ficar cara a cara com as piores atrocidades do homem dia após dia, ano após ano.

"As mulheres são minhas terapeutas", ele respondeu. Então explicou: "A princípio, eu tratava de dez casos, depois quarenta, então cem, mil, 10 mil... Acha que foi fácil? Eu dizia a mim mesmo:

não é possível. Não conseguia dormir, comecei a ter pesadelos. Perguntava 'Onde estão minhas filhas?' e começava a tremer, preocupado com o que aconteceria com elas. Pensei até em me mudar para o exterior.

"Mas, durante toda a minha vida, sempre que me senti perdido, Deus abriu uma porta estreita para que eu passasse."

A porta, naquela ocasião, fora a visita de Eve Ensler, escritora, atriz e ativista americana mais conhecida por sua peça revolucionária *Os monólogos da vagina*, que estreou na Broadway em 1996 e depois foi encenada no mundo todo. Ela usou o lucro da peça e sua notoriedade para criar o movimento V-Day, com o intuito de arrecadar fundos para acabar com a violência contra as mulheres e as meninas.

Os dois se conheceram num evento da ONU em Nova York, e ele a convidou para ir à RDC visitar o hospital. "Eu me lembro bem daquele dia. Era um sábado de 2007. Eve chegou ao hospital e fez perguntas às mulheres sobre sua vida, depois elas começaram a dançar, cada uma no estilo do seu vilarejo. Foi incrível. Vi que não estava tudo perdido e que eu não podia desistir, porque, se aquelas mulheres conseguiam expressar a força que havia dentro delas apesar de tudo o que tinham vivido, então eu pecisava lutar ao lado delas. Depois da dança, pela primeira vez voltei para casa e dormi como um bebê.

"Agora, toda vez que penso 'Ah, já chega' eu me lembro das mulheres dançando. Eu sofro, mas elas sofrem mais e continuam amando, continuam transformando o ódio em amor, e isso me ajuda muito."

A mesma coisa tinha acontecido naquela semana, o dr. Mukwege disse. "Quando eu estava quase perdendo a cabeça por causa das bebês, uma mulher que tratamos há muito tempo chegou para ajudar. Ela trouxe a filha, que tinha acabado de se formar, e disse: 'Todas essas coisas horríveis aconteceram comigo, mas tenho uma filha formada'. Ela estava tão feliz e orgulhosa, tão imbuída de dignidade, que aquilo me afetou, e eu senti: não está tudo perdido, ainda temos esperança e vamos superar essa crueldade."

Ensler ficou igualmente comovida. "Fui profundamente impactada pelo dr. Mukwege", ela me contou. "Eu não conseguia acreditar que havia um homem daqueles, devotando a vida a acabar com a violência sexual, ou um lugar como aquele no mundo."

Não consegui tirar as crianças da cabeça. Na manhã seguinte, dei uma passada no hospital. Violette, a menininha de quatro anos, aguardava a cirurgia sentada, com os olhos mais arregalados que nunca.

Um pouco além do hospital, passando por um campo poeirento onde alguns homens jogavam bola, viramos numa estrada de terra ao longo da qual mulheres vendiam carvão a granel. Ali havia um campo improvisado cheio de meninos maltrapilhos com olhos injetados, que depois descobri serem ex-crianças-soldado. Ao fim da via, chegamos a dois grandes portões pretos com palavras improváveis pintadas neles: CITY OF JOY, a cidade da alegria.

Duas seguranças ficaram com a minha bolsa, permitindo que eu mantivesse comigo apenas meu celular e um caderno antes de me deixar passar.

Dentro dos muros, havia jardins exuberantes, cheios de verde, flores, árvores e pássaros cantando. Uma jovem sorridente e rechonchuda usando verde-limão me conduziu a um escritório. A porta se abriu para uma explosão de cores, flores, arco-íris, fotos, corações, potes de doces e frases motivacionais. Meus olhos eram atraídos por tudo. "Se o Congo é o pior lugar para ser mulher, a City of Joy é o melhor", dizia uma das frases.

Presidindo tudo, como uma ave-do-paraíso deslumbrante, via-se uma figura alta e marcante, com um cardigã de listras horizontais em azul, vermelho e dourado, calça preta e sandálias pretas de tiras e salto alto, brincos redondos e dourados com contas vermelhas, olhos brilhantes e um grande volume de cachinhos cor de cobre.

Aquela era Christine Schuler Deschryver, mãe e avó, diretora e fundadora da City of Joy, vice-presidente da Fundação Panzi e melhor amiga do dr. Mukwege. Ela riu ao ver meus olhos arregalados. "Gosto de cores. A vida não é só preto e branco", Christine disse. "O dr. M. diz que o meu escritório é a minha cara!"

Ao lado da mesa dela havia uma placa dizendo: "V is for Victory, Vagina, Valentine's Day" [V de Vitória, de Vagina, de Dia de são Valentim].

"Aqui, na City of Joy, falamos o dia todo em vaginas", ela explicou. "Eu chego e as meninas perguntam: 'Christine, como está a sua vagina hoje?'. Eu digo: 'Nossa, hoje ela está de mau humor!'."

Aquele era o slogan da organização de Eve Ensler, a V-Day. O centro devia sua criação — além dos 600 mil anuais para cobrir os custos operacionais — à mesma visita de Ensler ao Panzi em 2007 de que o dr. Mukwege havia falado. "Em geral, quando gente famosa vem, como os Clinton, eles prometem muita coisa e nada acontece", disse Christine. "Eu disse a Angelina Jolie: 'Vocês, celebridades, vêm aqui e não fazem nada'. Mas com Eve foi diferente. Quando ela veio aqui, estava com câncer e pesava uns trinta quilos, era só osso. Eve perguntou às mulheres congolesas o que elas queriam. As mulheres disseram: 'Queremos poder, queremos ser líderes'. Na época, estávamos começando a construir o centro, e sobreviventes se aproximaram e começaram a dançar e a dançar. Muitas tinham vindo do hospital, e depois vimos sangue no chão. Mostrei a Eve, e ela me disse: 'Isso me deu uma ideia. Essas mulheres estão doentes e ainda assim dançam. Por que não fazemos um bilhão de mulheres dançarem?'.

"As mulheres desejavam ter uma casa onde pudessem ser independentes, então construímos o centro e elas escolheram o nome."

Pedi a Christine que me contasse sobre a City of Joy. Mais uma vez, ela riu. "Não sei como descrever. É mais que um lugar", respondeu. "Vamos lá ver."

Atravessamos os jardins, passando por um segurança vestido de preto e altamente armado, o que pareceu incongruente, dado o cenário pacífico, e por um laranjal plantado por Christine e pelo dr. Mukwege seis anos antes. Mais além, havia mangueiras e abacateiros e uma horta. Era um refúgio deslumbrante do caos exterior, e havia até uma cabana para meditação. Também passamos por gaiolas de coelhos e por um galinheiro, de onde uma menina voltava com uma cesta de ovos frescos.

Uma fileira de painéis solares fornecia eletricidade. "Não recebemos nada do governo", disse Christine, dando de ombros. "Nem energia elétrica nem água, por isso temos os painéis e um gerador."

"A construção foi um pesadelo", Ensler havia me contado. "Não só não havia estradas, eletricidade ou água, como eu estava com câncer em estágio três e quatro e quase morri. Devo minha vida às mulheres do Congo, porque sabia que não ia morrer, já que havia feito a promessa de inaugurar o lugar."

Chegamos a um terraço onde um grupo de meninas tricotava e costurava. No momento em que viram Christine, elas se levantaram e começaram a dançar e cantar. "Mama chegou, vamos cumprimentá-la e dançar para ela", as meninas entoaram, sacudindo os trabalhos e rindo. Era tão contagiante que decidi me juntar a elas.

Era fácil ver por que chamavam o lugar de City of Joy. No entanto, todas aquelas mulheres haviam sobrevivido a estupros quando tinham entre dezoito e trinta anos e estavam ali fazia menos de dois meses. Christine explicou que ela adaptava o programa intensivo de seis meses de acordo com as necessidades individuais, mas cerca de metade do tempo era investida em terapia, incluindo

arte, música, meditação e ioga. Também havia aulas de defesa pessoal e de ginástica, e ensinavam às mulheres como cuidar de si mesmas, de seu cabelo e de sua maquiagem.

A higiene também era importante. Atrás de um portão trancado, avistei as acomodações: nove casas, com três quartos cada uma e dez camas com mosquiteiro, além de banheiros. Cada casa escolhia uma supervisora, e suas ocupantes precisavam manter o local limpo e arrumado.

"Essas meninas nunca tiveram chuveiro ou eletricidade, nunca escovaram os dentes com uma escova ou dormiram num colchão", disse Christine. "Uma menina se recusou a ficar por causa do chuveiro. Ela disse: 'A água vem do telhado, e não do rio'. Achava que eram espíritos."

Um elemento-chave do tempo passado na City of Joy é aprender a contar a própria história. Aquilo me intrigou, porque eu tinha uma preocupação enorme de reavivar os traumas das sobreviventes quando pedia que rememorassem eventos tão terríveis.

"É uma questão de adquirir respeito e de se apropriar da própria história", explicou Christine. "Depois de um mês, quando elas começam a contar suas histórias, às vezes… nossa. E a transformação depois de seis meses é enorme. Transformamos dor em poder e damos às vítimas força para ser líderes em suas comunidades."

Como filha de um homem belga branco e abastado e uma mulher congolesa negra e pobre, Christine tinha experiência com o preconceito. "Meus pais eram de mundos completamente diferentes. Ele vinha de uma família rica, e minha mãe era analfabeta e trabalhava colhendo chá na propriedade dos pais dele, então foi um amor proibido. A família do meu pai cortou relações com ele. Eu sofria ao ver a dor da minha mãe.

"Acho que nasci ativista. Passei toda a minha vida ajudando os outros. Eu estudava numa escola belga com alguns poucos alunos negros, e brigava como um menino para protegê-los."

O pai dela, Adrien, era um conservacionista. Ele fundou um parque nacional chamado Kahuzi-Biega — perto da margem oeste do lago Kivu, não muito longe de Bukavu —, um dos últimos refúgios para gorilas das terras baixas, muito raros. Fiquei com a impressão de que havia certo ressentimento ali. "É claro que gorilas são mais importantes que pessoas", ela disse, dando de ombros.

Christine deparou pela primeira vez com vítimas de violência sexual quando trabalhou como coordenadora para o Congo oriental da agência de desenvolvimento alemã, a GTZ. "Uma das organizações que financiávamos era o UNFPA [o Fundo de População das Nações Unidas], e o dinheiro foi usado para contar vaginas rompidas", ela disse.

Christine conheceu o dr. Mukwege em 1994, antes que ele abrisse o hospital, e começou a ajudá-lo. "Havia muita carência, e ninguém estava interessado naquilo. Nunca vou esquecer do cheiro dos corpos apodrecendo, as mulheres andando como fantasmas… Era eu quem enterrava os bebês e ouvia as histórias, então absorvi tudo de ruim."

Mukwege era visitante regular da City of Joy, onde tratava de alguns temas inesperados com as mulheres. Christine explicou: "Quando falo com as meninas, vejo que a maior parte nunca teve um orgasmo. Elas nem sabem o que é isso. Para elas, sexo se resume a satisfazer o homem. Mas as meninas congolesas me veem como branca, porque sou a primeira pessoa inter-racial que encontram, então não consigo falar com elas sobre questões profundamente culturais. Contei isso ao dr. M., e ele veio aqui. Somos amigos próximos há 25 anos, mas nem reconheci meu amigo. Ele disse a elas: 'Mesmo nós, homens, à noite temos acidentes…'. Estava falando de masturbação! Ele perguntou às meninas 'Como você se sente à noite?', e uma delas disse: 'Somos como galinhas que fazem cocô e não sabem como agir, são os espíritos tomando conta de nós'. E ele respondeu: 'Não, isso é normal, é como um orgasmo'. Não consegui acreditar. Ele é um pastor, um homem conservador, e lá estava ele, falando sobre masturbação e orgasmo".

Mil duzentas e noventa e quatro mulheres haviam concluído o programa nos oitos anos desde que a City of Joy fora aberta, em 2011. Ao partir, cada uma recebia um celular com um número gravado para manter contato. Treze tinham morrido e a organização havia perdido o contato com outras doze. Só se sabia de uma menina que voltara a ser estuprada.

"Quando elas se formam, ficam tão orgulhosas", disse Christine. "Querem voltar para a comunidade e compartilhar com os outros o que aprenderam, trabalhar com ONGs locais ou criar as próprias. Uma virou diretora de escola. Outra, Evelyn, é chefe de todo um vilarejo. Outra, de Kivu do Norte, faz compostagem e ensina a proteger o meio ambiente. Não podemos proteger as mulheres sem proteger a Mãe Natureza."

Christine havia comprado pouco antes uma fazenda de 120 hectares onde havia criação de porcos, ovelhas, coelhos e peixes e cultivo de soja, arroz e vegetais. "Não temos máquinas, mas em três anos, com duzentas trabalhadoras, produzimos mais de setenta toneladas de arroz. Costumamos brincar que transformávamos dor em poder, e agora é dor em produto. É o processo curativo da natureza. Quando vou à fazenda e explico por que abelhas são importantes, as meninas pensam que estou maluca. Depois elas ficam, tipo, 'Nossa, a natureza é mágica!'."

A fazenda também ajuda no fornecimento de comida para o centro, que Christine pretende que venha a se tornar autossuficiente. Ela me levou até um salão amplo onde havia mulheres sentadas a mesas compridas, comendo com gosto tigelas de inhame e de feijão enquanto conversavam. Ao vê-las, ninguém imaginaria pelo que haviam passado.

Numa extremidade, atrás de uma divisória de madeira, ficava um cômodo no qual duas meninas velavam o sono de uma bebê. A mãe, Naomi, tinha apenas catorze anos. "Ela teve o primeiro bebê aos onze, depois de ter sido estuprada, mas a família o matou", explicou Christine. "Ela foi para a Maison Dorcas, e pegava um travesseiro e o segurava como um bebê. Quando a mandaram para a escola, as outras crianças a insultavam, usando termos que significavam que ela estava 'vazia', então Naomi pediu a um menino que dormisse com ela e voltou a engravidar. A Maison Dorcas queria mandá-la embora, então eu a recebi, e logo ela vai voltar para a escola."

Naomi deu à filha o nome de Christine. "Adoro crianças!", a líder da City of Joy disse. Aos 55, ela tinha dois netos. Os filhos e os netos dela moravam na Bélgica. Seu marido, Carlos Schuler, tinha uma hospedaria e uma empresa de turismo, e grande parte do lucro era investida para ajudar filhos do estupro.

A outra menina no cômodo tinha nove anos. "Ela nasceu de um estupro, e a mãe não a quis", disse Christine. "Ela precisa de amor. Todas precisam. Estou convencida de que é possível mudar o mundo apenas com amor.

"Uma mulher que trabalha na cozinha foi estuprada inúmeras vezes e engravidou. Ela rejeitou o bebê e tentou matá-lo. Foi mandada de volta ao hospital para receber ajuda psicológica. Nós a vimos nua na rua, atirando pedras, então ela veio aqui e disse: 'Quero ver Mama Christine'. Me aconselharam a não vê-la, porque ela era perigosa. Mas eu a recebi. Ela entrou para o curso de seis meses, e depois de cinco ficou maluca de novo, porque não queria ir embora. Então eu disse: 'Deem um trabalho a ela'. Agora faz quatro anos que ela trabalha aqui. Ela comprou uma casa, cuida da criança e está muito bem.

"É uma questão de dar valor à mulher. Eu as abraço, depois elas se curam e as pessoas dizem que tenho mãos mágicas, mas é só amor. Pergunto quem se lembra de ter sido abraçada pela mãe, e nenhuma delas se lembra."

Todo esse amor pesou para Christine. "Depois de dez anos, era demais", ela disse. "Eu me sentia culpada. Morava numa casa linda enquanto todos aqueles horrores aconteciam. Parei de comer, só tomava vitaminas e café, fiquei anoréxica. Eu parecia um zumbi, com olheiras escuras, tão fraca que nem parava em pé. Era como se meu corpo não me pertencesse mais. Eu tinha ataques de ansiedade e de pânico. Me sentia sufocada, vendo todos os soldados e depois as crianças.

"Eu disse: 'Chega, Christine, é demais'. No segundo semestre de 2015, disse à equipe que ia viajar para um treinamento e fui passar dois meses na Bélgica. Mas, depois de três dias, comecei a ter flashbacks. Toda vez que fechava os olhos, via a pequena Christine, pelada na rua, gritando por ajuda sem que ninguém a ajudasse. Acabaram me encaminhando para um velho professor em Bruxelas, que me ajudou. Agora também uso aqui um pouco do que me ajudou."

Ela se preocupava com seu amigo, o dr. Mukwege. "Ele poderia trabalhar em qualquer lugar, mas, como ama este país, arrisca sua vida e vive como um prisioneiro no hospital. Mas já está com 64 anos, e acho que é hora de cuidar de si mesmo."

Christine também recebeu muitas ameaças, o que justificava os seguranças em torno do centro, em especial depois de ter participado de um documentário em 2010 chamado *Blood in the Mobile* [Sangue no celular], do diretor dinamarquês Frank Poulsen. "Queríamos mostrar como os minerais eram saqueados e que se tratava de uma questão internacional, envolvendo muitos países", ela disse. "Se todos esses estupros fossem mapeados, daria para ver que acontecem sobretudo em torno das minas. É uma guerra econômica para aterrorizar a população.

"Meus irmãos são pilotos, então pedi que me levassem ao mato, a lugares onde mineram columbita-tantalita, que depois é usada para fazer celulares. Nunca vou esquecer uma mulher de 86 anos que me perguntou: 'O que eles queriam estuprando a mim, com estes seios secos e compridos, este corpo seco e magro?'.

"Agora me diga: isso é sexual? Se é uma necessidade sexual, por que não estuprar uma adulta, em vez do corpo seco de uma senhora de 86 anos, ou uma bebezinha? Por que tornar público, abrindo a vagina, despejando combustível e ateando fogo na frente de todo o vilarejo, para que as pessoas vão embora? Cheguei a conhecer uma menina que havia sido forçada a comer o próprio filho. Ela não tinha para onde ir. É uma arma de destruição em massa.

"Com um pouco de vontade, a comunidade internacional poderia acabar com essa guerra. Mas essa vontade não existe, porque todos têm interesse em manter a RDC nessa bagunça, para que as multinacionais possam permanecer saqueando columbita-tantalita, ouro etc. Infelizmente, também temos a maior parte do cobalto necessário para as baterias dos carros elétricos. Quando fiquei sabendo disso, disse: 'Ai, meu Deus, não!'.[4]

"No fim, o povo congolês não ganha nada com isso. Este país nunca pertenceu a eles, todos são apenas usados. Muito do nosso ouro é vendido por Uganda. Nosso café de Kivu do Norte é vendido como ruandês, numa embalagem bonita.

"As mulheres congolesas sofrem demais. Elas me dizem: 'Certo, se formos estupradas, tudo bem, vamos até o rio e nos lavamos, *c'est fini*, não falamos a respeito'. Mas quando colocam fogo na genitália e a destroem... E agora eles não estão apenas estuprando as mulheres, mas cortando as vaginas."

Ela apontou para a própria assistente. "Veja só a Jane. Foi operada doze vezes pelo dr. M., mas não conseguem resolver o problema de saúde dela, que causa muita dor. Por fora, é uma casa linda, mas por dentro está totalmente destruída. Quando acho que tenho um problema, penso em Jane e evito reclamar."

Com um vestido verde-limão de punhos bordados e ombreiras e usando brincos de contas vermelhas e amarelas, Jane Mukunizwa é quase tão colorida quanto sua chefe, mas, ao contrário de Christine, é baixa e anda devagar, tomando todo o cuidado.

"Eu tinha catorze anos quando fui estuprada pela primeira vez por integrantes da Interahamwe", ela começou a contar. "Foi em 2004, e eu estava com a minha família na casa do meu tio, em Shabunda. Por volta da meia-noite, alguém bateu na porta. Mas não foi uma batida normal. Os rebeldes forçaram a porta e amarraram nossas mãos. Levaram todos nós, toda a família, para a floresta e roubaram tudo o que havia na casa, depois mandaram que carregássemos na cabeça. Após um tempo, eles soltaram a minha avó, mas ficaram com o meu tio e conosco, adolescentes. Nos fizeram caminhar o dia todo. Quem dissesse que estava cansado, eles matavam."

Ela começou a falar mais baixo e mais devagar. "Um dia, mataram o meu tio na minha frente. Cortaram a cabeça e a genitália dele e abandonaram o corpo.

"Fomos amarradas às árvores, com os braços esticados, como se estivéssemos sendo crucificadas. Era como se já estivéssemos mortas, e sofríamos muito, não nos davam nada para comer. Às vezes eles cozinhavam, mas não nos alimentavam. Eles comiam bananas e nos davam só a casca.

"Se alguém quisesse estuprar você, era só vir e te tomar como quisesse. Não tenho ideia de quantas vezes fui estuprada, eles vinham várias vezes, mais de três vezes por dia, e não era um homem só. Era às vezes este, depois aquele."

Ela fechou os olhos por um momento, depois continuou: "Ficamos duas semanas ali, até que o Exército nos resgatou num tiroteio. Nos levaram para o Panzi, e eu nem conseguia entender onde estava, de tão mal que me sentia. Todos os meus órgãos internos foram danificados. Depois da primeira cirurgia, voltei ao meu vilarejo, mas fui estuprada de novo, então o dr. Mukwege decidiu que eu não podia retornar. Ele estava certo. Se você sabe que tem uma cobra na floresta, não entra nela de novo".

Do lado de fora, uma tempestade tropical começou a cair sobre o jardim. Os pássaros faziam um alvoroço, como se tentassem se fazer ouvir.

"Fiz doze cirurgias até agora, a última no ano passado. Convivo com a dor o tempo todo, mas tento me adaptar e seguir em frente. O dr. Mukwege fez o que podia. Se estou aqui agora, falando com você, é porque ele fez o seu melhor.

"Quando viu como meu caso era complicado, ele me apresentou a Christine, e ela me trouxe para a City of Joy. Vir para cá mudou minha vida. Passei a me sentir independente. Nunca fui à escola, mas aqui aprendi a ler, a escrever e a fazer artesanato para poder ganhar a vida. Mais do que tudo, a City of Joy me ensinou a ser amada e a amar os outros. Christine é uma mãe muito amorosa. Sua coragem e o modo como tenta transmitir sua empatia são meus maiores estímulos. Nunca na vida eu havia experimentado tanto amor quanto aqui.

"Faz sete anos que cheguei. Me tornei professora e compartilho a minha história com as outras para ajudá-las a se abrir. Com o meu salário, comprei uma casa bem atrás do centro e adotei quatro crianças nascidas de estupro."

Perguntei se ela achava que as mulheres que passaram por coisas tão terríveis conseguiam se recuperar de fato.

"Acho que a reconstrução é possível, mas *pole pole*", ela respondeu, usando a expressão suaíli para "passo a passo". Nos abraçamos, e ela disse: "Quero te pedir uma coisa".

"Quando você voltar", Jane prosseguiu, com os olhos fixos nos meus, "quero que conte às pessoas o que viu. Alguns dos nossos políticos dizem que não há violência sexual aqui, mas não é verdade. Meninas ainda são estupradas todos os dias, meninas de diferentes regiões, todas com a mesma história. Por favor, seja nossa voz, porque não conseguimos alcançar o seu país.

"Quando ouço nosso governo dizendo que não há violência sexual aqui, é como se estivessem pisando na ferida. Não é apenas o estupro, é o que ele acarreta: infecções, órgãos danificados, trauma… Olhe só para mim: não posso dar à luz, e se eu quiser me casar não é qualquer homem que vai me aceitar como esposa, com todo o dano que sofri.

"Aprendi muito com o que vivi, e agora estou tentando aprender francês para um dia poder tentar contar isso ao mundo inteiro.

"Mulheres estão sendo mortas e tratadas como animais neste país. Se hoje não temos vergonha e fazemos parte da comunidade, é graças ao dr. M. e à Christine. Antes, todos apontavam o dedo e diziam: 'São mulheres abusadas'. Agora, posso andar por onde quiser, e se as pessoas dizem que fui abusada nem me importo, porque sei que não foi minha culpa."

14. Mamãe não fechou a porta direito

Kavumu, República Democrática do Congo

As pessoas de Kavumu estavam bravas. Isso porque as tínhamos deixado esperando ao sol quente num pequeno pátio ao lado da balbúrdia do galinheiro, pelo fato de que não sabíamos muito bem quanto tempo levaríamos para percorrer os trinta quilômetros até lá pela estrada destruída (com exceção de um trecho aleatório que havia sido construído pelos chineses). Elas estavam bravas porque viviam em cabanas com piso de terra batida e telhas galvanizadas, feitas de pedaços de madeira pregados, sem água ou eletricidade, e num bom dia talvez ganhassem um ou dois dólares enquanto seus governantes viviam em meio ao luxo. (O presidente Kabila possuía uma propriedade mais adiante na estrada.) A maior parte delas estava brava por causa do que havia acontecido com as suas filhas.

Quando entrei no pátio onde dezenas de parentes se apertavam em bancos, todos começaram a falar de uma vez só. Algumas mulheres amamentavam e três homens estavam espremidos sob um guarda-chuva azul. A luz do sol cegava. Até que uma mulher usando um vestido amarelo-gema chamativo acabou dando um passo à frente, apresentou-se como Nsimiri Kachura Aimerante, presidente do vilarejo, e gritou para todo mundo ficar quieto e levantar a mão.

O primeiro a contar sua história foi Amani Tchinegeremig, agricultor de subsistência viúvo que tinha uma filha de nove anos. "Não temos casas bonitas", ele disse. "Vivemos em cabanas simples como esta, divididas entre a parte dos pais e a das crianças, mas às vezes quando acordamos descobrimos que uma de nossas filhas sumiu. Fui o primeiro com quem isso aconteceu.

"Comecei a procurar por toda parte. Estava batendo na porta de um vizinho quando vi um corpo no mato, deitado e coberto de sangue. O agressor havia tentado enfiar roupas em sua boca para que ela não gritasse. Ela estava totalmente destruída. Tinha só três anos.

"Eu a levei à clínica e a transferiram para o Hospital de Panzi, onde ela foi operada. Agora está bem fisicamente, apesar da dor no útero, mas vive perturbada, tem medo de gente e não gosta de aparecer em público. Ela não consegue nem sair de casa sozinha, muito menos no escuro.

"Pensamos que era um caso isolado, mas depois outras crianças começaram a desaparecer. Logo eram dez, vinte casos.

"Os homens entravam na nossa casa à noite e raptavam as crianças. No começo, era difícil saber que havia estupro, porque muitas das crianças eram bebês ou eram muito pequenas, nem sabiam falar. Encontramos corpos de bebês que haviam sido estuprados e tido a genitália destruída."

As pessoas começaram a murmurar em concordância. Uma galinha branca perambulava, ciscando perto do meu pé. Suor escorria pelo meu rosto. Eu queria ouvir as mães, mas um homem de camisa cor-de-rosa sob o guarda-chuva azul interveio. Seu nome era Eric Safari Zamu Heri, e ele queria me dizer quem estava por trás daquilo.

"Há um grupo chamado Jeshi ya Yesu [Exército de Jesus], uma espécie de culto com armas, usado por um político local chamado Frederic Batumike, que faz tudo o que ele quer. Em 2012, eles assassinaram o chefe do vilarejo."

Fiquei sabendo depois que Batumike era o representante da província no Parlamento e pai de nove crianças. Devido à sua baixa estatura, ele era conhecido como Dez Litros, que era o tamanho dos galões de plástico utilizados para pegar água. Ele também era um pastor que realizava missas em casa e na rede de igrejas que havia montado. Tinha recrutado um curandeiro que dissera à milícia que se estuprassem bebês e crianças pequenas receberiam proteção sobrenatural então as balas não iam feri-los, e que se misturassem sangue de virgens com ervas poderiam ficar invisíveis.

"Ele mandava essas pessoas a diferentes casas, para pegar as filhas pequenas e abusar delas", continuou Eric.

Uma daquelas casas era de Consolata Shitwanguli, uma mulher de meia-idade que me fez pensar nos raios de sol com seu lenço laranja enrolado em torno da camiseta amarela. Seus olhos eram de uma tristeza líquida. Sua filha Neema tinha apenas seis anos quando fora sequestrada.

"Era um domingo à noite", ela contou. "Neema foi dormir com os irmãos por volta das nove horas, depois ouvi pessoas passando e minha filha gritando e vi a porta da frente aberta. Fiquei com medo, então pedi às outras crianças para procurarem a irmã mais nova. Juntamos os vizinhos e fomos para os campos. Quando a encontramos, ela estava tremendo, com o cabelo todo sujo. Perguntamos o que estava acontecendo, e ela disse: está doendo aqui embaixo. Vi que tinham machucado a vagina dela. Acordei os vizinhos e eles a levaram ao centro médico. O médico disse que não ia conseguir tratá-la e a mandou para o Panzi, onde ela foi operada pelo dr. Mukwege. Neema ficou três meses ali. Meu coração estava partido, e não havia nada que eu pudesse fazer."

Depois daquilo, as mulheres de Kavumu tinham parado de dormir. Elas ficavam acordadas vigiando a porta, porque eram pobres e não tinham dinheiro para comprar cadeados. Algumas instalaram suportes de madeira nos quais punham uma barra atravessada durante a noite, mas a encontravam no chão ao acordar.

Perguntei onde os maridos estavam. Alguns haviam ido a Shabunda atrás de ouro, disse Nsimiri, a mulher de vestido amarelo que era presidente do vilarejo. "Se as ouvir, vai ver que as mulheres dizem que os homens entram por bruxaria."

Uma das vítimas mais novas tinha sido a bebê de Furata Rugenge, uma jovem com outro bebê amarrado às costas.

"Eu estava em casa, mas meu marido estava fora. Começou a chover, e um homem veio e pediu abrigo. Ele tinha uma bolsa preta com um quilo de arroz e perguntou se eu queria comprar, mas eu disse que não tinha dinheiro, tinha quatro crianças. Ele perguntou: 'São todos seus filhos?'. Então pegou Alliance, a bebê que estava dormindo, e disse: 'Ela é linda'.

"Eu disse a ele: 'Já está tarde, você não pode voltar para casa'. Ele me deu o arroz e pediu para fazer. Não tínhamos comida, então acendi o fogo e comecei a cozinhar. Aí me dei conta de que ele não estava mais lá. No meio da noite, amamentei e quando a coloquei no chão Alliance começou a chorar, então percebi que algo ruim havia acontecido. Quando a peguei, vi que estava cheia de sangue e de terra. Comecei a chorar e a gritar, e os vizinhos chegaram. Eles foram até a casa do homem e o pegaram ainda abrindo a porta, todo enlameado. Fizeram com que tirasse a roupa e viram o pênis coberto de sangue. Então perguntaram: 'De onde é isso?'. Ele disse: 'Minha esposa está menstruada'. Mas ela disse: 'Não é verdade'."

Alliance foi a primeira bebê que o dr. Mukwege tratou — era sobre quem ele havia me contado. "Recebi uma ligação, como costuma acontecer, pedindo uma ambulância com urgência", ele disse. "Ela voltou duas horas depois, com uma bebê de dezoito meses sangrando abundantemente. Quando cheguei à sala de cirurgia, todos os enfermeiros choravam. A bexiga, a genitália e o reto da bebê estavam gravemente feridos, devido à penetração de um adulto.

"Depois veio outra bebê, e outra. Eram literalmente dezenas de crianças estupradas."

Entre elas estava Ushindi, de sete anos. "Era de noite, e estávamos dormindo", a mãe dela, Nyata Mwakavuha, que usava vestido branco e azul com um lenço laranja na cabeça, contou. "Ushindi estava na cama com os irmãos. Desconhecidos forçaram a porta e a levaram, então a estupraram do lado de fora e a trouxeram de volta. Deixaram-na na sala. Depois que eles já tinham ido embora, ela gritou e me disse que queria ir ao banheiro. Fui buscá-la e vi que ela tremia e estava toda ensanguentada. Então eu também gritei, e os vizinhos ouviram. Nós a levamos ao centro médico, e eles disseram que devíamos ir ao Panzi. Era como se tivessem derramado algo maligno pela casa, cujo gosto eu era capaz de sentir na boca."

Georges Kuzma, um investigador de polícia francês com vinte anos de experiência no combate ao terrorismo, trabalhava na época no Hospital de Panzi, em nome da Physicians for Human Rights, monitorando todas as crianças que chegavam e treinando médicos para reunir provas forenses.

"Fiz um mapa da criminalidade e identifiquei a prevalência de casos em Kavumu, então fui falar com o dr. Alumetti para descobrir o que estava acontecendo. Reuni muitos dados, mas o governo não fez nada."

Por fim, o dr. Mukwege acabou decidindo viajar para o vilarejo. "Eu queria perguntar aos homens: 'Por que não protegem seus bebês, suas filhas, suas esposas?'. Para minha surpresa, eles sabiam quem era o suspeito. Todo mundo tinha medo dele, porque era membro da Câmara da província. Sua milícia vinha aterrorizando o vilarejo."

Quarenta e oito crianças foram estupradas entre junho de 2013 e 2016 — a mais nova com dezoito meses e a mais velha com onze anos. Depois de estuprar, os homens tomavam o sangue do hímen rompido, acreditando que os protegeria na batalha. Duas crianças ficaram tão machucadas que morreram antes de chegar ao Panzi.

O promotor local se recusou a iniciar uma investigação formal. Ele ficou conhecido como Monsieur Cent Dollars, porque, quando alguém ia apresentar uma queixa, ele pedia cem dólares. Em alguns casos, quando os pais iam à polícia, acabavam presos e tinham que pagar a mesma quantia para serem soltos.

Kavumu parecia um exemplo vívido de como o presidente Kabila, tal qual os líderes antes dele, havia precarizado o Estado, enchendo os próprios bolsos sem oferecer nada à população. Longe de protegê-la, a única interação do Estado com a comunidade era parasitária. Naquela mesma manhã, no caminho até ali, policiais rodoviários usando jaquetas laranja haviam parado nosso táxi sem nenhum motivo e exigido documentos inventados do motorista, que teve que pagar uma "multa" porque não os tinha. Ele estava acostumado com aquilo. "Eles têm uma meta diária", comentou.

Kuzma e o Hospital de Panzi montaram um dossiê e o apresentaram à Força de Paz da ONU e ao governo. "A resposta foi um silêncio ensurdecedor", disse o dr. Mukwege.

"Tentei envolver madame Kabunda, que Kabila havia apontado como enviada especial sobre violência sexual, mas foi inútil", disse Kuzma, pai de três meninas. "Por três anos, estivemos sozinhos. Pedi muitas vezes apoio à ONU, mas eles diziam que não era um caso de crime contra a humanidade. O TPI riu de nós. Foi muito frustrante.

"Foi o caso mais difícil em que trabalhei na África. Mais de quarenta meninas pequenas estupradas sem nenhuma resposta do governo. Com todo o medo e a magia, me lembrou de *O aprendiz de feiticeiro.*

"Não sabemos como eles entravam nas casas para pegar as bebês. Diziam que drogavam as mães, embora não haja provas biológicas, e alguns diziam que os pais forneciam as crianças em troca de dinheiro."

Os pais eram desesperadamente pobres e não conseguiam contratar advogados. Mas a Fundação Panzi os ajudou e os encorajou a entrar com um processo junto a organizações internacionais como a Physicians for Human Rights e a TRIAL International.

"Dos trinta ou quarenta crimes em massa nos quais trabalhei em quatro anos na RDC, esse foi o mais chocante e o mais emblemático", disse Daniele Perissi, o jovem jurista italiano que havia chegado a Bukavu para comandar o escritório da TRIAL em 2014, quando os primeiros casos começaram a aparecer.

"Resume muitos dos problemas que a RDC enfrenta, mas também tem a perspectiva humana, o fato de que as vítimas eram muito novas e enfrentarão consequências pelo resto da vida. Algumas nunca vão poder parir, e numa cultura que vê as mulheres sob essa ótica isso significa que serão mantidas no ostracismo."

A primeira coisa que Perissi fez foi tentar coordenar todos os advogados trabalhando em nome de diferentes vítimas. Formou-se um coletivo de oito deles, que compartilhavam tudo o que sabiam.

Houve um racha no vilarejo, entre as famílias das crianças que haviam sido sequestradas e os outros, que não queriam se envolver e temiam represálias. Mesmo dentro das famílias afetadas havia uma ruptura.

Perissi não ficou surpreso. "Em geral, é difícil fazer as famílias de vítimas de violência sexual na RDC irem à Justiça, por causa do estigma cultural e social, e da crença geral de que o sistema jurídico não funciona, o que, grosso modo, é verdade. Mas nesse caso foi particularmente complicado, porque havia tantos níveis... Não só o estigma cultural, mas quão vulneráveis eles se sentiam. Batumike era um membro do Parlamento, só que o mais adequado seria pensar nele como o chefe militar do vilarejo, visto que era de lá. Ele tinha a polícia no bolso e fazia o que queria."

O medo se intensificou depois que o ativista de direitos humanos Evariste Kasali foi assassinado a tiros em sua casa em Kavumu. Ele estava investigando os estupros para uma ONG chamada Organisation Populaire pour la Paix.

O maior obstáculo, no entanto, foi o promotor. "Ele não tinha nenhum interesse em tentar resolver aquilo ou em trazer à tona os casos, em parte por causa da corrupção endêmica, mas também porque tinha medo de Batumike", disse Perissi. "Resumindo, ele não ia fazer nada."

Os advogados decidiram que a melhor opção seria passar o caso a um dos promotores militares, que em geral eram vistos como menos corruptos. Eles também estavam baseados em Bukavu, fora da esfera de influência de Batumike.

"O único modo de conseguir isso seria dizer que tínhamos indícios prima facie de que se tratava de um crime contra a humanidade, para o qual a única autoridade competente seria a vara militar."

Então, no começo de 2016, um promotor militar assumiu o caso. A polícia recebeu mais recursos para visitar igrejas do culto e investigar.

Naquele meio-tempo, pais desesperados tinham juntado suas economias e pegado dinheiro emprestado para enviar alguém a um curandeiro em Goma com objetos que haviam encontrado no chão perto das crianças estupradas, incluindo uma seringa e um lenço. Eles acreditam que esse foi o ponto de virada. "Ele neutralizou o poder mágico, assim um deles traiu os outros, o que levou às prisões", alguém disse.

Fosse pela magia negra, fosse pela polícia, em junho de 2016

Batumike foi preso ao lado de setenta membros de sua milícia. Ainda assim, nada aconteceu. Os moradores do vilarejo ficaram tão frustrados que atearam fogo na delegacia de polícia local.

Uma dificuldade era reunir provas — os pais não sabiam de muita coisa, e as vítimas ou eram jovens demais ou estavam traumatizadas demais para fornecer informações úteis. A equipe de advogados também se preocupava com a possibilidade de causar um novo trauma.

Kuzma organizou entrevistas em vídeo com as crianças em dezembro de 2016, e trabalhou com a dra. Muriel Volpellier, uma francesa que era médica-chefe do centro de referência Haven para casos de agressão sexual, no Hospital St. Mary's, em Londres. Ela havia trabalhado como consultora na coleta de provas forenses em inúmeras zonas de conflito e tinha passado seis meses no Panzi, em 2014.

Desenvolver a capacidade forense deles foi um desafio, ela disse. "No Haven, onde trabalho, recebemos uma ou duas vítimas por dia, e o exame forense de uma vítima leva de quatro a cinco horas. Mas se você recebe trinta ou quarenta por dia e só conta com dois médicos, é muito diferente.

"Com frequência não há energia elétrica para manter o material congelado, ou mesmo luz, dessa forma os médicos precisam usar lanternas de cabeça durante os exames. Às vezes não há nem água. Quanto mais aprendemos sobre o DNA, mais sabemos sobre a possibilidade de contaminação cruzada, então tudo precisa estar muito limpo."

Quando ela chamava a polícia, muitas vezes ouvia que não tinham como mandar ninguém, porque faltava combustível.

O grupo também trouxe Jacqueline Fall, uma psicóloga infantil senegalesa que trabalhava em Paris, para conduzir as entrevistas. Elas eram transmitidas, para que a polícia pudesse assistir às conversas de uma sala adjacente sem ser vista e pedir esclarecimentos através dos fones de ouvido de modo não intrusivo, com o objetivo de minimizar o trauma.

As crianças e os pais eram levados num micro-ônibus para uma casa decorada com flores alegres onde um lanche era oferecido. Primeiro, a dra. Volpellier fazia um exame físico com o dr. Alumetti, que havia operado muitas delas. Eles viram 36 das 42 crianças, e apenas duas não permitiram o exame.

"Muitas disseram: 'Roubaram meu ventre'. Conseguimos tranquilizá-las a respeito", disse Volpellier. "Elas se mostraram bastante estoicas, e não revelaram muito", ela disse, embora às vezes "seu olhar se perdia na distância." Tinham perdido a fé na capacidade dos adultos de protegê-las. Uma vítima que na época da agressão tinha cinco anos insistia em dizer: "Fui levada porque a mamãe não fechou a porta direito".

Como os homens tinham conseguido entrar naquelas casas pequenas e levado as crianças permanecia um mistério. Volpellier ficara sabendo de um pó extraído de uma flor local popularmente conhecida como "anágua-de-vênus", que diziam que continha escopolamina, capaz de tornar suas vítimas "zumbis". Não era a primeira vez que ela ouvia falar daquilo. "Na França da Idade Média, as pessoas jogavam um pó nas outras no meio da rua, e elas ficavam tão fora de si que eram roubadas." Volpellier entrou em contato com colegas para tentar encontrar uma maneira de fazer um teste biológico, mas foi em vão.

Um problema era que, por causa da idade das vítimas, da brutalidade do crime e do fato de que havia acontecido no escuro, só uma das crianças foi capaz de identificar seu agressor. Nenhuma prova tinha sido reunida na época, e em alguns casos já haviam se passado três anos.

No entanto, através de detalhes — como tamanho, linguajar e roupas dos agressores —, conseguiu-se estabelecer algumas conexões importantes. Muitas meninas mencionaram que os estupradores usavam camiseta vermelha — o grupo de Batumike se autointitulava Exército Vermelho.

Finalmente, em setembro de 2017, em parte com base nos vídeos, o promotor militar entrou com uma ação contra dezoito réus por "atos de estupro constituindo crime contra a humanidade".

Os vídeos depois foram usados em audiências fechadas no tribunal, para que as vítimas não precisassem depor.

Perissi, do TRIAL, achava que nem os pais deveriam depor. Uma das primeiras mães convocadas a testemunhar desmaiou e precisou ser levada ao hospital, então os juízes concluíram que mesmo para eles aquilo seria traumatizante demais.

Ao fim, dezoito pais depuseram no tribunal em Bukavu, assim como seis ou sete vítimas, todos, com exceção da chefe do vilarejo, com o rosto coberto e a voz distorcida para proteger sua identidade. "Eu me recusei, porque daquele modo parecia que tínhamos vergonha", ela explicou.

Nyata estava entre as que depuseram. "Decidi falar, para que pudessem colocar aquelas pessoas na cadeia e nenhuma outra criança fosse ferida", ela disse.

Por fim, em 13 de dezembro de 2017, chegou-se a um veredicto. Batumike e dez homens de sua milícia foram condenados por homicídio e estupro como crimes contra a humanidade, e a cumprir prisão perpétua como pena. Houve cantoria e dança no vilarejo, mesmo entre aqueles que haviam sido contra prosseguir com o processo.

Parecia uma vitória histórica não apenas para os locais, mas para todos aqueles que lutavam contra a violência sexual na RDC. "Isso mostrou que, mesmo na RDC e com alguém em posição de poder, é possível fazer justiça", disse Perissi.

Os homens recorreram da decisão, mas, em 26 de julho de 2018, sua condenação foi mantida. O dr. Mukwege ficou aliviado — quando Jean-Pierre Bemba fora absolvido pelo Tribunal Penal

Internacional, em junho, ele entrara em pânico, acreditando que aquilo seria visto como um sinal de que os tribunais congoleses deveriam indeferir também o veredicto de Kavumu.

No entanto, o caso voltara a julgamento outra vez, na Suprema Corte de Kinshasa, por uma questão técnica.

Além disso, o tribunal não havia atribuído nenhuma responsabilidade ao governo, apesar dos argumentos dos advogados de que o Estado havia fracassado em proteger as crianças por três anos, portanto não houve nenhum tipo de indenização por parte do Estado.

Os moradores locais ficaram desconcertados. "A comunidade decidiu trabalhar com a justiça governamental, mas, mesmo tendo apontado os culpados e tendo visto sua condenação, até agora não sabemos o que aconteceu com eles", disse Amani, o homem que havia falado primeiro no nosso encontro. "Estão na prisão? Não sabemos. Não sabemos nem o que o governo congolês acha, porque nunca se manifestou. Crianças pequenas foram estupradas e tudo bem?"

"Ainda nos sentimos inseguros", reclamou Nsimiri, a presidente. "Desde que o Exército de Jesus foi preso, em 2016, os estupros pararam, mas agora nós, os pais, nos tornamos seus inimigos, então somos alvo e recebemos ameaças, talvez dos filhos daquelas pessoas. Queremos que o governo proteja todas as famílias. E que nos indenize."

Embora a pena dos homens condenados incluísse o pagamento de uma indenização de 5 mil dólares por família — e 15 mil dólares para as famílias das meninas que haviam morrido —, a reparação havia sido suspensa enquanto o caso era revisto.

Mesmo depois, "vai ser uma dura batalha", avisou Perissi. "Vai ser um verdadeiro desafio para as vítimas identificarem os bens de Batumike, depois pedir à justiça que sejam penhorados, para então conseguir o dinheiro."

Quando discuti o caso com Christine Schuler, da City of Joy, ela disse que a indenização era importante. "Sem indenização, não teremos paz", comentou. "Não precisa necessariamente ser dinheiro. Pode ser a construção de uma escola, de um hospital ou de um lugar onde as mulheres possam aprender."

Mas quando uma ONG forneceu dinheiro ao vilarejo para que construísse casas, ele desapareceu.

Cinco das famílias afetadas tinham deixado o vilarejo, e não só por medo de represálias. Todos os pais com quem falei disseram acreditar que as meninas estavam arruinadas. O dr. Mukwege me contou que os efeitos a longo prazo na sexualidade e na fertilidade das meninas só serão conhecidos quando elas chegarem à puberdade, mas os locais se referem a elas como "nossas filhas destruídas".

Na City of Joy, Christine Schuler havia me contado uma história tenebrosa. Um dia, o dr. Mukwege aparecera com dez meninas de Kavumu na sala dela — a qual era tão cheia de borboletas e quinquilharias coloridas, como eu havia visto, que ele chamava de Ali Babá. "Uma das crianças pegou uma boneca de plástico da prateleira e perguntou se podia ficar com ela. Contei que tinha sido um presente de uma criança nos Estados Unidos que dissera que ia me proteger. Dei outra coisa à menina e voltei a guardar a boneca na prateleira. Então a menina disse para a boneca: 'Não senta assim, senão vão estuprar você'. Ela tinha quatro anos. O dr. Mukwege e eu nos olhamos na mesma hora."

Consolata, a mulher cujas roupas lembravam o sol, disse: "Fiquei muito feliz quando aquelas pessoas foram condenadas, e espero que permaneçam na prisão para sempre, mas desde aquele dia minha filha está sempre doente, reclamando de dor no ventre. Não acho que ela vá ter um bom futuro, porque todo mundo sabe o que aconteceu com ela".

Nyata concordou. "Minha filha está sempre reclamando de

dores de cabeça e nas costas. Um dia, um colega de classe a provocou dizendo 'você foi estuprada', e ela desmaiou. Tenho medo de que vá ter problemas no futuro. Gostaria de me mudar para um lugar onde ninguém soubesse de nada, para que ela pudesse ter uma vida boa, mas sou só uma mãe pobre."

Conforme as pessoas contavam os ataques a suas bebês e sua frustração diante da falta de uma ação estatal ou de uma indenização, a raiva voltava a crescer. Os cacarejos das galinhas ficaram mais altos, e dava para sentir a fúria se solidificando à minha volta naquele quintal sufocante, como se uma tempestade estivesse para cair.

Felix, o ativista local que havia me levado ao vilarejo, me disse que achava melhor irmos embora. "Essas pessoas não acreditam no sistema judiciário", ele sussurrou, com urgência na voz. "Na semana passada, queimaram uma pessoa viva. Era um ladrão, e foi espancado e levado para o centro médico, mas não deixaram que o tratassem, arrastaram-no para a rua e atearam fogo nele."

Era hora de ir. Eu me dirigi à saída, agradeci e caminhei depressa ao longo do caminho de terra, esquivando-me da passagem de esgoto para voltar à estrada e entrar no carro.

Nosso destino era o próximo vilarejo, Katana, onde uma local que trabalhava na City of Joy nos disse que crianças andavam sendo sequestradas à noite e estupradas. Agora, ela dissera, também estavam cortando as vaginas com faca.

Na semana anterior, uma bebê de dezoito meses e uma menina de quatro anos tinham sido sequestradas durante a noite. O Hospital de Panzi havia tratado de quatro meninas abusadas, e uma delas morrera.

"Nunca, desde que nasci, vi tamanho horror", disse Felix. "As crianças voltam em estado extremamente crítico. Como milhares de civis, somos abandonados em nossos territórios, à mercê de milicianos que matam, violam e pilham por motivos obscuros. Nosso governo não se importa."

De acordo com Daniele Perissi, do TRIAL, não era a primeira vez que aquele tipo de coisa acontecia em Katana. Ele vinha fazendo lobby com a missão da ONU e as autoridades locais para colocar uma patrulha na região. "Queremos nos certificar de que o Estado não cometa os mesmos erros que em Kavumu."

Daquela vez, a população local havia decidido assumir as rédeas da situação. Felix me mostrou uma série de fotos no celular. Nelas, uma multidão furiosa segurava duas varas com algo espetado nelas. Ele ampliou a imagem. Eram cabeças. Cabeças de rapazes.

"Eram dois irmãos que as pessoas acreditavam que estavam por trás dos estupros. Foram decapitados."

Meu tradutor, Sylvain, pareceu nervoso, assim como Rodha, a psicóloga que vinha me ajudando com as entrevistas. À nossa frente, a estrada acidentada se transformava numa completa ruína. "O motorista disse que se seguirmos em frente talvez não consigamos voltar", explicou Sylvain.

Fizemos o retorno. No caminho de volta, fiquei pensando nas palavras de Nyata, a mãe de Kavumu que tivera a coragem de depor. "Fico chocada que todos esses estupros continuem acontecendo", ela me disse. "Achamos que tínhamos feito a diferença."

15. As Lolas: Até o último suspiro

Manila

Nuvens pesadas de tempestade ribombavam por cima conforme eu abria o portão metálico preto numa rua suburbana do norte de Manila e entrava numa casa pequena. No interior, um gato de rua de cor avermelhada vagava, com o rabo arqueado num

Lolas Narcisa e Estelita ainda lutam por justiça, já perto dos noventa anos.

ponto de interrogação, enquanto duas senhoras se encontravam e se abraçavam.

Elas discutiram sobre a saúde, seus netos e bisnetos, a jornada desde Cidade Quezon, passando pelo notório trânsito da capital. Nada de extraordinário.

No entanto, as duas estavam ali por causa do vínculo terrível que as unia. Quando eram crianças, tão novas que ainda não haviam menstruado, foram estupradas repetidas vezes pelos soldados japoneses que ocupavam seu país.

Na parede por trás delas, fileiras e fileiras de rostos de senhoras nos olhavam a partir de uma montagem de fotos, algumas sisudas, outras amáveis, algumas diretamente, outras desviando os olhos assombrados.

Todas tinham sido "mulheres de conforto", mantidas como escravizadas sexuais pelo Exército Imperial japonês durante a Se-

Cento e setenta e quatro mulheres de conforto sobreviventes vieram a público, mas a maioria delas morreu desde então.

gunda Guerra, num dos maiores sistemas de violência e de tráfico sexual oficialmente sancionados da história.

"Mulheres de conforto" é uma expressão de que elas não gostam, preferindo Lolas, um termo afetuoso para "avó" em tagalo, a língua local.

Aquelas na parede são as "que partiram". Morreram sem ver qualquer justiça ser feita, sem receber um pedido de desculpas ou indenização, sem que ao menos o terrível malfeito a elas fosse reconhecido. Os livros de história de seu próprio país não as mencionam.

Entre elas estava Lola Prescilla, que, depois do cativeiro, nunca voltou a dormir uma noite inteira, então fazia murais com flores e casas enquanto seus filhos estavam dormindo. E Antonita, que costumava perambular pelo que restava do forte espanhol nas ruínas da antiga Cidade Murada com o intuito de mostrar aos turistas a masmorra onde os japoneses executaram seu marido antes que ela fosse escravizada.

Daquelas que tinham vindo a público, sabia-se de apenas nove que permaneciam vivas, a maioria delas na cama, com problemas de audição ou sofrendo de demência. Lola Narcisa e Lola Estelita estão entre as últimas sobreviventes com saúde, e ambas sabem que quase com certeza vão morrer sem ver justiça.

Lola Narcisa Claveria, que todos chamam de Lola Isang, tinha apenas doze anos quando os soldados japoneses a pegaram, em 1942.

Tudo nela era adequado, do vestido preto com folhas brancas combinando com as sandálias da mesma cor, ao cabelo branco curto preso por trás da orelha, aos brinquinhos de argola dourada e ao único anel que usava, de ouro, no dedo anelar.

Quando Lola Narcisa chorava, as lágrimas caíam nítida e silenciosamente, e ela enxugava os olhos com um quadrado de flanela perfeitamente branco, tirado de sua bolsa com flores bordadas.

A provação que ela descrevia tinha acontecido mais de 75 anos antes. Até hoje, Lola Narcisa congela quando ouve alguém gritando, porque acha que são os soldados japoneses chegando.

"É um pesadelo sem fim", ela disse.

Os eventos que levaram a esse pesadelo começaram do outro lado do Pacífico, em 7 de dezembro de 1941, com o ataque-surpresa do Japão à base naval americana de Pearl Harbor, uma das falhas de um serviço de inteligência mais chocantes da história. Um dia depois, o Japão invadiu as Filipinas. O arquipélago de 7 mil ilhas havia sido a primeira colônia dos Estados Unidos, ao ser tomada da Espanha em 1898 e transformada em território americano, junto com Guam e Porto Rico, mediante uma indenização de 20 milhões de dólares. Manila se tornou um pedaço fanático por basquete da América.

O general Douglas MacArthur, comandante militar americano que morava numa cobertura com vista para a baía no Manila Hotel, foi lamentavelmente apanhado desprevenido. Quando os bombardeiros japoneses chegaram, encontraram o pequeno número de aviões de guerra americanos sob o comando de MacArthur perfeitamente alinhados ao solo e os destruíram. MacArthur foi obrigado a voar com suas forças para a península de Bataan e para a pequena ilha de Corregidor, de onde, em março de 1942, escapou com a família para a Austrália num torpedeiro, após uma das piores derrotas da história dos Estados Unidos, embora depois o Pentágono viesse a retratar o ocorrido como uma fuga heroica.

Os soldados japoneses chegaram a Balintog, no norte de Manila e onde Narcisa havia nascido, no ano seguinte. Ela disse que se tratava de um vilarejo rural e pacífico, cujos moradores plantavam arroz, milho e vegetais e pescavam no rio. O pai dela era *teniente del barrio* — chefe local.

"Os japoneses chegaram ao vilarejo e encontraram uma casa vazia, então desconfiaram que estivesse sendo usada pela guerrilha e exigiram saber onde estavam os moradores. Os vizinhos disseram que não sabiam e o direcionaram ao meu pai.

"Foi quando os soldados vieram à nossa casa. Eles usavam uniformes camuflados e chapéus com um tecido na parte de trás. Tinham baionetas, cordas e carregadores filipinos, e estavam bravos. Eles disseram ao meu pai: 'Você é o líder local, deve saber onde essas pessoas estão'.

"Ele disse que talvez tivessem ido ao rio pescar ou estivessem na plantação. Os japoneses lhe deram uma hora para encontrá-los. Depois desse tempo, voltaram. Meu pai lhes disse que não tinha encontrado os moradores. Os japoneses perguntaram quantos filhos ele tinha. Meu pai disse oito: cinco meninas e três meninos. Eles fizeram com que todos nós nos enfileirássemos. Quando nos contaram, havia apenas sete, porque uma das minhas irmãs estava trabalhando em Manila, por isso ficava na casa da minha tia."

Narcisa começou a girar o anel sem parar enquanto falava.

"Os japoneses foram ficando cada vez mais zangados", ela continuou. "Eles disseram: 'Você está mentindo, tem só sete aqui! Talvez um dos seus filhos e o dono daquela casa não estejam porque se juntaram à guerrilha'."

Ela pegou a flanela branca e começou a enxugar os olhos.

"Eles continuaram insistindo, mas meu pai negava saber de qualquer coisa. Então amarraram suas mãos às costas e o levaram para baixo, porque estávamos no andar de cima. Eles o amarraram a uma coluna e começaram a torturá-lo esfolando sua pele com a baioneta, como se estivessem tirando a pele de um *carabao*, um búfalo-asiático. Meu pai pedia misericórdia. Imploramos para que parassem.

"De repente, eles me pegaram e me jogaram no chão com tanta força que meu braço esquerdo quebrou e ficou entorpecido. Então ouvi minha mãe no andar de cima, implorando para que parassem. Corri para lá e vi um soldado japonês estuprando-a.

“Ela era linda, usava um quimono e uma saia longa, a saia estava levantada e ele se forçava nela, mas eu não podia fazer nada. Meu irmão e minha irmã também tentavam tirar o soldado de lá, mas os outros japoneses os jogaram na cozinha e os atingiram com as baionetas.

“Meu pai ainda pedia aos japoneses que parassem, então voltei correndo lá para baixo, com minhas duas irmãs mais velhas. Os soldados ordenaram que fôssemos até a guarnição deles, na Prefeitura, que ficava a mais ou menos um quilômetro de distância. A última coisa que ouvi foi meu pai gritando. Subimos uma colina e, quando olhamos para trás, nossa casa já estava pegando fogo.”

Ela balançou a cabeça e mais lágrimas rolaram lentamente por suas bochechas.

“Quando chegamos à guarnição, levaram minhas irmãs Emeteria e Osmena para dentro, mas fui levada para outra casa, porque meu braço estava inchado e dolorido, e eu tremia de febre. Havia um filipino colaboracionista ali, que usou ervas medicinais e folhas para fazer um cataplasma para colocar no meu braço.

“Passei algumas semanas ali. Quando fui levada de volta para a guarnição, um soldado japonês chamado Tarasaki me mandou tomar um banho. Eu disse que não tinha roupas limpas para pôr, e ele ficou bravo. ‘Você está fedida!’, gritou. Ele me deu uma calça de elástico e um uniforme. Depois que me lavei, ele me levou para um quarto e me estuprou ali.

“Então ele me levou para onde tinham mandado minhas irmãs. Apenas pelo modo como Emeteria me olhava já dava para perceber que havia algo de muito errado, mas não tínhamos permissão para falar. Uma mulher havia escapado, e se falássemos bateriam em nós com chicotes. Osmena tinha desaparecido, nunca mais a vimos.

“Dormíamos no chão de cimento, com cobertores. Éramos

estupradas quase todas as noites, às vezes por dois ou três soldados, na frente dos outros.

"No meio-tempo, nos faziam cozinhar, lavar a roupa deles e buscar água. Devido à escassez, os japoneses pediam que os colaboracionistas procurassem lugares onde havia oferta de comida e nos mudávamos para lá. Devíamos andar descalças, e o chão era tão quente e duro que formava bolhas doloridas e acabávamos nos arrastando de joelhos.

"Numa dessas marchas, consegui falar com Emeteria e perguntei o que havia acontecido. Ela disse: 'Graças a Deus você não foi trazida direto conosco, porque eles me estupraram repetidamente, nos queimaram com cigarros e com a casca pelando de quente de batatas-doces grelhadas.'"

Ficou difícil de ouvir a voz dela, porque a chuva começou a castigar o telhado. A tempestade tropical foi embora tão depressa quanto tinha chegado.

"Seu eu tivesse qualquer chance de escapar, por menor que fosse, teria tentado, porque era muito difícil. Todo dia eu rezava para que a noite não viesse e o sol não se pusesse, porque então os japoneses iam nos estuprar.

"Então, um dia, os americanos começaram a bombardear a guarnição. Corri com a minha irmã, literalmente corremos por nossas vidas. Só paramos de correr quando já estávamos a uns quatro ou cinco quilômetros de distância. Mal podíamos andar, e caímos de joelhos.

"Um senhor passou com uma criança numa carroça puxada por um búfalo-asiático e nos deu uma carona. Quando chegamos no *barrio*, vimos todas as casas queimadas e ficamos sabendo que os nossos pais, o nosso irmão e a nossa irmã haviam morrido queimados."

As duas meninas acabaram reencontrando dois irmãos que tinham sobrevivido à guerra. Mas esse não foi o fim de seu tormento.

"Depois da guerra, eu e a minha irmã estávamos traumatizadas. Quase ficamos malucas. Tínhamos medo dos homens, sempre pensávamos que eram soldados japoneses. Com a minha irmã foi pior. Também nos perguntávamos quem aceitaria se casar com mulheres que haviam sido estupradas por centenas de japoneses. Alguns nos chamavam de *tira ng hapones*, ou sobras dos japoneses.

"Conheci meu marido Anazito por intermédio do meu irmão. Ele também tinha irmãs que haviam sido levadas pelos japoneses e nunca haviam retornado, então ele sabia de tudo e me apoiava muito. Anazito me disse: 'Não julgo você, porque sei o que aconteceu'. Eu achava difícil ter relações íntimas. Ele não me forçava."

No fim, ela teve seis filhos, mas não encontrou paz. "Eu sabia que, se continuasse escondendo tudo isso, sempre sentiria um aperto no peito", disse.

Acredita-se que cerca de 200 mil meninas e mulheres na Ásia tenham sido forçadas à escravidão sexual pelos soldados japoneses durante a Segunda Guerra Mundial. A maior parte delas na Coreia do Sul, mas também em outros países ocupados pelo Japão, incluindo a China, a Malásia, Burm a (atual Mianmar), a região que hoje corresponde à Indonésia e as Filipinas, assim como um número menor de mulheres de origem europeia.

Tratava-se de um sistema oficial, criado, ironicamente, para amenizar o ultraje internacional quanto aos estupros em massa de meninas e de mulheres chinesas pelo Exército Imperial japonês em 1937, durante sua investida contra Nanquim na Segunda Guerra Sino-Japonesa.

A resposta do imperador Hirohito e de seu Departamento de Guerra havia sido criar uma série daquilo que chamavam de "estações de conforto", com a intenção de regularizar o sexo. Jovens mulheres que acreditavam estar sendo recrutadas como enfermeiras, na lavanderia ou na cozinha de repente se viram internadas em bordéis militares em territórios ocupados, onde eram mantidas como escravizadas sexuais. Outras, como Narcisa, foram simplesmente sequestradas.

No entanto, depois da guerra, fez-se silêncio no Japão, com os oficiais insistindo que as estações de conforto nunca haviam existido e que as mulheres eram na verdade prostitutas pagas.

Aquilo não poderia permanecer em segredo para sempre, e aos poucos mais e mais sobreviventes corajosas vieram a público. Mas, enquanto o que havia se passado na Coreia do Sul se tornava conhecido, nas Filipinas tudo permanecia um segredo, ainda que quase todas as cidades mais importantes e todas as guarnições tivessem sua "estação de conforto". Por décadas, ninguém falava a respeito.

Então, um dia, em 1992, Narcisa estava ouvindo rádio enquanto cozinhava quando uma mulher chamada Rosa Henson entrou no ar. Ela contou que tinha quinze anos quando fora sequestrada por soldados japoneses e estuprada por nove meses, às vezes por até trinta homens na mesma noite. "Eu ficava deitada com os joelhos erguidos e os pés na esteira, como se estivesse parindo", ela disse. "Parecia uma porca. Agora conto essa história para que eles se sintam humilhados."

Rosa foi a primeira sobrevivente a vir a público. Narcisa não conseguia acreditar no que estava ouvindo. "Eu vivia rezando e pensando: Como posso contar minha história? Levou um tempo depois que ouvi Rosa convocando mulheres que haviam sido estupradas a vir a falar, mas finalmente percebi que o caminho era esse."

Havia um problema importante, no entanto. Narcisa nunca tinha contado aos filhos o que acontecera com ela.

"Eu e o meu marido tínhamos decidido não contar às crianças quando elas ainda estavam na escola, então tudo o que falamos foi que havíamos ficado presos durante a guerra. Dissemos: 'Quando tiverem problemas conosco, devem se lembrar de agradecer por ter pais, porque os nossos foram mortos'.

"As crianças descobriram quando me viram dando uma entrevista na TV. Quando voltei para casa, uma das minhas filhas disse: 'Tenho vergonha do que você disse. Você não contou para a gente que foi estuprada. Como posso encarar meus amigos depois do que disse? Você envergonhou todos nós'." Elas não se falaram por um bom tempo.

"Foi tão doloroso, porque eu já tinha sido vítima dos soldados japoneses. Não esperava que os meus filhos fizessem aquilo. Me senti duas vezes vítima: dos japoneses e da minha família."

O marido dela acabou explicando aos filhos o que havia acontecido e disse a eles: "Não culpem sua mãe, ela não teve escolha". Também disse que não haviam contado nada porque eles eram jovens demais.

"Eles levaram um tempo para compreender e aceitar", ela disse. "Agora, me apoiam em minha busca por justiça e são muito ativos. Eles me prometeram: 'Se não tivermos justiça enquanto você ainda estiver viva, continuaremos lutando'.

"Vou a protestos sempre que posso, porque até hoje sinto tanta raiva do que aqueles japoneses fizeram comigo e com a minha família que se os visse agora seria capaz de matá-los. Na época, eu não podia fazer nada, de tão indefesa que eu me sentia."

Com o tempo, cerca de duzentas mulheres vieram a público. Em 1994, uma organização chamada Lila Pilipina foi formada para ajudá-las, e um refúgio onde as Lolas pudessem se encontrar foi aberto. Algumas delas moraram ali, mas acabaram morrendo.

Foi nesse lugar que nos encontramos. Num pôster na parede dos fundos, havia duas listas de cinco exigências ao governo japonês e ao filipino. Narcisa e eu as lemos juntas. Dos japoneses, elas queriam a divulgação de informações sobre as estações de conforto guardadas em seus arquivos de guerra, reconhecimento do que aconteceu a elas, incluindo nos livros didáticos, indenização, e que um pedido de desculpa formal fosse feito. De seu próprio governo, elas queriam que o que havia acontecido fosse declarado oficialmente crime de guerra, que houvesse uma investigação oficial, que aquilo fosse incluído nos livros de história, que monumentos fossem erguidos pelo país, de modo que as novas gerações soubessem quanto aquelas mulheres haviam sofrido, além de apoio financeiro. Nenhuma de suas demandas havia sido atendida, ela disse.

"Mais doloroso que o silêncio japonês é que nenhum dos nossos presidentes ou qualquer pessoa do governo nos ouviu, desde a época do presidente Ramos [que ficou no poder de 1992-8, quando as mulheres começaram a vir a público] até agora, nenhum, apesar de termos implorado repetidamente.

"Toda vez que um novo presidente é eleito, a primeira coisa que nós, Lolas, fazemos é ir ao Palácio Malacañang e entrar com um pedido para que isso seja posto em prioridade. Se um único presidente tivesse nos ouvido e dito ao governo japonês que ele tem uma obrigação conosco e precisa reconhecer o que houve, teríamos sentido que pelo menos alguma justiça havia sido feita. Mas eles nos ignoraram, nunca demonstraram nem pena."

Ela fez uma comparação com a Coreia do Sul, cujo governo apoiou as mulheres, ajudando na obtenção de um pedido de desculpas e de indenizações.

Mesmo ali havia levado quase cinquenta anos para o Japão reconhecer oficialmente o que havia acontecido, em 1993, com um pedido de desculpas do primeiro-ministro Morihiro Hosokawa. Um de seus sucessores, Shinzō Abe, o criticou, e apenas em 2015 chegou-se a um acordo com a Coreia do Sul para pagar 1 bilhão de ienes (cerca de 8,3 milhões de dólares) em indenizações às sobreviventes, que na época eram menos de cinquenta.

Lá também fora necessário muito tempo até que o silêncio fosse quebrado. Antes de minha viagem a Manila, o Conselho Coreano para as Mulheres Forçadas pelo Japão à Escravidão Sexual Militar me mandou depoimentos em vídeo de algumas das últimas mulheres de conforto sobreviventes. Uma delas era Kim Bok-dong, uma mulher diminuta com cabelo grisalho preso num coque apertado, que na época estava com 92 anos e tinha câncer. Ela contou que vinha de uma família pobre e que, aos catorze anos, quando deveria estar na escola, dois soldados japoneses tinham ido até a sua casa e ordenado que ela fosse ao Japão trabalhar numa fábrica que fazia uniformes para os soldados. "Minha mãe disse que eu era nova demais", ela comentou, "mas eles disseram que se eu recusasse seria tratada como traidora. Então eu fui, mas não se tratava de uma fábrica."

Quando ela saiu do navio, descobriu que estava na província chinesa de Cantão, onde foi mantida num prédio com cerca de trinta meninas e forçada a se tornar escravizada sexual. Seu primeiro estupro tinha envolvido tanta força que o lençol havia ficado coberto de sangue. "Uma menina não é capaz de lutar contra um homem adulto", ela disse. Kim e as outras mulheres de conforto eram estupradas por horas, dia após dia, tantas vezes que perdiam a conta. O pior dia eram os domingos, quando os estupros iam das nove da manhã às cinco da tarde. Os soldados faziam fila e entravam um depois do outro. Se um demorasse demais, os outros batiam na porta. Às cinco da tarde, as meninas não conseguiam nem ficar de pé, e médicos lhes davam injeções para que não precisassem parar.

Kim disse que ela e duas outras meninas acabaram decidindo que "era melhor morrer" e tentaram se suicidar ingerindo álcool forte, que haviam comprado com o dinheiro que sua mãe dera a ela para comida. Elas acabaram no hospital, sofreram lavagem estomacal e foram levadas de volta para a "casa de conforto".

Ela foi levada de Cantão a Hong Kong e a Singapura, onde os japoneses a vestiram, assim como as outras, como enfermeiras militares para esconder o que haviam feito. Por fim, aos 21 anos, um ano depois que a guerra havia acabado, com a Coreia independente, Kim foi mandada de volta para sua família. Eles não tinham ideia do que ela havia passado naqueles oito anos. Kim nunca contou nada, até que um dia finalmente explicou à mãe por que sempre ignorava suas súplicas para que se casasse. "Eu não queria estragar a vida de um homem inocente", ela disse. Aflita, a mãe dela teve um ataque cardíaco e morreu.

Kim acabou gerenciando um restaurante de sucesso e até se casando. Mas ela nunca contou ao marido pelo que havia passado, e acreditava que os dois nunca haviam tido filhos porque sua provação deixara marcas nela. Foi só depois da morte do marido que ela veio a público, em 1992, com seus sessenta anos.

Sentindo-se solitária, Kim se mudou para um lugar conhecido como Casa da Partilha com outra mulher de conforto e encontrou algum consolo na pintura. Um de seus primeiros trabalhos foi intitulado *O dia em que uma menina de catorze anos é levada*. Ela começou a participar de manifestações semanais diante da embaixada japonesa em Seul, encarando os insultos que às vezes recebiam, e estabeleceu o Fundo Borboleta, para ajudar vítimas no mundo todo com os lucros da venda de seus quadros e as indenizações que vieram a receber.

Mas Kim continuava esperando por um pedido de desculpas formal do Japão. Às vezes, ela se arrependia de ter vindo a público. "Se ninguém soubesse, eu poderia viver tranquilamente", disse. "Mas não vou morrer até que consigamos que o Japão se arrependa de seu passado e restaure nossa dignidade."

Não houve nenhum pedido de desculpas direcionado às Filipinas. Os dois países se tornaram aliados próximos e o Japão era a maior fonte de investimento e de auxílio estrangeiro do outro. Também era importante por prestar auxílio militar para combater a expansão chinesa no mar da China Meridional, um trecho de navegação estratégico pelo qual passam trilhões de dólares em comércio todos os anos e que ainda tem zonas pesqueiras importantes e as disputadas ilhas Spratly, que se acredita terem vastas reservas de petróleo e de gás natural.

Durante minha estada em Manila, houve protestos depois que um conselheiro de segurança nacional revelou que 113 pesqueiros chineses tinham se aglomerado em torno de Pag-asa, a segunda maior ilha. Ele acusou Beijing de coação, por enviar continuamente seus navios de guerra e de pesquisa para a região.

"Sei que o governo japonês está enchendo o bolso do nosso governo, mas não podem sequer nos mostrar misericórdia?", perguntou Narcisa.

Elas tinham ainda menos esperança em relação ao presidente Rodrigo Duterte, que desde que assumira, em 2016, ficara conhecido como um líder misógino. Tratava-se de um homem que havia assoviado para uma jornalista numa coletiva de imprensa transmitida em rede nacional, chamara mulheres de "putas" num evento de reconhecimento de mulheres policiais e militares de destaque, gabava-se de ter agredido sexualmente uma faxineira quando era estudante e fazia piadas com estupro.

E não era só isso. Em dezembro de 2017, uma estátua de bronze de dois metros de altura retratando uma menina com uma venda e o colo cheio de flores foi erguida no bulevar Roxas, de frente para o mar, em homenagem às mulheres de conforto. Mas, apenas quatro meses mais tarde, ela desapareceu numa noite de sexta-feira, depois que Seiko Noda, ministra japonesa de Assuntos Internos, visitara o presidente Duterte e dissera: "É lamentável que esse tipo de estátua tenha aparecido de repente".[1]

Em 29 de abril de 2018, uma declaração do Departamento de Obras Públicas e Rodovias anunciou que a estátua havia sido removida para que fossem realizadas "melhorias no calçadão de Roxas", acrescentando que ia instalar encanamento e construir uma área de "drenagem lateral".

Quando jornalistas o questionaram quanto ao desaparecimento, o presidente Duterte disse que não tinha nada a ver com aquilo. "De quem foi a iniciativa?", ele perguntou. "Não sei mesmo. Não sabia nem que aquilo existia. Mas de alguma forma criou uma, vocês sabem... não é política do governo se antagonizar a outras nações."[2]

O escultor ficou com tanto medo que precisou se esconder.

"Se eu encontrasse a pessoa que removeu a estátua, bateria nela", disse Lola Narcisa. "Sei que não querem que vejam o que aconteceu conosco, querem varrer tudo para debaixo do tapete."

Aquilo não era tudo. No começo do ano, outra estátua de bronze havia sido removida, daquela vez de uma propriedade privada. Era a estátua de uma jovem descansando os punhos sobre o colo. Foi tirada do abrigo católico para idosos e sem-teto Mãe de Maria, em San Pedro, Laguna.

O único reconhecimento tangível que encontrei do que havia acontecido com as mulheres foi uma pequena placa em meio à vegetação rasteira de um parque próximo à ponte que conectava a antiga Cidade Murada ao bairro chinês. Nela, lia-se: EM MEMÓRIA DAS VÍTIMAS DA ESCRAVIDÃO SEXUAL MILITAR DURANTE A SEGUNDA GUERRA MUNDIAL.

Lola Narcisa disse que não ia desistir. "Até meu último suspiro, vou gritar para o mundo inteiro o que fizeram conosco", ela disse. "Ainda sinto a dor. Se o governo japonês ao menos reconhecesse e admitisse o que fez conosco. Não apagará nada, mas ajudará a diminuir a dor. Rezo todos os dias para ver justiça antes de morrer. É tudo o que peço."

Ela balançou a cabeça. Sabia que a reação japonesa às estátuas sugeria que eles estavam endurecendo sua atitude. O Japão ainda tinha leis centenárias relacionadas ao estupro, que exigiam que os promotores provassem violência ou intimidação, dificultando as condenações se as vítimas não tivessem "reagido".

Em 2017, o Japão conseguiu impedir uma petição internacional da Unesco para incluir artefatos e documentos relacionados às mulheres de conforto em seu Registro da Memória do Mundo, apontando que fazia a maior contribuição individual à organização.

Passou tanto tempo do ocorrido que me pergunto se, aos 87 anos, Narcisa já sentiu que devia simplesmente seguir em frente e tentar viver o tempo que lhe resta em paz em vez de ir a escolas e protestos e de falar sobre seu sofrimento.

"Às vezes penso: por que tenho que contar minha história repetidas vezes?", ela me disse. "Porque, quando faço isso, me lembro da dor, do que aconteceu aos meus pais e irmãos, e sempre que ouço notícias de mulheres sendo estupradas fico muito irritada. Por que essas coisas ainda acontecem com iazidis e outras mulheres?

"Até que tenhamos justiça, vai continuar acontecendo. Na minha visão, as pessoas que fazem essas coisas não deveriam ser presas: deviam ser mortas. E não são só os agressores que devem prestar contas, mas os governos que fecham os olhos para isso.

"É impossível esquecer pelo que passamos. Como poderíamos? Por isso não paramos. Minha voz é tudo o que tenho, e vou usá-la até a morte."

Lola Estelita Dy controlou muito mais a emoção ao falar, mas seu relato foi igualmente potente. Ela tinha problema de audição, não só por causa da idade avançada, mas porque sua cabeça tinha sido batida contra uma mesa enquanto era mantida em cativeiro pelos japoneses.

Com uma camisa abotoada até o pescoço, calça justa e óculos de armação metálica, ela tinha um ar masculino, como a moleca que disse que costumava ser, embora usasse calça roxa e houvesse lantejoulas bordadas na camisa estampada que usava.

Para minha surpresa, ela me cumprimentou em inglês — tinha aprendido um pouco, me disse, quando fizera uma visita à ONU em Nova York para apresentar o caso delas, algo que nunca havia imaginado que aconteceria.

Assim como Narcisa, ela crescera numa área rural, numa cidade chamada Talisay, na ilha Negros, com os pais, as duas irmãs e os dois irmãos.

"A vida era boa", ela disse. "Meu pai e meus irmãos trabalhavam no canavial local. Tínhamos uma vaca e um búfalo-asiático. Minha mãe tinha uma vendinha no canavial. Eu estava na escola."

Quando os japoneses chegaram, em 1942, as coisas mudaram drasticamente. Eles assumiram o engenho de cana e o usaram como quartel. Todo mundo perdeu o emprego e a escola foi fechada. Ela tinha doze anos na época.

"As pessoas tinham medo dos japoneses, então fugiam", ela contou. "Eu cuidava de dezessete galinhas, e todos os dias elas botavam muitos ovos, de sete a dez, que eu comercializava com os japoneses."

Nos dois anos seguintes, ela trabalhou numa pedreira perto de uma base aérea japonesa. "Meu trabalho era recolher pedras do leito seco de um rio e empilhá-las para que depois fossem usadas para pavimentar vias. Trabalhávamos oito horas por dia e recebíamos duas latas de arroz em troca. Todos os dias, um caminhão nos levava para o trabalho e depois para casa. Não apontavam armas para nós, mas não tínhamos escolha, se quiséssemos sobreviver.

"Um dia, em 1944, ouvimos o zumbido de um avião, mas só víamos a fumaça. Então, no segundo dia, nós o avistamos. Tinha uma estrela na asa, então soubemos que os americanos estavam chegando. Eles jogavam folhetos dizendo para pararmos de trabalhar, porque iam começar os bombardeios. Meu pai me disse para deixar o trabalho, então voltei a cuidar das galinhas e da horta e a fazer bolinhos de arroz para vender no mercado.

"O mercado ficava na praça da igreja. Um dia, os japoneses vieram com um caminhão cheio de gente e disseram que estavam levando suspeitos de serem guerrilheiros e espiões. Tentei fugir para me esconder, mas tropecei, e eles me viram. Um soldado japonês me pegou pelo cabelo, cruzou meus braços e me arrastou até o caminhão. Havia outras mulheres no caminhão, mas um soldado com uma baioneta estava de guarda, então não podíamos conversar.

"Lá de cima, vi que eles estavam fazendo os homens capturados se enfileirarem perto do poço da praça para depois decapitar um a um com a baioneta e jogá-los ali. Qualquer um que tentasse fugir levava um tiro.

"Depois de matar todos, eles mandaram que quem estava por ali fosse embora, mas as mulheres foram levadas para a guarnição na usina de açúcar, a cerca de um quilômetro dali. Quando chegamos, nos fizeram deitar. Fui encaminhada a um prédio com uma série de cômodos, e um soldado japonês veio e começou a me beijar, depois me estuprou. Pela primeira vez, congelei de medo, então outro soldado veio e me dei conta de que precisava reagir. Fiz isso, mas ele ficou bravo e bateu minha cabeça contra a mesa, e eu perdi a consciência.

"Naquela noite, uma filipina que trabalhava com os japoneses veio até mim e disse: 'Se quiser sobreviver, é melhor deixar que façam o que quiserem'. Ela era colaboracionista, mas foi bondosa comigo.

"O canavial era muito grande e havia inúmeras casas onde mantinham mulheres, mas não vi as outras.

"Dois ou três soldados vinham todo dia me estuprar. Eu fechava os olhos e rezava para que acabasse logo. Não me lembro quanto tempo aquilo durou, uns três meses talvez.

"Mais para a frente, os japoneses começaram a ficar inquietos, e a maioria se retirou para as montanhas. Acordei uma manhã em meio a uma grande comoção, com as pessoas gritando que os americanos haviam chegado. Assim que pude, fugi e corri para a casa dos meus pais.

"Contei para a minha mãe o que havia acontecido comigo, mas não para o meu pai. Nossos vizinhos tampouco sabiam. Voltei à escola e estudei por mais um ano. Mas dava para ver nos olhos das pessoas como se sentiam em relação a mim, e eu sabia que sempre comentariam que eu havia sido estuprada por japoneses, então em 1945 decidi mudar para Manila, onde ninguém me conhecia.

"Foi difícil no começo, mas consegui um emprego cuidando dos três filhos de uma mulher que era gerente dos sabonetes Palmolive. Depois, fui vendedora numa loja de sapatos. Conheci meu marido enquanto trabalhava lá. Tivemos cinco filhos, mas eu tinha dificuldades com sexo, e no fim nos separamos. Nunca contei o que havia acontecido comigo, ele morreu sem saber."

Em 1992, ela estava lavando roupa com o rádio ligado quando por acaso ouviu Rosa Henson contando sua história e convocando outras a vir a público e fazer seu relato a um centro de documentação.

"Também a vi na TV. No começo, achei que seria vergonhoso se revelar daquele jeito e que ela devia ter ficado quieta. Mas não parava de pensar naquilo, e acabei decidindo que Rosa estava certa, então fui ao escritório da Força-Tarefa para Mulheres de Conforto Filipinas, que havia sido montado por organizações de mulheres em defesa da justiça, e que depois viria a se tornar a Lila Pilipina.

"Fui sozinha, contei minha história e conheci outras Lolas, mas decidi não encarar o público. Me ofereceram acompanhamento psicológico, o que ajudou muito. Mas todos os dias da minha vida, se não estou ocupada com outra coisa, penso no que aconteceu. É por isso que tenho a compulsão de continuar me movimentando até ficar tão cansada que pego no sono. Não consigo ver um filme com uma cena de estupro.

"Não tive coragem de contar aos meus filhos. Sentia vergonha. Outras mulheres que haviam contado sua história antes de mim foram rejeitadas pelos filhos, e eu não suportaria se isso acontecesse. Depois me convenci de que estaria segura em meio à multidão, então comecei a me juntar aos comícios semanais diante da embaixada japonesa, quando havia muitas Lolas por ali, mas um dia minha filha viu meu rosto numa foto no jornal.

"Expliquei que os japoneses mandavam naquela época e eu não podia fazer nada. As crianças ficaram chocadas, mas aceitaram. Agora se juntaram à luta, e tenho confiança de que vão continuar nela depois que eu me for. Assim como os meus netos.

"É importante conseguir um pedido de desculpas, para estabelecer o princípio de que os japoneses de fato fizeram isso. Por que continuar negando? Enquanto o Japão não admitir publicamente que é um crime, não definir o que foi feito como crime de guerra, não haverá acordo comigo. Esse crime deve ser reconhecido historicamente.

"As guerras precisam terminar, porque tenho medo de que o que aconteceu comigo possa acontecer com as minhas filhas e netas.

"Ainda tenho esperança de que possa ser feita alguma justiça, por menor que seja. Mas Duterte me desanima, porque ele é uma marionete de Shinzō Abe, com quem estou muito brava, porque ele é um ladrão agindo à noite."

Ela estava se referindo à retirada da estátua. "Eu estava no comitê envolvido com a estátua", ela disse. "Foi por minha causa que a menina tinha uma guirlanda de flores na saia. Na Coreia do Sul, vi pessoas colocando flores na estátua diante da embaixada japonesa quando protestavam, todas as quartas-feiras. É o que chamamos de *cadena de amor*, corrente de amor, flores cor-de-rosa.

"Somos pequenos, e enquanto nenhum representante do governo assumir a liderança e os governos não fizerem nada, vai ser muito difícil obter justiça."

No entanto, ela disse, japoneses com frequência a abordavam por conta própria, pedindo desculpas por seu governo. No fim de julho de 2019, alguns dias depois que nos conhecemos, houve uma convenção em Manila. "Alguns cidadãos japoneses compareceram e vinham até mim e tentavam se curvar numa cerimônia de purificação, mas eu dizia que não havia sentido, porque deveria ser o primeiro-ministro deles a fazer aquilo."

Nos campos de estupro, as meninas eram obrigadas a se curvar em direção ao imperador toda manhã.

Pelo mesmo motivo, ela não quisera aceitar o dinheiro oferecido pelo Fundo pelas Mulheres Asiáticas em 2000. "É uma organização privada, e não governamental, então não seria uma reparação, e eu não quis", ela disse. "Não era muito", acrescentou, "uns 20 mil ienes [cerca de 115 libras esterlinas]."

Antes que eu fosse embora, ela tinha uma última coisa a dizer. "Fico triste quando as pessoas se referem a mim como uma mulher de conforto. Quero ser conhecida pelo meu nome. O significado ligado a isso é de que se é uma mulher ruim. Por isso nos chamamos de Lolas."

Almoçamos todas juntas, um peixe inteiro acompanhado de arroz, e a nós se juntou uma mulher mais nova que elas, talvez na faixa dos sessenta anos, que tinha vindo à casa ajudar a preparar a comida. Seu nome era Nenita, mas ela era conhecida como Nitz. Ela me contou que tinha crescido sabendo que havia algo de errado com a sua mãe, Crisanto Estalonio.

"Às vezes, ela era muito boazinha. Outras vezes era muito rigorosa, e não queria que saíssemos com outras meninas", ela disse. "Se visse um avião ou ouvisse passos ou uma comoção, se escondia debaixo da mesa ou da cama. Às vezes, ela desmaiava e não entendíamos a razão."

Eles descobriram o motivo quando a mãe se juntou à Lila Pilipina. "Ela tinha dezenove anos quando os japoneses vieram. Já era casada, mas o marido foi decapitado e beberam o sangue dele. Ela desmaiou e quando acordou estava na guarnição. Foi mantida três meses ali, sendo estuprada por inúmeros homens."

Sua mãe morreu em 2000. A solidariedade de outras mulheres tinha abrandado sua sensação de vergonha, disse Nitz, mas ela nunca havia encontrado a paz. "Quero justiça para a minha mãe, porque, como família, também fomos vítimas", explicou. "A luta dela é nossa também."

"O chamado das Lolas chegou à geração seguinte", disse Joan May Salvador, que coordena a Gabriela, aliança de organizações de mulheres nas Filipinas, e que serviu de tradutora para mim. "As Lolas foram as primeiras a dizer que o estupro é usado de modo sistemático para subjugar as mulheres e demonstrar o poder dos homens.

"A maior parte dos lugares em que isso aconteceu foi destruída e não há memoriais, dessa forma só nos restam as Lolas. Ainda estamos tentando encontrar mais delas, para poder aprender a seu respeito enquanto ainda vivem."

Aquela luta se tornava mais importante que nunca, com a violência sexual aumentando sob Duterte a ponto de haver uma mulher estuprada a cada hora. "Se a pessoa mais importante do país faz piada com a violência contra as mulheres, as pessoas acham que não é um problema", ela disse.

Joan me contou que no ano anterior, dirigindo-se a um grupo de antigos combatentes do Novo Exército Popular, que promovia uma revolta comunista de longa data nas áreas rurais, Duterte dissera publicamente aos soldados para atirar nos genitais das rebeldes. "Sem vagina, elas são inúteis", ele disse.

Não era de surpreender que nesse clima as mulheres sentissem que não adiantava tentar obter justiça. "Temos uma linha de auxílio para as vítimas de violência sexual, e todos os dias recebemos entre nove e doze ligações de mulheres", disse Joan. "Mas, quando perguntamos se querem entrar com um processo, elas dizem que é melhor partir para outra.

"Mesmo prestar queixa na polícia é difícil. Você sabe que vai ser ignorada e que vão culpar a vítima. A primeira coisa que vão perguntar é: o que você estava fazendo naquela hora, o que estava vestindo?

"E se a mulher foi estuprada pelos militares ou pela polícia, sem chance. Na Gabriela, tivemos mulheres, principalmente menores de idade, estupradas pelas forças militares do Estado que entram com processo só para ver os casos ficar anos sem ir a julgamento. As autoridades militares dizem que vão mandar embora os responsáveis, mas depois descobrimos que eles só foram transferidos.

"Alguém precisa se erguer e dizer 'isso não está certo', ou vai simplesmente continuar."

Lolas Narcisa e Estelita assentiram.

Depois, fiquei observando essas senhoras muito dignas ficarem lado a lado para se despedir de mim e me perguntei como deve ser viver toda a vida carregando um fardo desses. Foi nessa, a última parada da minha jornada, que a luta por justiça primeiro começou. E, embora seja muito triste que as últimas Lolas sobreviventes quase certamente venham a morrer sem ver a justiça sendo feita, sua força e determinação são uma inspiração para todos nós.

Pós-escrito

Devolvendo à rouxinol sua música

Numa tarde clara e com céu azul de julho, em Stratford-upon-Avon, cisnes nadavam serenamente no rio enquanto eu assistia no auditório escuro da Royal Shakespeare Company a uma montagem de *Titus Andronicus*, a peça mais brutal do bardo. Aquela produção, dirigida por uma mulher, Blanche McIntyre, não poupava o público de nada. Assassinatos, decapitações e canibalismo chegavam a nós com toda a sua força. No primeiro ato, o general romano que dá nome à peça mata seu próprio filho. A cena mais perturbadora, no entanto, é de longe o estupro de sua amada e única filha, Lavínia, por Chiron e Demetrius, filhos de Tamora, rainha dos godos, cujas forças os romanos acabam de derrotar. Tamora é levada com o "butim". Como vingança, seus filhos não apenas estupram Lavínia, como cortam sua língua e suas mãos, deixando somente cotos ensanguentados.

No passado, eu teria admirado a atuação, a montagem ousada e a poesia do diálogo, mas achado tudo um pouco exagerado. Agora, minha cabeça estava cheia de rostos das mulheres estupradas que eu havia conhecido. Suas línguas podiam permanecer intactas, mas com bastante frequência elas não tinham voz, e suas palavras caíam como folhas na floresta, sem ninguém ali para ouvi-las.

O tio de Lavínia, Marcus, tem a ideia de espalhar sal na mesa; com um graveto na boca, ela escreve a palavra "*stuprum*" — "estupro" em latim —, seguida dos nomes de seus agressores.

Acredita-se que Shakespeare tenha se inspirado na história de Filomela, cantada pelo poeta romano Ovídio. Ela, uma princesa ateniense, fora estuprada pelo cunhado Tereu, rei da Trácia, que depois cortou sua língua para impedi-la de revelar aquilo. Filomela tece uma tapeçaria contando a história e a envia à irmã, Procne, levando-a a matar o próprio filho e servi-lo ao marido numa torta. As irmãs fogem e são transformadas em pássaros pelos deuses — Procne numa andorinha e Filomela num rouxinol, cuja fêmea não canta.

"Tais sofrimentos são mais do que se pode suportar", lamenta Marcus com o irmão, Titus Andronicus.

De muitas maneiras, esta foi uma jornada pelas maiores depravações do homem, e agradeço a você por tê-la suportado comigo, porque sei que pode não ter sido uma leitura fácil. Mas espero que ela também tenha revelado heróis inesperados — além de ter deixado claro quanto ainda precisa ser feito para dar fim a esse flagelo do homem.

Este livro está longe de esgotar o tema. Infelizmente, há estupro de guerra em tantos países — da República Centro-Africana à Colômbia, à Guatemala e ao Sudão do Sul — que, se eu cobrisse todos, minha própria tapeçaria nunca seria concluída.

Em seu relatório de 2018, o Escritório do Representante Especial do Secretário-Geral da ONU sobre Violência Sexual em Conflitos lista dezenove países e nomeia doze forças militares e policiais nacionais e 39 atores não governamentais. A intenção não era fazer uma lista exaustiva, como o relatório apontou, e sim apenas uma compilação de lugares onde havia informações confiáveis disponíveis.

De minha parte, foquei em regiões que eu já havia coberto como jornalista, e em especial onde a violência sexual era usada como arma de guerra, direcionada a uma comunidade específica, e vinda do alto. Contudo, está claro que não é necessária nenhuma estratégia oficial para que haja estupro desenfreado em conflitos em que a impunidade reina. Além do estupro, também vimos como militares e milícias se utilizaram de escravidão sexual, casamento forçado e gravidez, assim como do sequestro de bebês de oponentes e da esterilização forçada de comunidades que desejavam exterminar por motivos religiosos, étnicos ou políticos. As crianças nascidas do estupro com frequência se tornam párias em suas próprias comunidades, por causa de algo ocorrido antes mesmo que nascessem.

Os últimos anos também trouxeram revelações chocantes de abuso sexual por parte das forças de manutenção da paz e de trabalhadores humanitários, as mesmas pessoas que deveriam proteger os mais vulneráveis.

O estupro tampouco é perpetrado apenas em mulheres e meninas. O estupro masculino raramente é discutido, sendo um segredo ainda mais bem guardado, sobretudo no Oriente Médio e na África, onde há um mito comum de que os sobreviventes ou são homossexuais ou vão acabar se tornando.

No entanto, um estudo de 2010 no leste da RDC descobriu que quase um quarto (23,6%) dos homens em territórios afetados por conflito sofreu violência sexual — uma estimativa que inclui cerca de 760 mil homens.[1] Além do Congo, encontrei exemplos na Bósnia, no Afeganistão, no Chade e nos centros de detenção de imigrantes na Líbia — sem contar as histórias horríveis que ouvi em campos de refugiados sobre as prisões na Síria e no Iraque.

Um relato antigo, que desde então foi debatido, aparece em *Os sete pilares da sabedoria*, de T. E. Lawrence, sobre sua participação na revolta árabe contra o Império Otomano durante a Primeira Guerra Mundial. Ele descreve explicitamente ter sido capturado pelo governador turco da cidade síria de Daraa, em novembro de 1917, e depois espancado e sofrido estupro coletivo por parte dos soldados — perdendo, aos 28 anos, "a cidadela da minha integridade", como Lawrence coloca.

Quase um século depois, em novembro de 2016, fui à Síria, cujas cidades transformadas em campos de batalha estavam em ruínas em razão de uma guerra marcada por extrema brutalidade. Fazia quase um ano que o leste de Aleppo se encontrava sob cerco das forças do presidente Assad, e vaguei pelas ruas da outrora lendária Cidade Velha — passando pelo Hotel Baron, onde Lawrence (e Agatha Christie) havia ficado —, agora uma cidade-fantasma bombardeada cheia de gatos sem dono em meio às cinzas. Era como eu imaginava o fim do mundo. Em todas as ruas, havia metal retorcido, chapas corrugadas, blocos de concreto e móveis empilhados, para servir de barricada improvisada contra franco-atiradores. Pulei ao identificar quatro manequins de loja, nus, em meio aos destroços. Perto, havia uma gaiola ornamentada na qual pássaros um dia deviam ter cantado. Agora, o único som era o "bum" periódico da artilharia atacando as ruas para além da cidadela na colina, onde diziam que Abraão ordenhava suas vacas. Mais de 5 milhões de sírios tinham sido forçados a fugir do país; mais de 500 mil haviam morrido.

Três crianças aparentemente sem pais surgiram com um balde em busca de água, mas depois sumiram, com medo. Àquela altura, os sobreviventes estavam tão desesperados que viviam de panquecas de farinha frita e quaisquer vegetais que conseguissem encontrar. O regime de Assad estava prestes a lançar seu ataque final, e alguns dias depois ia disponibilizar ônibus para tentar persuadir os civis que restavam a ir embora. Muitos preferiam permanecer sob a artilharia a arriscar o cativeiro.

Grupos de direitos humanos acreditam que até 90% dos homens sob custódia síria são abusados sexualmente. Um relatório da Acnur de 2016 chamado *We Keep it in Our Hearts* [Guardamos em nosso coração], baseado em entrevistas com refugiados, detalhou alguns dos horrores das prisões de Assad, em especial o abuso sexual de homens e meninos a partir de dez anos, forçados a ter relações sexuais com membros da família, torturados com choques elétricos no pênis e vítimas de estupro anal com objetos como varas, garrafas de Coca-Cola e mangueiras.

"Um dos meus tios foi preso na Síria", disse um jovem chamado Ahmed em um campo na Jordânia. "Alguns meses depois que ele foi solto, contou [ele perdeu o controle, chorando na nossa frente] que não havia nem um ponto de seu corpo que não tinha sido abusado com uma furadeira elétrica. Ele tinha sido estuprado, tinham colocado a broca em seu ânus. Amarraram forte seu pênis com um fio de náilon por três dias, até quase explodir. Depois que ele foi solto, parou de comer e virou alcoólatra. Ele morreu de insuficiência renal."

Conforme eu encontrava sobreviventes, tentava ver o que funcionava na hora de ajudá-los e o que não funcionava. Durante o conflito na Bósnia, a baronesa Arminka Helic fugiu para o Reino Unido, onde acabou se tornando consultora de política externa e membro da Casa dos Lordes. Ela relaciona a questão a "um ataque com armas químicas, em que se sofre dano tanto imediato quanto no longo prazo. As mulheres não se recuperam, os maridos não esquecem, os filhos sofrem bullying, elas permanecem morando no mesmo lugar e cruzam com seus estupradores em cafés".

O desafio é encontrar maneiras de possibilitar que as sobreviventes sigam com sua vida. Agora, quando vejo rosas, penso nas mulheres estupradas de Srebrenica, que não queriam cortar as flores que cultivavam porque seu perfume as lembrava de épocas mais felizes. Bakira, a caçadora de criminosos de guerra, encontrava consolo em sua horta. Além da jardinagem, atividades criativas como arte e música em espaços seguros que aproximam mulheres parecem ser benéficas, assim como a ioga.

Está claro que um apoio muito maior às vítimas é necessário, uma vez que aqueles horrores ficarão com elas pelo resto da vida. Além da assistência médica e do apoio psicológico, elas precisam de auxílio econômico para se sustentar e para reconstruir sua autoestima, ainda mais porque as sobreviventes muitas vezes são abandonadas pelo marido e pela família, e em alguns casos, como no das meninas nigerianas levadas pelo Boko Haram, chegam a ser postas no ostracismo pela própria comunidade. Em meio ao caos da RDC, o Hospital de Panzi e a City of Joy são um modelo do que pode ser replicado, ao tratar dos ferimentos e oferecer terapia, capacitação profissional, aconselhamento jurídico e um refúgio seguro.

Acima de tudo, em todas as zonas de guerra que visitei, ouvi o mesmo clamor por justiça — precisa haver justiça, e a impunidade deve chegar ao fim.

Amal Clooney, advogada de direitos humanos que representa Nadia Murad, disse ao Conselho de Segurança da ONU que, apesar de tudo o que a jovem iazidi sofreu nas mãos de doze homens e das ameaças que ainda recebia, ela só havia mencionado um medo: "De que, quando tudo isso acabar, os homens do Estado Islâmico possam simplesmente raspar a barba e voltar à vida normal; de que não seja feita justiça".[2]

As mulheres corajosas da tranquila cidade ruandesa de Taba, por mais que tenham recebido pouca educação formal e morem em cabanas de barro sem eletricidade ou água corrente, abriram caminho para a condenação do prefeito Akayesu ao fazer com que suas vozes fossem ouvidas.

Essa decisão pareceu um divisor de águas. No entanto, aconteceu há mais de vinte anos, e poucos processos foram abertos desde então, o que é uma decepção. Muitos dos casos subsequentes em Ruanda e na Bósnia acabaram em absolvição, com frequência com base na falta de provas ou de credibilidade, devido às inconsistências nos depoimentos de testemunhas. Akayesu foi o único condenado por estupro genocida, e apenas um punhado de pessoas foi considerado culpado de estupro como crime contra a humanidade. Ninguém foi condenado por ter cometido estupro, apenas por ter supervisionado homens que cometeram.

Nem um único processo foi instaurado em relação ao sequestro das meninas iazidis ou à exumação das valas comuns de seus familiares assassinados. Amal Clooney levanta a questão: se 79 estados são capazes de se unir para formar uma coalizão global e combater o Estado Islâmico no campo de batalha, por que foram incapazes de estabelecer um tribunal?

Os combatentes do Boko Haram que sequestraram as meninas na Nigéria tampouco foram acusados. Tentativas de levar o Exército mianmarense à justiça pelo massacre de rohingyas foram impedidas pela China no Conselho de Segurança da ONU.

O Tribunal Penal Internacional (TPI) foi instaurado em 2000 em meio a muito alarde e esperança, mas condenou apenas uma pessoa por violência sexual, e a condenação acabou sendo indeferida. Jean-Pierre Bemba, ex-vice-presidente da República Democrática do Congo e líder miliciano, foi condenado em março de 2016 por permitir "estupro, tortura, assassinato e pilhagem" por parte de seus homens — essa foi a primeira vez que se condenou alguém por responsabilidade de comando. Mas, em junho de 2018, dois anos depois do celebrado veredicto, a decisão foi indeferida e Bemba foi liberado para voltar para casa e para participar das eleições seguintes.

"A impunidade permanece a regra, e a responsabilização, a

rara exceção", diz Pramila Patten, representante especial da ONU sobre violência sexual, que abandonou uma carreira de muito sucesso no direito corporativo na República de Maurício, sua terra natal, para lutar pelas mulheres.

Patricia Sellers, conselheira especial do TPI, relacionou a decisão do caso Akayesu ao caso Brown contra o Conselho de Educação dos Estados Unidos, argumentando que se trata do início de um processo. Foi só muito tempo depois desse caso que as crianças negras nos estados do Sul dos Estados Unidos passaram de fato a frequentar escolas integradas.

"A decisão é de 1954, mas a segregação nas escolas americanas não se encerrou no ano seguinte, ou mesmo nos dez anos seguintes", ela disse. "Ainda foram necessárias as Leis dos Direitos Civis de 1964 e de 1968, e na verdade ainda temos casos em litígio. Trata-se de pilares e de passos importantes, embora não tenham mudado o comportamento das pessoas, que cometiam graves crimes relacionados à discriminação."

Ela aponta que o julgamento de Akayesu, hoje tido como um pilar jurídico fundamental, é amplamente estudado nas universidades e foi usado em casos na América Latina e na África.

Um problema importante é que o TPI só pode julgar casos de países signatários — e Nigéria, Iraque e Mianmar não estão entre eles.

Alguns advogados, no entanto, têm encontrado alternativas inovadoras. Isso pode significar usar jurisdição universal — a noção de que crimes internacionais desconhecem fronteiras e Estados têm a responsabilidade de processar criminosos em seu território independentemente de onde o crime tenha sido cometido.

Neste momento, Amal Clooney está levando um membro iraquiano do Estado Islâmico e sua esposa alemã, que era parte de sua polícia moral, à justiça em Munique pelo assassinato de uma menina iazidi de cinco anos que eles mantinham como escravizada com a mãe. A menina foi espancada e deixada acorrentada no calor até a sua morte. É o primeiro caso internacional contra o Estado Islâmico por crimes de guerra contra as iazidis.

Em dezembro de 2019, fui ao fortificado Palácio da Paz, em Haia, lar do Tribunal Internacional de Justiça (TIJ), para um acontecimento fascinante.

A pequena nação de Gâmbia, da África Ocidental, levou Mianmar ao tribunal por genocídio contra os rohingyas e, para surpresa geral, Aung San Suu Kyi decidiu defender pessoalmente os mesmos generais que no passado a haviam mantido presa por quinze anos.

Era a primeira vez que um Estado era levado ao tribunal por outro que não fosse diretamente afetado por seus atos. "Por que não Gâmbia?", disse Abubacarr Tambadou, procurador-geral da nação, quando lhe perguntei a respeito. "É uma mácula na consciência mundial. Não é preciso ser uma potência militar para defender os direitos humanos."

Ele disse que tinha ficado chocado com o que vira em campos de rohingyas em Bangladesh e acrescentou que seu próprio país havia acabado de emergir de 22 anos de uma ditadura brutal, que "nos ensinou que devemos usar nossa voz moral na condenação da opressão alheia onde quer que ela ocorra, para que outros não sofram como nós e não tenham o nosso destino".

Eles se voltaram ao TIJ, a mais alta instância da ONU, como fiador da Convenção para a Prevenção e a Repressão do Crime de Genocídio adotada pela organização 71 anos antes, em dezembro de 1948, em meio a gritos de "Nunca mais", na sequência do Holocausto.

A audiência de três dias foi realizada no Grande Salão da Justiça, um cômodo imponente com painéis de madeira e quatro vitrais gigantescos, um longo banco com dezessete magistrados usando togas pretas e um público de diplomatas de terno. Aquilo não poderia estar mais distante dos campos enlameados de Bangladesh, onde mais de 700 mil rohingyas permanecem em abrigos improvisados de plástico e bambu em meio às colinas.

O foco recaía sobre uma figura esguia no banco à esquerda, de blazer preto e saia comprida estampada. Com o cabelo preso para trás e enfeitado com flores cor-de-rosa e amarelas, graciosa como sempre, Aung San Suu Kyi se mantinha sentada rigidamente enquanto os advogados de Gâmbia, guiados pelo conselheiro da rainha da Inglaterra, Philippe Sands, recontavam todas as histórias, uma pior que a outra — uma grávida de oito meses que levara chutes de soldados mianmarenses, depois fora pendurada pelos pulsos numa bananeira e estuprada nove vezes, acabando por perder o bebê; uma mãe forçada a ver o filho sendo espancado até a morte.

Lá atrás, de onde eu estava, tudo o que conseguia ver eram as flores. Quando Aung San Suu Kyi foi entrevistada pelo programa *Desert Island Discs*, da Radio 4, em 2012, tinha escolhido como seu artigo de luxo uma roseira cujas flores mudassem de cor todo dia.

No que ela estaria pensando, aquela mulher que no passado fora tida como um símbolo mundial da luta pelos direitos humanos e que agora parecia jogar sua reputação internacional no lixo em nome da política doméstica e das eleições vindouras? Em nenhum momento ela deixou qualquer emoção transparecer.

O caso se centrava quase todo na terrível violência sexual, que os juízes do julgamento de Akayesu, o qual os advogados da acusação citaram, descreveram como "uma das piores maneiras" de infligir danos, por resultar "na destruição do espírito, da vontade de viver e da própria vida".

Cada lado tinha podido escolher um juiz ad hoc, e não foi por acaso que os advogados gambienses escolheram Navi Pillay, a sul-africana cuja pergunta perspicaz no Tribunal de Ruanda havia levado à decisão e à primeira definição de estupro no direito internacional.

"Este caso não é apenas significativo para os rohingyas e por chamar a atenção mundial para a sua situação, mas também por como pode vir a ser usado no futuro", disse Philippe Sands.

A única outra opção de reparação legal são os tribunais nacionais, nos quais muitas vezes a polícia não tem a devida capacidade de investigação e há falta de infraestrutura, juízes treinados, promotores e vontade política, em especial quando quem está sendo julgado são as forças do governo. Tribunais são lugares intimidadores e oferecem muito pouca proteção às vítimas; na verdade, elas podem acabar sendo vistas pelos juízes com o mesmo estigma com que a maior parte da sociedade as vê.

Em um caso do Tribunal de Ruanda, em 2001, a vítima chamada de TA disse ter sido estuprada dezesseis vezes, e os advogados da defesa perguntaram como ela podia ter sido estuprada, uma vez que "não tinha se banhado e cheirava mal".[3] Ficou registrado que os juízes "irromperam em risos". Perguntaram-lhe repetidas vezes as mesmas coisas, até que, no 14º dia de depoimento, ela se queixou: "Desde que me sentei aqui, fui indagada sobre esse assunto mais de cem vezes".

Quando voltou do julgamento, a testemunha, que já perdera sua família no genocídio, descobriu que sua casa tinha sido invadida e que seu noivo a havia deixado. Todos sabiam sobre o depoimento dela. "Hoje, eu não aceitaria testemunhar e sofrer um segundo trauma",[4] ela disse depois.

Com frequência, mulheres que vão à justiça acabam tendo que contar sua história várias vezes, revivendo o trauma. A baronesa Helic me disse conhecer mulheres rohingyas que vivem em campos que chegaram a contar vinte vezes o que havia acontecido com elas.

Mas, nos últimos anos, a incrível coragem de um grande número de vítimas, promotores e juízes levou a algum progresso em nível nacional. Na Guatemala, um grupo de onze corajosas mulheres maias conhecidas como as Avós de Sepur Zarco assegurou um precedente legal em 2016, quando seu depoimento levou à condenação de um oficial do Exército aposentado e de um antigo líder paramilitar por escravidão sexual (delas e de quatro outras que já haviam morrido) durante a guerra civil que assolou o país por 36 anos.

Mais de 200 mil pessoas morreram na guerra, centenas de vilarejos desapareceram do mapa e mais de 100 mil mulheres foram estupradas, a maioria delas maia, numa tentativa de exterminar essa população. No entanto, depois que a guerra se encerrou, em 1996, a violência sexual não foi incluída na agenda dos acordos de paz entre o governo e as guerrilhas. Negociadores se recusavam a reconhecê-la, e um representante do Programa de Indenização Nacional, para compensar as vítimas da guerra, disse que não acreditava que aquilo houvesse acontecido.

Foi preciso que aquelas mulheres de um pequeno vilarejo rural num vale no nordeste da Guatemala rompessem o silêncio. Elas contaram que o Exército guatemalteco havia estabelecido uma base nas proximidades e ido primeiro atrás dos homens, durante a festa anual de Santa Rosa de Lima, capturando-os por ousar defender seu direito à terra. Depois, os militares voltaram para buscar as mulheres.

Por seis anos, de 1982 a 1988, elas foram mantidas em condições de escravidão pelos soldados, sendo obrigadas a trabalhar como empregadas domésticas e estupradas sistematicamente, às vezes por até seis homens de uma vez. Uma delas disse que foi estuprada até ficar "quase sem vida". Outra havia sido estuprada diante do filho de quatro anos.

Por vários anos, as pessoas as evitaram e se referiram a elas como "mulheres dos soldados". Seus maridos nunca voltaram para casa, e elas ainda procuram pelos restos mortais deles.

Por fim, com a ajuda de uma organização de mulheres que as

reuniu num espaço seguro para criar arte, elas começaram a contar suas histórias.

Essas mulheres foram incentivadas pela procuradora Claudia Paz y Paz, que, apesar da baixa estatura e da fala suave, não teve medo de atacar a impunidade quando se tornou a primeira mulher procuradora-geral da nação, em 2010. Inspirada pela foto de Bobby Kennedy que mantinha em seu escritório, ela foi atrás de todo mundo, de chefões do crime ao antigo ditador Efraín Ríos Montt, processado por genocídio em 2012. Ele foi condenado no ano seguinte, embora a decisão tenha sido indeferida depois, quando Paz y Paz não ocupava mais o cargo.

As avós de Sepur foram ao tribunal e falaram bravamente em 22 audiências, apesar do assédio de grupos pró-militares que as acusavam de mentir e de ter se prostituído.

Em fevereiro de 2016, depois de trinta anos de humilhação, elas enfim obtiveram justiça. "Acreditamos em vocês... não foi sua culpa", declarou o tribunal. "O Exército as aterrorizou para destruir sua comunidade."

Quando a sentença foi anunciada, condenando o tenente-coronel Reyes Giron a 120 anos de prisão e Heriberto Valdez Asij a 240 anos, as mulheres tiraram os xales bordados coloridos com que haviam se coberto durante o julgamento e sorriram.

Aquela se tornou a primeira vez que alguém foi julgado por violência sexual durante a guerra — e a primeira vez em qualquer lugar no mundo que a escravidão sexual perpetrada durante um conflito armado foi alvo de processo no próprio país onde os crimes haviam sido cometidos.

Iris Yassmin Barrios Aguilar, juíza presidente do muito apropriadamente nomeado Tribunal de Alto Risco, sobreviveu a ameaças e a tentativas de assassinato, que incluíram granadas sendo arremessadas contra sua casa, assim como as tentativas de desacreditá-la, as quais culminaram numa suspensão de um ano.

"Estupro é um instrumento ou uma arma de guerra", ela declarou. "É um modo de atacar o país, matar ou estuprar uma vítima, e as mulheres eram vistas como objetivo militar."

A sentença não se restringiu à prisão dos criminosos: Aguilar também ordenou que o governo, como indenização, abrisse um centro de saúde gratuito, fizesse melhorias na escola primária e construísse uma escola secundária em Sepur Zarco, além de distribuir bolsas de estudos para mulheres, crianças e toda a comunidade.

Outras mulheres sobreviventes na América Latina têm encontrado sua voz. No Peru, onde quase 300 mil mulheres foram vítimas de esterilização forçada durante o governo do presidente Alberto Fujimori nos anos 1990, e outras, entre 1984 e 1995, foram estupradas por ambos os lados durante a guerra entre os soldados do governo e os rebeldes do Sendero Luminoso, uma plataforma de história oral inovadora chamada Quipu foi criada. O nome vem dos cordões em que os incas davam nós para transmitir mensagens complexas. Através de um serviço gratuito, as mulheres podem gravar suas histórias, que depois são carregadas num site e registradas como nós coloridos, criando uma tapeçaria virtual.

Na Colômbia, milhares de casos foram julgados num tribunal especial criado como parte do acordo de paz entre o governo e o grupo guerrilheiro de esquerda Forças Armadas Revolucionárias da Colômbia (Farc) para encerrar a guerra civil de 52 anos na qual 260 mil pessoas foram mortas. Também houve ampla violência sexual perpetrada por todos os lados do conflito. Forças paramilitares alinhadas ao governo, como as Autodefesas Unidas da Colômbia (AUC), usavam o estupro como arma de guerra para estabelecer controle sobre o território e a sociedade, assim como as Farc, que ainda forçavam as grávidas entre seus membros a abortar para não comprometer o esforço de guerra. Apenas entre 1985 e 2016, mais de 15 mil pessoas foram vítimas de violência sexual no conflito, de acordo com o Centro Nacional de Memória Histórica. O Tribunal da Paz organizado para garantir aos sobreviventes a possibilidade de depor concordou em abordar essa questão. Dois mil casos documentados foram apresentados em agosto de 2018.

Na Argentina, como vimos, os tribunais que investigam os casos de tortura e assassinato do que ficou conhecido como Guerra Suja recentemente começaram a abordar a violência sexual ocorrida sob o governo militar, de 1976 a 1983.

Mais história foi feita na África. Em maio de 2016, não muito depois que as avós guatemaltecas conquistaram seu veredicto histórico, a coragem impressionante de uma mulher pobre e analfabeta da pequena nação do Chade, na África Central, resultou na primeira condenação de um chefe de Estado por estupro.

Hissène Habré, que governou o Chade nos anos 1980, foi um homem tão vil que era conhecido como o Pinochet da África. Quarenta mil pessoas foram mortas durante os oito anos de seu governo, e muitas outras foram estupradas e torturadas pelo Diretório de Documentação e Segurança (DDS), sua tão temida polícia secreta. Muitas das torturas eram realizadas numa prisão subterrânea que ficou conhecida como La Piscine, por se localizar no espaço de uma antiga piscina. Os métodos de tortura incluíam o horrível "*supplice des baguettes*", em que uma corda presa a dois bastões envolvia a cabeça da vítima e ia sendo apertada lentamente até dar a sensação de que o cérebro ia explodir. Em alguns casos, Habré em pessoa praticou a tortura.

Quando foi deposto, em 1990, ele preencheu um cheque para si mesmo no valor de 150 milhões de dólares, todo o dinheiro que havia no Tesouro, e fugiu para viver em meio ao luxo no Senegal.

Foi preso em 2000 e levado a julgamento no Senegal em 2013, após uma longa campanha por parte de suas vítimas e de uma corajosa advogada chamada Jacqueline Moudeina, que escapou por pouco de um ataque a granada depois de ter entrado com as primeiras acusações contra ele.

O Tribunal Extraordinário Africano, criado especialmente para esse fim, realizou o primeiro julgamento de um chefe de Estado no tribunal de outro país.

No início, a acusação de estupro não se incluía entre as de assassinato e de tortura. Isso mudou depois do depoimento dramático de Khadidja Zidane, que o acusou de mandá-la para o palácio presidencial e estuprá-la ali quatro vezes.

Ela contou como, dia após dia, nos anos 1980, era levada para a sala de Habré no palácio. Ele, sentado a sua mesa, fumava e observava enquanto seus agentes a torturavam, enfiando uma mangueira ligada em sua garganta ou a eletrocutando. Às vezes, ele mesmo a torturava e depois estuprava.[5]

Não havia nada que Khadidja pudesse fazer. Sua mãe e seu irmão estavam entre os assassinados pelo reinado de terror de Habré.

Ela arriscou a vida depondo no julgamento, que foi transmitido no Chade. Habré afirmou que ela era uma "prostituta ninfomaníaca".

Depois de ouvi-la, o tribunal usou o precedente estabelecido no caso de Akayesu e acrescentou o estupro às acusações. Habré foi condenado à prisão perpétua por crimes contra a humanidade, tortura e estupro em maio de 2016. Foi um momento extraordinário. Ele escondia o rosto usando óculos escuros e um lenço branco na cabeça. "Abaixo a Françáfrica", murmurou.

De novo, o veredicto pareceu um enorme avanço. Mas veio a um enorme custo para Khadidja, que passou a morar sozinha depois que seu marido a abandonou em razão do que havia acontecido. E ela continuava sendo atacada por desconhecidos, que a xingavam de prostituta.

Então, um ano depois, em abril de 2017, o julgamento em segunda instância indeferiu todas as condenações menos uma: a de violência sexual em massa por parte de suas forças de segurança. Habré foi inocentado dos estupros de Khadidja. O tribunal enfatizou que se tratava de uma questão processual que não estava relacionada à credibilidade de Khadidja. Disse que os novos fatos que haviam sido apresentados em seu depoimento tinham chegado tarde demais para ser incluídos, então não podiam servir de base para uma condenação.

Khadidja insistia que continuava satisfeita por ter testemunhado. "Tive a oportunidade de contar ao mundo o que ele fez comigo", ela disse.

"Ela continua muito feliz por ter feito isso", comentou seu advogado, Reed Brody, da Human Rights Watch. "Foi muito significativo. O mais importante para ela foi que as pessoas ficaram sabendo."

Certamente não deve ser coincidência que o julgamento que resultou na condenação de Habré e os julgamentos na Guatemala, o de Akayesu e o da primeira condenação por estupro na Bósnia tenham sido todos presididos por mulheres, ou que houvesse três mulheres entre os juízes que condenaram Jean-Paul Bemba.

"Quem interpreta a lei é tão importante quanto quem redige a lei", disse Navi Pillay, juíza que fez a pergunta vital no caso de Akayesu. "Quando houve condenação por estupro ou por violência sexual, invariavelmente havia uma mulher entre os juízes."

Ela me disse ter sido profundamente tocada pelos depoimentos das mulheres de Taba. "As palavras de JJ me fizeram reexaminar a percepção do direito da experiência da mulher com violência sexual em conflitos", Pillay disse. "Cheguei à conclusão de que a prática tradicional do direito não deu a devida atenção ao silêncio das mulheres."

Algumas coisas há muito escondidas na Europa estão vindo à tona por causa de outras juízas. Mulheres que sofreram estupro, foram forçadas a abortar e tiveram seus bebês sequestrados na Espanha de Franco nunca foram ouvidas, porque foi aprovada em 1977 uma lei de anistia que garantia imunidade. Mas, desde o ano 2000, parentes das vítimas vêm botando a mão na massa e escavando valas comuns. Em outubro de 2019, eles finalmente conseguiram que a Suprema Corte decidisse exumar os restos mortais de Franco do vasto mausoléu de Valle de los Caídos, nas cercanias de Madri. Também houve uma campanha para exumar os restos mortais de seu principal propagador e defensor do estupro, o general Queipo de Llano, que ocupam lugar de honra na Basílica de Sevilha. Enquanto isso, vítimas que sobreviveram à tortura se uniram para exigir justiça e estão reunindo assinaturas nas prefeituras de todo o país. Talvez essas pessoas por fim consigam ir ao tribunal depois que uma renomada juíza argentina de 81 anos, María Servini de Cubría, deu início a uma investigação usando o princípio da jurisdição universal para investigar abusos de direitos humanos.

Assim como ter mulheres julgando parece resultar em mais condenações de criminosos, estudos mostram que há menos estupro quando há mais mulheres no Exército. O conflito entre Israel e Palestina é muitas vezes citado como uma guerra que mostra que a violência sexual não é inevitável se as forças são bem disciplinadas. Todos os israelenses, homens ou mulheres, devem se alistar aos dezoito anos, e as mulheres compõem cerca de um terço das forças israelenses.

O escritório de Pramila Patten está fazendo lobby para que haja mais mulheres entre as forças de paz (atualmente elas são apenas 2%) e entre os mediadores (só 19%), para que os horrores cometidos contra as mulheres nas guerras estejam no centro do debate público atual.

Melanne Verveer, diretora-executiva do Instituto para a Mulher, a Paz e a Segurança, da Universidade Georgetown, lamenta: "As mulheres são esmagadoramente sub-representadas nas negociações de paz formais, constituindo apenas 2% dos mediadores, 5% das testemunhas e dos signatários e 8% dos negociadores. Em outras palavras, quando os lados de um conflito se sentam para encerrar uma guerra, as mulheres ainda são amplamente excluídas".[6]

Não é fácil. A baronesa Helic conta que em 2014 acompanhou William Hague, então ministro das Relações Exteriores do Reino Unido, a Genebra para discussões internacionais para acabar com a guerra na Síria. Ele insistira que houvesse mulheres participando. "Quando chegamos, eram cinquenta homens e eu. Hague falou: 'Eu disse que queria mulheres nas negociações'. Então, e não estou brincando, nos levaram numa viagem de carro de vinte minutos até um hotel muito menos grandioso, onde encontramos um grupo de mulheres em um porão escuro."

Em grande parte devido ao lobby de Helic e a uma aliança improvável com uma estrela de Hollywood, o Reino Unido lidera os esforços para colocar essa questão na agenda internacional.

"Foi tudo por causa de um filme", comenta Helic, rindo. "Li num jornal bósnio que Angelina Jolie estava dirigindo um filme sobre os estupros e pensei: 'O que essa mulher de Hollywood sabe sobre o meu país?'. Passei quatro meses com ódio dela. Então vi *Na terra de amor e ódio* e não pude acreditar: ninguém havia retratado a vida e a dor na guerra como ela."

Muito persuasiva, Helic conseguiu que William Hague e o então primeiro-ministro David Cameron assistissem ao filme.

Hague havia viajado a Darfur, no Sudão Ocidental, quando

era ministro das Relações Exteriores do gabinete paralelo, em 2006. Ele tinha ficado horrorizado com as histórias das mulheres que conhecera nos campos de refugiados de guerra. "Meu primeiro contato com a violência sexual em conflitos foi ao encontrar mulheres no campo que precisavam sair para buscar lenha e eram estupradas por milícias apoiadas pelo governo que queriam se certificar de que elas nunca mais tentassem voltar para casa. Então fui para a Bósnia com Arminka e conheci pessoas que me contaram que viam seus estupradores andando na rua e que, apesar do fim do conflito, a justiça nunca tinha sido feita."

Como biógrafo de William Wilberforce, membro conservador do Parlamento cuja luta culminou na abolição da escravatura no Reino Unido em 1807, Hague sabia o que podia ser feito por políticos quando parte do público se unia em torno de uma causa. "Uma das lições que aprendi foi: você só atinge seu objetivo quando muda o comportamento daqueles que estão no fim da cadeia. As pessoas sempre vão achar um jeito de fazer algo ilegal, a menos que se torne isso inaceitável."

A questão era como fazer com que as pessoas se engajassem no tema. Helic sugeriu convidar Jolie para exibir seu filme no Ministério das Relações Exteriores e falar sobre o assunto. Os outros funcionários riram, achando que ela não seria capaz de fazer aquilo, mas Helic conseguiu entrar em contato com a atriz, que lhe mandou uma mensagem perguntando o que eles de fato iam fazer para combater o estupro de guerra.

"Era um belo ponto", contou Helic. "Sugerimos formar uma força de reação rápida chamada Time de Especialistas [que incluía médicos, advogados, policiais e especialistas forenses], a qual pudesse reunir provas sempre que houvesse relatos de violência sexual na guerra, uma vez que não havia ninguém responsável por aquilo."

Jolie concordou em falar, e em 2012 uma equipe especial foi criada dentro do Ministério das Relações Exteriores para a prevenção da violência sexual em conflitos. Em junho de 2014, a dupla improvável formada por um homem careca e sorumbático de Yorkshire e uma estrela glamorosa de Hollywood organizou em Londres uma cúpula internacional que durou quatro dias e exigiu o fim da violência sexual em conflitos, reunindo 1700 delegados, sobreviventes, celebridades e representantes de cem governos, e recebendo ampla cobertura da mídia.

"Não é todo dia que se vê um ministro das Relações Exteriores e uma atriz de Hollywood trabalharem juntos, mas precisávamos de algo incomum para chamar a atenção", disse Hague. "Uma figura global como Angelina e eu como ministro das Relações Exteriores... o que faltava era que nenhum dos maiores países tinha abraçado a questão.

"Descobrimos que podíamos fazer muito. O Reino Unido, por exemplo, assume a presidência do Conselho de Segurança da ONU a cada quinze meses, e aproveitei isso para definir uma agenda. Então lançamos uma declaração na Assembleia Geral da ONU para impedir a violência sexual em conflitos e conseguimos que 155 países a assinassem."

Ele também levantou a questão em todas as conversas bilaterais que teve. "Outros ministros das Relações Exteriores ficavam chocados ao saber que seu par britânico estava trazendo a questão da violência sexual em todas as suas reuniões. Eles tiveram que ser rápidos e ler relatórios a respeito.

"Muitas pessoas consideram que esse assunto só interessa às mulheres, e o que os homens fazem com esse tipo de coisa é presumir que as mulheres lidem com elas. Sempre me perguntavam: por que você se envolve com isso, sendo homem?

"Minha resposta era: como esses crimes são cometidos quase que exclusivamente por homens, como podem ser resolvidos sem a liderança de homens? Se você é 99% do problema, precisa ser 50% da solução.

"Outros diziam: isso é muito digno, mas é uma questão tão antiga quanto a humanidade e aconteceu em todas as guerras. De modo que a implicação era: por que se dar ao trabalho? Eu dizia a essas pessoas que, infelizmente, esse é um dos maiores crimes em massa dos séculos XX e XXI. E está piorando. O estupro é usado como arma de guerra de forma sistemática e deliberada contra as populações civis em zonas de conflito.

"Acho que todos os ministérios das Relações Exteriores deveriam ter uma unidade de prevenção da violência sexual em conflitos. É parte fundamental para que haja paz e segurança, mas até hoje apenas os britânicos têm um grupo de pessoas que se dedicam a isso em tempo integral. De outro modo, é um trabalho que não é feito porque as pessoas acreditam que é inútil."

Depois que ele saiu do governo, em 2014, outros ministros das Relações Exteriores demonstraram menos comprometimento com a causa. O Departamento de Prevenção da Violência Sexual em Conflitos, que tinha 34 funcionários, passou a ter três, e o orçamento foi cortado de 15 milhões de libras esterlinas em 2014 para 2 milhões de libras esterlinas em 2019. "É frustrante que não se tenha mantido um foco dos esforços diplomáticos britânicos na mesma medida e intensidade que era na nossa época", disse Hague.

Um relatório publicado em janeiro de 2020 pela Comissão Independente para o Impacto do Auxílio disse que a iniciativa não tinha dado resultados e corria "o risco de decepcionar as sobreviventes". Também apontou que a cúpula internacional havia custado cinco vezes o orçamento do Reino Unido para combater o estupro em zonas de guerra.

Hague torcera para que Hillary Clinton fosse eleita em 2016 e viesse a se tornar a primeira presidente dos Estados Unidos, uma vez que ela compartilhava de sua paixão. No lugar dela, fora eleito Donald Trump, um homem que havia sido acusado de agressão e de assédio sexual por vinte mulheres.

"Nos últimos anos, parece que andamos para trás", disse Hague. "Todos os conflitos recentes incluem isso em grande escala, portanto não resolvemos o problema nem remotamente."

Helic e outra colega, Chloe Dalton, deixaram o Ministério das Relações Exteriores e abriram uma organização sem fins lucrativos com Jolie. Sem se deixar abalar pela falta de interesse dos políticos no poder, elas recorreram a generais e depararam com um entusiasmo inesperado.

O general Nick Carter, chefe do Estado-Maior do Exército, tem um quadro pequeno mas impactante pendurado na parede de sua sala de jantar, chamado *O menino de verde*. Retrata um menino afegão, usando um solidéu bordado e uma jaqueta camuflada grande demais para ele, com o que o general descreve como "olhar perdido: ele claramente foi abusado a vida toda".

Soldados britânicos servindo no Afeganistão têm dificuldades de lidar com a predileção de alguns de seus pares afegãos, em particular na polícia, pelo que é conhecido eufemisticamente como "meninos do chá".

"Há uma tensão entre tentar assegurar seus objetivos táticos de curto prazo, como proteger a população — o que claramente precisa ser feito pelos afegãos, mas contando com o nosso apoio —, e os de longo prazo, levando em conta que muito do comportamento deles sustenta uma cultura da impunidade", disse Carter.

Ele acredita que lidar com a violência sexual — contra homens e mulheres — é uma parte importante do trabalho de um soldado e requer uma "guinada cultural fundamental".

"Nossos inimigos aproveitam o abuso das mulheres como arma contra os homens e as mulheres. Isso é eficaz por causa do sentimento de subjugação e de brutalização, e foi usado de um jeito muito cínico na Bósnia, provocando uma limpeza étnica no longo prazo e enfraquecendo a identidade nacional, o que é absolutamente ultrajante e terrivelmente sistemático."

Embora Carter tenha servido na Bósnia e no Kosovo nos anos 1990, foram conflitos mais recentes que o convenceram da necessidade de agir.

"Uma das maiores lições que aprendemos nas campanhas dos últimos quinze a vinte anos, em especial no Iraque e no Afeganistão, foi que, se você está tentando levar estabilidade ao país, trata-se muito menos do inimigo e muito mais da população de modo geral.

"Para se envolver com a população, é absolutamente fundamental trabalhar com os aspectos masculino e feminino, o que significa que é crítico proteger as mulheres, que com frequência estão mais vulneráveis que os homens. Então, se você considerar o impacto que o campo de batalha tem nas mulheres, chegará depressa à questão da violência sexual em combate, porque é uma arma sistemática. Para levar estabilidade e segurança a esses países-problema, que é a sua intenção, é preciso eliminar a possibilidade de pessoas usarem qualquer tipo de arma, mas sobretudo a desse tipo.

"É difícil tratar desse problema, porque as Forças Armadas como um todo tendem a ser dominadas por homens e a possuir uma cultura masculina, e não há como mudar esse tipo de coisa de um dia para o outro."

Por esse motivo, uma das prioridades dele em seu cargo anterior no comando do Exército entre 2014 e 2018 tinha sido aumentar o número de mulheres empregadas — com a expectativa de transformar os 10% em 25%.

"Esse é um dos motivos pelos quais procurei abrir todos os papéis no Exército a mulheres, em especial os que envolvem combate corpo a corpo, para poder olhar as pessoas nos olhos e dizer que elas não são excluídas de nada no Exército britânico", ele disse.

No segundo semestre de 2018, o Exército britânico deu início a um curso de duas semanas na Academia de Defesa de Shrivenham e treinou duzentos consultores especiais para ajudar a combater a violência sexual em conflitos, sobretudo entre tropas em nações onde dá treinamento. Também introduziu no treinamento pré-destacamento identificação de violência sexual em conflitos e reação apropriada, além de testes militares anuais e de um número cada vez maior de equipes de ação femininas atentas a questões de gênero.

Testemunhei tudo isso na prática em janeiro de 2019, quando fui ao Sudão do Sul, a mais jovem nação do mundo, que se separou em 2011 do Sudão e entrou numa guerra civil brutal, alimentada por rivalidades relacionadas a petróleo e etnia. Cerca de 400 mil pessoas morreram e milhões foram deslocados, enquanto diversos acordos de paz continuavam desmoronando.

Viajei para a cidade de Bentiu, no norte, onde, ao longo de dez dias algumas semanas antes, 123 mulheres tinham sido atacadas na estrada por uma milícia armada enquanto caminhavam mais de trinta quilômetros até o centro de auxílio. As mulheres haviam sido arrastadas para a floresta e estupradas, algumas repetidas vezes.

Num campo para pessoas internamente deslocadas perto dali, estava baseado um grupo de soldados britânicos conhecidos como "engenheiros de Bentiu", comandados pela major Alanda Scott. "As vítimas eram mulheres entre oito e oitenta anos, que poderiam ser sua neta ou sua avó, algumas grávidas", ela disse. "É terrível. Ninguém deveria ter que passar por uma coisa dessas."

Mas ela enxergou uma solução. As mulheres precisavam caminhar tanto para buscar comida porque caminhões não conseguiam passar pela estrada. Aquele era o motivo pelo qual elas eram alvo fácil, e a major podia fazer algo para reparar isso.

Ela então mandou trinta de seus engenheiros de campo para abrir a estrada, protegidos por tropas de infantaria do Exército britânico e forças de paz da Mongólia. Trabalhando sem parar em temperaturas escaldantes, em cinco dias eles haviam aberto a vegetação, ampliado a estrada e aplainado a superfície de terra avermelhada.

Foi simples — apesar de, em meio ao trabalho, eles terem perturbado uma colônia de abelhas assassinas, o que resultou num soldado levando 150 picadas — mas efetivo, e mudou a vida das mulheres locais.

Para dar um fim à impunidade dos estupradores é preciso dar um fim ao silêncio. Shakespeare descreve Lavínia como alguém que "como um cervo procura se esconder". Isso porque se trata da violação mais pessoal que há, sobre a qual não é fácil falar. Estupro é o crime menos denunciado de todos — e o estupro em conflito é menos ainda.

Às vezes, isso se deve ao medo de represálias, mas em geral está relacionado ao estigma, que pode ser tão traumático quanto o evento em si, tanto que algumas pessoas acabam se suicidando. Como Pramila Patten diz: "Estupro é o único crime em que a sociedade tem maior propensão a estigmatizar do que a punir o criminoso".

Em 19 de junho de 2018, fui a Genebra para um encontro organizado pelo dr. Mukwege, o qual marcava o Dia Internacional da Eliminação da Violência Sexual em Conflitos.

Oito mulheres de três continentes subiram nervosas no palco num auditório subterrâneo no centro de operações da ONU. Elas faziam parte da Global Survivor Network, que o dr. Mukwege havia criado e que até então reunia sobreviventes de catorze países.

O encontro foi aberto por Meehang Yoon, do Conselho Coreano para as Mulheres Forçadas pelo Japão à Escravidão Sexual Militar. Ela apresentou depoimentos em vídeo de algumas das últimas mulheres de conforto vivas, incluindo aquele que eu havia visto de Kim Bok-dong, que na época tinha 92 anos e estava com câncer, portanto se encontrava frágil demais para viajar.

"Graças à tenacidade e à coragem delas, estamos aqui hoje", disse Guillaumette Tsongo, do Congo. "Elas abriram o caminho para que sobreviventes superassem a vergonha e obtivessem justiça."

Entre as sobreviventes reunidas naquele dia estava uma jovem séria do Kosovo chamada Vasfije Krasniqi-Goodman. Em abril de 1999, quando tinha apenas dezesseis anos, ela fora sequestrada do seu vilarejo por um policial sérvio que a estuprara sob a ameaça de uma faca e depois a passara a um colega. "Implorei que me matasse, mas ele disse: 'Não, você vai sofrer mais assim'", ela contou.

"Vocês me machucaram", ela disse mais tarde a seus estupradores numa carta aberta, que gravou em vídeo e postou no YouTube. "Eu tinha dezesseis anos, era uma criança e tinha toda a minha vida pela frente. Vocês roubaram minha juventude sem nem titubear."

Estima-se que 20 mil mulheres no Kosovo tenham sido estupradas durante a guerra, mas Vasfije, que se mudou para o Canadá, foi a primeira a vir a público. Ela disse que só fora capaz de se pronunciar porque não estava mais em seu país.

Nenhuma das sobreviventes havia recebido um pedido de desculpas ou um reconhecimento do que lhe aconteceu por parte do governo sérvio, o qual elas culpam pelas atrocidades. Quando foi debatido no Parlamento do Kosovo se as pensões de guerra deveriam se estender a vítimas de violência sexual, os políticos disseram que seria preciso submeter as pessoas em questão a exames ginecológicos.

Em 2012, os estupradores de Vasfije foram indiciados pela Promotoria de Pristina. No ano seguinte, ela depôs no tribunal. Em abril de 2014, os dois homens foram absolvidos com base em questões técnicas, mas um mês depois foram declarados culpados em segunda instância. "Foi o dia mais feliz da minha vida, depois do dia do nascimento das minhas filhas", disse Vasfije. "Essa é a minha vingança, e meu sofrimento foi embora."

Então a Suprema Corte anulou o veredicto. Em seu vídeo, Vasfije insistiu: "Falei por oito horas diante de um tribunal estrangeiro e não tive êxito, mas não vou parar. Não quero que isso aconteça com a minha filha ou com a filha de qualquer outra pessoa".

"Aquele homem estava certo ao pensar que eu sofreria mais. Todo dia, minha mente volta ao que aconteceu. Minha mãe morreu com o coração partido por causa do que aconteceu comigo."

Ela concluiu com um apelo: "Nós, as 20 mil, temos que nos unir, erguer a nossa voz, contar a nossa história, encontrar os criminosos. Nosso país deve puni-los".

Ainda que não tenha havido nenhuma condenação, a campanha de Vasfije tem conscientizado as pessoas. Em junho de 2015, o primeiro memorial pelo sacrifício das mulheres na Guerra do Kosovo foi inaugurado em Pristina. *Heroinat* (que significa "heroínas" em albanês) é uma escultura impactante de um rosto de mulher feito com 20 mil representações de alfinetes, cada um deles para uma vítima.

Num campo de futebol ali perto, uma instalação igualmente impactante foi inaugurada algumas semanas depois. Cinco mil vestidos doados por sobreviventes e outras pessoas foram pendurados em varais dispostos no gramado, como se recém-lavados. Tratava-se de uma obra intitulada *Thinking of You*, da artista Alketa Xhafa Mripa, que trocou o Kosovo por Londres para estudar arte na Central Saint Martins em 1997, pouco antes da guerra. "Eu queria trazer à esfera pública e ao mundo dos homens essa questão privada e escondida da qual ninguém queria falar, para mostrar que não há motivo para vergonha ou estigma", ela me contou.

Numa vitória importante em fevereiro de 2018, o Estado concordou em pagar às mulheres uma pensão de 230 euros mensais, como vinha fazendo havia quinze anos para os homens veteranos de guerra. No entanto, apenas 190 mulheres receberam o benefício no primeiro ano, porque o processo de aprovação era longo e poucas delas se apresentaram, por não querer que as pessoas soubessem o que lhes havia acontecido. Muitas das vítimas não contaram nem mesmo a seus familiares mais próximos.

Em outubro de 2019, uma segunda sobrevivente, Shyhrete Tahiri-Sylejmani, apresentou uma queixa na Promotoria Especial de Kosovo para Crimes de Guerra.

Vasfije e as participantes do encontro em Genebra contaram que encontrar outras sobreviventes e ficar junto delas lhes dava forças. O dr. Mukwege planejava usar parte do dinheiro de seu prêmio Nobel da paz para dar início a um fundo mundial às sobreviventes. "O sofrimento é o mesmo, quer elas estejam na Colômbia, na República Centro-Africana, no Congo ou no Iraque", ele disse. Ele também queria abrir centros de excelência pelo mundo onde as pessoas pudessem ser treinadas e que ajudassem as mulheres que haviam sofrido a transformar dor em poder.

Elas são capazes de se recuperar?, perguntei ao dr. Mukwege.

"Conversei com muitas delas, e a resposta é não", ele disse. "Quando uma mulher decide falar, não é para dizer que se recuperou, mas para ser um agente de mudança, para dizer: 'Aconteceu comigo, mas não deveria acontecer com as minhas filhas ou com outras mulheres.'"

É fácil se desesperar achando que para cada passo adiante há um passo para trás. Alguns meses depois daquele encontro inspirador em Genebra, o *Japan Times*, jornal em língua inglesa mais antigo do Japão, pareceu ceder àqueles que pretendiam reescrever sua história na época da guerra. Após uma decisão da Suprema Corte da Coreia do Sul que ordenou que a Mitsubishi pagasse indenização a dez pessoas que executaram trabalhos forçados na fábrica na época da guerra — a qual enfureceu o governo japonês —, o jornal afirmou, em novembro de 2018, que havia usado anteriormente termos "que poderiam ser enganosos" e que a partir de então alteraria sua descrição das mulheres de conforto. Em uma nota, o *Japan Times* apontou que no passado havia descrito as vítimas como "mulheres que eram forçadas a oferecer sexo às tropas japonesas antes e durante a Segunda Guerra Mundial", acrescentando: "Como as experiências das mulheres de conforto em diferentes áreas ao longo da guerra variaram muito, a partir de hoje, vamos nos referir às 'mulheres de conforto' como 'mulheres que trabalharam em bordéis durante a guerra, incluindo aquelas que o fizeram contra sua vontade, oferecendo sexo a soldados japoneses'".

E isso não foi tudo. Que o veredicto do caso Bemba tenha sido indeferido em junho de 2018 por uma questão técnica foi um sinal preocupante de que futuras condenações corriam risco.

Christine Chinkin, professora de direito e diretora e fundadora do recém-criado Centro para as Mulheres, a Paz e a Segurança na Escola de Economia de Londres, onde Angelina Jolie é professora visitante, disse que o que havia sido conquistado na Guatemala e em outros lugares era impressionante, mas alertou: "É só um punhado de casos. Comparado ao nível que temos de violência sexual em conflitos, mesmo quando há êxitos o número é ínfimo. A grande maioria não está nem sujeita a processo".

Talvez isso não seja surpreendente, ela acrescentou. "Pense nos números chocantes do Reino Unido, onde apenas de 9% a 10% dos casos de estupro que são julgados culminam em condenação."

De fato, em 2018, um número sem precedentes de mulheres relatou casos de estupro à polícia — 57 882 —; no entanto, houve um recorde negativo de número de condenações: 1925, apenas 3,3%.[7] Uma investigação da Law Society descobriu que entre 2016 e 2018 promotores que trabalhavam em casos de estupro tinham como meta uma taxa de condenação de 60%, e isso os dissuadia de levar adiante casos que consideravam ter menos chances de ganhar.[8]

Ainda temos um longo caminho a percorrer. Espantosamente, com muita frequência há uma tendência de que os homens pensem: "Ela estava pedindo por isso".

Houve protestos entre as mulheres em Portugal em setembro de 2017, quando dois homens, um barman e um segurança, foram soltos depois de terem estuprado uma mulher de 26 anos desmaiada bêbada no banheiro da casa noturna onde trabalhavam. Eles foram inicialmente condenados a quatro anos de prisão, mas a sentença foi indeferida em segunda instância, sob os argumentos "circunstâncias atenuantes", "flerte mútuo" e "abuso de álcool".

As mulheres tomaram as ruas da Espanha em 2018, depois que o caso conhecido como La Manada culminou em cinco homens inocentados do estupro coletivo de uma jovem de dezoito anos durante um festival de corrida de touros em Pamplona. "La manada" era o nome do grupo de WhatsApp que esses homens tinham para se gabar de suas façanhas sexuais. Uma troca de mensagens mencionava a necessidade de uma corda e de drogas conhecidas como "boa noite, cinderela", porque "quando chegarmos lá, vamos querer estuprar tudo o que virmos pela frente". Os homens filmaram a vítima, que sofreu nove estupros — oral, anal e vaginal —, depois roubaram seu telefone e a deixaram ali. De alguma maneira, os juízes decidiram que não se tratava de estupro, mas do crime de abuso sexual, muito mais brando.

Em novembro de 2018, houve um caso similar na Irlanda, onde um homem foi absolvido do estupro de uma garota de dezessete anos num beco em Cork depois que o advogado de defesa disse ao júri: "Vocês precisavam ver como ela estava vestida. Usava uma calcinha fio dental com renda na frente".

O movimento Me Too, que tomou o mundo de assalto no segundo semestre de 2017, foi um enorme passo na direção correta, claro. No entanto, como Eve Ensler apontou: "Ao mesmo tempo que as mulheres parecem estar encontrando a sua voz, mais e mais líderes misóginos estão assumindo o poder". Entre eles está Jair Bolsonaro, que foi eleito presidente do Brasil em 2018, tendo dito poucos anos antes à deputada Maria do Rosário em plena Câmara dos Deputados que ele não a estupraria porque ela não merecia.

Trump foi eleito em 2016, apesar da ampla exposição da gravação conhecida como "pegar elas pela boceta", na qual é visto se gabando de ter agredido mulheres sexualmente. Ele inclusive recebeu 53% dos votos das eleitoras brancas.

O governo Trump, nem um pouco fã da ONU, retirou todo o apoio ao Tribunal Penal Internacional. No fim de 2018, o então assessor de Segurança Nacional John Bolton declarou: "Para todos os efeitos, o TPI já está morto para nós".

O primeiro semestre de 2019 viu uma onda de campanhas lideradas pelo governo para impor restrições ao aborto, como não ocorria havia décadas. O estado do Alabama aprovou a lei mais extrema da história dos Estados Unidos nesse tema ao proibir o aborto em todos os estágios da gravidez, mesmo em casos de estupro ou incesto. Em novembro, Ohio apresentou um projeto de lei criando o que chamou de "homicídio por aborto", o qual sujeitava à prisão perpétua pessoas que passassem por um aborto ou que executassem um, embora essa medida tenha sido impedida, ao menos temporariamente, pelo tribunal federal.

Esses acontecimentos não afetaram apenas as mulheres que moram nos Estados Unidos. A oposição do governo Trump ao aborto levou ao enfraquecimento da linguagem de uma resolução das Nações Unidas em abril de 2019 que condenava a violência sexual em conflitos, com os Estados Unidos se opondo veementemente a qualquer referência aos cuidados em relação à saúde reprodutiva das vítimas. Eles insistiram na remoção da frase que afirmava que a ONU, "reconhecendo a importância de fornecer assistência imediata a sobreviventes de violência sexual, insta as entidades e os doadores das Nações Unidas a fornecer serviços não discriminatórios e abrangentes de saúde, incluindo de saúde sexual, reprodutiva e psicológica, legais e de apoio à subsistência".

França, Reino Unido e Bélgica expressaram sua decepção. Para François Delattre, embaixador francês na ONU, o ocorrido "ia contra 25 anos de ganhos de direitos para as mulheres em situações de conflito armado".[9]

O fato de que Nadia Murad e o dr. Mukwege tenham recebido o prêmio Nobel da paz no fim de 2018 por seu trabalho contra a violência sexual em conflitos enviou uma mensagem poderosa ao mundo: o corpo das mulheres não poderia mais ser visto como campo de batalha.

Assim como o movimento Me Too encorajou mulheres em todo o mundo a denunciar o assédio sexual, hoje há muito mais consciência sobre o estupro na guerra. É claro que as duas coisas estão interligadas. Não parece coincidência que países como a Guatemala, onde o estupro na guerra passa impune há muito tempo, tenham os maiores índices de violência contra a mulher, com setecentos assassinatos por ano.

De maneira similar, em Serra Leoa, onde o estupro foi galopante em dez anos de guerra civil, a violência sexual — em grande parte contra menores de idade — é tão disseminada que em fevereiro de 2019 o governo declarou estado de emergência nacional. De 8505 casos relatados no ano passado, apenas 26 foram a julgamento. Num deles, um homem de 56 anos que estuprou uma menina de seis foi condenado pelo tribunal em Freetown a apenas um ano de prisão.

Christine Schuler, da City of Joy, na RDC, disse estar preocupada com o fato de que as crianças dali, por ter testemunhado tantos estupros, acreditem que se trata de uma prática normal.

No entanto, apesar dos danos permanentes que essa violência

causa, ainda há uma tendência a pensar na violência sexual na guerra como algo secundário às mortes em massa. "As pessoas acham que, se a guerra autoriza a matar, então estuprar uma mulher não é nada", diz a juíza Pillay.

"Não houve uma trajetória de desenvolvimento desde Akayesu", ela acrescenta. "O caso fez história em termos legais, mas pouco ajudou as mulheres em situação de conflito."

A juíza sul-africana admite que essa constatação é frustrante, mas dá de ombros. "Bom, você sabe que aprendemos a ter paciência com o apartheid. Cada passo conta."

"É claro que ficamos decepcionadas", concorda Patricia Sellers. "A guerra continua e a impunidade permanece. Mas as coisas mudaram. Uma das mudanças é que agora, quando se fala de iazidis, ninguém ousa não mencionar a violência sexual."

Um grande desafio, além de superar o estigma que impede que as mulheres venham a público, é reforçar a importância de reunir provas, o que nem sempre é fácil nesse tipo de caso.

"Se você não tem boas provas, não tem um caso", diz Danaé van der Straten Ponthoz, advogada internacional que ajudou a elaborar o protocolo mundial que reúne as melhores práticas para documentar e investigar a violência sexual em conflitos, lançado em 2014 pelo Ministério das Relações Exteriores do Reino Unido e desde então traduzido para diversas línguas.

Como não há uma entidade internacional oficial à frente, às vezes há pessoas demais colhendo depoimentos, então a história de uma sobrevivente sempre muda quando é recontada, o que facilita a contestação dos advogados de defesa no tribunal. Ironicamente, isso aconteceu com Nadia Murad.

Num escritório sem nome na porta numa capital europeia há um cofre trancado que é monitorado por câmeras de segurança. Suas paredes estão forradas de prateleiras com caixas de papelão numeradas, 265 delas. Seu conteúdo é aterrorizante: mais de

1 milhão de documentos da Síria e do Iraque reunidos, muitas vezes com grande risco envolvido, alguns com a assinatura do presidente Assad.

Esses documentos são parte de um projeto secreto liderado por investigadores para reunir provas contra Assad, pensando num potencial processo por crimes de guerra, depois da frustração com a morosidade dos tribunais internacionais.

Em 2018, o grupo também começou a reunir provas do sequestro de meninas iazidis para serem usadas como escravizadas sexuais pelo Estado Islâmico. Como o regime de Assad, a organização terrorista documentou muitas de suas atividades, e a papelada deixa claro que o comércio de escravizadas era um sistema que começava de cima, o qual pode ser desvendado através delas.

Registros militares de combatentes documentam quantas *sabaya*, ou escravizadas, cada um deles tinha, enquanto registros de audiências revelam as trocas que faziam entre si. Investigadores identificaram centenas de donos de escravizadas e 48 traficantes de mulheres que organizavam o sistema e comandavam o mercado, assim como juízes da Xaria que presidiam as vendas.

A manutenção de escravizadas acontecia nos altos escalões — o líder Abu Bakr al-Baghdadi tinha escravizadas, as quais estuprava repetidas vezes, incluindo uma trabalhadora humanitária de 26 anos, a americana Kayla Mueller, que fora sequestrada em Aleppo e mantida em cativeiro com duas iazidis por um combatente do Estado Islâmico chamado Abu Sayyaf e a esposa dele, Umm Sayyaf. Mueller morreu de maneira trágica em 2015, num ataque repentino das Forças Especiais americanas que pretendiam resgatá-la.

Esse terrível arquivo também inclui artigos da revista mensal do grupo, *Dabiq*. Um deles, de outubro de 2014, com o título "A renovação da escravidão antes da hora", descreve a escravidão sexual como "um aspecto firmemente estabelecido da Xaria" e deixa claro que os iazidis devem ser tratados como *mushrikin* — adoradores do demônio.

Todos os documentos foram digitalizados. Na "sala da violência sexual", uma das investigadoras abre um deles na tela para me mostrar. É um certificado de propriedade com duas impressões digitais, do comprador e do vendedor, com data e local — Mossul — em que a compra foi concluída, além do preço: 1500 dólares em dinheiro. O documento conta com a assinatura de um juiz e de uma testemunha.

Funciona como a venda de um carro. Os únicos detalhes que descrevem o produto são: "vinte anos, olhos castanho-esverdeados, magra e baixa, 1,30 m de altura".

"É horrível, como se fosse gado", diz a investigadora. "Nosso trabalho é investigar crimes de guerra, então estamos acostumados com coisas chocantes, mas esses documentos são simplesmente horrendos, porque tratam os seres humanos como propriedades."

Acho que minha jornada nunca será concluída. O estupro durante a guerra talvez nunca seja erradicado por completo, mas temos que parar de marginalizá-lo e de pensar nele como um butim que existe desde tempos imemoriáveis. Como diz Angelina Jolie: "É um crime de guerra evitável que deve ser combatido com a mesma determinação quanto o uso de bombas de fragmentação e de armas químicas". Devemos fazer o nosso melhor para nos certificar de que os criminosos sejam punidos. Para isso, é preciso vontade política e pressão pública.

Podemos começar ouvindo as mulheres. Aquelas que me contaram suas histórias o fizeram para que não pudéssemos dizer que não sabíamos. Nunca vou me esquecer de Rojian, a menina iazidi de dezesseis anos que encontrei na Alemanha, cuja capinha de celular trazia a palavra "esperança" em letras cintilantes, se esforçando para me contar como tinha sido ouvir seu sequestrador estuprar no cômodo ao lado uma menina de dez anos que gritava pela mãe. "É difícil contar", Rojian disse, "mas é ainda mais difícil que as pessoas não saibam."

Quando se lê isso na segurança do lar, talvez pareça um problema distante. Mas muitas dessas mulheres acharam que isso nunca aconteceria com elas. Não se trata de um problema local, mas de um problema global. Como uma das mulheres congolesas disse, é como um fogo que começa numa floresta e continua queimando. Enquanto nos mantivermos em silêncio, seremos cúmplices que acreditam que isso é aceitável.

Nunca deixei de sentir minha importância diminuída diante das mulheres que eu encontrava, ou de me assombrar ao perceber que elas consideravam sortudas aquelas que haviam morrido. Para mim, elas são heroínas de guerra assim como os soldados, e devem ser reconhecidas como tal.

As coisas estão mudando. "A história militar foi escrita no passado apenas por homens e fala apenas sobre homens, mas agora começamos a escrever a verdadeira história da guerra, que, é claro, inclui as experiências das mulheres e das crianças", disse Antony Beevor. "Sempre me impressionou que os melhores diários de guerra tenham sido escritos por mulheres."

Enquanto isso, toda vez que passo por um memorial de guerra, pergunto-me por que os nomes das mulheres não estão lá.

Haia, dezembro de 2019

Agradecimentos

Escrevi este livro porque ficava furiosa ao deparar com cada vez mais brutalidade contra as mulheres nos conflitos que cobria e queria descobrir por que aquilo acontecia e ninguém fazia nada.

Minha cobertura das meninas iazidis e das sequestradas pelo Boko Haram começou com os artigos para a *Sunday Times Magazine*, e nunca é demais agradecer à minha brilhante editora, Eleanor Mills, e à editora-assistente Krissi Murison por seu apoio, por nunca ter medo de abordar assuntos complicados e por me motivar com almoços esporádicos!

O que havia se tornado uma obsessão pessoal começou a assumir a forma de um livro graças ao incentivo das minhas amigas Bettany Hughes e Aminatta Forna durante um jantar no cenário espetacular da Traquair, a casa mais antiga da Escócia, no festival Beyond Borders.

Como sempre, agradeço a meu maravilhoso agente, David Godwin, por acreditar no projeto e guiá-lo neste vasto mundo, e a sua colega de trabalho Lisette Verhagen. Muito obrigada a minha incrível editora Arabella Pike e sua fantástica equipe na Harper-

Collins. Agradeço em particular a Julian Humphries por criar uma capa tão vistosa e a Katherine Patrick pelo trabalho de divulgação.

Este livro não teria sido possível sem que tantas mulheres incríveis concordassem em compartilhar suas histórias, e sou imensamente grata a elas por ter falado sobre as experiências mais dolorosas e delicadas pelas quais alguém pudesse passar.

Acredito piamente que romper o silêncio é o primeiro passo rumo à mudança. Mas estas são as histórias mais duras que se poderia contar. Ao longo do processo, conversamos da maneira como as mulheres desejavam e quando era possível para elas, sempre num espaço seguro e na presença de psiquiatras. Tudo foi gravado, e os relatos foram narrados com as palavras delas. Em alguns casos, os nomes foram mudados; em outros, foram mantidos a pedido delas.

Algumas dessas mulheres são ativistas corajosas que contaram suas histórias diversas vezes, esperando mudar as coisas, ainda que não fosse nada fácil ficar conhecidas por ter vivido experiências tão terríveis.

Este poderia ser um livro bastante pesado, mas espero que, como eu, você tenha considerado inspiradores a força e o heroísmo de muitas dessas mulheres.

Um comentário sobre a linguagem: em geral, uso o termo "sobreviventes" — para enfatizar a resiliência dessas mulheres que, afinal, sobreviveram — em vez de "vítimas" — que sugere impotência e que alguns passaram a ver como uma palavra negativa. Tendo conhecido todas essas mulheres, a última palavra que eu usaria para descrevê-las seria "passivas". No entanto, embora não deseje que sua identidade seja resumida a isso, elas foram de fato vítimas de brutalidade e injustiça, então acredito que o termo tenha alguma validade aqui. Em algumas línguas, como o espanhol, a palavra "sobrevivente" se refere apenas a sobreviventes de um desastre natural. Mulheres colombianas e argentinas que conheci me disseram que não fazia sentido me referir a elas como sobreviventes. Então usei ambos os termos onde fosse mais apropriado. Mulheres iazidis, por sua vez, me disseram que não faziam objeção a ser descritas como escravizadas sexuais, desde que isso não fosse visto como sua identidade.

Inúmeras pessoas me ajudaram ao longo do caminho. Começando pelos iazidis, eu gostaria de agradecer ao dr. Khabat Kedir por ter me colocado em contato com a comunidade iazidi na Alemanha, ao dr. Michael Blume por ter possibilitado minha visita e ao Shaker Jeffrey pela tradução. Anne Norona, enfermeira de Penzance que aplica injeções de Botox em paralelo ao seu trabalho no Serviço Nacional de Saúde britânico com o intuito de arrecadar fundos, foi uma ótima companheira de viagem tanto na Alemanha quanto no Iraque. Do campo de refugiados de Khanke, agradeço a Pari Ibrahim e a Silav Ibrahim, da Free Yezidi Foundation, às psicólogas especializadas em trauma Ginny Dobson e Yesim Arikut-Treece, e à encantadora Khairi por seu trabalho como intérprete. Shilan Dosky foi de ajuda inestimável no Curdistão.

Na Nigéria, agradeço à campanha Bring Back Our Girls, a Barrister Mustapha e às ONGs locais que trabalham em campos de pessoas deslocadas internamente, que preferiram não ser nomeadas.

Nos campos de refugiados rohingyas, agradeço à Save the Children e a Reza e Sonali, responsáveis pela interpretação. O dr. Azeem Ibrahim foi um ótimo interlocutor em Londres.

Em Bangladesh, sou muito grata a Aziz Zaeed, que ajudou a marcar encontros com *birangonas* e serviu de intérprete, e a Safina Lohani e Mofidul Hoque.

Agradeço a James Hill e Remembering Srebrenica por organizar minha visita à Bósnia e a meus incríveis guias Resad Trbonja e Aida, assim como à equipe do Medica Zenit.

Em Ruanda, agradeço a Samuel Munderere, do Survivors Fund (Surf), Felix Manzi e a minha amiga Michele Mitchell, cujo filme *The Uncondemned*, sobre a luta por justiça, é imperdível. Matt, seu irmão encantador e fornecedor de vinhos californianos, deu um toque de leveza muito necessário a momentos sombrios.

Na Argentina, agradeço a Lorena Balardini e a Miriam Lewin, assim como à equipe do Museo Sitio de Memoria ESMA.

Minhas visitas à RDC, ao Hospital de Panzi e à City of Joy não teriam sido possíveis sem a ajuda de Elizabeth Blackney, Esther Dingemans, Apolline Pierson e Crispin Kashale. Também agradeço a Rodha, psiquiatra e intérprete, Daniele Perissi e à equipe da TRIAL International, além de Simon O' Connell, diretor-executivo da Mercy Corps e sua assistente Amy Fairbairn, assim como a Jean-Philippe Marcoux, em Goma, que foi uma fonte de informações sobre as milícias do Congo oriental.

Nas Filipinas, agradeço a Sharon Cabusao-Silva da Lila Pilipina por organizar meus encontros, a Joan Salvador, da Gabriela, e a Oscar Atadero pela tradução.

Muitas outras pessoas, especialistas em seu campo, foram imensamente prestativas e generosas com seu tempo. Agradeço muito a Antony Beevor, Eve Ensler, baronesa Arminka Helic, lorde William Hague, Peter Frankopan e Leslie Thomas.

Os fotógrafos com quem trabalhei em alguns lugares tornaram o trabalho muito mais agradável — e tiraram fotos maravilhosas, algumas das quais foram incluídas neste livro. Georgios Makkas em Leros e na Alemanha, Justin Sutcliffe numa das minhas viagens a Maiduguri, Nichole Sobecki em Ruanda, Paula Bronstein nos campos de rohingyas e na RDC.

Agradeço enormemente a David Campbell por providenciar um lugar deslumbrante para as minhas reflexões, a Casa Ecco, à beira do lago de Como, e às duas Ms, Margherita e Marilena, por abastecerem minha escrita com massas e peixes deliciosos.

Sei que muitas das histórias deste livro não foram fáceis de ler. Muito obrigada a você por ter lido, se importado e talvez passado a mensagem para a frente, porque nada vai mudar se a justiça não for feita.

Não foi fácil escrever este livro — ou conviver com ele. Agradeço ao meu maravilhoso filho Lourenço, por aguentar a mãe distraída, e à minha própria mãe, a mulher que me ensinou a me preocupar com o certo e o errado. Acima de tudo, agradeço ao Paulo. *Até o fim do mundo.*

Notas

3. O PODER DE UMA HASHTAG [pp. 74-104]

1. "Nigeria's Stolen Girls", *The New York Times*, 6 maio 2014.

4. FILA AQUI PARA VÍTIMA DE ESTUPRO [pp. 105-28]

1. Willem van Schendel (Org.), *Francis Buchanan in Southeast Bengal (1798): His Journey to Chittagong, the Chittagong Hill Tracts, Noakhali and Comilla*. Daca: Dhaka University Press, 1992.

2. Dr. Maung Zarni e Alice Cowley, *Pacific Rim Law & Policy Journal*, Universidade de Washington, jun. 2014.

3. Samantha Power, *A educação de uma idealista*. São Paulo: Companhia das Letras, 2021, pp. 328-9.

4. Relatório da missão do Alto-Comissariado das Nações Unidas para os Direitos Humanos (ACNUDH) em Bangladesh, 3 fev. 2017.

5. Relatório da missão de averiguação internacional e independente sobre Mianmar, 16 set. 2019.

5. MULHERES QUE OLHAM PARA O NADA [pp. 129-52]

1. "The Terrible Bloodbath of Tikka Khan", *Newsweek*, 28 jun. 1971.

2. Entrevista com o dr. Bina D'Costa, da Universidade Nacional da Austrália, Sydney, 2002.

6. AS MULHERES QUE MUDARAM A HISTÓRIA [pp. 153-96]

1. Transcrição da Testemunha JJ, TPIR 96-4, 23 out. 1997.

7. AS ROSAS DE SARAJEVO [pp. 197-222]

1. Ele fugiu para o Brasil em 2002.

9. A HORA DA CAÇA [pp. 239-57]

1. Citado em David McCullough, *Truman*. Nova York: Simon & Schuster, 1992.

2. Entrevista com Köpp no *Der Spiegel*, 26 fev. 2010.

3. Citado em Crystal Feimster, *Southern Horrors: Women and the Politics of Rape and Lynching*. Londres: Harvard University Press, 2009.

4. Citado em Matthew Carr, *Sherman's Ghosts: Soldiers, Civilians, and the American Way of War*. Nova York: New Press, 2015.

5. Paul Preston, *The Spanish Holocaust: Inquisition and Extermination in Twentieth-Century Spain*. Londres: HarperPress, 2013, p. 149.

6. Iris Chang, *The Rape of Nanking: The Forgotten Holocaust*. Nova York: Basic Books, 1997.

7. Comissão Peers, encerrada em 1970 e publicada em 1974.

10. E FEZ-SE O SILÊNCIO [pp. 258-92]

1. "Declararon las hermanas Lavalle Lemos", *El Teclado*, 29 ago. 2018.

2. Prefácio de Ana Correa, *Somos Belén*. Buenos Aires: Planeta Argentina, 2019.

3. Entrevista com Santiago Aroca, *Tiempo*, Madri, 9 nov. 1983.

4. Uki Goñi, "A Grandmother's 36-Year Hunt for the Child Stolen by the Argentinian Junta", *Observer*, 7 jun. 2015.

5. Depoimento de Graciela Daleo no segundo julgamento da ESMA, caso 1270, 29 abr. 2010.

6. Em julho de 2012, Acosta foi condenado a mais trinta anos de prisão por sequestro de bebês e, em novembro de 2017, recebeu outra sentença de prisão perpétua pelos voos da morte. Em dezembro de 2019, ele permanecia preso.

7. Em dezembro de 2020, o Senado argentino aprovou a lei n. 27 610, que permite a interrupção voluntária da gravidez durante as catorze primeiras semanas de gestação. (N. E.)

12. OS JULGAMENTOS DE NÍNIVE [pp. 327-56]

1. Margaret Coker e Falih Hassan, "A 10-Minute Trial, a Death Sentence: Iraqi Justice for ISIS Suspects", *The New York Times*, 17 abr. 2018.

2. Elisabeth Jean Wood, "Armed Groups and Sexual Violence: When Is Wartime Rape Rare?", *Politics & Society*, v. 37, 2009.

3. Dara Kay Cohen, "Explaining Rape during Civil War", *American Political Science Review*, Universidade Harvard, ago. 2013.

13. DR. MILAGRE E A CITY OF JOY [pp. 357-95]

1. Human Rights Watch, "The War Within the War", 2002.

2. Relatório de um grupo de especialistas para o Conselho de Segurança da ONU, dez. 2018 (relatório final publicado em 7 jun. 2019).

3. Tom Wilson, David Blood e David Pilling, "Congo Voting Data Reveal Huge Fraud in Poll to Replace Kabila", *The Financial Times*, 15 jan. 2019.

4. Mais de 60% do cobalto do mundo é minerado na RDC, de acordo com levantamento do Serviço Geológico dos Estados Unidos, feito em 2018.

15. AS LOLAS: ATÉ O ÚLTIMO SUSPIRO [pp. 411-33]

1. ABS-CBS News, 10 jan. 2018.

2. *The Inquirer*, 29 abr. 2018.

1. Kirsten Johnson et al., "Association of Sexual Violence and Human Rights Violations with Physical and Mental Health in Territories of the Eastern Democratic Republic of the Congo", *Journal of the American Medical Association*, v. 304, n. 5, 2010, pp. 553-62.

2. Discurso para o debate do Conselho de Segurança da ONU sobre Mulheres, Paz e Segurança, em Nova York, 23 abr. 2019.

3. Promotoria contra Pauline Nyiramusho, transcrição do julgamento do TPIR, 6 nov. 2001.

4. Binaifer Nowrojee, "'Your Justice Is Too Slow': Will the ICTR Fail Rwanda's Rape Victims?", Instituto de Pesquisa das Nações Unidas para o Desenvolvimento Social, documento ocasional, n. 10, nov. 2005.

5. Ruth Maclean, "I Told My Story Face to Face with Habré", *The Guardian*, 18 set. 2016.

6. Melanne Verveer e Anjali Dayal, "Women are the Key to Peace", *Foreign Policy*, 8 nov. 2018.

7. Serviço de Promotoria da Coroa, *Violence Against Women*, 2018-9.

8. Melanie Newman, "'Perverse Incentive' Contributed to Slump in Rape Charges", *Law Society Gazette*, 13 nov. 2019.

9. Liz Ford, "UN Waters Down Rape Resolution to Appease US Hardline Abortion Stance", *The Guardian*, 23 abr. 2019.

Bibliografia selecionada

ALEKSIÉVITCH, Svetlana. *The Unwomanly Face of War*. Londres: Penguin Classics, 2017. [*A guerra não tem rosto de mulher*. Trad. de Cecília Rosas. São Paulo: Companhia das Letras, 2016.]

BOURKE, Joanna. *Rape: A History from 1860 to the Present Day*. Londres: Virago, 2007.

BROWNMILLER, Susan. *Against Our Will: Men, Women and Rape*. Nova York: Simon & Schuster, 1975.

CHANG, Iris. *The Rape of Nanking: The Forgotten Holocaust of World War II*. Nova York: Basic Books, 1997.

HERZOG, Dagmar. (Org.). *Brutality and Desire: War and Sexuality in Europe's Twentieth Century*. Basingstoke: Palgrave Macmillan, 2009.

JESCH, Judith. *Women in the Viking Age*. Woodbridge: Boydell Press, 2003.

SANYAL, Mithu. *Rape: From Lucretia to #MeToo*. Londres: Verso, 2019.

SHAKESPEARE, William. *Titus Andronicus*. Londres: Penguin Classics, 2015.

VIKMAN, Elisabeth. "Ancient Origins: Sexual Violence in Warfare, Part I", *Anthropology & Medicine*, v. 12, n. 1, Londres, pp. 21-31, 2005.

______. "Modern Combat: Sexual Violence in Warfare, Part II", *Anthropology & Medicine*, v. 12, n. 1, Londres, pp. 33-46, 2005.

Agressores

ENSLER, Eve. *The Apology*. Londres: Bloomsbury, 2019.

HUMAN RIGHTS CENTER. *The Long Road — Accountability for Sexual Violence in Conflict and Post-Conflict Settings*. Berkeley: UC Berkeley School of Law, 2015.

HUMAN RIGHTS WATCH. *Kurdistan Region of Iraq: Detained Children Tortured — Beatings, Electric Shock to Coerce ISIS Confessions*. Nova York: Human Rights Watch, 2019.

SKJELSBÆK, Inger. *Preventing Perpetrators: How to Go from Protection to Prevention of Sexual Violence in War?* Oslo: Peace Research Institute Oslo, PRIO Policy Brief 3, 2013.

SLAHI, Mohamedou Ould. *Guantánamo Diary*. Nova York: Little, Brown & Company, 2015.

WILÉN, Nina; INGELAERE, Bert. "The Civilised Self and the Barbaric Other: Ex--Rebels Making Sense of Sexual Violence in the DR Congo", *Journal of Contemporary African Studies*, v. 35, n. 2, pp. 221-39, 2017.

WOOD, Elisabeth Jean. "Rape during War Is Not Inevitable". In: *Understanding and Proving International Sex Crimes*. Beijing: Torkel Opsahl Academic EPublisher, 2012.

Argentina

BALARDINI, Lorena; SOBREDO, Laura; OBERLIN, Ana. *Gender Violence and Sexual Abuse in Clandestine Detention Centers: A Contribution to Understanding the Experience of Argentina*. Buenos Aires: CELS/ICTJ, 2010.

LEWIN, Miriam; WORNAT, Olga. *Putas y guerrilleras*. Buenos Aires: Planeta, 2014.

SUTTON, Barbara. *Surviving State Terror: Women's Testimonies of Repression and Resistance in Argentina*. Nova York: New York University Press, 2018.

Bangladesh

BASS, Gary Jonathan. *The Blood Telegram: Nixon, Kissinger, and a Forgotten Genocide*. Londres: Hurst, 2014.

MOOKHERJEE, Nayanika. *The Spectral Wound: Sexual Violence, Public Memories and the Bangladesh War of 1971*. Durham, NC: Duke University Press, 2015.

RAJA, Khadim Hussain. *A Stranger in My Own Country: East Pakistan, 1969-1971*. Daca: University Press, 2012.

Berlim

ANÔNIMO. *A Woman in Berlin: Diary 20 April 1945 to 22 June 1945*. Londres: Virago, 2005.

BEEVOR, Antony. *Berlin: The Downfall, 1945*. Londres: Viking, 2002. [*Berlim 1945: A queda*. Trad. de Maria Beatriz de Medina. Rio de Janeiro: BestBolso, 2015.]

DJILAS, Milovan. *Conversations with Stalin*. Londres: Rupert Hart-Davis, 1962.

HUBER, Florian. *Promise Me You'll Shoot Yourself: The Downfall of Ordinary Germans, 1945*. Londres: Allen Lane, 2019.

KÖPP, Gabriele. *Warum war ich bloß ein Mädchen?: Das Trauma einer Flucht 1945*. Munique: Herbig, 2010.

MERRIDALE, Catherine. *Ivan's War: Life and Death in the Red Army, 1939-1945*. Nova York: Metropolitan Books, 2006.

Bósnia

ANDRIĆ, Ivo. *The Bridge over the Drina*. Londres: Harvill, 1994. [*Ponte sobre o Drina*. Trad. de Aleksandar Jovanovic. São Paulo: Grua, 2020.]

BORGER, Julian. *The Butcher's Trail: How the Search for Balkan War Criminals Became the World's Most Successful Manhunt*. Nova York: Other Press, 2016.

BUTCHER, Tim. *The Trigger: The Hunt for Gavrilo Princip — The Assassin Who Brought the World to War*. Londres: Vintage Digital, 2014.

GLENNY, Misha. *The Fall of Yugoslavia: The Third Balkan War*. Londres: Penguin, 1992.

WARBURTON, Ann. *EC Investigative Mission into the Treatment of Muslim Women in the Former Yugoslavia, Summary of Report to EC Foreign Ministers*. Copenhague: WomenAid International, 1993.

Espanha

BEEVOR, Antony. *The Battle for Spain: The Spanish Civil War 1936-1939*. Londres: Weidenfeld & Nicolson, 2006. [*A batalha pela Espanha: A Guerra Civil Espanhola (1936-1939)*. Trad. de Maria Beatriz de Medina. Rio de Janeiro: Record, 2007.]

PRESTON, Paul. *The Spanish Holocaust: Inquisition and Extermination in Twentieth-century Spain*. Londres: HarperPress, 2013.

SENDER BARAYÓN, Ramón. *A Death in Zamora*. San Francisco: Calm Unity Press, 2019.

Guerra Civil Americana

CARR, Matthew. *Sherman's Ghosts: Soldiers, Civilians, and the American Way of War*. Nova York: New Press, 2015.

FEIMSTER, Crystal Nicole. *Southern Horrors: Women and the Politics of Rape and Lynching*. Londres: Harvard University Press, 2009.

Iazidis

JEFFREY, Shaker; HOLSTEIN, Katharine. *Shadow on the Mountain: A Yazidi Memoir of Terror, Resistance and Hope*. Nova York: Da Capo, 2020.

MURAD, Nadia; KRAJESKI, Jenna. *The Last Girl: A Memoir*. Londres: Virago, 2017. [*Que eu seja a última: Minha história de cárcere e luta contra o Estado Islâmico*. Trad. de Henrique Guerra. São Paulo: Novo Século, 2019.]

OTTEN, Cathy. *With Ash on Their Faces: Yezidi Women and the Islamic State*. Nova York: OR, 2017.

Mianmar e rohingyas

CONSELHO DE DIREITOS HUMANOS, *Report of the Independent International Fact-finding Mission on Myanmar*, Conselho de Direitos Humanos da ONU A/HRC/39/64, Genebra, 2018.

IBRAHIM, Azeem. *The Rohingyas: Inside Myanmar's Hidden Genocide*. Londres: Hurst, 2016.

ORWELL, George. *Burmese Days*. Nova York: Harper & Brothers, 1934. [*Dias na Birmânia*. Trad. de Sergio Flaksman. São Paulo: Companhia das Letras, 2008.]

Nigéria

HABILA, Helon. *The Chibok Girls: The Boko Haram Kidnappings and Islamist Militancy in Nigeria*. Londres: Penguin, 2017.

O'BRIEN, Edna. *Girl*. Londres: Faber & Faber, 2019.

THURSTON, Alex. *"The Disease Is Unbelief": Boko Haram's Religious and Political Worldview*, The Brookings Institution, Center for Middle East Policy, Analysis Paper n. 22, Washington, DC, 2016.

WALKER, Andrew. *"Eat the Heart of the Infidel": The Harrowing of Nigeria and the Rise of Boko Haram*. Londres: Hurst, 2016.

Nínive

BRERETON, Gareth (Org.). *I Am Ashurbanipal: King of the World, King of Assyria*. Londres: Thames & Hudson, 2018.

República Democrática do Congo

CONSELHO DE SEGURANÇA DA ONU, *Final Report of the Panel of Experts on the Illegal Exploitation of Natural Resources and Other Forms of Wealth of the Democratic Republic of the Congo*, Nova York, UNSC S/1146, 2002.

GUEVARA, Ernesto "Che". *The African Dream: The Diaries of the Revolutionary War in the Congo*. Londres: Harvill, 2000.

HOCHSCHILD, Adam. *King Leopold's Ghost: A Story of Greed, Terror, and Heroism in Colonial Africa*. Boston: Houghton Mifflin, 1998.

JOHNSON, Kirsten et al. "Association of Sexual Violence and Human Rights Violations with Physical and Mental Health in Territories of the Eastern Democratic Republic of the Congo", *Journal of the American Medical Association*, v. 304, n. 5, Chicago, pp. 553-62, 2010.

SÁCOUTO, Susana. *The Impact of the Appeals Chamber Decision in Bemba: Impunity for Sexual and Gender-Based Crimes?*, Open Society Justice Initiative, International Justice Monitor, Nova York, 22 jun. 2018.

VAN REYBROUCK, David. *Congo: The Epic History of a People*. Londres: 4th Estate, 2014.

Ruanda

DURHAM, Helen; GURD, Tracey (Orgs.). *Listening to the Silences: Women and War*. Leiden: Martinus Nijhoff, 2005.

GOUREVITCH, Philip. *We Wish to Inform You That Tomorrow We Will Be Killed with Our Families: Stories from Rwanda*. Nova York: Farrar, Straus & Giroux, 1998. [*Gostaríamos de informá-lo de que amanhã seremos mortos com nossas famílias*. Trad. de José Geraldo Couto. São Paulo: Companhia das Letras, 2006.]

HATZFELD, Jean. *A Time for Machetes: The Rwandan Genocide — The Killers Speak*. Londres: Serpent's Tail, 2005.

HUMAN RIGHTS WATCH. *Shattered Lives: Sexual Violence during the Rwandan Genocide and its Aftermath*. Nova York: Human Rights Watch, 1996.

NOWROJEE, Binaifer. *"Your Justice is Too Slow": Will the ICTR Fail Rwanda's Rape Victims?*, Instituto de Pesquisa das Nações Unidas para o Desenvolvimento Social, UNRISD Occasional Paper 10, Genebra, 2005.

SUNDARAM, Anjan. *Bad News: Last Journalists in a Dictatorship*. Londres: Bloomsbury, 2016.

VAN SCHAACK, Beth. *Engendering Genocide: The Akayesu Case Before the Interna-*

tional Criminal Tribunal for Rwanda. Human Rights Advocacy Stories. Nova York: Foundation Press, 2009.

Síria

CONSELHO DE DIREITOS HUMANOS. *"I Lost my Dignity": Sexual and Genderbased Violence in the Syrian Arab Republic — Conference Room Paper of the Independent International Commission of Inquiry on the Syrian Arab Republic*, Conselho de Direitos Humanos da ONU A/HRC/37/CRP.3, Genebra, 2018.
ALTO-COMISSARIADO DAS NAÇÕES UNIDAS PARA REFUGIADOS. *"We Keep It in Our Heart": Sexual Violence Against Men and Boys in the Syria Crisis*, ACNUR, Genebra, 2017.

Vietnã

HASTINGS, Max. *Vietnam: An Epic Tragedy, 1945-1975*. Londres: William Collins, 2018.

Filmes

Blood in the Mobile. Dirigido por Frank Piasecki Poulsen, Koncern TV, 2010.
City of Joy. Dirigido por Madeleine Gavin, Netflix, 2016.
In the Land of Blood and Honey. Dirigido por Angelina Jolie, GK Films, 2011.
The Prosecutors. Dirigido por Leslie Thomas, Art Works Projects, 2018.
The Silence of Others. Dirigido por Almudena Carracedo e Robert Bahar, Semilla Verde Productions, 2019.
The Uncondemned. Dirigido por Michele Mitchell, Film at Eleven Media, 2015.

Créditos das imagens

pp. 45, 113, 207, 225, 279, 300, 304, 319, 321, 338, 386, 411-2: Christina Lamb

p. 47: Georgios Makkas/ Panos Pictures

p. 76: Justin Sutcliffe

p. 101: Vídeo do Boko Haram

p. 108: Paula Bronstein

p. 130: Nabil Uddin Ahmed/ Majority World

p. 167: Nichole Sobecki/ Eyevine

p. 273: Acervo pessoal de Graciela Daleo

p. 294: Acervo pessoal de Abdullah Shrim

ESTA OBRA FOI COMPOSTA PELA SPRESS EM MINION E IMPRESSA
EM OFSETE PELA LIS GRÁFICA SOBRE PAPEL PÓLEN SOFT DA
SUZANO S.A. PARA A EDITORA SCHWARCZ EM JANEIRO DE 2023

A marca FSC® é a garantia de que a madeira utilizada na fabricação do papel deste livro provém de florestas que foram gerenciadas de maneira ambientalmente correta, socialmente justa e economicamente viável, além de outras fontes de origem controlada.